옮긴이 **홍기용**

1964년 서울에서 태어나 연세대 기계공학과를 졸업하고
동 대학원에서 석사과정을 마쳤다. 1989년부터 LG전자
에서 연구원으로 직장생활을 시작하여 가전 분야 연구,
기술 전략 및 상품/전략 기획 업무를 수행했다. 2021년
말 히타치-LG 데이터 스토리지에서 퇴직했다. 2017년부
터 논어등반학교에서 논어, 대학, 중용, 대학연의, 사기,
춘추좌씨전 등을 배우고 있다. 스스로 배우는 힘을 키우
기 위해 짧은 글들을 직접 읽다가, 사서(四書)와 같은 경
전을 이해하는 데 필요한 다양한 케이스를 모아 놓은 유
향의 『신서』를 번역하였다. 이어서 『전국책』을 옮겼다. 앞
으로도 이와 같은 고전 번역을 지속할 예정이다.

전국책 ⬆

전국시대를 제패한 책사들의 권모술수

홍기용 옮김

전국책 上

戰國策

楚策　　齊策　　秦策　　西周策　　東周策

21세기북스

들어가는 말

'경쟁이 심하고 혼란한 상황'을 일러 '춘추전국시대'라고 부른다. 이 말은 고대 중국의 주나라가 점차 통제하는 힘을 잃고, 여러 제후들이 힘을 얻게 되어 자기 나라가 천하의 패권을 차지하기 위해 부국강병에 힘쓰며 다른 나라들과 싸우기도 하고 서로 돕기도 하던 시절에서 나온 것이다.

'춘추시대'는 공자가 노나라 역사를 정리하면서 시작한 해를 근간으로 하고 있으며, 아직은 주나라 천자를 높이고 사방 오랑캐를 물리치는 일[王攘夷夷]과 끊어진 제사를 이어주고 망한 나라를 보존해 주는 일[繼絶存亡]이 패권을 차지한 제후가 해야 할 일로 여겨지던 시대였다. 따라서 나라 간의 전쟁은 자기 나라의 안전을 도모하려는 경우나 어떤 나라가 회맹(會盟)의 약속을 어겼을 때 회맹에 참여한 여러 나라에서 병사를 내어 주나라 왕실을 대신해 토벌하는 경우가 대부분이었고, 이 경우에도 다른 나라의 성이나 땅을 빼앗는 정도에서 그칠 뿐 나라를 없애버리는 지경까지는 가지 않았다.

이어진 '전국시대'는 '진(晉)나라'라는 주나라와 동성(同姓)인 큰 나라가 3개의 나라로 찢어져서 그 수장들이 주나라로부터 종주권을 인정받아 제후에 오르게 되는 시기를 기준으로 시작되었다. 그러나 이때부터 이미 주나라의 봉건질서는 허물어지고 모든 제후국이 서로를 없애버릴 때까지 싸우기 시작하였다. 한 나라의 흥망과 백성의 죽고 사는 것이 싸움 한판으로 이루어졌으니, '싸우는 나라[戰國]'라는 말이 이 시대를 정의할 수 있다.

　전국시대에는 철제도구의 본격적인 도입과 경작지 확대 등으로 농업생산이 크게 증가함에 따라 인구도 계속 늘어나게 되었고, 잉여 생산물에 의해 교역이 확대되고 나라간 무역이 빈번해지면서 화폐의 유통도 증가하게 되었으며, 이런 경제적 번영에 힘입어 상인과 교육받은 일반인들이 증가하게 되었다. 이런 여러 변화들이 주나라의 전통적 봉건질서와는 맞지 않게 되자 각 나라들은 새로운 질서를 만들려고 했으니, 이것이 이른바 '변법(變法)'으로 나타나게 된다.

　이중 유명한 것이 바로 진나라 효공이 상앙(商鞅)을 들어 써서 실시한 정책이다. 진나라는 성인이 된 사내들을 강제로 분가시키고 논밭을 주어 경작하게 함으로써 농업생산력을 높였고, 출신에 관계없이 싸움에 나아가게 해서 그 얻은 군공에 따라 작위를 주고 토지를 줌으로써 백성들이 경쟁적으로 충성하도록 만들었으며, 새로 얻은 땅을 나누어 봉해주는 대신에 군과 현을 설치하여 중앙정부가 직접 통제하도록 했다. 이 변법을 통해 진나라는 6대에 걸쳐 힘을 쌓아서 결국 천하를 하나로 만들 수 있었다.

　한편 조나라 무령왕은 오랑캐 옷을 입고 말을 타고 활을 쏘는 '호복기사(胡服騎射)'를 실시했다. 당시에 호복이란 서북 융적의 옷과 비슷한 반소매의 좁은 복장으로 이것은 중원 화하족의 긴 소매의 넓은 옷과 크게 달랐고, 또 주변 유목부족들은 말 위에 올라타서 활을 쏘았지만[馬射] 전통적인 중원의 활쏘기 방식은 도보로 활을 쏘는 방식[步射]이었다. 이때부터 조나라는 소매가 넓은 긴 옷이 소매가 좁은 옷으로 바뀌고 전쟁 방식도 '보병전(步兵戰)'에서 '기마전(騎馬戰)'으로 발전하게 되면서 국가 발전의 토대를 마련할 수 있었다.

변법을 통해 얻은 생산력의 확대와 인구의 증가는 정치체제를 봉건제와 신분세습제에서 군현제와 관료제로 전환시키게 되었다. 그에 따라 안으로는 중앙귀족의 세력과 왕권 사이에 갈등이 일어났고, 밖으로는 나라와 나라가 서로를 아우를 때까지 싸움을 그치지 않게 되었다. 이때의 싸움은 그 규모도 엄청나져서, 진(秦)나라는 이궐(伊闕)의 싸움에서는 한나라, 조나라의 연합군 24만 명을 참수하였고 장평(長平)의 싸움에서는 조나라 군사 45만 명을 생매장시킬 정도였다. 나라가 망하고 흥하는 일이 싸움 한 번에 달리게 된 것이다.

이에 따라 나라 안팎으로 새로운 기회를 찾고자 하는 세력들이 생겨났으니, 이른바 유세객이라 불리는 사람들이다. 소진(蘇秦)과 장의(張儀)로 대변되는 이들은 각 나라의 왕이나 공경대부들에게 다양한 책략과 교묘한 언변을 제공함으로써 세력 간의 다툼을 일으키거나 싸움을 피하게 하면서 자기를 알아주는 나라를 부강하게 하고 스스로를 귀하게 만들려고 애썼다. 이들의 주장은 횡포하고 욕심이 끝이 없는 진나라에 맞서 나머지 6개 나라가 서로 힘을 합쳐 대항하여 균형을 이루어야 한다는 합종(合縱)과, 강한 진나라로부터 나라를 지키기 위해서는 각 나라가 개별적으로 진나라와 연합해야 한다는 연횡(連橫=連衡)으로 크게 구분된다. 유세객들은 그 범주 안에서 움직이며 다양한 이야기들을 쏟아내었다. 비록 이러한 평가도 받았지만 말이다.

"서로 모여서 진나라를 공격하려는 자들도 자기가 부유하고 귀해지기를 욕심낼 뿐입니다. 왕께서 대왕의 개들을 보면, 누울 놈은 눕고 일어설 놈은 일어서며 갈 놈은 가고 멈출 놈은 멈추어서 서로 싸우는 놈이 없다가도, 뼈다귀 하나를 던져주면 가벼이 일어나 서로 어금니를 드러냅니다. 이것이 무슨 이치이겠습니까?(「秦策」3, '天下之士合從相聚於趙')"

전국책은 한나라 사람 유향이 엮은 역사서이다. 유향은 서문에서, 이 책 이름은 '전국 시절에 떠돌던 선비[游士=遊說客]들이 자신들을 써주는 나라를 돕고 그 나라를 위한 계책과 모의를 냈기 때문에 마땅히 『전국책(戰國策)』'이 되어야 한다고 했다. 여기서 전국시대란 말이 유래했다 한다. 서주(西周), 동주(東周), 진(秦)나라, 제(齊)나라, 초(楚)나라, 조(趙)나라, 위(魏)나라, 한(韓)나라, 연(燕)나라, 송(宋)나라, 위(衛)나라, 중산국(中山國) 등의 여러 나라가 그 시대를 살아남기 위해 벌였던 합종, 연횡 등의 외교 책략과 그에 얽힌 사람들에 대하여 기록되어 있으며, 33권 497편으로 구분되어 있다. 편년체나 기전체의 역사서와는 달리 각 나라별 사건을 중심으로 구성되어 있는 이 책은 장의, 소진 3형제와 같은 유세가들의 책략과 이에 대응하는 책사들의 활약이 그들의 말로 서술되어 있는데, 부국강병을 이루려는 임금들과 개인의 영달을 이루려는 인간들의 모습을 생생하게 그리고 있다. 정세를 분석하고 윗사람의 뜻을 살펴 일을 풀어가는 과정을 배울 수 있어서 전략과 전술의 교과서로 불릴 만하다.

이 책을 엮은 유향(劉向)은 자가 자정(子政), 본명은 갱생(更生)이다. 한나라 고조의 동생 초원왕(楚元王) 유교(劉交)의 4대손으로, 유가 철학을 바탕으로 다양한 학문을 익힌 정치가이자 유학자였다. 사람됨이 소탈하고 위엄을 차리지 않았으며 청렴하고 도를 즐기면서 오로지 경학에만 전념해서, 낮에는 서적을 읽고 밤에는 별자리를 관찰하느라 아침까지 잠을 자지 않았다고 한다. 간대부(諫大夫), 종정(宗正), 광록대부(光祿大夫) 등을 역임했으며, 원제(元帝)·성제(成帝) 때에는 황제의 믿음을 받게 되자 종실의 일을 드러내어 옹호하면서 환관과 외척을 나무라고 꾸짖으며 그들의 전횡을 막으려 노력했다. 황제가 여러 차례 구경의 자리에 세워주려고 했으나 그때마다 반대 세력에 막혀 끝내 자리를 옮겨주지 못했다. 열대부(列大夫)로 있은 지 30여 년, 나이 72세에 세상을 떠났다. 유향의 세 아들이 모두 배움에 뛰어났는데, 특히 막내아들 유흠(劉歆)은 아버지가 하던 사업을 다 마치고 육예(六藝)와 여러 책들을 모으고 종류별로 나눠 『칠략(七略)』을 완성하였다.

『전국책(戰國策)』 이외에 유향은 한나라 조정의 외척을 근심하여 『시경』과 『서경』에 실려 있는 뛰어난 왕비와 정숙한 부인 등의 사례와, 나라를 일으키고 집안을 빛내어 모범으로 삼을 만한 여자들의 사례와, 총애를 받아서 나라를 망친 여자들의 사례를 차례대로 기술하여 『열녀전』 8편을 지어 올려서 천자에게 경계로 삼게 하였으며, 선진(先秦)시대의 오래된 전적(典籍)들을 수집하고 편찬하여 『설원(說苑)』과 『신서(新序)』 50편을 바쳤다. 그 밖에도 『열선전(列仙傳)』, 『홍범오행전론(洪範五行傳論)』, 『별록(別錄)』, 『초사장구(楚辭章句)』 등을 저술했다. 『한서(漢書)』 「초원왕전楚元王傳」에 그의 전기가 수록되어 있다.

『전국책』을 최초로 주석한 이는 후한의 고유(高誘)인데, 세월이 흘러 북송 초기에 이르자 『전국책』은 대부분 소실되고 말았다. 이에 당송 8대가 중 하나인 증공(曾鞏)이 "사대부 집안을 찾아다니며 처음으로 그 글을 남김없이 얻어(訪之士大夫家, 始盡得其書)" 정리하고 주석을 달아서 486편으로 된 『전국책목록(戰國策目錄)』을 지었으니, 지금 남아있는 33권본이 이것이다. 그리고 남송의 요굉(姚宏)[1]이 남아있는 고

---

[1] 1088~1146년. 송나라 월주(越州) 승현(嵊縣)사람으로, 자는 영성(令聲)이고 요순명(姚舜明)의 맏아들이다. 휘종(徽宗) 선화(宣和) 연간에 상상(上庠)에 유생으로 있다가, 송나라가 남쪽으로 장강을 건너간 후 처음에는 항주의 세금을 감독하는 일을 맡았고, 구주(衢州) 강산현(江山縣)의 일을 주관하였다. 진회(秦檜)가 오랜 원한으로 함정에 빠뜨려 죽였다. 『교주전국책(校注戰國策)』이 있다.

유의 주석본과 새로운 증공본을 토대로 자신의 주석을 더해서『고씨주전국책(高氏注戰國策)』을 펴내었고, 또 포표(鮑彪)[2]가 증공본을 토대로 하되 고유의 주를 버리고 새로 주석을 달아서『전국책주(戰國策注)』를 내놓았으며, 원나라 때 오사도(吳師道)[3]가 요굉본 및 각종 역사서들을 참작해서 포표의 주석본을 교정한『전국책교주(戰國策校注)』를 지었다. 청대에 들어서는 황비열(黃丕烈)이『전국책찰기(戰國策札記)』를 지었는데, 이 책은 요굉본을 저본으로 하여 고유의 주와 속주(續注)를 구분하면서 포표와 오사도의 주석을 더한 것이다.

본 번역은 중국 한정망(漢程網, https://m.httpcn.com/)과 중국철학전자화계획(中國哲學電子化計劃, https://ctext.org/)에 올라있는『전국책』을 기본으로 하였는데, 저본이 된 것은 황비열의『전국책찰기』이다. 가능한 한 직해를 원칙으로 했는데, 한 글자 한 글자를 다 옮기려다 보니 글이 어지럽거나 표현이 거친 부분이 많다. 의역이나 보충이 필요한 부분은 괄호 안에 말을 넣어 가능한 한 뜻이 통하게 하였다.

---

2 1091~미상 송나라 진운(縉雲) 사람으로 자는 문호(文虎)이다. 송나라 고종(高宗) 건염(建炎) 2년(1128년)에 진사가 되었고, 태상승(太常丞), 문천박사(文荐博士)를 지냈다. 고종(高宗) 소흥(紹興) 26년(1156년) 태학박사(太學博士)로서 여러 번 옮겨 사봉원(司封員) 외랑(外郞)이 되었다. 벼슬은 좌선교랑(左宣敎郞), 수상서사봉원외랑(守尙書司封員外郞)에 이르렀다. 68세가 되던 해인 소흥 30년(1160년) 늙어서 고향으로 돌아가겠다고 알리자, 5품복을 내려주고 벼슬을 그만두게 하였다. 사학에 정통하여 일찍이 1147에 전국책에 주석을 단『전국책서(戰國策序)』를 지었고, 또『사역기고시성(四易基稿始成)』,『서해(書解)』,『두시주(杜詩注)』등을 지었다.

3 1283년~1344년. 원나라 무주(婺州) 난계(蘭溪)사람으로 자는 정전(正傳)이다. 원나라 영종(英宗) 치위(治元) 원년(1321)에 진사(進士)에 올라 봉의대부(奉議大夫), 예부랑중치사(禮部郞中致事)까지 지냈다. 저서에『오례부시화(吳禮部詩話)』,『경향록(敬鄕錄)』,『역잡설(易雜說)』,『서잡설(書雜說)』,『시잡설(詩雜說)』,『춘추호전부변(春秋胡傳附辨)』,『전국책교주(戰國策校注)』,『경향록(敬鄕錄)』,『오정전문집(吳正傳文集)』등 20권이 있다.

차례

| 전국책 下 |

유향의 서록【劉向書錄】

　　호좌도수사자(護左都水使者) 광록대부(光祿大夫) 신(臣) 향(向)이 말씀드립니다.

　　바로잡고[校] 있는 가운데, 전국(戰國) 시절에 대쪽에 쓰인 글[策書] 과 (서책을 보관하는) 중서(中書)에 남아있는 두루마리[卷=竹簡]들은 어 긋나고 어지러운 채로 서로 뒤죽박죽 섞여[糅莒=揉莒] 있었습니다. 또 한 나라로 구분된 것이 8편이지만, (분량이) 적어서 충분치 않았습니 다. 신 향이 나라 별로 구분된 것에 의거하여 간략히 때[時]를 가지고 차례를 정했고, 나누고 구분해도 차례를 정할 수 없는 것은 서로 보완 하고 거듭된 것을 없애서 33편을 얻게 되었습니다. 본래 글자에서 잘 못되거나 떨어져나가 반만 남은 것이 많아서, '조(趙)'자가 '초(肖)'로 되고 '제(齊)'자가 '입(立)'이 되는, 이와 같은 글자가 많았습니다.

　　중서(中書)는 본래 부르기를, 누구는 말해서 '국책(國策)'이라 하고, 누구는 말해서 '국사(國事)'라고 하고, 누구는 말해서 '단장(短長)'이 라 하고, 누구는 말해서 '사어(事語)'라고 하고, 누구는 말해서 '장서 (長書)'라고 하고, 누구는 말해서 '수서(脩書)'라고 했습니다. (그렇지만) 신 향은, 전국 시절에 떠돌던 선비[游士=遊說客]들이 자신들을 써주는 나라를 돕고 그 나라를 위한 계책과 모의를 낸 일들을 말하고 있기 때 문에 마땅히 '전국책'이 되어야 한다고 여깁니다. 그 일들은 (공자가 쓴) 『춘추(春秋)』의 뒤를 이어서 초나라와 한나라가 일어날 때까지 245년

간의 일을 모두 정하여 대나무 껍질에 써두었던 것[殺靑][1]인데, 글은 가히 (잘못을) 고치고 (보충하여) 베껴 쓸 수 있었습니다.

護左都水使者光祿大夫臣向言:

所校中戰國策書, 中書餘卷, 錯亂相糅莒. 又有國別者八篇, 少不足. 臣向因國別者, 略以時次之, 分別不以序者以相補, 除復重, 得三十三篇. 本字多誤脫爲半字, 以趙爲肖, 以齊爲立, 如此字者多. 中書本號, 或曰國策, 或曰國事, 或曰短長, 或曰事語, 或曰長書, 或曰脩書. 臣向以爲戰國時, 游士輔所用之國, 爲之策謀, 宜爲戰國策. 其事繼春秋以後, 訖楚 · 漢之起, 二百四十五年間之事皆定, 以殺靑, 書可繕寫.

차례대로 말씀드리겠습니다.

주나라 왕실은 문왕과 무왕이 처음 일어서면서부터 도리와 다움을 높이고 예와 마땅함을 두텁게[隆] 하며 벽옹(辟雍), 반궁(泮宮), 상서(庠序)와 같은 학교[2]를 갖추고 예와 음악, 거문고로 시를 노래하여[弦歌][3] 풍속을 바꾸는 교화를 베풀었습니다. 사람이 해야 할 도리를 펼

---

1 살청(殺靑)이란, 원래는 먹물을 쓰기 쉽게 하기 위해 대나무 표면의 매끈한 녹색 껍질을 벗겨내는 과정을 말하는데, 이후 문학 작품의 완성이나 영화 제작의 완성 등 '완성'을 뜻하는 의미로 확장되었다.

2 벽옹(辟雍)이란 주(周)나라 때 천자가 도성에 건립한 대학(大學)으로, 주위의 형상이 벽(璧)과 같이 둥글고 물이 둘려 있었다. 반궁(泮宮)이란 제후의 국학 기관을 말하는데, 이는 학교를 두르고 있는 연못이 반원을 이루고 있기 때문이다. 반(泮)은 반원을 이룬 연못을 상징하고, 궁(宮)은 학생들이 기거하면서 교육을 받는 학궁을 의미한다. 상서(庠序)란 주나라의 학교(學校)를 말한다. 5백 가(家)인 당(黨)에 상(庠)을 두었고, 1만 2천 5백 호(戶)인 주(州)에는 서(序)를 두었다.

3 현가(弦歌)란 올바른 소리라는 뜻이다. 공자가 무성에 갔을 때, 거문고를 타며 노래 부르는 소리를 들었다. 선생님이 살짝 웃으며 말하기를, "닭 잡는 데 어찌 손잡는 칼을 쓰는가?"라고 하자, 자유가 대답하여 말했다. "예전에 제가 선생님께 들은 것을 말하면, '군자가 도리를 배우면 다른 사람을 아끼게 되고, 소인이 도리를 배우면 부리기가 쉬어진다.'고 했습니다. 공자가 말했다. "얘들아! 언(子游)의 말이 옳다. 전에 말한 것은 웃자고 한 것뿐이다."(子之武城, 聞弦歌之聲 夫子莞

치고 남편과 아내를 바르게 하니, 천하에 환하고 똑똑하게 보이지 않는 바가 없었습니다. 효도와 우애의 마땅함을 말하고 도탑게 행하니, 그리하여 마땅함을 행하는 도리가 천하에 가득해서 끝내 형벌을 쓰지 않은[刑錯]⁴ 것이 40여 년이었습니다. 먼 지방에서는 마땅함을 그리워해서 사신을 보내 조공하지[賓服] 않은 바가 없었으며, (『시경』의) 아(雅)와 송(頌)⁵을 노래하고 읊어서 그 다움을 사모하였습니다.

아래로 강왕(康王)과 소왕(昭王)⁶의 뒤에 이르게 되면, 비록 다움이 시들었다고는 하지만 그 법과 풍속[綱紀]은 여전히 밝았습니다. 춘추의 시대에 이르기까지 400~500년이 지났지만, 그런데도 그 (선조가) 남겨놓은 일과 길이 남는 공덕은 흘러갔어도 아직 없어지지 않았습니다. 오패(五伯)가 일어나서 주나라 왕실을 높이 섬겼습니다. 오패의 뒤로는 그 시절 임금은 비록 다움이 없어도, 다른 사람의 신하 중에 그임금을 돕는, 정(鄭)나라의 자산(子産), 진(晉)나라의 숙향(叔向), 제나라의 안영(晏嬰) 같은 이들이 임금을 의지하여 정사를 보필하니, 중국(中國=天下)에 나란히 서서 오히려 마땅함으로써 서로 지탱하고 잡아주며 노래하고 설득하여 서로 감응하고, 안부를 물으며 찾아뵈면서 서로 교분을 맺고 만남을 약속해서 서로 하나가 되며 맹세하고 서약하여 서로를 구원하였습니다. 천자의 명은 여전히 행해지는 바가 있었으니, 잠깐이라도[會] 누리는[享] 나라는 오히려 부끄러워하는 바가 있었

爾而笑. 曰: "割雞焉用牛刀?" 子游對曰: "昔者偃也聞諸夫子曰: '君子學道則愛人, 小人學道則易使也.'" 子曰: "二三子! 偃之言是也. 前言戱之耳."; 『論語』, 「陽貨」 4)

4 형조(刑錯, 刑措)란, 형법을 두고서도 쓰지 않는다(置刑法而不用)는 말이다. 『논어(論語)』 「자로(子路)」 11의 "형벌이 적중하지 않으면 백성은 손발을 제대로 둘 곳이 없다(刑罰不中, 則民無所措手足)"에서 유래하였다.

5 아(雅)는 정악(正樂)의 노래(歌)이고, 송(頌)은 선조(先祖)의 공덕을 찬탄하는 노래이다.

6 주나라 3대와 4대 임금. 특히 강왕은 아버지 성왕과 더불어 성강의 치[成康之治]를 이루었다.

습니다. (그래서) 작은 나라는 의지할 바를 얻고 백성은 쉴 곳을 얻었습니다. 그러므로 공자가 말하기를, "능히 예의와 사양함으로 나랏일을 한다면 무슨 일이 있겠는가?"라고 했으니, 주나라가 퍼트려[流] 교화한 일이 어찌 크다 않겠습니까?

춘추의 뒤에 이르러서는 뛰어난 무리들 중에 나라를 돕는 자들은 이미 없어졌고 예와 마땅함은 시들어버렸습니다. 공자가 비록 『시경』과 『서경』을 논술하고 예와 악을 정하여 왕다운 도리를 깔끔하게 나누어 밝혔지만 한 사람의 사내일 뿐이라 권세가 없었고, 교화된 자가 72명뿐이었지만 모두가 천하의 뛰어난 인물[俊]이었는데도 그 시절 임금들은 그들을 높이지 않았습니다. 이 때문에 왕다운 도리를 끝내 쓰는 일이 일어나지 못했습니다. 옛말에 말하기를, "위엄이 없으면 설 수 없고, 권세가 없으면 행해지지 않는다"라고 했습니다.

敍曰: 周室自文·武始興, 崇道德, 隆禮義, 設辟雍泮宮庠序之教, 陳禮樂弦歌移風之化. 敍人倫, 正夫婦, 天下莫不曉然. 論孝悌之義, 惇篤之行, 故行義之道滿乎天下, 卒致之刑錯四十餘年. 遠方慕義, 莫不賓服, 雅頌歌詠, 以思其德. 下及康·昭之後, 雖有衰德, 其綱紀尙明. 及春秋時, 已四五百載矣, 然其餘業遺烈, 流而未滅. 五伯之起, 尊事周室. 五伯之後, 時君雖無德, 人臣輔其君者, 若鄭之子產, 晉之叔向, 齊之晏嬰, 挾君輔政, 以並立於中國, 猶以義相支持, 歌說以相感, 聘覲以相交, 期會以相一, 盟誓以相救. 天子之命, 猶有所行. 會享之國, 猶有所恥. 小國得有所依, 百姓得有所息. 故孔子曰: "能以禮讓爲國乎何有?" 周之流化, 豈不大哉! 及春秋之後, 衆賢輔國者旣沒, 而禮義衰矣. 孔子雖論詩·書, 定禮·樂, 王道粲然分明, 以匹夫無勢, 化之者七十二人而已, 皆天下之俊也, 時君莫尙之. 是以王道遂用不興. 故曰: "非威不立, 非勢不行."

중니(仲尼)가 이미 돌아가신 뒤에 전씨(田氏)가 제나라를 차지하고 6경이 진(晉)나라를 나눠 가지게 되자 도리와 다움이 크게 허물어지고 위아래가 순서를 잃었습니다. 진(秦)나라 효공(孝公)에 이르러서는 예의와 사양함을 덜어내고 싸우고 다투는 것을 귀하게 여기며 어짊과 마땅함을 버리고 속이고 거짓말을 썼으니, 구차하게 강한 것만을 취할 뿐이었습니다. 무릇 빼앗고 훔치는[簒盜] 사람이 반열에 올라 제후나 왕이 되었으며, 속이고 거짓말하는 나라가 일어나고 세워져 강한 나라가 되었습니다. 이런 것이 전해져 서로 제멋대로 본받으며 뒤에 태어난 자들은 이를 스승으로 삼으니, 마침내 서로 삼켜서 없애고 큰 나라를 아우르고 작은 나라를 합쳐버리며 사나운 군대로 세월을 보내어 흐르는 피가 들판에 가득해서, 아버지와 아들이 서로 내 몸같이 여기지 못하고 형과 아우가 서로 편안치 못하며 남편과 아내가 떨어져 흩어져서 그 목숨을 보존하지 못하여 어질어질한 가운데 도리와 다움이 끊어졌습니다.

가까운 세대[晩世]에는 더욱 심해졌으니, 만승의 나라가 일곱이고 천승의 나라가 다섯이었는데, 대적하기 비슷하여 권세를 다투면서 모두 싸우는 나라[戰國]들이 되었습니다. 탐내고 욕심내는[貪饕] 일에 부끄러움이 없고, 겨루며 나아가는 데 싫증내지 않으며, 나라마다 다스림과 가르침이 달라 각자 스스로 만들고 끊어냈으니, 위로는 천자가 없고 아래로는 방백이 없으며 공(功)에 힘쓰고 강함을 다투어 이긴 자를 위에 두었으며 병기와 갑옷[兵革=戰爭]이 쉬지 못하고 속이고 거짓됨이 나란히 일어났습니다.

이 시절을 맞이하여 비록 도리와 다움이 있다 해도 모책을 베풀 수 없었으며, 강함을 갖추고 험한 땅을 등에 지고 단단함에 의지해서 잇달아 서로 인질을 바꾸고 거듭 결맹의 맹서를 맺어 이로써 그 나라를 지켰습니다. 그래서 맹자(孟子)와 손경(孫卿=荀子) 같은 유술(儒術)의 선비들은 세상에서 버려지고 덜어내졌으며, (제후 사이를) 떠돌며 설득하거나 권세를 모의하는 무리들이 속세에서 귀하게 여겨졌습니다. 이는 소진(蘇秦), 장의(張儀), 공손연(公孫衍), 진진(陳軫), 소대(蘇代), 소려(蘇厲)의 패거리로, 합종·연횡의 장점이나 단점에 대한 이야기를 만들어서 (왕의) 좌우를 기울이고 쏠리게 했습니다. 소진은 합종을 하자 했고 장의는 연횡을 하자 했으니, 연횡하면 진나라가 제왕이 되었고 합종하면 초나라가 왕 노릇을 했으며 (그들은 자신들이) 머무는 나라를 무겁게 여겼고 떠난 나라를 가볍게 여겼습니다.

仲尼既沒之後, 田氏取齊, 六卿分晉, 道德大廢, 上下失序. 至秦孝公, 捐禮讓而貴戰爭, 棄仁義而用詐譎, 苟以取强而已矣. 夫篡盜之人, 列爲侯王; 詐譎之國, 興立爲强. 是以傳相放效, 後生師之, 遂相吞滅, 并大兼小, 暴師經歲, 流血滿野, 父子不相親, 兄弟不相安, 夫婦離散, 莫保其命, 湣然道德絶矣. 晚世益甚, 萬乘之國七, 千乘之國五, 敵侔爭權, 蓋爲戰國. 貪饕無恥, 競進無厭; 國異政敎, 各自制斷; 上無天子, 下無方伯; 力功爭强, 勝者爲右; 兵革不休, 詐僞並起. 當此之時, 雖有道德, 不得施謀; 有設之强, 負阻而恃固; 連與交質, 重約結誓, 以守其國. 故孟子·孫卿儒術之士, 棄捐於世, 而游說權謀之徒, 見貴於俗. 是以蘇秦·張儀·公孫衍·陳軫·代·厲之屬, 生從橫短長之說, 左右傾側. 蘇秦爲從, 張儀爲橫; 橫則秦帝, 從則楚王; 所在國重, 所去國輕.

그러나 이런 시절을 맞이하여 진나라가 가장 세고[雄] 제후들이 바야흐로 약해지자, 소진이 이들을 묶어 때맞춰서 여섯 나라를 하나로 만들고 이를 이끌어 진나라를 등졌습니다. 진나라가 두렵고 근심스러워 감히 관중에서 병사를 엿보지 못했기 때문에, 천하에 싸움[交兵]이 없었던 것이 29년간이었습니다. 그러나 진나라의 세력이 편해지고 형세가 이로워지자 권세를 모의하는 선비들이 모두 앞서서 달려갔습니다. 소진은 처음에 연횡하기를 원했지만, 진나라가 (소진의 연횡책을) 쓰지 않자 동쪽으로 가서 합종을 했습니다. 소진이 죽고 난 뒤에 장의가 연횡을 이야기했는데, (진나라의) 제후가 들어주자 (장의는) 서쪽으로 가서 진나라를 섬겼습니다.

그런 까닭으로 시황(始皇)은 사방이 틀어 막힌 단단함에 말미암고 효산[崤]과 함곡[函]의 험준함에 의지해서 농(隴) 땅과 촉(蜀) 땅의 풍요로움에 걸터앉아 많은 사람의 계책을 들으니, 6대7에 걸친 큰 업적에 올라타고 제후들을 아울러서 함께 천하를 소유했습니다. (그러나) 거짓을 꾀하는 폐단에만 기대어, 끝내 믿음을 도탑게 하는 열렬함도 없었고[於→無] 도리와 다움의 가르침 및 어짊과 마땅함의 교화로써 천하의 마음을 엮어내지도 못했습니다. 형벌에 맡기는 것을 다스림으로 여기고, 작은 술책을 믿는 것을 도리로 여겼습니다. 드디어 시서(詩書)를 태우고 불사르며 유사(儒士)를 파묻어 죽이고, 위로는 요임금과 순임금을 하찮게 여기고 아래로는 삼왕[禹王, 湯王, 文·武王]을 업신여겼습니다.

---

7 효공(孝公), 혜문공(惠文王), 무왕(武王), 소양왕(昭襄王), 효문왕(孝文王), 장양왕(莊襄王)을 말한다.

이세(二世)는 더욱 심했으니, 은혜가 아래로 베풀어지지 않고 실상이 위로 두루 통하지 못했으며, 임금과 신하가 서로 의심하고 골육 간에 서로 멀어졌으며, 교화의 도리가 낮고 엷어졌고 법과 풍속[綱紀]이 무너지고 어그러졌으며, 백성은 마땅함을 보지 못하고 매달려 편안치 못했습니다. 천하를 어루만진 지 14년 만에 천하가 크게 뿔뿔이 흩어졌으니, 속이고 거짓된 것의 폐단이었습니다. 이를 왕다운 다음에 견주면 어찌 멀다 하지 않겠습니까!

공자가 말하기를, "다스림으로 이끌고 형벌로 가지런하게 하면 백성은 벗어나도 부끄러움이 없으나, 다움으로 이끌고 예로써 가지런하게 하면 부끄러움이 있어 장차 이르게 된다[『論語』「爲政」3]"라고 했습니다. 무릇 천하로 하여금 부끄러움이 있게 하면, 그 때문에 교화가 가히 이를 수 있다는 것입니다. 정말로 속임수와 거짓으로 구차히 살아남고[偸活] 남에게 영합하는[取容] 일을 스스로 위에서 하게 된다면 어떻게 아랫사람을 거느릴 수 있겠습니까? 진나라의 패망은 정말로 마땅하지 않겠습니까?

然當此之時, 秦國最雄, 諸侯方弱, 蘇秦結之, 時六國爲一, 以儐背秦. 秦人恐懼, 不敢闚兵於關中, 天下不交兵者, 二十有九年. 然秦國勢便形利, 權謀之士, 咸先馳之. 蘇秦初欲橫, 秦弗用, 故東合從. 及蘇秦死後, 張儀連橫, 諸侯聽之, 西向事秦. 是故始皇因四塞之固, 據崤‧函之阻, 跨隴‧蜀之饒, 聽衆人之策, 乘六世之烈, 以蠶食六國, 兼諸侯, 并有天下. 杖於謀詐之弊, 終於信篤之誠, 無道德之敎, 仁義之化, 以綴天下之心. 任刑罰以爲治, 信小術以爲道. 遂燔燒詩書, 坑殺儒士, 上小堯‧舜, 下邈三王. 二世愈甚, 惠不下施, 情不上達; 君臣相疑, 骨肉相疏; 化道淺薄, 綱紀壞敗; 民不見義, 而懸於不寧. 撫天下十四歲, 天下大潰, 詐僞之弊也.
其比王德, 豈不遠哉! 孔子曰: "道之以政, 齊之以刑, 民免而無恥; 道之
以德, 齊之以禮, 有恥且格." 夫使天下有所恥, 故化可致也. 苟以詐僞偸
活取容, 自上爲之, 何以率下? 秦之敗也, 不亦宜乎!

전국(戰國)의 시절은 임금의 다움이 낮고 엷어서 모책을 만드는 자
들이 형세로 말미암아 밑천을 만들고 때에 의지하여 행하지 않을 수
없었습니다. 그래서 그 모책은 위급한 일을 떠받치고 기울어진 것을
붙잡는 것이어서, 모든 권세를 행해도 비록 나라에 임하여 가르침으
로 바꿀 수는 없었지만 전쟁으로 급한 형세를 구원하기는 했습니다.
모두 높은 재주가 있는 훌륭한 선비로, 당시 임금이 능히 할 수 있는
바를 헤아려 기이한 책략과 남다른 지혜를 내어서 위태로움을 바꾸
어 편안케 하였고 망할 것을 움직여 남아있게 하였으니, 정말로 기쁘
다 할 수 있습니다. (이 책은) 모두 볼만합니다.

호좌도수사자(護左都水使者) 광록대부(光祿大夫) 신(臣) 향(向)이 바
로잡은 전국책(戰國策) 글에 적어 넣었습니다.

戰國之時, 君德淺薄, 爲之謀策者, 不得不因勢而爲資, 據時而爲. 故其
謀, 扶急持傾, 爲一切之權, 雖不可以臨國敎化, 兵革救急之勢也. 皆高
才秀士, 度時君之所能行, 出奇策異智, 轉危爲安, 運亡爲存, 亦可喜. 皆
可觀. 護左都水使者光祿大夫臣向所校戰國策書錄.

戰國策

楚策　　齊策　　秦策　　西周策　　東周策

주(周)나라는 견융(犬戎)의 침략으로 도읍인 호경(鎬京)이 공격을 받아 쇠락하게 되자 기원전 771년 평왕(平王) 때 호경의 동쪽인 낙읍(雒邑)으로 천도했다. 이때가 춘추전국시대의 기준이 된다. 원래 도읍인 호경이 낙읍보다 서쪽에 있었기 때문에, 상(商)나라를 멸망시키고 건국한 시기부터 도읍을 옮기기 전까지의 주나라를 후대 사람들은 편의상 서주라고 부르고, 그 이후부터 전국시대까지 존재했던 주나라를 동주라고 부른다.

주나라 28대 천자인 정왕(定王) 16년(기원전 453년)에 삼진(三晉)이 지백(智伯)을 없애고 그 땅을 나누어 가지면서 전국시대로 들어서게 된다. 정왕의 막내아들 외(嵬)가 형인 사왕(思王)을 죽이고 스스로 자리에 나아가 고왕(考王)이 되었다. 다음해에 그는 동생 희게(姬揭)를 낙양 일대에 봉해 서주공국의 임금으로 세우면서 겸하여 주공(周公)의 자리를 잇게 하였으니, 희게는 사후 서주환공(西周桓公)이라는 시호를 받았다. 환공의 아들 서주위공(西周威公)은 다시 그의 작은 아들 반(班)을 공(鞏) 땅에 봉해 동주공국의 초대 임금으로 만들었으니, 바로 동주혜공(東周惠公)이다. 이때부터 주나라의 영역은 서주공국과 동주공국으로 나뉘었고, 직할령이 아예 없어진 주왕실은 서주공국에 얹혀살게 되었다.

서주공국은 진(秦)나라의 공격을 받고 기원전 256년에 망하였다. 이때 난왕(赧王)을 비롯한 주나라 왕실 및 서주공실의 왕족들은 진나라로 끌려감으로써 주나라 왕실은 이에 없어지고 말았다. 그렇지만 동주공국은 그 임금의 작위가 군(君)으로 깎인 채로 7년을 더 버티다가 진(秦)나라 장양왕 원년에 여불위(呂不韋)의 공격을 받고 기원전 249년에 멸망하였다.

시호(謚號)	이름	재위 기간	재위 년도
서주환공(西周桓公)	게(揭)	26년	기원전 440~415년
서주위공(西周威公)	조(竈)	48년	기원전 414~367년
서주혜공(西周惠公)	조(朝)/재(宰)	미상	기원전 366년~미상
서주무공(西周武公)	미상	미상	미상
서주문공(西周文公)	구(咎)	미상	미상~기원전 256년

시호(謚號)	이름	재위 기간	재위 년도
동주혜공(東周惠公)	반(班)/근(根)	8년	기원전 367~360년
동주무공(東周武公)	미상	미상	기원전 360년~미상
동주소문군(東周昭文君)	미상	미상	미상
동주군(東周君)	미상	미상	미상~기원전 249년

동주책
東周策

1-1 진나라가 군대를 일으키고 주나라에 이르러 구정을 요구하다
【秦興師臨周而求九鼎】

(1)

진나라가 군대를 일으키고 주나라[周顯王]에 이르러 구정(九鼎)을 요구하자, 주나라 임금[周顯王]이 이를 근심하여 안솔(顔率)에게 알렸다. 안솔이 말했다.

"대왕은 걱정하지 마십시오. 신이 청컨대 동쪽으로 가서 제나라에서 구원군을 빌려오겠습니다."

안솔이 제나라에 이르러서 제나라 왕[齊宣王]에게 일러 말했다.

"저 진나라의 도리가 없는 짓을 하며 욕심을 내어 군대를 일으켜서 주나라에 임하여 구정을 요구하고 있습니다. 주나라 임금과 신하들이 안에서 스스로 모든 계책을 다 내보았지만, 진나라와 함께하는 것은 차라리 제나라[大國]에 귀의하는 것만 못합니다. 무릇 위태로운 나라를 보존해주면 이름을 아름답게 하는 것이고, 구정을 얻으면 (제나라의) 보물을 두텁게 하는 것입니다. 원컨대 대왕께서 도모하십시오."

제나라 왕이 크게 기뻐하면서 군대 오만 명을 일으켜 (제나라 공족인) 진신사(陳臣思)로 하여금 장차 주나라를 구원하게 하니, 마침내 진나라 병사가 물러났다.

秦興師臨周而求九鼎, 周君患之, 以告顏率. 顏率曰: "大王勿憂, 臣請東借救於齊." 顏率至齊, 謂齊王曰: "夫秦之爲無道也, 欲興兵臨周而求九鼎, 周之君臣, 內自盡計, 與秦, 不若歸之大國. 夫存危國, 美名也; 得九鼎, 厚寶也. 願大王圖之." 齊王大悅, 發師五萬人, 使陳臣思將以救周, 而秦兵罷.

(2)

제나라가 장차 구정을 요구하니, 주나라 임금이 또 근심하였다. 안솔이 말했다.

"대왕께서는 걱정하지 마십시오. 신이 청컨대 동쪽으로 가서 풀어 보겠습니다."

안솔이 제나라에 도착해서 제나라 왕에게 일러 말했다.

"주나라가 대국의 마땅함에 의지해서 군신과 부자가 서로 지킬 수 있었습니다. 원컨대 구정을 바치려고 하는데, 대국이 어떤 길을 따라서 제나라로 이르게 할지 알지 못하겠습니다."

제나라 왕이 말했다.

"과인은 장차 양나라에 길을 맡기려고 하오."

안솔이 말했다.

"안 됩니다. 저 양나라의 임금과 신하는 구정을 얻고 싶어 하며, 휘대(暉臺) 아래에 둘지, 사해[少海→沙海] 위에 둘지를 꾀한 일이 오래되었습니다. 솥이 양나라에 들어가면 틀림없이 나오지 못합니다."

제나라 왕이 말했다.

"과인은 장차 초나라에 길을 맡기려고 하오."

대답하여 말했다.

"안 됩니다. 초나라의 임금과 신하는 구정을 얻고 싶어 하며, 엽정 (葉庭) 가운데 두려고 꾀한 지 오래되었습니다. 만일 초나라에 들어가면 솥은 틀림없이 나오지 못합니다."

왕이 말했다.

"과인이 끝내 어떤 길을 따라서 제나라에 이르게 해야겠소?"

안솔이 말했다.

"저희 나라에서도 정말로 몰래 대왕을 위해 근심하고 있었습니다. 무릇 솥이라 하는 것이 식초병이나 장항아리를 본떴을 뿐, 가슴에 품거나 옆구리에 끼거나 몸에 지니고서는 제나라에 이를 수가 없습니다. 새가 모여들고, 새가 날아오르고, 토끼가 뛰고, 말이 달리는 것을 본받아서 물이 땅에 스며들듯이 제나라에 이를 수가 없습니다. 옛날 주나라가 은나라를 쳐서 아홉 개의 솥을 얻었을 때는 무릇 하나의 솥을 9만 명이 끌어 당겼으니, 아홉의 아홉 즉 81만 명이 있어야 하고 사졸과 일꾼[師徒], 기계와 (솥을) 덮어야 할 물건 등 갖춰야 할 것이 여기에 맞춰져야 합니다. 지금 대왕이 마구잡이로 그 사람들을 풀어놓은 채로 어느 길을 따라서 나갈 것입니까? 신이 몰래 대왕을 위해 사사로이 걱정해보았습니다."

제나라 왕이 말했다.

"그대가 여러 차례 왔던 것이 오히려 주지 않으려 한 일일 뿐이구려."

안솔이 말했다.

"감히 대국을 속이지 못하니, 빨리 따라서 나올 바를 정하시면 저희 나라는 솥을 옮기라는 명을 기다리겠습니다."

제나라 왕이 마침내 그치게 하였다.

齊將求九鼎, 周君又患之. 顔率曰: "大王勿憂, 臣請東解之." 顔率至齊,
謂齊王曰: "周賴大國之義, 得君臣父子相保也, 願獻九鼎, 不識大國何
塗之從而致齊?" 齊王曰: "寡人將寄徑於梁." 顔率曰: "不可. 夫梁之君
臣欲得九鼎, 謀之暉臺之下, 少海之上, 其日久矣. 鼎入梁, 必不出." 齊王
曰: "寡人將寄徑於楚." 對曰: "不可. 楚之君臣欲得九鼎, 謀之於葉庭之
中, 其日久矣. 若入楚, 鼎必不出." 王曰: "寡人終何塗之從而致之齊?" 顔
率曰: "弊邑固竊爲大王患之. 夫鼎者, 非效醯壺醬甀耳, 可懷挾提挈以
至齊者; 非效鳥集·烏飛·兔興·馬逝, 灕然止於齊者. 昔周之伐殷, 得九
鼎, 凡一鼎而九萬人輓之, 九九八十一萬人, 士卒師徒, 器械被具, 所以
備者稱此. 今大王縱有其人, 何塗之從而出? 臣竊爲大王私憂之." 齊王
曰: "子之數來者, 猶無與耳." 顔率曰: "不敢欺大國, 疾定所從出, 弊邑遷
鼎以待命." 齊王乃止.

진나라가 주나라의 구정을 목적으로 공격을 하자 제나라에게 구정을 주겠다고 약
속하여 제나라의 도움으로 진나라의 공격을 물리쳤다. 구정을 요구하는 제나라에
게는 구정을 노리는 나라가 진나라 외에 양나라, 초나라가 있다는 것을 상기시키
고, 또 구정을 옮기기 위해서는 막대한 비용과 시간이 들기 때문에 제나라가 가져
가는 것이 불가능하다는 것을 깨닫게 해주었다.

1-2 진나라가 의양을 공격하다【秦攻宜陽】

진나라가 (韓나라 땅인) 의양을 공격하자, 주나라 임금이 조루(趙累)에게 일러 말했다.

"그대는 어떻게 여기는가?"

대답하여 말했다.

"의양은 반드시 뽑힐 것입니다."

임금이 말했다.

"의양성은 사방 8리요 재주 있는 선비가 10만이고 곡식이 수년간 지탱할 수 있으며 (韓襄王의 아들인) 공중(公仲)의 군이 20만이니, (楚나라 장군인) 경취(景翠)가 초나라의 무리를 이끌고 산에 임하여 그들을 구원하면 진나라는 반드시 공을 세울 수 없을 것이오."

대답하여 말했다.

"감무(甘茂)는 나그네로 벼슬하는 사람입니다. 의양을 공격하여 공이 있으면 곧 주공 단(旦)이 될 것이고, 공이 없으면 곧 진나라에서 흔적도 없어질 것입니다. 진나라 왕은 뭇 신하들과 부형들의 마땅한 의견을 듣지 않고 의양을 공격했으니, 의양이 뽑히지 않으면 진나라 왕은 부끄러워할 것입니다. 신은 그래서 뽑힌다고 말했습니다."

임금이 말했다.

"그대가 과인을 위해 계책을 낸다면 장차 어떻게 하겠는가?"

대답하여 말했다.

"임금께서 경취에게 일러 말하기를 '공의 작위는 집규(執圭)요 벼슬은 주국(柱國)이라, 싸워서 이겨도 더해줄 바가 없으나 이기지 못하면 곧 죽을 터요. 차라리 진나라를 배신하고 의양을 구원하는 것만 못할 것이니[1] 공은 병사를 나아가게 하시오. 진나라가 공이 자기들의 지친 틈을 올라탈 것을 두려워하고 있으니, 반드시 보물을 가지고 그대를 섬기려고 할 것이오. 공중(公中=公仲)도 공이 자기를 위해 진나라를 올라타는 것을 바라기 때문에 또한 틀림없이 그 보물을 남김없이 줄 것이오'라고 하십시오."

진나라가 의양을 뽑아내자 경취가 과연 병사를 나아가게 했다. 진나라가 두려워서 급히 자조(煮棗)의 땅을 주었고(效), 한나라 역시 과연 무거운 보물을 바쳤다. 경취가 진나라로부터는 성을 얻고, 한나라로부터는 보물을 얻고, 동주에게는 은덕을 베풀게 되었다.

秦攻宜陽, 周君謂趙累曰: "子以爲何如?" 對曰: "宜陽必拔也." 君曰: "宜陽城方八里, 材士十萬, 粟支數年, 公仲之軍二十萬, 景翠以楚之衆, 臨山而救之, 秦必無功." 對曰: "甘茂, 羈旅也, 攻宜陽而有功, 則周公旦也; 無功, 則削跡於秦. 秦王不聽群臣父兄之義而攻宜陽, 宜陽不拔, 秦王恥之. 臣故曰拔." 君曰: "子爲寡人謀, 且奈何?" 對曰: "君謂景翠: '公爵爲執圭, 官爲柱國, 戰而勝, 則無加焉矣; 不勝, 則死, 不如背秦援宜陽, 公進兵. 秦恐公之乘其弊也, 必以寶事公; 公中慕公之爲己乘秦也, 亦必盡其寶.'" 秦拔宜陽, 景翠果進兵. 秦懼, 遽效煮棗; 韓氏果亦效重寶. 景翠得城於秦, 受寶於韓, 而德東周.

진나라 무왕이 감무를 시켜 한나라 땅 의양을 뽑아내려 하자, 초나라 장수 경취가

---

1 포표 주: 경취는 이때 대체로 구원하는 것이 마땅했으니, 진나라와 사사로움이 있었을 것이다.(鮑本, 翠時蓋援宜而有秦私.)

조루의 계책에 따라 진나라를 공격하는 모습을 보여주었다. 이에 경취는 전쟁이 길어질 것을 염려한 진나라로부터 땅을 받고, 한나라로부터는 도와준다는 명분으로 재물을 받고, 진나라의 동쪽 진출을 멈추게 하여 주나라에게는 덕을 베풀게 되었다.

1-3 동주가 서주와 싸우다【東周與西周戰】

동주가 서주와 싸움을 했는데, 한나라가 서주를 구원하려 했다. (누군가가) 동주를 위해 한나라 왕[襄王]에게 일러 말했다.

"서주는 옛 천자의 나라로 이름 있는 기물과 무거운 보물이 많습니다. 병사를 누르고[案兵＝按兵] 나가지 않는다면, 동주에게는 덕을 베푸는 것이 되고 서주의 보물을 남김없이 가질 수도 있습니다."

東周與西周戰, 韓救西周. 爲東周謂韓王曰: "西周者, 故天子之國也, 多名器重寶. 案兵而勿出, 可以德東周, 西周之寶可盡矣."

한나라가 서쪽으로 동주를 압박하고 공격하지 않는다면 동주는 자기들을 공격하지 않아서 고마움을 느끼게 되고 서주는 한나라를 끌어들이기 위해 많은 보물을 줄 것이니, 한나라로서는 피 한 방울 흘리지 않고 은혜와 실리를 얻게 될 것이다.

1-4 동주가 서주와 다투다【東周與西周爭】

　　동주가 서주와 싸움을 하고 있었는데, 서주는 초나라, 한나라와 화친을 하고 싶어 했다. (초나라 사람인) 제명(齊明)이 동주 임금에게 일러주며 말했다.

　　"신은 서주가 초나라와 한나라에게 보물을 주고서 영을 내려 자기[西周]를 위해 동주에 땅을 요구할까 두렵습니다. 차라리 초나라와 한나라에게 일러주며 말하기를, '서주가 보물을 들여보내고 싶어 하지만 그 양쪽 실마리²는 (동주가) 쥐고 있습니다. 지금 동주의 병사들이 서주를 급히 치지 않기 때문에 서주의 보물이 초와 한나라로 들어가지 않고 있습니다'라고 하는 것만 못합니다. 초나라와 한나라는 보물을 얻고 싶어서 바로 또 우리를 재촉하여 서주를 공격하게 할 것이니, 서주의 보물이 나오게 되면 이는 우리가 초나라와 한나라를 위해 은덕을 입혀 보물을 차지하게 한 것이요 서주를 약해지게 한 것입니다."

東周與西周爭, 西周欲和於楚·韓. 齊明謂東周君曰: "臣恐西周之與楚·韓寶, 令之爲己求地於東周也. 不如謂楚·韓曰: '西周之欲入寶, 持二端. 今東周之兵不急西周, 西周之寶不入楚·韓.' 楚·韓欲得寶, 即且趣我攻西周. 西周寶出, 是我爲楚·韓取寶以德之也, 西周弱矣."

서주가 초나라와 한나라에게 서주의 보물을 내어주는 대신 동주의 땅을 빼앗아 달

2　포표 주: 동주의 병사들이 급히 치면 (보물을) 들일 것이고 급히 치지 않으면 멈출 것이라는 말이다.(鮑本, 言東兵急則入, 不急則已.)

라고 요구할 것을 두려워한 것이다. 제명은 동주의 공격 속도가 초나라와 한나라에
보물이 들어갈지 들어가지 않을지에 대한 고삐를 쥐고 있다고 판단하여, 이런 형세
를 초나라와 한나라에게 알려서 그들이 보물에 욕심을 내어 동주를 돕도록 계책을
꾸민다.

1-5 동주가 벼를 심고 싶어 하다【東周欲爲稻】

동주가 벼를 심고 싶었지만 서주에서 물을 내려 보내지 않아서 동
주가 근심했다. 소자(蘇子=蘇代 또는 蘇厲로, 蘇秦의 동생이다)가 동주 임
금에게 일러주며 말했다.

"신이 청컨대 가서 서주가 물을 내려 보내게 하려는데, 허락하시겠
습니까?"

마침내 가서 서주 임금을 뵙고 말했다.

"임금의 계책은 지나치십니다. 지금 물을 내려 보내지 않는 것은
동주를 부유하게 만드는 바입니다. 지금 그 백성들은 모두 보리를 심
었고 다른 것은 심지 않았습니다. 임금이 만일 해를 끼치고 싶으시면
차라리 한 번 물을 내려 보내서 그들이 심은 것을 병들게 하는 것만 못
합니다. 물을 내려 보내면 동주는 반드시 다시 벼를 심을 것입니다. 벼
를 심으면 다시 (물을) 빼앗습니다. 만일 이와 같이 하신다면 곧 동주의
백성들은 가히 호령 한 번에 서주를 우러러 보고서 임금에게 명을 받
들 것입니다."

서주 임금이 말했다.

"좋소."

마침내 물을 내려 보냈다. 소자 또한 두 나라에서 금을 얻었다.

東周欲爲稻, 西周不下水, 東周患之. 蘇子謂東周君曰: "臣請使西周下水可乎?" 乃往見西周之君曰: "君之謀過矣! 今不下水, 所以富東周也. 今其民皆種麥, 無他種矣. 君若欲害之, 不若一爲下水, 以病其所種. 下水, 東周必復種稻; 種稻而復奪之. 若是, 則東周之民可令一仰西周, 而受命於君矣." 西周君曰: "善." 遂下水. 蘇子亦得兩國之金也.

농사철에 서주가 강을 막고 물을 내려 보내지 않자 소자가 서주의 임금에게 물을 주었다 끊었다 하면 이익이 크다고 설득함으로써 물을 내려 보내게 하고 양쪽 주나라로부터 재물을 얻었다.

1-6 소헌이 양책에 있었다【昭獻在陽翟】

(楚나라 사람이자 韓나라의 상국을 지낸) 소헌(昭獻)이 (韓나라 옛 도읍인) 양책(陽翟)에 있을 때, 주나라 임금이 장차 영을 내려 상국(相國)으로 하여금 (소헌에게) 가게 했지만 상국은 가고 싶어 하지 않았다. 소려(蘇厲)가 그를 위해 주나라 임금에게 일러주며 말했다.

"초나라 왕과 위나라 왕이 만났을 때 주군께서는 진봉(陳封)에게 초나라로 가게하고 상공(向公)에게 위나라로 가게 했습니다. 초나라와 한나라가 만났을 때 주군께서는 허공(許公)에게 초나라로 가게 하고 상공(向公)에게 한나라로 가게 했습니다. 지금 소헌은 다른 사람의 주인이 아닌데도 주군께서는 상국을 가게 하시려는데, 만약 그 왕이 양책에 있으면 주군께서는 장차 누구를 보내려 하십니까?"

주나라 임금이 말했다.

"좋다."

이에 그 행차를 그치게 했다.

昭獻在陽翟, 周君將令相國往, 相國將不欲. 蘇厲爲之謂周君曰: "楚王
與魏王遇也, 主君令陳封之楚, 令向公之魏; 楚·韓之遇也, 主君令許公
之楚, 令向公之韓. 今昭獻非人主也, 而主君令相國往, 若其王在陽翟,
主君將令誰往?" 周君曰: "善." 乃止其行.

상국은 다른 나라의 임금에게 인사를 가는 것이 예인데, 다른 나라의 신하인 소
헌에게 상국이 인사를 가는 것은 예에 어긋나는 것이라는 말로 임금을 설득한 것
이다.

1-7 진나라가 주나라의 길을 빌려서 한나라를 치려 하다
【秦假道於周以伐韓】

진나라가 주나라의 길을 빌려서 한나라를 치려 하니, 주나라는 빌
려주면 한나라에게 미움을 받게 되고 빌려주지 않으면 진나라에게 미
움을 받게 될까 두려워했다. (한나라 사람인) 사염(史黶=史厭)이 주나라
임금[東周武公]에게 일러 말했다.

"임금께서는 어찌 다른 사람에게 영을 내려 한나라 공숙(公叔)에
게 일러 말해서 '진나라가 감히 요새를 끊고 한나라를 치는 것은 동

주를 믿기 때문입니다. 공은 어찌 주나라에게 땅을 주고 무거운 사신을 뽑아서 초나라에 사신으로 보내지 않습니까? 진나라가 반드시 의심하고 주나라를 믿지 않을 것이니, 이로써 한나라를 치지 못할 것입니다'라고 하고, 또 진나라 왕에게는 일러 말해서 "한나라는 억지로 주나라에게 땅을 주어 장차 주나라가 진나라에게 의심받게 하려 할 것이니, 과인은 감히 받을 수가 없습니다'라고 하지 않으십니까? 진나라는 반드시 말을 하거나 영을 내려서 주나라가 땅을 받지 못하게 할 수가 없을 것이니, 이는 한나라에게서 땅을 받으면서 진나라의 말을 들어주는 것입니다."

秦假道於周以伐韓, 周恐假之而惡於韓, 不假而惡於秦. 史厤謂周君曰: "君何不令人謂韓公叔曰: '秦敢絶塞而伐韓者, 信東周也. 公何不與周地, 發重使使之楚, 秦必疑, 不信周, 是韓不伐也.' 又謂秦王曰: '韓彊與周地, 將以疑周於秦, 寡人不敢弗受.' 秦必無辭而令周弗受, 是得地於韓而聽於秦也."

한나라로부터 동주가 땅을 받으면, 진나라는 주나라와 한나라 사이를 의심하여 주나라를 통과해서 한나라를 치지는 못할 것이며, 또 진나라에게는 억지로 받았다고 하면 진나라도 어쩔 수 없을 것이라는 계책이다.

1-8 초나라가 옹지 땅을 공격하다【楚攻雍氏】

초나라가 (한나라 땅인) 옹지(雍氏=陽翟)를 공격하였는데, 주나라가 진나라와 한나라에 군량[餼]을 보내자 초나라 왕이 주나라에 화를 내었다. 주나라의 임금이 이를 근심하자 (누군가가) 주나라를 위해 초나라 왕에게 일러주며 말했다.

"왕의 강성함을 가지고 주나라에게 화를 내면 주나라는 두려워하여 반드시 곡식을 준 나라[所與粟之國]에게 연합하자고 할 것이니, 이는 곧 왕의 적을 굳세게 하는 것입니다. 그러므로 왕께서 빨리 주나라의 두려움을 풀어주는 것만 못하니, 주나라는 앞서 죄를 지었어도 나중에 풀어주었다고 하면서 틀림없이 왕을 두텁게 모실 것입니다."

楚攻雍氏, 周餼秦·韓, 楚王怒周, 周之君患之. 爲周謂楚王曰: "以王之強而怒周, 周恐, 必以國合於所與粟之國, 則是勁王之敵也. 故王不如速解周恐, 彼前得罪而後得解, 必厚事王矣."

주나라를 핍박하여 억지로 적을 만들기보다는, 용서해서 반드시 초나라를 두텁게 여기도록 만들라는 말이다.

1-9 주최가 석례에게 이르다【周最謂石禮】

(周나라 公子) 주최(周最)가 (秦나라 장수) 석례(石禮)에게 일러주며 말했다.

"그대는 어찌 진나라가 제나라를 공격하게 하지 않습니까? 신이 청하여 제나라가 그대를 재상으로 삼게 하면, 그대는 제나라로써 진나라를 섬기는 것이 되니 반드시 걱정할 바[處→慮]가 없을 것입니다. 그대가 이참에 저(周最)에게 위나라에 머물며 함께 (제나라와 더불어 진나라를 섬기는) 일을 하자고 하신다면 바로 천하는 그대에게 제어될 수 있습니다. 그대가 동쪽으로 가면 제나라에서 무겁게 쓰이고 서쪽으로 가면 진나라에서 귀하게 여겨질 것이니, 진나라와 제나라가 합해지면 그대는 언제나 무겁게 여겨질 것입니다.

> 周最謂石禮曰: "子何不以秦攻齊? 臣請令齊相子, 子以齊事秦, 必無處矣. 子因令周最居魏以共之, 是天下制於子也. 子東重於齊, 西貴於秦, 秦·齊合, 則子常重矣."

주최가 진, 제, 위 세 나라가 연횡(連衡)할 수 있도록 계책을 세웠다.

1-10 주나라 재상 여창이 주나라 임금에게 손님을 보여주다
【周相呂倉見客於周君】

주나라 재상 여창(呂倉)이 주나라 임금[東周文君=昭文君]에게 손님을 보여주었다. 전(前) 재상[工師籍]이 손님이 자기를 해칠까 두려워해서 그참에 다른 사람을 시켜 주나라 임금에게 일러 말했다.

"손님은 말 잘하는 선비입니다. 그런데 안 된다고 하는 까닭은, 다른 사람 헐뜯기를 좋아하기 때문입니다."

> 周相呂倉見客於周君. 前相恐客之傷己也, 因令人謂周君曰: "客者, 辯士也, 然而所以不可者, 好毀人."

다른 사람이 기용될까 봐서 그 사람의 단점을 일러주었다.

1-11 주나라 문군이 공사적을 자리에서 물러나게 하다
【周文君免士工師籍】

주나라 문군(文君=昭文君)이 공사적(工師籍)을 자리에서 물러나게 하고 여창(呂倉)을 재상으로 삼으려 했으나, 나라 사람들이 즐거워하지 않았다. 임금이 근심하는 마음이 있었다. (누군가가) 주나라 문군에게 일러 말했다.

"나라에는 반드시 헐뜯는 소리와 기리는 말이 있는데, 충신은 헐뜯는 소리는 자기 몸에 있게 하고 기리는 말은 윗사람에게 있게 합니다.

송나라 임금[宋平公]이 백성들의 때를 빼앗아서[3] 대(臺)를 지었을 때, 백성들이 비난했으나 충신 중에 누구도 그것을 가리고 덮어주려고 하지 않았는데, 자한(子罕)이 재상을 그만두고서 사공(司空)이 되자 백성들은 자한을 비방하고 그 임금을 잘했다고 했습니다.

제나라 환공의 궁 안에 7개 시장이 있고 여려(女閭: 여인 전용 주거 지역)가 700개나 있어 나라 사람들이 그것을 비난했는데, 관중이 이 때문에 집에 삼귀(三歸)를 두어 이로써 환공을 가려주면서 비난을 받고 스스로 백성들에게 욕을 먹었습니다.

『춘추』에 기록되어 있는 신하로서 임금을 시해한 자가 백 수십 인

---

3 농사철에 백성들을 요역(徭役)으로 동원하여 농사를 짓지 못하게 한 것을 말한다.

인데, 모두 대신(大臣)으로 기림을 받던 자들입니다. 그러므로 대신이 기림을 얻는다고 나라와 집안이 좋아지는 것이 아닙니다. 그래서 무리가 많아지면 강성해지고, 늘리고 쌓이면 산을 이루게 됩니다."

주나라 임금이 마침내 (공사적을) 물러나게 하지 않았다.

周文君免士⁴工師籍, 相呂倉, 國人不說也. 君有閔閔之心. 謂周文君曰: "國必有誹譽, 忠臣令誹在己, 譽在上. 宋君奪民時以爲臺, 而非民之, 無忠臣以掩蓋之也, 子罕釋相爲司空, 民非子罕而善其君; 齊桓公宮中七市, 女閭七百, 國人非之, 管仲故爲三歸之家, 以掩桓公, 非自傷於民也. 春秋記臣弒君者以百數, 皆大臣見譽者也. 故大臣得譽, 非國家之美也. 故衆庶成彊, 增積成山." 周君遂不免.

기림을 받는 대신이 세력을 얻고 무리를 이루면 위험하므로, 왕의 잘못을 가려줄 대신을 써야 한다는 말이다.

1-12 온 땅 사람이 주나라에 가다【溫人之周】

온(溫) 땅 사람이 주나라에 가려 했는데 주나라가 받아주지 않았다. (주나라 관리 중에 누군가가 물었다.)

"손님은 누구신가?"

대답하여 말했다.

---

4 포표 주: 면(免)자 아래의 사(士)자는 연문(衍文)이다.(鮑本, 免下衍士字.)

"주인(主人)입니다."

그가 사는 마을을 물었지만 알지 못해, 그로 인해 그를 감옥에 넣었다. 임금이 사람을 시켜 물었다.

"그대는 주나라 사람이 아닌데도 스스로 손님이 아니라고 하니, 무엇 때문인가?"

대답하여 말했다.

"신이 어려서 시를 외웠는데, 시[『詩經』「小雅·北山之什」]에서 말하기를 '너른 하늘 아래 왕의 땅 아닌 곳이 없고, 거느린 땅이 끝나는 곳까지 왕의 신하 아닌 사람이 없다'라고 했습니다. 지금 주나라는 천하의 임금이니, 곧 저는 천자의 신하입니다. 그런데 또 손님이 됩니까? 그래서 말하기를 주인이라고 했습니다."

임금이 마침내 관리를 시켜서 (옥에서) 내보냈다.

溫人之周, 周不納. "客即?" 對曰: "主人也." 問其巷而不知也, 使因囚之. 君使人問之曰: "子非周人, 而自謂非客何也?" 對曰: "臣少而誦詩, 詩曰: '普天之下, 莫非王土; 率土之濱, 莫非王臣.' 今周君天下, 則我天子之臣, 而又爲客哉? 故曰主人." 君乃使吏出之.

주천자가 천하의 주인이고 그 땅의 사람들은 천자의 신하이기 때문에 어디든 갈 수 있다고 왕을 기롱(譏弄)한 것이다.

1-13 누군가가 주최를 위해 금투에게 일러주다【或爲周最謂金投】

누군가가 주최(周最)를 위해 (趙나라 장수인) 금투(金投)에게 일러 말했다.

"진나라는 주최가 제나라에 가는 것 때문에 (제나라와 다른 나라들이 연합하여 진나라에 대항하려 한다고) 천하를 의심하고 있고, 또 조나라가 제나라 사람들과[子=予=與] 싸우는 것이 어렵다는 것을 알고 있으며, 제나라와 한나라가 연합하는 것을 두려워하고 있으니, (趙나라는) 반드시 먼저 진나라와 연합해야 합니다. 진나라와 제나라가 연합하면 곧 공의 나라는 폐허[虛=墟]가 될 것입니다. 공께서 차라리 제나라를 구원하고 이참에 진나라를 도와 한나라와 위나라를 쳐서 (한나라 땅인) 상당(上黨)과 장자(長子)를 조나라가 갖는 것만 못합니다. 공이 동쪽으로 가서 진나라의 보물을 거두고 남쪽으로 가서 한나라의 땅을 차지하면, 위나라는 그로 인해 곤란하게 될[以因→以困] 것이니, 서서히 동쪽으로[齊나라로] 가면 곧 (조나라와 제나라 사이에) 연합이 있을 것입니다."

> 或爲周最謂金投曰: "秦以周最之齊疑天下, 而又知趙之難子齊人戰, 恐齊·韓之合, 必先合於秦. 秦·齊合, 則公之國虛矣. 公不如救齊, 因佐秦而伐韓·魏, 上黨·長子趙之有. 公東收寶於秦, 南取地於韓, 魏因以因, 徐爲之東, 則有合矣."

조나라가 진나라와 손을 잡고 한과 위나라를 치면 제나라를 압박하여 화해를 할 수 있을 것이라는 계책이다.

1-14 주최가 금투에게 이르다【周最謂金投】

주최가 금투에게 일러 말했다.

"공께서는 진나라와 합한[令→合/全] 것을 의지하여[負→持] 강한 제나라와 싸우고 있습니다. 싸움에서 이기면 진나라는 장차 제나라를 거두어서 그 땅을 봉지로 주겠지만, (조나라에게) 많이 나눠주지 않고서 (제나라 땅을 봉토로 받으려는) 천하의 싸움을 다스리려고[聽=治] 할 것입니다. 이기지 못한다면 나라가 크게 상해서 진나라의 말을 듣지 않을 수 없을 것입니다. 진나라가 한나라와 위나라의 상당과 태원을 남김없이 차지한다면 이미 서쪽 땅[止→地]을 진나라가 갖고 있으므로 진나라의 땅이 천하의 절반이 될 터이니, (진나라가) 제나라와 초나라, 삼진의 명을 제어하게 되어 다시 나라와 몸이 위태롭게 될 것입니다. 이것이 어찌 (제대로 된) 계책의 길이겠습니까?"

周最謂金投曰: "公負令秦與強齊戰. 戰勝, 秦且收齊而封之, 使無多割, 而聽天下之戰; 不勝, 國大傷, 不得不聽秦. 秦盡韓·魏之上黨·太原, 西止秦之有已. 秦地, 天下之半也, 制齊·楚·三晉之命, 復國且身危, 是何計之道也."

조나라가 진나라를 의지하여 제나라와 싸우면 이기든 지든 결국 진나라를 섬기게 될 것이므로 제대로 된 책략이 아니라는 말이다.

1-15 석항진이 대량조에게 이르다【石行秦謂大梁造】

석항진(石行秦)이 대량조(大良造=大上造. 秦나라 執政 겸 軍政의 책임자)에게 일러주며 말했다.

"패왕이란 이름을 트고자 하신다면 두 주나라의 논변을 잘하는 선비를 갖추는 것만 못합니다."

주나라 임금에게는 일러주며 말했다.

"임금께서는 논변을 잘하는 선비에게 영을 내려 임금을 위해 진나라와 (논변으로) 다투게 하는 것만 못합니다."

石行秦謂大梁造曰: "欲決霸王之名, 不如備兩周辯知之士." 謂周君曰: "君不如令辯知之士, 爲君爭於秦."

석항진이 자기가 진나라에 가기 위해, 주나라에서 논변을 잘하는 선비를 뽑아 진나라에 보내는 것이 두 나라에게 모두 이롭다고 말했다.

1-16 설공에게 이르다【謂薛公】

(蘇代가) 설공(薛公: 齊나라의 孟嘗君 田文)에게 일러주며 말했다.

"주최가 제나라 왕[齊閔王]에게 가서 있다가 쫓겨났는데, (齊나라 왕이) 축불(祝弗)의 말을 들어주고 여례(呂禮)를 재상으로 삼은 것은 진나라의 마음을 얻고 싶어서였습니다. 진나라와 제나라가 연합하면 불(弗)과 예(禮)를 무겁게 대해 줄 것입니다. (축불과 여례가) 제나라에 쓰이게 되면[有周齊→有用齊] 진나라가 틀림없이 군[薛公]을 가볍게 여길 것입니다. 군께서는 급히 북쪽으로 병사를 보내어 조나라를 재촉[趣]해서 진나라·위나라와 화친하게 만들고 주최를 거두어 두텁게[後→厚] 대해 줌으로써 장차 제나라 왕의 믿음을 되돌리고 또 천하가 변하는[率→變] 것을 막는 것만 못합니다. 제나라는 진나라가 없으면 천하(의 군대)가 모여들게[果→集] 되고 불(弗)은 반드시 도망갈 것이니, 제나라 왕이 누구와 그 나라를 함께하겠습니까?"

> 謂薛公曰: "周最於齊王也而逐之, 聽祝弗, 相呂禮者, 欲取秦. 秦·齊合, 弗與禮重矣. 有周齊, 秦必輕君. 君弗如急北兵, 趣趙以秦魏[5], 收周最以爲後行, 且反齊王之信, 又禁天下之率. 齊無秦, 天下果, 弗必走, 齊王誰與爲其國?"

조나라를 억지로 진나라·위나라와 화친하게 만들면 서쪽이 강성해지는 것을 두려워한 제나라가 진나라와 화친하려는 것을 멈출 것이고, 그로 인해 설공의 정적들도 물리칠 수 있을 것이라는 말이다.

1-17 제나라가 축불의 말을 듣다【齊聽祝弗】

제나라가 축불(祝弗)의 말을 듣고 주최를 밖으로 내보냈다. (누군가

5　(오사도가) 바로잡아 말한다: 『사기』에 따라 보자면 이(以)자 아래에 화(花)자가 있는 것이 옳다.(正曰: 從史, 以下有和字是.) 『사기(史記)』 「맹상군열전(孟嘗君列傳)」에는 "趣趙以和秦魏"로 되어 있다.

가) 제나라 왕에게 일러주며 말했다.

"주최를 쫓아내고 축불의 말을 들어 여례를 재상으로 삼는 것은 깊게 진나라의 마음을 얻고 싶기 때문입니다. 진나라가 천하를 얻으면 곧 제나라 정벌이 심해질 것입니다. 무릇 (진나라가) 제나라를 합하려고 하면 곧 조나라가 정벌을 두려워해서 (힘을 합쳐 제나라를 공격하려고) 급히 병사를 보내 진나라에게 보여줄[示] 것입니다. (아니면) 진나라는 조나라의 공격을 걱정하여 제나라와 같이 조나라를 정벌할 것인데, 그 실상은 같은 이치이니[6] 반드시 평안히 거처하지 못할 것입니다. 그래서 축불을 쓰는 것이 천하의 이치입니다."

> 齊聽祝弗, 外周最. 謂齊王曰: "逐周最·聽祝弗·相呂禮者, 欲深取秦也.
> 秦得天下, 則伐齊深矣. 夫齊合, 則趙恐伐, 故急兵以示秦. 秦以趙攻, 與
> 之齊伐趙, 其實同理, 必不處矣. 故用祝弗, 即天下之理也."

진나라가 제나라를 치려고 하면 조나라가 함께 제나라를 공격할 것이고, 반대로 진나라가 제나라와 연합하여 조나라를 칠 수도 있다. 어찌됐든 제나라 운명은 진나라에게 있으니, 진나라와 가까운 축불을 쓰는 것이 맞는 길일 것이다.

---

6 포표 주: 조나라로 제나라를 공격하면 제나라를 얻게 되고 제나라를 몰아서 조나라를 받으면 조나라를 얻게 되기 때문에 같은 이치라고 한 것이다.(鮑本, 以趙攻齊則得齊, 趙齊受趙亦得趙. 故其理同.)

1-18 소려가 주최를 위하여 소진에게 이르다【蘇厲爲周最謂蘇秦】

소려(蘇厲: 蘇秦의 동생으로 縱橫家)가 주최를 위하여 소진에게 일러 주며 말했다.

"형님[君]은 (주나라) 왕이 주최[最]의 말을 들어주어 (주나라) 땅을 가지고 위나라에서 연합하게 하도록 하는 것만 못합니다. 조(趙)나라 는 그 때문에 반드시 화를 내어 제나라와 연합할 것이니, 이는 형님이 제나라로 하여금 강한 초나라와 연합할 수 있게 한 것입니다. 바뀐다 면 형님에게서 비롯된 일이니, 만일 주최의 일을 따르고자 한다면 제 와 연합한 것은 형님의 공이 되고 땅을 떼어준 것은 주최의 탓이 됩 니다."

蘇厲爲周最謂蘇秦曰: "君不如令王聽最, 以地合於魏, 趙故必怒, 合於 齊, 是君以合齊與強楚. 吏[7]産子君, 若欲因最之事, 則合齊者, 君也; 割地 者, 最也."

주최는 조나라와 위나라가 연합하기를, 소진은 진나라와 제나라가 합치기를 원 했다.

---

7 (오사도가) 보충하여 말한다: 유진옹(劉辰翁)이 이르기를, '리(吏)'자는 마땅히 '경(更)'자가 되어 야 한다고 했다.(補曰: 劉辰翁云, 吏字當作更.)

1-19 주최에게 이르기를 구혁이 송나라의 재상이 되었다고 하다

【謂周最曰仇赫之相宋】

(누군가가) 주최에게 일러주며 말했다.

"(趙나라 대신) 구혁(仇赫)이 송나라의 재상이 되었으니, 장차 진나라가 조나라와 송나라에게 대응하는 것을 살펴보고 세 나라[韓, 衛, 齊]를 무찌를 것이요, 세 나라가 패하지 않으면 장차 조나라와 송나라를 일으켜 동쪽[三國: 韓, 衛, 齊]과 합해서 진나라를 고립시킬 것입니다. 또한 장차 한나라와 위나라가 진나라에 하는 것을 살펴보니, (두 나라 사이가) 단단하지 않으면 곧 장차 (진나라는) 송나라와 함께 세 나라를 무찌를 것이요, (두 나라 사이가 단단하면) 곧 조나라와 송나라를 세 나라에 팔아버릴 것입니다. 공은 왜 다른 사람을 시켜 한나라 왕[韓襄王]과 위나라 왕[魏哀王]에게 일러 말하기를, '진나라와 조나라가 서로를 배신하게 하고 싶습니까? 어찌하여 합쳐서 주최를 재상을 겸하게 함으로써 (한나라와 위나라가) 떨어질 수 없다는 것을 보여주지 않습니까? 그러면 곧 진나라와 조나라는 반드시 서로를 배반하면서 왕과 연합할 것입니다'라고 하지 않습니까?"

> 謂周最曰: "仇赫之相宋, 將以觀秦之應趙‧宋, 敗三國. 三國不敗, 將興趙‧宋合於東方以孤秦. 亦將觀韓‧魏之於秦也, 不固, 則將與宋敗三國; 則賣趙‧宋於三國. 公何不令人謂韓‧魏之王曰: '欲秦‧趙之相賣乎? 何不合周最兼相, 視之不可離, 則秦‧趙必相賣以合於王也.'"

송나라는 진나라와 한‧위‧제 세 나라와의 경쟁 상황을 보고 우세한 쪽에 붙을 것

이요, 진나라도 마찬가지로 한·위 두나라 사이가 얼마나 굳은지에 따라 동맹을 바꿀 수 있으니, 주최를 한나라와 위나라의 공동 재상으로 삼아서 동맹이 굳건함을 보여 주면 진나라와 조나라가 반드시 굽히고 동맹을 맺자고 할 것이다.

1-20 주최를 위해 위나라 왕에게 이르다【爲周最謂魏王】

(누군가가) 주최를 위해 위나라 왕[襄王]에게 일러주며 말했다.

"진나라는 조나라가 제나라와 싸우기를 어려워하는 것을 알고 있으며 장차 제나라와 조나라가 연합할 것을 두려워하기 때문에, 틀림없이 몰래 (조나라를 위해) 힘을 쓸 것입니다. 조나라는 감히 (제나라와) 싸우지는 못하고, 진나라가 자기를 거두지 않을까 두려워해서 먼저 제나라와 연합할 것입니다. 진나라와 조나라가 제나라를 두고 다투는데, 왕께서 사람이 없다고 하는 것은 안 되는 일입니다. 왕께서 주최를 내보내 제나라를 거두어서 더불어 합하게 하지 않고 병사를 급히 내어 제나라를 치려고 하시니, 그로 말미암아 되는 일은 없을 것입니다."[8]

爲周最謂魏王曰: "秦知趙之難與齊戰也, 將恐齊·趙之合也, 必陰勁之. 趙不敢戰, 恐秦不己收也, 先合於齊. 秦·趙爭齊, 而王無人焉, 不可. 王不去周最, 合與收齊, 而以兵之急則伐齊, 無因事也."

8　포표 주: 주최가 이때 위나라에 있으면서 제나라로 가고 싶어 했으니, 그 때문에 이 책사가 그를 위해 말하여 떠날 수 있도록 하려는 것이다.(鮑本, 最時在魏, 欲之齊. 故此士爲之言, 使得去.)

1-21 주최에게 이르다【謂周最曰】

(누군가가) 주최에게 일러주며 말했다.

"위나라 왕[衛哀王]이 나라를 선생과 함께하는 것은 진나라와 연합하여 제나라를 치는 일을 귀하게 여기기 때문입니다. 설공[孟嘗君= 田文]이 옛 주인[9]을 등지고 가볍게 그 설(薛) 땅을 잊어버린 채 돌아가신 아버지의 묘를 돌아보지 않고 있는데도 공께서 홀로 헛된 믿음[10]을 닦는 일을 아름다운 일[茂=盛美]로 여겨, 뭇 신하들에게 옛 주인에게 의지하고 있음을 밝히면서 제나라를 치는 일에 함께하지 않겠다고 하는 것은 강한 진나라의 화를 낳는 일이니 안 될 일입니다. 공께서 위나라 왕과 설공에게 일러서 말하기를, '청컨대 왕을 위해 제나라에 들어가면 천하가 제나라를 해칠 수 없습니다. 만일 변란이 있으면 신이 (위나라에) 청하여 (제나라를) 구원하겠습니다. 변란이 없으면 왕께서 마침내 (진나라를) 칠 수 있습니다. 또 신은 제나라의 신하이니 왕이 천하와 사귀는 일에 누가 되면 안 될 일입니다. 왕께서 신을 위해 두터운 은덕을 내려주시어 신이 제나라에 들어가게 된다면 왕은 진실로 제나라에 대한 걱정이 없을 것입니다'라고 하는 것만 못합니다."

---

9 표포 주: 제나라 민왕(閔王)이다. 주최가 일찍이 제나라에서 벼슬했기 때문에 그렇게 부른 것이다.(鮑本, 齊閔王也. 最嘗仕齊, 故稱之然.)

10 표포 주: 주최는 본래 제나라와 사이가 좋아서 진실로 제나라를 배반하지 않을 것인데 지금은 위나라의 재상이고, 위나라는 진나라를 끼고서 제나라를 치는 형세이다. 그래서 헛된 믿음이라고 한 것이다.(鮑本, 最本善齊, 固不背齊. 然今相魏, 魏有以秦伐齊之形, 猶爲虛信.)

謂周最曰: "魏王以國與先生, 貴合於秦以伐齊. 薛公故主[11], 輕忘其薛, 不顧其先君之丘墓, 而公獨脩虛信, 爲茂行, 明群臣, 據故主, 不與伐齊者, 産以忿強秦, 不可. 公不如謂魏王·薛公曰: '請爲王入齊, 天下不能傷齊. 而有變, 臣請爲救之; 無變, 王遂伐之. 且臣爲齊奴也, 如累王之交於天下, 不可. 王爲臣賜厚矣, 臣入齊, 則王亦無齊之累也.'"

주최가 제나라에 가서 위나라와의 동맹을 강화하면 위나라는 제나라를 걱정하지 않고 진나라에 대적할 수 있게 될 것이라고 다짐하게 한 것이다.

1-22 조나라가 주나라 제 땅을 차지하다【趙取周之祭地】

조나라가 주나라 제(祭) 땅을 차지하자 주나라 임금이 근심하여 정조(鄭朝)에게 알리니, 정조가 말했다.

"임금께서는 걱정하지 마십시오. 신이 청컨대 삼십금을 주시면 다시 (땅을) 가져오겠습니다."

주나라 임금이 그에게 (금을) 주었다. 정조가 조나라 태복(太卜)에게 바치면서, 그참에 제 땅의 일을 알렸다.

왕이 병이 들게 되자 점을 치게 하였다. 태복이 꾸짖으며[譴] 말했다.

"주나라 제 땅이 재앙의 빌미[祟]입니다."

---

11 背가 생략되어 있으니, "薛公背故主"가 되어야 한다. 오사도는 이를 바로잡으면서, '고주(故主)' 앞에 한 글자가 빠졌을 것[故主上恐缺一字]이라고 보았다.

조나라가 마침내 돌려주었다.

趙取周之祭地, 周君患之, 告於鄭朝. 鄭朝曰: "君無患也, 臣請以三十金復取之." 周君予之, 鄭朝獻之趙太卜, 因告以祭地事. 及王病, 使卜之. 太卜譴之曰: "周之祭地爲祟." 趙乃還之.

점치는 사람에게 뇌물을 주어 조나라 왕이 아픈 까닭은 주나라에서 빼앗은 땅 때문이라 하여 그 땅을 돌려받았다.

1-23 두혁이 경취가 주나라에서 무겁게 쓰이기를 바라다
【杜赫欲重景翠於周】

두혁(杜赫)이 (楚나라 장군인) 경취(景翠)가 주나라에서 무겁게 쓰이기를 바라면서 주나라 임금에게 일러 말했다.

"임금의 나라는 작은 데다 남김없이 군자와 중요한 보물, 주옥을 제후들을 섬기는 데 썼으니, 살피지 않을 수 없습니다. 비유하면 마치 그물을 펼치는 사람이 새가 없는 곳에 펼치게 되면 해가 저물어도 얻는 바가 없는 것과 같습니다. 새가 많은 곳에 펼치면 또 놀라 흩어질 것입니다. 반드시 모름지기 새가 있다가 없다가 하는 사이에 펼치게 되면, 그런 후에 능히 많이 새를 잡을 수 있을 것입니다. 지금 임금께서 장차 대인에게 베푸시면 대인은 임금을 가벼이 여길 것이고 소인에게 베푸시면 소인은 요구하는 바가 끝이 없을 것이니, 또한 재물을 낭비하는 것입니다. 임금께서는 반드시 지금 궁한 선비들에게 베푸십시오.

꼭 그렇지는 않겠지만, (그들이) 장차 대인이 되면 원하는 것을 얻을 수 있을 것입니다."

杜赫欲重景翠於周, 謂周君曰:"君之國小, 盡君子重寶珠玉以事諸侯, 不可不察也. 譬之如張羅者, 張於無鳥之所, 則終日無所得矣; 張於多鳥處, 則又駭鳥矣; 必須張於有鳥無鳥之際, 然後能多得鳥矣. 今君將施於大人, 大人輕君; 施與小人, 小人無可以求, 又費財焉. 君必施於今之窮士, 不必且爲大人者, 故能得欲矣."

주나라가 인재와 재물을 제후들에게 헛되이 쓰는 것을 경계하면서 장래성 있는 사람에게 투자하라고 조언하다.

1-24 주나라 공태자가 죽다【周共太子死】

주나라 공태자(共太子: 西周武公의 아들)가 죽었는데, 다섯 명의 서자를 두었고 모두를 아꼈기 때문에 (한 사람을) 정해서[適=定] 세울 수가 없었다. 사마전(司馬翦)이 초나라 왕[懷王]에게 일러주며 말했다.

"어찌 (주나라 임금의 다른 아들인) 공자 구(咎)를 봉하고 그를 위해 태자(자리)를 청하지 않습니까?"

좌성(左成)이 사마전에게 일러주며 말했다.

"주나라 임금이 들어주지 않으면 이는 공의 지혜가 막혀서 주나라와의 교분이 끊어지게 되는 것입니다. 차라리 주나라 임금에게 일러 말하기를 '누구를 세우려고 하십니까? 몰래 저[사마전]에게 알려주시면 제가 지금 초나라 왕에게 (태자 될 사람에게) 땅을 대어주도록 하겠습니다'라고 하는 것만 못합니다. 공께서 만일 태자를 돕고자[爲=助] 하신다면 이참에 사람을 시켜 상국의 마부인 전자(展子)와 장부(廏夫)인 공(空)에게 일러 말하기를 '(초나라) 왕께서 너희[若]가 그 일을 하기를 원하시는 것 같다[類=似]. 이 사람[공자 구]은 사나운[健=悍] 사람이라서 나라 안에 있으면 상국에게 이롭지 않다'라고 하게 하십시오."

상국이 영을 내려 (공자 구가) 태자가 되도록 하였다.

周共太子死, 有五庶子, 皆愛之, 而無適立也. 司馬翦謂楚王曰: "何不封公子咎, 而爲之請太子?" 左成謂司馬翦曰: "周君不聽, 是公之知困而交絶於周也. 不如謂周君曰: '孰欲立也? 微告翦, 翦今楚王資之以地.' 公若欲爲太子, 因令人謂相國御展子, 廏夫空曰: '王類欲令若爲之. 此健士也, 居中不便於相國.'" 相國令之爲太子.

초나라에 가까운 공자 구를 주나라 태자로 세우기 위해, 주나라 왕에게는 태자가 될 사람에게 땅을 떼어주고 싶다고 말을 건네고 초나라 상국에게는 공자 구가 껄끄러운 사람이니 주나라로 보내게 하라고 계책을 내었다.

1-25 세 나라가 진나라를 막다【三國隘秦】

세 나라[三國: 韓, 衛, 齊]가 진나라를 막고 있었는데, 주나라가 재상에게 영을 내려 진나라에 가게 했지만 진나라가 가볍게 여길까 봐서 가는 것을 붙들어두고 있었다. 어떤 사람이 상국에게 일러주며 말했다.

"진나라가 가볍게 여기는지 무겁게 여기는지는 아직 알 수 없습니다. 진나라는 세 나라의 실상을 알고 싶어 하니, 차라리 공께서 빨리 진나라 왕을 뵙고 말씀드리기를, '청컨대 왕을 위해[謂→爲] 동쪽 나라들의 처지를 듣고자 합니다'라고 하는 것만 못합니다. 진나라는 반드시 공을 무겁게 대할 것입니다. 이는 공이 주나라를 무겁게 해서 무거워진 주나라로써 진나라를 얻는 것이요, 제나라가 무겁게 여겨진 지 오래되었고[故=舊] 주나라와 친하게[有→善之] 지내왔기 때문에 얼마 안 가서 제나라도 얻게 될 것입니다. 이로써 주나라는 언제나 중요한 나라들과의 교분을 잃지 않을 것입니다."

三國隘秦, 周令其相之秦, 以秦之輕也, 留其行. 有人謂相國曰: "秦之輕重, 未可知也. 秦欲知三國之情, 公不如遂見秦王曰: '請謂王聽東方之處.' 秦必重公. 是公重周, 重周以取秦也. 齊重故有周, 而已取齊. 是周常不失重國之交也."

주나라가 천하의 균형추 노릇을 하기 위해서는 진나라를 홀대할 수 없으므로 빨리 진나라에 가서 동쪽의 사정을 알려야 한다.

1-26 창타가 서주에서 도망쳐 동주로 가다【昌他亡西周】

창타(昌他=宮他)가 서주에서 도망쳐 동주로 가서 서주의 실상을 동주에게 남김없이 넘겨주었다. 동주는 크게 기뻐했고, 서주는 크게 화를 냈다. 풍차(馮且)가 말했다.

"신이 그를 죽일 수 있습니다."

(서주) 임금이 금 삼천 근을 주었다. 풍차가 사람을 시켜 금과 서신을 보내고 틈을 타서 창타에게 글을 보내 말했다.

"창타에게 알립니다. 일이 이루어질 수 있으면 힘써 이루고, 이루지 못할 것 같으면 빨리[亟=急] 도망쳐서 오시오. 도망쳐서 오시오. 일이 오래되면 장차 새어나갈 것이니, (새어나가면) 스스로 몸을 죽이시오."

그참에 다른 사람을 시켜 동주의 관리(侯)[12]에게 알려주어 말했다.

"오늘 저녁 어떤 간사한 사람이 막 들어올 것입니다."

관리가 잡아서 동주에 바치니, 동주가 죄를 물어[立] 창타를 죽여 버렸다.

昌他亡西周, 之東周, 盡輸西周之情於東周. 東周大喜, 西周大怒. 馮且曰: "臣能殺之." 君予金三十斤. 馮且使人操金與書, 間遺昌他書曰: "告昌他, 事可成, 勉成之; 不可成, 亟亡來, 亡來. 事久且泄, 自令身死." 因使人告東周之侯曰: "今夕有姦人當入者矣." 侯得而獻東周, 東周立殺昌他.

동주에 역정보를 흘려서 서주의 정보를 가지고 도망간 사람을 죽게 하고 그 정보를 믿을 수 없게 만든 것이다.

1-27 소전과 동주 사이가 나빠지다【昭翦與東周惡】

(초나라 경대부) 소전(昭翦=司馬翦=照翦)과 동주 사이가 나빠지니, 누군가가 소전에게 일러주며 말했다.

"공을 위해 몰래 계책을 세웠습니다."

소전이 말했다.

"무엇이오?"

"서주는 동주를 매우 싫어해서 일찍부터 동주와 초나라가 나빠지기를 바랐습니다. 서주는 틀림없이 영을 내려 도적에게 공을 해치게 하고는 그참에 널리 동주가 했다고 말할 것이니, (초나라) 왕과 동주 사이가 나빠질[以西→以惡] 것입니다"

소전이 말했다.

"좋습니다. 나는 또한 동주가 나를 해치고는 서주를 (누명을 씌워) 가볍게 만들어서 초나라에게 미움을 받게 할까 두려웠습니다."

급히 동주와 화평하게 지냈다.

昭翦與東周惡, 或謂照翦曰: "爲公畫陰計." 照翦曰: "何也?" "西周甚憎東周, 嘗欲東周與楚惡, 西周必令賊賊公, 因宣言東周也, 以西周之於王也." 照翦曰: "善. 吾又恐東周之賊己而以輕西周惡之於楚." 遽和東周.

소전은 동주를 미워하고 서주와 잘 지냈기 때문에 초나라도 서주를 잘 대해주었다. 소전은 '동주가 그 교분을 무너뜨리기 위해서 소전을 해치려 하니, 소전이 죽으면 서주 안에는 초나라와 주관할 자가 없어지고 동주는 그참에 초나라가 서주를 미워하게 만들 수 있다(鮑本東欲壞其交, 故賊翦, 翦死則西無內主於楚, 東因得使楚惡

之)'라고 생각했지만, 반대로 서주가 자신을 해치고 동주에 누명을 씌우는 것은 고려하지 않았다.

1-28 엄씨가 역적이 되다【嚴氏爲賊】

엄씨(嚴氏=嚴仲子=嚴遂)가 역적이 되어[13] 양견(陽堅)과 함께했다. 주나라를 지나는데[道周→出亡過周], 주나라 임금이 그들을 머물게 했다가 14일이 지나자 네 마리 말이 끄는 수레에 실어서 떠나보냈다. 한나라가 사람을 시켜 주나라를 꾸짖으니, 주나라 임금이 근심하였다. 손님 중 하나가 주나라 임금에게 일러 말했다.

"바르게 이야기하여 말하시기를 '과인은 엄씨가 역적이 되고 양견이 함께한 것을 알고 있었기 때문에 14일을 머물게 하면서 명령을 기다린 것이다. 작은 나라가 부족하여 정말로 역적을 받아들였으나, 임금의 사신 또한 이르지 않았기 때문에 그래서 떠나보낸 것이다'라고 하십시오."

嚴氏爲賊, 而陽堅與焉. 道周, 周君留之十四日, 載以乘車駟馬而遣之. 韓使人讓周, 周君患之. 客謂周君曰: "正語之曰: '寡人知嚴氏之爲賊, 而陽堅與之, 故留之十四日以待命也. 小國不足亦以容賊, 君之使又不至,

---

13 엄수(嚴遂)는 자가 중자(仲子)로 일찍이 한(韓)나라 애후(哀侯)를 섬겼는데, 당시 재상인 협루(俠累=韓傀)와 사이가 나빠 망명하였다. 제(齊)나라에서 자객인 섭정(聶政)을 알게 되어 그에게 1백 금을 주고 협루를 자살(刺殺)하고자 했다.(「韓策」 2, 27-22 '한괴가 한나라 재상이 되다(韓傀相韓)' 참조)

是以遣之也.'"

역적이 주나라에 머무르다 떠난 것에 대해 한나라가 문책하자, 거꾸로 아무런 대응

을 하지 않은 한나라의 잘못을 이야기하게 했다.

서주책
西周策

2-1 설공이 제나라를 거느리고 한나라와 위나라를 위해 진나라를 공격하다
【薛公以齊爲韓魏攻楚】

　　(孟嘗君 田文의 아버지로 靖郭君인) 설공(薛公=田嬰)이 제나라를 거느리고 한나라와 위나라를 위해 초나라를 공격하였고, 다시 한나라, 위나라와 함께 진나라를 공격하면서 서주에게 병사를 빌리고[藉兵] 먹을 것을 요구하였다. (서주의 신하인) 한경(韓慶)이 서주를 위하여 설공에게 일러주며 말했다.

　　"군께서 제나라를 거느리고 한나라와 위나라를 위해 초나라를 공격해서 9년이 지나 완(宛) 땅과 섭(葉) 땅의 북쪽을 차지함으로써 한나라와 위나라를 강하게 만들어주었는데, 지금 또다시 진나라를 공격해서 (그들을) 더욱 늘려주고 있습니다. 한나라와 위나라는 남쪽으로는 초나라에 대한 걱정이 없어지고 서쪽으로는 진나라에 대한 환난이 없어지니, 곧 땅은 넓어지고 무거움은 늘어나므로 (상대적으로) 제나라는 틀림없이 가벼워질 것입니다. 저 뿌리와 곁가지가 번갈아 성대해지고 허와 실도 때가 있으니, 군을 위해 몰래 생각해보면 위태롭습니다. 군께서는 차라리 저희 나라[西周]를 몰래 진나라와 연합하게 하여 군께서 (한나라와 위나라에게) 공격하지 말고 또 병사를 빌리고 먹을 것을 요구하지 못하게 하느니만 못할 것입니다. 군께서 함곡관을 머물면서[臨] 공격하지 않고 저희 나라에 영을 내려서 군의 사정[情]을 진나라 왕에게 일러주며 말하게 하기를 '설공은 반드시 진나라를 깨뜨려서 한과 위나라에게 베풀어줄 것이니, 병사를 나아가게 하는 까닭은 왕께서 초나라로 하여금 동국(東國)을 잘라서 제나라에 주도록 하고 싶어서입니다'라고 하면 진나라 왕은 (진나라에 억류 중인) 초나라 왕[楚懷王]을 내보내어 화친하고자 할 것이니, 군께서는 저희 나라로 하여금 이로써 진나라에 충성을 보이게 해주시는 것입니다. 진나라는 깨어지는 일이 없이 초나라 동국(東國)의 땅으로써 스스로 (제나라 등의 공격을) 벗어날 수 있게 되니 틀림없이 하고자 할 것이며, 초나라 왕은 (진나라에서) 나가게 되면 반드시 제나라에 고맙게 여길 것이고, 제나라는 동쪽 땅을 얻고서 더욱 강해질 것이요, 설씨 가문은 대대로 걱정이 없게 될 것입니다. 진나라가 크게 약해지지 않은 채로 삼진의 서쪽에 있으면 삼진은 틀림없이 제나라를 무겁게 여길 것입니다."

설공이 말했다.

"좋다."

그로 인해 영을 내려 한경을 진나라에 들게 하고, 삼국이 진나라를 공격하지 않게 했으며, 서주에게 병사를 빌리고 먹을 것을 요구하지 못하게 하였다.

薛公以齊爲韓·魏攻楚, 又與韓·魏攻秦, 而藉兵乞食於西周. 韓慶爲西周謂薛公曰: "君以齊爲韓·魏攻楚, 九年而取宛·葉以北以強韓·魏, 今又攻秦以益之. 韓·魏南無楚憂, 西無秦患, 則地廣而益重, 齊必輕矣. 夫本末更盛, 虛實有時, 竊爲君危之. 君不如令弊邑陰合於秦而君無攻,又無藉兵乞食. 君臨函谷而無攻, 令弊邑以君之情謂秦王曰: '薛公必破秦以張韓·魏, 所以進兵者, 欲王令楚割東國以與齊也.' 秦王出楚王以爲和, 君令弊邑以此忠秦. 秦得無破, 而以楚之東國自免也, 必欲之. 楚王出, 必得齊. 齊得東國而益強, 而薛世世無患. 秦不大弱, 而處之三晉之西, 三晉必重齊." 薛公曰: "善." 因令韓慶入秦, 而使三國無攻秦, 而使不藉兵乞食於西周.

제, 한, 위 세 나라가 진나라를 치기 위해 서주를 지나면서 병사와 군량을 요구하자, 서주의 한경이 설공에게 '한나라와 위나라가 강해지면 제나라가 불리해진다. 서주가 진나라 왕과 교섭하여 초나라 왕을 석방한 뒤 초나라 동쪽 땅을 갈라 제나라에게 주라고 하겠다. 이러면 초나라는 제나라에게 고마워할 것이고, 진나라도 약해지지 않아서 삼진이 더욱 제나라에 의존하게 될 것이다' 라는 계책을 내어놓았다.

2-2 진나라가 위나라 장수 서무의 군사를 이궐에서 공격하다
【秦攻魏將犀武軍於伊闕】

진나라가 위나라 장수 서무(犀武)의 군사를 (韓나라 邑인) 이궐(伊闕)에서 공격한 뒤, 병사를 나아가게 하여 주나라를 공격했다. (누군가가) 주최를 위해 (趙나라 장수) 이태(李兌)에게 일러주며 말했다.

"그대는 차라리 진나라의 주나라 공격을 막는[禁=止] 것만 못합니다. 조나라의 제일 좋은 계책은 진나라와 위나라가 다시 싸우게 하는 것만한 바가 없습니다. 지금 진나라가 주나라를 공격한다면 주나라를 얻더라도 병사의 무리가 반드시 많이 다칠 것입니다. 진나라는 주나라를 얻는 것을 기다리고자 하기 때문에 틀림없이 위나라를 공격하지 않을 것입니다. 진나라가 만일 주나라를 공격해서 얻지 못하면 앞에는 위나라를 이겼던 고달픔이 남아있고 뒤에는 주나라를 공격하여 패한 것이 있게 되니, 또 틀림없이 위나라를 공격하지 못할 것입니다. 지금 그대가 (진나라가 주나라를 공격하지) 못하게 하면 진나라는 미처 위나라와 강화[講=和]하지 못할 것이니, 그래서 조나라를 온전히 하면서 그 싸움을 멈추게 하면 (진나라는) 반드시 들어주지 않을 수 없습니다. 이는 그대가 진나라를 물리치고 주나라를 안정시키는 것입니다. 진나라는 주나라를 떠나 반드시 위나라를 공격할 것이고, 위나라는 지탱할 수 없어서 틀림없이 그대를 통해 강화하게 될 것인즉 그대를 무겁게 여길 것입니다. 만일 위나라가 강화하지 않은 채로 힘들게 지탱하려 든다면, 이는 그대가 주나라를 보존하면서 진나라과 위나라가 싸우게 만드는 것이니 또한 무거움은 남김없이 조나라에 있게 됩니다."

秦攻魏將犀武軍於伊闕, 進兵而攻周. 爲周最謂李兌曰: "君不如禁秦之
攻周. 趙上之計, 莫如令秦·魏復戰. 今秦攻周而得之, 則衆必多傷矣.
秦欲待周之得, 必不攻魏; 秦若攻周而不得, 前有勝魏之勞, 後有攻周
之敗, 又必不攻魏. 今君禁之, 而秦未與魏講也. 而全趙令其止, 必不敢
不聽, 是君卻秦而定周也. 秦去周, 必復攻魏, 魏不能支, 必因君而講, 則
君重矣. 若魏不講, 而疾支之, 是君存周而戰秦·魏也. 重亦盡在趙."

진나라가 위나라를 공격하고 다시 주나라를 치려 하자 조나라 입장에서, 진나라의 주나라 침공을 막으면 진나라가 반드시 다시 위나라와 싸우게 될 것이고 진나라와 위나라와 싸우는 상황이 되면 조나라에게 유리해진다는 정세판단을 내리도록 했다.

2-3 진나라가 저리질에게 수레 백승을 거느리고 주나라에 들어가게 하다 【秦令樗里疾以車百乘入周】

진나라가 저리질(樗里疾)[1]에게 수레 백승을 거느리고 주나라에 들어가게 했다. 주나라 임금이 백 명의 병사[卒][2]를 거느리고 그를 맞이하였는데, 매우 공경스러웠다. 초나라 왕[楚懷王]이 화가 나서 주나라를 꾸짖었으니, 진나라 손님을 무겁게 대했다고 여긴 탓이었다. (주나라 신하인) 유등(游騰)이 초나라 왕에게 일러주며 말했다.

"옛날에 지백(智伯)이 구유(厹由)를 치고 싶어 했는데, 큰 종을 넓은 수레에 실어 보내고 그참에 병사를 거느리고 따라 들어가자 구유가 끝내 망했으니 대비가 없었던 까닭입니다. 환공이 채나라를 벌했을 때, 호령으로 초나라를 벌한다고 말하고는 실제로는 채나라를 습격했습니다. 지금 진나라는 호랑이나 이리와 같은 나라로 주나라를 삼켜서 아우르려는 뜻이 있습니다. 저리질을 사신으로 보내면서 수레 백승을 거느리고 주나라에 들어오게 되자 주나라 임금께서 두려워하며 채나라와 구유의 일을 경계로 삼았으니, 그래서 창을 든 병사[長兵]를 앞에 두고 강한 화살을 뒤에 둔 뒤에 이름 부르기를 '저리질을 지킨다[衛疾]' 하면서도 실제로는 그를 가두었습니다. 주나라 임금께서 어찌 능

---

1   이름은 영질(嬴疾)로, 진(秦)나라 혜문왕(惠文王)의 동생이다. 뒤에 조카 무왕(武王)의 재상이 되었는데, 봉토가 저리(樗里)라서 저리자(樗里子) 또는 저리질(樗里疾)로 불렸다.

2   요굉 주: 백 명을 졸(卒)이라 한다.(姚本, 百人爲卒.)

히 나라를 아끼지 않겠습니까? 하루아침에 나라가 망할까 두렵고, 대왕[楚懷王]을 걱정하고 있습니다."

초나라 왕이 크게 기뻐하였다.

秦令樗里疾以車百乘入周, 周君迎之以卒, 甚敬. 楚王怒, 讓周, 以其重秦客. 游騰謂楚王曰: "昔智伯欲伐厹由, 遺之大鍾, 載以廣車, 因隨入以兵, 厹由卒亡, 無備故也. 桓公伐蔡也, 號言伐楚, 其實襲蔡. 今秦者, 虎狼之國也, 兼有吞周之意; 使樗里疾以車百乘入周, 周君懼焉, 以蔡 · 厹由戒之, 故使長兵在前, 強弩在後, 名曰衛疾, 而實囚之也. 周君豈能無愛國哉? 恐一日之亡國, 而憂大王." 楚王乃悅.

여차하면 나라를 삼킬 생각으로 온 진나라 사신을 서주의 병사들로 하여금 호위한다는 명분을 내세워 실제로는 옴짝달싹 못하게 한 것이다.

2-4 옹지에서의 싸움【雍氏之役】

(韓나라의 읍인) 옹지(雍氏=陽翟)의 싸움[3]에서 한나라가 갑병과 곡식을 주나라에서 징발하였다. 주나라 임금이 근심하여 (蘇秦의 형제인) 소대(蘇代)에게 알리니, 소대가 말했다.

---

3 요굉 주: 옹은 한나라의 별읍이다. 초나라가 한나라를 공격하여 옹지성을 에워쌌으니, 그러므로 역(役)이라 했다. 역(役)이란 일[事]이라는 뜻이다. 포표 주: 『주기(周紀)』의 주(注)에 따르면, 양책에 옹지성이 있다.(姚本, 雍, 韓別邑也. 楚攻韓, 圍雍氏, 故曰役. 役, 事也. 鮑本, 周紀注, 陽翟有雍氏城.) 『韓策』 2, '27-1【楚圍雍氏五月】 초나라가 옹지를 에워싸고 다섯 달이 지나다' 참조.

"어찌 걱정하십니까? 제[代]가 능히 임금을 위해 한나라로 하여금 갑병과 곡식을 주나라에서 징발하지 못하게 하고, 또 능히 임금을 위해 (상당에 있는) 고도(高都)를 얻어 오겠습니다."

주나라 임금이 크게 기뻐하며 말했다.

"그대가 진실로 할 수 있다면, 과인이 나랏일을 가지고 청하겠소."

소대가 마침내 가서 한나라 상국 공중(公中=公仲侈)을 만나서 말했다.

"공은 초나라의 계책을 듣지 못했습니까? (초나라 장수) 소응(昭應)이 초나라 왕[楚懷王]에게 일러주며 말하기를, '한나라[韓氏]는 병사가 피로하고[罷=疲=勞] 창고가 비어서 성을 지킬 수가 없게 되었으니, 내가 굶주림을 이용해 거두어들이면 한 달이 지나지 않아서 반드시 뽑아낼 수 있습니다'라고 했답니다. 지금 옹지를 에워싸고도 다섯 달이 지나도록 뽑아내지 못하고 있으니, 이는 초나라가 병든 것입니다. 초나라 왕이 비로소 소응의 계책을 믿지 않게 되었는데, 지금 공이 마침내 갑병과 곡식을 주나라에서 징발한다면 이는 초나라에게 (한나라가) 병들었음을 알리는 셈입니다. 소응이 이를 들으면 반드시 초왕에게 권하여 병사를 늘려서 옹지를 (에워싸는 일을) 지키게 할 것이니, 옹지는 반드시 뽑히게 될 것입니다."

공중이 말했다.

"좋습니다. 그러나 내 사자는 (주나라로) 벌써 갔습니다."

소대가 말했다.

"공은 어찌 고도 땅을 주나라에게 주지 않으십니까?"

공중이 화를 내며 말했다.

"내가 갑병과 곡식을 주나라에서 징발하지 않는 것도 정말로 이미 많이 한 것입니다. 무엇을 위해 고도를 준다는 말입니까?"

소대가 말했다.

"고도를 (주나라에) 주게 되면 주나라는 반드시 굽히고서[折=屈] 한 나라에 들어오게 될 것이고, 진나라가 이를 들으면 반드시 크게 화를 내어 주나라의 부절을 불태우고 사신을 통하지 않게 할 것입니다. 이 는 공이 고도를 내줌을 결단함으로써 완전히 주나라를 얻는 일인데, 어찌 주지 않으십니까?"

공중이 말했다.

"좋습니다."

(한나라는) 갑병과 곡식을 주나라에서 징발하지 않고 고도를 주었 으며, 초나라는 끝내 옹지를 뽑아내지 못하고 물러났다.

雍氏之役, 韓徵甲與粟於周. 周君患之, 告蘇代. 蘇代曰: "何患焉? 代能 爲君令韓不徵甲與粟於周, 又能爲君得高都." 周君大悅曰: "子苟能, 寡 人請以國聽." 蘇代遂往見韓相國公中曰: "公不聞楚計乎? 昭應謂楚王 曰: '韓氏罷於兵, 倉廩空, 無以守城, 吾收之以飢, 不過一月必拔之.' 今 圍雍氏五月不能拔, 是楚病也. 楚王始不信昭應之計矣. 今公乃徵甲及 粟於周, 此告楚病也. 昭應聞此, 必勸楚王益兵守雍氏, 雍氏必拔." 公中 曰: "善. 然吾使者已行矣." 代曰: "公何不以高都與周?" 公中怒曰: "吾無 徵甲與粟於周, 亦已多矣. 何爲與高都?" 代曰: "與之高都, 則周必折而 入於韓, 秦聞之必大怒, 而焚周之節, 不通其使, 是公以弊高都得完周 也, 何不與也?" 公中曰: "善." 不徵甲與粟於周而與高都, 楚卒不拔雍氏 而去.

초나라가 한나라 옹지를 공격하자 한나라는 주나라에게 군사와 식량을 요구했는데, 주나라에서는 초나라에 한나라가 군사와 식량이 부족하다는 것을 알리겠다고 협박하여 요구를 무산시키고 더불어 땅까지 얻어내었다.

2-5 주나라 임금이 진나라에 가다【周君之秦】

주나라 임금이 진나라에 가게 되자 (누군가가) 주최에게 일러주며 말했다.

"차라리 진나라 왕의 효성을 기리면서, 그참에 (주나라 읍인) 응(應) 땅을 가지고 태후(太后=秦昭王母)에게 봉양할 땅으로 드리는 것만 못합니다. 진나라 왕과 태후가 틀림없이 기뻐할 것이니, 이로써 그대는 진나라의 호감을 받게 될 것입니다. (진나라와) 좋게 사귀면 주나라 임금은 반드시 그대의 공으로 여길 것이요, 사이가 나빠지면 주나라 임금을 진나라에 들어가도록 권한 자는 반드시 죄가 있을 것입니다."

> 周君之秦, 謂周最曰: "不如譽秦王之孝也, 因以應爲太后養地. 秦王·太后必喜, 是公有秦也. 交善, 周君必以爲公功; 交惡, 勸周君入秦者, 必有罪矣."

주나라 임금에게 효도한다는 명목으로 진나라 실세인 태후에게 뇌물로 땅을 바쳐서 진나라 왕의 환심을 사게 했다.

2-6 소려가 주나라 임금에게 일러주다【蘇厲謂周君】

(蘇秦의 동생) 소려(蘇厲)가 주나라 임금에게 일러주며 말했다.

"한나라와 위나라를 무너뜨리고 (이궐에서) 서무를 죽였으며 조나라를 공격하여 인(藺), 이석(離石), 기(祁) 땅을 차지한 사람은 모두 (진나라의) 백기(白起)입니다. 실로[是=實] 군사를 쓰는 것이 교묘한[攻→功=善巧] 데다 또한 하늘의 명이 있었습니다. 지금 양나라[魏]를 공격하면 양나라는 틀림없이 깨질 것이요 깨지면 주나라가 위태로워지니, 임금께서 차라리 (양나라를 공격하는 것을) 그치게 하는 것만 못합니다.

백기에게 일러 말하기를, '초나라에 양유기(養由基)란 사람 있었는데 활을 잘 쏘았습니다. 버드나무 잎에서 백 걸음 떨어져서 쏘면 백 번 쏴서 백 번 다 맞췄습니다. 좌우에서 모두 말하기를「좋습니다」라고 했는데, 어떤 사람이 지나가다 말하기를「활을 잘 쏘니 활쏘기를 가르칠 만하겠다」라고 하자 양유기가 말했습니다.「모든 사람들이 잘한다고 하는데 그대는 곧 말하기를 활쏘기를 가르칠 만하다고 했으니, 그대는 어찌 나를 대신하여 활을 쏘아보지 않습니까?」손님이 말했습니다.「내가 능히 그대에게 왼손으로 지탱하고 오른손을 구부리라고 가르칠 수는 없소. 무릇 버들잎에 쏘아서 백발백중이더라도 그치고 잘 쉬지 않으면 잠깐 뒤에는[少焉=少時] 기력이 다 떨어지거나 활이 휘고 화살이 구부러져서 한 발은 맞지 않게 되오. (그러면) 앞에 세운 공로가 남김없이 없어질 것이오.」지금 공(백기)이 한나라와 위나라를 깨뜨리고 서무를 죽였습니다. 그리고 북쪽으로 가서 조나라를 공격하여 인(藺), 이석(離石), 기(祁) 땅을 차지한 사람도 그대입니다. 공의 공업은 매우 많습니다. 지금 공은 다시 진나라 병사를 거느리고 요새를 나와서 두 주나라 사이를 지나 한나라 땅을 밟고서 양나라를 공격하고 있는데, 한 번 공격해서 얻지 못하면 앞에 세운 공업이 남김없이 없어질 것이니 공이 병을 핑계로 나가지 않는 것만 못할 것입니다'라고 하십시오."

蘇厲謂周君曰: "敗韓·魏, 殺犀武, 攻趙, 取藺·離石·祁者, 皆白起. 是攻用兵, 又有天命也. 今攻梁, 梁必破, 破則周危, 君不若止之. 謂白起曰: '楚有養由基者, 善射. 去柳葉者百步而射之, 百發百中. 左右皆曰: 「善.」有一人過曰: 「善射, 可教射也矣.」養由基曰: 「人皆善, 子乃曰可教射, 子何不代我射之也?」客曰: 「我不能教子支左屈右. 夫射柳葉者, 百發百中, 而不已善息, 少焉氣力倦, 弓撥矢鉤, 一發不中, 前功盡矣.」今公破韓·魏, 殺犀武, 而北攻趙, 取藺·離石·祁者, 公也. 公之功甚多. 今公又以秦兵出塞, 過兩周, 踐韓而以攻梁, 一攻而不得, 前功盡滅, 公不若稱病不出也.'"

진나라 백기에게 양유기의 활쏘기에 대한 고사를 일러주어, 때에 맞춰 멈추는 것을 알아야 몸을 보존하고 공업을 남길 수 있다고 설득하게 했다.

2-7 초나라 병사가 산남에 진을 치다【楚兵在山南】

초나라 병사들이 (주나라 땅인) 산남(山南)에 진을 친 뒤 (초나라 장수) 오득(吾得)이 장차 초나라 왕[頃襄王]을 위해 주나라에 원망을 맺으려고[屬=連=結: 怒=怨] 했다. 어떤 사람이 주나라 임금에게 일러주며 말했다.

"차라리 태자에게 군사를 이끌어 바로 오득을 국경에서 맞이하게 하고 임금께서 성 밖에서 맞이하시는 것만 못하니, 천하가 모두 임금께서 오득을 무겁게 여기신다는 것을 알게 하십시오. 그참에 (초나라에) 슬쩍 흘려서 말하기를 '주나라 임금이 오득을 모시려는 이유로 기물을 주었는데, 틀림없이 그 이름 붙이기를 '모초(謀楚: 초나라에 대한 계책)라고 하더라' 하시면 (초나라) 왕이 반드시 (오득에게) 그것을 요구할 것이고, 그러면 오득은 밝힐 것이 없으니 왕이 반드시 그에게 죄를 물을 것입니다."

楚兵在山南, 吾得將爲楚王屬怒於周. 或謂周君曰: "不如令太子將軍正迎吾得於境, 而君自郊迎, 令天下皆知君之重吾得也. 因泄之楚, 曰: '周君所以事吾得者器, 必名曰謀楚.' 王必求之, 而吾得無效也, 王必罪之."

침공한 적의 장수를 후하게 맞아들이면서 적국에다가는 중요한 물건을 건네 준 것처럼 이야기를 흘려 임금과 신하 사이를 이간하는 계책이다.

2-8 초나라가 두 주나라 사이의 길을 청하다【楚請道於二周之間】

초나라가 두 주나라 사이의 길을 (빌리기를) 청했는데, 그 길을 가지고 한나라와 위나라를 치려[臨=伐] 해서 주나라 임금이 근심하였다. 소진이 주나라 임금에게 일러주며 말했다.

"황하로 이르는[屬=至=通] 길을 정리하면[除=去穢] 한나라와 위나라가 틀림없이 싫어할 것이요, 제나라와 진나라는 초나라가 구정(九鼎)을 차지할까 두려워서 반드시 한나라와 위나라를 구원하기 위해 초나라를 공격할 것입니다. 초나라가 (초나라 국경의 성인) 방성 밖을 지킬 수 없는데, 어찌 두 주나라 사이의 길을 갈 수 있겠습니까? 만일 네 나라[秦, 齊, 魏, 韓]가 싫어하지 않는다면 임금께서 비록 주고 싶지 않아도 초나라는 반드시 장차 스스로 그것을 취할 것입니다."

楚請道於二周之間, 以臨韓·魏, 周君患之. 蘇秦謂周君曰: "除道屬之於河, 韓·魏必惡之. 齊·秦恐楚之取九鼎也, 必救韓·魏而攻楚. 楚不能守方城之外, 安能道二周之間? 若四國弗惡, 君雖不欲與也, 楚必將自取之矣."

초나라가 한, 위 두 나라를 치기 위해 길을 빌려달라고 하자, 구정을 뺏길까 걱정하는 진나라와 제나라를 이용하여 네 나라가 연합해서 초나라를 공격할 수 있도록 그 빌려달라는 길을 정비하는 계책을 내놓은 것이다.

2-9 사구 포가 주최를 위하여 주나라 임금에게 일러주다
【司寇布爲周最謂周君】

사구(司寇) 포(布)가 주최를 위하여 주나라 임금에게 일러주며 말했다.

"임금께서는 사람을 보내 제나라 왕에게 주최가 태자가 되기를 기꺼워하지 않는다고 말하고자 하지만, 신은 임금께서 취할 계책이 아니라고 생각합니다. 함야씨(函冶氏)⁴가 제나라 태공(太公=田常의 손자 田和)을 위해 좋은 검을 샀는데, 태공은 좋은 것인 줄 몰랐기 때문에 그 검을 돌려주고 금을 돌려받았습니다. 월나라 사람이 천금을 주고 (함야씨에게) 검을 사겠다고 청했지만 거절하고 팔지 않았습니다. 장차 죽을 때가 되자 그 아들을 불러서 말하기를, '반드시 혼자만 알면 안 된다'⁵라고 했습니다. 지금 임금께서 주최를 태자로 삼으려고 하시지만, 홀로 그 약속을 알고 있고 천하에서 아직 믿는 사람이 없습니다. 신은 제나라 왕이 임금께서 실제로는 (주나라 태자인) 과(果)를 세우고 싶어 하면서 핑계[讓=飾說]를 대어 주최를 제나라로 떠넘기려 한다고 생각할까 두렵습니다. (그러면) 임금께서는 교묘한 책략이 많은 것이 되고 주최는 속임수가 많은 것이 되는데, 임금께서는 어찌 믿을 만한 재화를 사지 않으십니까? 천자를 받들어 모시는 것을 주최보다 더 사랑하는 사람이 없으니, 천하가 이것을 보도록 하십시오.'

司寇布爲周最謂周君曰: "君使人告齊王以周最不肯爲太子也, 臣爲君不取也. 函冶氏爲齊太公買良劍, 公不知善, 歸其劍而責之金. 越人請買之千金, 折而不賣. 將死, 而屬其子曰: '必無獨知.' 今君之使最爲太子, 獨知之契也, 天下未有信之者也. 臣恐齊王之爲君實立果而讓之於最, 以嫁之齊也. 君爲多巧, 最爲多詐, 君何不買信貨哉? 奉養無有愛於最也,

---

4 요굉 주: 함(函)이 성(姓)이고 야(冶)는 관명(官名)이니, 이를 말미암아 성씨로 삼았다. 금속을 다루고 검을 감정하는 능력이 뛰어났다.(姚本, 函, 姓, 冶, 官名也, 因以爲氏. 知鑄冶, 曉鐵理, 能相劍.)

5 (오사도가) 바로잡아 말한다: 범사에 널리 퍼뜨림이 있어서 반드시 많은 사람으로 하여금 그 뛰어남을 알게 해야지, 혼자서만 알아서는 안 된다는 말이다.(正曰: 言凡有售, 必使衆知其良, 不可獨知也.)

使天下見之."

주최가 재주가 많아서 주나라 임금이 태자로 삼고 싶어 해도 혼자만 알고 있으면 제나라와 같은 다른 나라에서 주최에 대한 의심을 버리지 않을 것이므로, 다른 사람들에게 알려야 한다는 말이다.

2-10 진나라에서 주나라 임금을 부르다【秦召周君】

진나라에서 주나라 임금을 불렀는데 주나라 임금이 가는 것을 어려워하자, 누군가가 주나라 임금을 위해 위나라 왕에게 일러 말했다.

"진나라가 주나라 임금을 부른 것은 장차 이로써 위나라 남양(南陽)을 공격하려는 것입니다. 왕은 어찌 황하 남쪽에서 (병사를 일으켜서) 나오지 않습니까? 주나라 임금이 들으면 장차 이로써 진나라에 핑계를 대며 가지 않을 것입니다. 주나라 임금이 진나라에 들어가지 않으면 진나라는 틀림없이 감히 황하를 건너 남양을 공격하지 못할 것입니다."

秦召周君, 周君難往. 或爲周君謂魏王曰: "秦召周君, 將以使攻魏之南陽. 王何不出於河南? 周君聞之, 將以爲辭於秦而不往. 周君不入秦, 秦必不敢越河而攻南陽."

진이 서주의 임금을 볼모로 잡고 위나라 남양을 공격하고 싶어 하는데, 위나라 왕이 하남으로 출병하면 서주의 임금은 그것을 핑계로 가지 않을 수 있고 위나라는

진의 남양 공격을 무산시킬 수 있다는 계책이다.

2-11 서무가 이궐에서 패하다【犀武敗於伊闕】

(魏나라 장수) 서무(犀武)가 이궐(伊闕)에서 (秦나라에게) 패하자 주나라 임금이 위나라에 가서 구원을 요청했는데, 위나라 왕[昭王]은 상당(上黨) 땅이 급하다며 거절했다. 주나라 임금이 돌아오다 대량(梁) 땅에 있는 동산을 보고 좋아했다. (주나라 신하인) 기모회(綦母恢: 綦母가 성이고 恢가 이름이다)가 주나라 임금에게 일러주며 말했다.

"(위나라) 온(溫) 땅에 있는 동산이 이에 못지않고 또 (서주와) 가깝습니다. 신이 능히 임금을 위해 가져올 수 있습니다."

다시 돌아와서 위나라 왕을 뵈었더니, 왕이 말했다.

"주나라 임금이 과인을 원망하고 있던가?"

대답하여 말했다.

"원망하지 않습니다. 장차 누가 왕을 원망하겠습니까? (다만) 신은 왕을 위해 근심이 있습니다. 주나라 임금이 계책을 주도해서 나라를 가지고 왕을 위해 진나라를 막으려고 도모하고 있었는데 왕께서 막아주지 않으니, 신이 보기에 이에 반드시 나라를 가지고 진나라를 섬길 것입니다. 진나라는 요새 밖에 있는 군사들을 모두 모아 주나라 무리와 더불어 (위나라 른인) 남양(南陽)을 공격해서 상당을 끊어버릴[6] 것입

---

6 포표 주: 조나라와 한나라가 위나라를 구원하러 오는 길을 끊는다는 말이다. (오사도가) 바로잡아 말한다: 이때 위나라의 상당은 병화를 입고 있었는데, 만약 주나라와 진나라가 남양을 공격하게 되면 진나라는 다시 마땅히 그 공격을 막아야 하므로 상당은 반드시 끊어지게 된다는 말이

니다."

위나라 왕이 말했다.

"그렇게 되면 어찌 되는가?"

기모회가 말했다.

"주나라 임금은 형세상 작은 이익도 없지만 (어쩔 수 없이) 진나라를 섬기는 것으로, 작은 이익을 좋아합니다. 지금 왕께서 수자리 3만 명과 온 땅의 동산을 허락하시면 주나라 임금은 부형과 백성들에게 공치사를 하면서 온유를 이익으로 여겨 즐거움으로 삼을 수 있으니, 틀림없이 진나라에게 합하려 하지 않을 것입니다. 신은 일찍이 온유의 세금(利)이 일 년에 80금이라고 들은 적이 있습니다. 주나라 임금이 온유를 얻어서 이에 왕을 섬기게 되면 일 년에 120금일 것이니, 이는 상당의 근심을 없애면서[每→無] 40금을 더 벌게 되는 것입니다."

위나라 왕이 이로 인해 맹묘(孟卯)를 사신으로 보내어 온유를 주나라 임금에게 이르게 하고 (주나라의) 수자리 서는 것을 허락했다.

犀武敗於伊闕, 周君之魏求救, 魏王以上黨之急辭之. 周君反, 見梁囿而樂之也. 綦母恢謂周君曰: "溫囿不下此, 而又近. 臣能爲君取之." 反見魏王, 王曰: "周君怨寡人乎?" 對曰: "不怨. 且誰怨王? 臣爲王有患也. 周君, 謀主也, 而設以國爲王扞秦, 而王無之扞也, 臣見其必以國事秦也. 秦悉塞外之兵, 與周之衆, 以攻南陽, 而兩上黨絕矣." 魏王曰: "然則奈何?" 綦母恢曰: "周君形不小利, 事秦而好小利. 今王許戍三萬人與溫

다.(鮑本, 言趙韓援魏之路絕. 正曰: 是時魏上黨被兵, 若周秦攻南陽, 則魏又當禦其攻, 而上黨必絕.)

囿, 周君得以爲辭於父兄百姓, 而利溫囿以爲樂, 必不合於秦. 臣嘗聞溫囿之利, 歲八十金, 周君得溫囿, 其以事王者, 歲百二十金, 是上黨每患而贏四十金." 魏王因使孟卯致溫囿於周君而許之戌也.

이궐에서 패한 후 위태로워진 주나라를 위나라가 돕지 않자, 기모회가 주나라가 진나라와 손을 잡을 경우 위나라가 감수해야 할 상황으로 겁박하여 땅과 주나라 국경을 지킬 병사 3만 명을 얻어 왔다.

2-12 한나라와 위나라가 땅을 서로 바꾸다【韓魏易地】

한나라와 위나라가 땅을 서로 바꾸었는데, 서주에는 이롭지 않았다. (주나라 신하인) 번여(樊餘)가 초나라 왕[懷王]에게 일러주며 말했다.

"주나라는 반드시 망할 것입니다. 한나라와 위나라가 땅을 바꾸면 한나라는 2개 현을 얻게 되고 위나라는 2개 현을 잃게 됩니다.[7] (그런데도 위나라가) 그렇게 하는 까닭은, 남김없이 동주와 서주를 받아들이면 (그 땅의 크기가) 2개 현보다 많고 구정을 차지하게 되기 때문입니다.[8] 또한 위나라에 있는 남양(南陽), 정지(鄭地), 삼천(三川)에다가 동주와 서주를 포함시키게 되면 곧 초나라 방성(方城)의 바깥이 위태로워지고, 한나라가 상당(上黨) 양쪽을 겸병하여 조나라와 국경을 맞대게

7　포표 주: 땅을 바꾸게 되면 위나라 역시 얻는 바가 있는데도 유독 잃는다고 말한 것은, 잃는 것이 얻는 것보다 많기 때문이다.(鮑本, 易地, 則魏亦有得, 而獨言亡者, 亡多於得也.)

8　포표 주: 『한지(漢志)』에 따르면 주나라 무왕이 구정을 겹욕(郟鄏)으로 옮겨 두었는데, 겹욕은 하남(河南)에 속하니 곧 동주이다.(鮑本, 漢志, 武王遷九鼎于郟鄏. 郟鄏屬河南, 爲東周.)

되면 곧 조나라의 양장(羊腸) 땅 위쪽도 위태로워집니다. 그래서 바꾸는 것이 이루어지는 날에는 초나라, 조나라 모두가 가볍게 여겨질 것입니다."

초나라 왕이 두려워서 조나라와 함께 (한, 위 두 나라가) 땅을 바꾸는 것을 멈추게 했다.

韓 · 魏易地, 西周弗利. 樊餘謂楚王曰: "周必亡矣. 韓 · 魏之易地, 韓得二縣, 魏亡二縣. 所以爲之者, 盡包二周, 多於二縣, 九鼎存焉. 且魏有南陽 · 鄭地 · 三川而包二周. 則楚方城之外危, 韓兼兩上黨以臨趙, 即趙羊腸以上危. 故易成之日, 楚 · 趙皆輕." 楚王恐, 因趙以止易也.

한과 위 두 나라가 땅을 교환함으로써 주나라가 곤란한 지경에 이르게 되자, 초나라와 조나라에게 땅 교환에 따라 두 나라가 받게 될 위협을 알려서 땅을 바꾸지 못하게 했다.

2-13 진나라가 주나라를 공격하려 하다【秦欲攻周】

진나라가 주나라를 공격하려 하자 주최가 진나라 왕에게 말했다.

"왕의 나라를 위한 계책이라면 주나라를 공격하지 않는 것입니다. 주나라를 공격하면 실제로 나라에 이로움은 충분치 않고 다만 천하를 두렵게 한다는 소리만을 들을 뿐입니다. 천하가 소리 내어 진나라를 두려워하면 반드시 동쪽 나라들은 제나라와 연합할 것입니다. (진나라의) 병사들이 주나라에서 힘이 다 빠진 상태에서 천하가 제나라와 힘을 모으게 되면, 곧 진나라는 고립되어 왕 노릇을 못할 것입니다. 이는 천하가 진나라가 피로해지기를[罷=疲] 원하고 있어서, 그래서 왕에게 권하여 주나라를 공격하게 하는 것입니다. 진나라와 천하가 모두 피로해지면 (진나라의) 영이 주나라에서 마음대로 이루어지지 못하게 됩니다."

秦欲攻周, 周最謂秦王曰: "爲王之國計者, 不攻周. 攻周, 實不足以利國, 而聲畏天下. 天下以聲畏秦, 必東合於齊. 兵弊於周, 而合天下於齊, 則秦孤而不王矣. 是天下欲罷秦, 故勸王攻周. 秦與天下俱罷, 則令不橫行於周矣."

진나라가 주나라를 공격하면 진나라를 두려워하는 천하가 제나라를 따르게 되기 때문에, 진나라가 주나라를 통해 지금처럼 제후들에게 명령을 내릴 수가 없게 된다는 것이다.

2-14 궁타가 주나라 임금에게 일러주다【宮他謂周君】

(주나라 신하인) 궁타(宮他=昌他)가 주나라 임금에게 일러 말했다.

"완(宛)나라는 진(秦)나라를 곁에서 모시면서 진(晉)나라를 가벼이 여겼는데, 진(秦)나라가 곡식이 제대로 익지 않자[9] 완나라는 망했습니다. 정(鄭)나라는 위(魏)나라를 곁에서 모시면서 한(韓)나라를 가벼이

---

9 요굉 주: 곡식이 익지 않는 것을 기(飢)라 한다.(姚本, 穀不熟曰飢.)

여겼는데, 위나라가 채(蔡)나라를 공격하자 (한나라에게) 정나라가 망했습니다. 주(邾)나라와 거(莒)나라는 제나라에게 망했고, 진(陳)나라와 채(蔡)나라는 초나라에게 망했습니다. 이들 모두 후원하는 나라를 곁에서 모시면서 가까이 있는 적을 가벼이 여겼습니다. 지금 임금께서는 한나라와 위나라를 가까이 모시면서 진나라를 가벼이 여기시니, 나라가 상할까 두렵습니다. 임금께서 차라리 사신으로 주최를 보내어 몰래 조나라와 연합해서 진나라에 대비하는 것만 못하니, 그러게 하면 무너지지 않을 것입니다."

宮他謂周君曰: "宛侍秦而輕晉, 秦飢而宛亡. 鄭侍魏而輕韓, 魏攻蔡而鄭亡. 邾·莒亡於齊, 陳·蔡亡於楚. 此皆侍援國而輕近敵也. 今君侍韓·魏而輕秦, 國恐傷矣. 君不如使周最陰合於趙以備秦, 則不毀."

후원해주는 한나라와 위나라에 의지해서 진나라를 경시하지 말고, 조나라까지 끼워 넣어 진나라에 대비하자는 합종책을 내어놓은 것이다

2-15 제나라 왕에게 일러주다【謂齊王】

(누군가가) 제나라 왕[齊閔王]에게 일러주며 말했다.

"왕은 어찌 땅을 주최에게 줌으로써 (주나라의) 태자가 되게 하지 않으십니까?"[10]

---

10 「西周策」, 2-9 '사구 포가 주최를 위하여 주나라 임금에게 일러주다(司寇布爲周最謂周君)'

제나라 왕이 영을 내려 사마한(司馬悍)에게 뇌물[賂→地]을 써서 주최를 주나라(의 태자 자리)로 나아가도록 하였다. 좌상(左尙)이 사마한에게 일러주며 말했다.

"주나라가 들어주지 않으면 이는 공의 지혜가 막혀서 주나라와의 사귐이 끊어지는 것입니다. 그대는 차라리 주나라 임금에게 일러 말하기를 '누구를 (태자에) 두려고[置=立] 하십니까? 다른 사람을 시켜서 저[사마한]에게 몰래 알려주시면, 제가 왕에게 청하여 그에게 땅을 올리도록 하겠습니다'라고 하느니만 못할 것입니다."

좌상이 이로써 일이 되도록 하였다.

謂齊王曰: "王何不以地齎周最以爲太子也?" 齊王令司馬悍以賂進周最於周. 左尙謂司馬悍曰: "周不聽, 是公之知困而交絕於周也. 公不如謂周君曰: '何欲置? 令人微告悍, 悍請令王進之以地.'" 左尙以此得事.

주나라 임금이 누구를 태자로 두고자 하는지를 알아내기 위해서 태자가 될 사람에게 땅을 떼어주겠다고 제안하도록 한 것이다.

2-16 세 나라가 진나라를 공격하고 돌아오다【三國攻秦反】

세 나라[魏, 韓, 齊]가 진나라를 공격하고 돌아오자 서주는 위나라

참조.

가 길을 빌려달라고(藉→借) 할까봐 두려워했다.[11] (누군가가) 서주를 위해 위나라 왕에게 일러주며 말했다.

"초나라와 송나라는 진나라가 세 나라에게 은덕을 내리는 것을 이롭게 여기지 않아서, 그들은 장차 왕의 마을[聚=邑落 또는 廩庫]을 공격하여 진나라를 이롭게 하려고 합니다."

위왕은 두려워서 영을 내려 군대가 하룻밤만 머물고(舍=次) 빨리 동쪽으로 가게 했다.

三國攻秦反, 西周恐魏之藉道也. 爲西周謂魏王曰: "楚·宋不利秦之德三國也, 彼且攻王之聚以利秦." 魏王懼, 令軍舍速東.

진나라를 공격하고 돌아가는 위나라가 주나라에 길을 빌려 머무는 것을 걱정하여, 다른 나라가 위나라를 공격하려 한다는 정보를 주어 머물지 못하고 급히 떠나게 한 것이다.

2-17 서무가 패하다 【犀武敗】

서무(犀武)가 패하자 주나라가 (재상인) 주족(周足)에게 진나라로 가게 했다. (누군가가) 주족에게 일러주며 말했다.

"어찌 주나라 임금에게 일러 말하기를, '신이 진나라에 가면 진나

---

11 표표 주: 위나라가 동쪽으로 귀환하려면 반드시 주나라를 거쳐야 되므로 주나라는 반드시 그들을 접대해야 한다. 그래서 걱정을 한 것이다. 지금 빠르게 동쪽으로 가버린다면 손님을 대접하는 비용이 들지 않게 된다.(鮑本, 魏東還, 必道周, 周必賓之, 故恐. 今速東, 則無賓之之費矣.)

라와 주나라의 교분이 반드시 나빠집니다. 주군(主君=周君)의 신하로서 또한 진나라로부터 무겁게 여겨져 재상이 되고 싶어 하는 사람들은 장차 신이 진나라에 가는 것을 싫어하기 때문에 장차 신은 사신 노릇을 할 수 없게 될 것입니다. 신은 바라건대 (재상의 자리를) 벗고 (진나라에) 가고자 합니다. 임금께서 이참에 그러한 자를 들어 재상으로 삼으시면, 그는 재상이 되어 진나라에서 주나라를 나쁘게 말하지 않을 것입니다'라고 하지 않습니까? 임금께서 진나라를 무겁게 여겨서 재상을 사신으로 보내는데, 갔다 와서 면직시키면 이는[且→是] 진나라를 가볍게 여기는 일이 되니 그대는 틀림없이 면직될 수 없습니다. 그대가 이렇게 말을 하시고 가신다면, 진나라와의 교섭이 잘되면 장차 그대가 일을 이룬 것이 되고 진나라와의 교섭이 나쁘게 되면 그대에게 좋지 못하게 한 자들은 장차 벌을 받을 것입니다."

犀武敗, 周使周足之秦. 或謂周足曰: "何不謂周君曰: '臣之秦, 秦周之交必惡. 主君之臣, 又秦重而欲相者, 且惡臣於秦, 而臣爲不能使矣. 臣願免而行. 君因相之, 彼得相, 不惡周於秦矣.' 君重秦, 故使相往, 行而免, 且輕秦也. 公必不免. 公言是而行, 交善於秦, 且公之成事也, 交惡於秦, 不善於公, 且誅矣."

재상이 진나라로 사신을 가기 전에, 재상을 헐뜯는 무리들 때문에 재상 자리를 벗고 다녀오겠다고 임금에게 알림으로써 진나라와의 교섭 결과와 관계없이 자신을 보존할 수 있다는 계책이다.

戰國策

楚策　　齊策　　秦策　　西周策　　東周策

기원전 900년 무렵 말을 기르던 비자(非子)가 주나라 효왕(孝王)으로부터 영(嬴)이라는 성을 하사받고 대부가 되었고, 기원전 770년 주나라가 견융(犬戎)에 쫓겨 도성을 동쪽으로 천도하는 과정에서 진나라 양공(襄公)은 주나라 평왕(平王)을 호위한 공으로 주나라의 옛 땅인 기(岐)에 봉해져 제후가 되었다. 국성은 영성조씨(嬴姓趙氏) 또는 영성진씨(嬴姓秦氏)이다.

기원전 356년, 25대 임금인 효공(孝公)이 상앙(商鞅)을 좌서장(左庶長)으로 임명하여 변법(變法)을 시작하면서부터 진나라는 점차 부유해지고 병사도 강성해졌으며, 이에 따라 가장 강력한 제후국이 되어 훗날 6국을 통일할 수 있는 토대를 마련할 수 있었다. 그러나 상앙이 행했던 가혹한 형벌과 귀족을 억압하는 정책은 옛 귀족들의 강한 반대에 부딪쳐, 효공이 죽은 후 상앙은 거열(車裂)의 형벌을 받게 된다. 그렇지만 상앙의 변법은 진나라에서 계속되었고, 그가 주창한 법가사상은 진나라의 지배적인 정치사상이 되었다. 상앙이 주창한 변법(變法)의 주요 내용은 다음과 같다.

① 군현제(郡縣制): 새로운 점령지에 군과 현을 두고 나라에서 직접 관리를 파견하여 다스리는 중앙집권화를 통해서 농민을 직접적인 국가의 구성원으로 파악하여 개별 농민을 지배하고 세금과 부역의 기반으로 삼았다.

② 분가법(分家法): 성인 남성이 2명 이상인 가정을 강제적으로 분가시켜서 소가족을 만들어 신개척지로 이주시켰고, 그 결과 생산력을 크게 향상시켰다.

③ 십오제(什伍制): 농민들을 이웃한 5집 또는 10집 단위로 묶어 치안유지 등의 연대책임을 지게 했다.

④ 군공작(軍功爵): 출신의 구분 없이 전쟁에서 공훈을 세운 자에게는 작위를 부여하고 작위의 등급에 따라 토지와 재산이 주어졌으니, 그 결과 병사들의 충성심과 전의가 비약적으로 향상되었다.

효공의 아들 혜문왕(惠文王)은 스스로 왕이라 부르면서, 파촉(巴蜀) 땅을 점령하고 장강 상류를 차지하였으며 장의(張儀)를 들어 써서 초나라를 깨뜨리고 초나라 회왕(懷王)을 붙잡았다. 뒤를 이은 혜문왕의 아들 무왕(武王)은 승상제도를 도입하여 좌승상에 저리질(樗里疾)을, 우승상에 감무(甘茂)를 임명하였으며 감무에게 의양(宜陽)을 정벌하게 하였다. 그러나 훗날 낙읍에서 주나라 왕실 보물인 구정(九鼎)을 보고는 스스로 구정을 들다가 깔려 죽었다고 한다. 무왕의 동생인 소양왕(昭襄王)은 재상 위염(魏冉)과 장군 백기(白起)를 써서 많은 승리를 거두었으며, 후에 재상 위염을 물리치고 범수(范睢)를 재상으로 쓰면서부터는 제나라와 손을 잡고 가까운 삼진을 공격하여 그 땅을 차지하는 원교근공(遠交近攻)의 책략을 쓰게 된다. 기원전 279년 초나라를 깨뜨렸고, 기원전 260년에 백기는 장평 싸움을 통해 조나라를 깨뜨리고 포로 40만 명을 생매장함으로써 조나라의 예기를 꺾어버리고 끝내 주나라를 없애버리고 만다. 기원전 247년 장양왕(莊襄王)의 아들 정(政)이 즉위하면서 6개국을 정복하기 시작하여, 기원전 230년 한나라를 멸망시킨 것을 시작으로 기원전 221년 제나라를 멸망시킴으로써 진나라는 6개국을 통일하게 된다.

	시호(諡號)	이름	재위기간	재위 년도
25	진효공(秦孝公)	거량(渠梁)	24년	기원전 361~338년
26	진혜문공(秦惠文王)	인(駰)	27년	기원전 337~311년
27	진무왕(秦武王)	탕(蕩)	4년	기원전 310~307년
28	진소양왕(秦昭襄王)	직(則/稷)	56년	기원전 306~251년
29	진효문왕(秦孝文王)	주(柱)	3일	기원전 250년
30	진장양왕(秦莊襄王)	이인(異人)/초(楚)	3년	기원전 250~247년
31	진시황(秦始皇)	정(政)	37년	기원전 246~210년

진책 1
秦策

3-1 위앙이 위나라에서 도망쳐 진나라로 들어오다【衛鞅亡魏入秦】

위앙(衛鞅)[1]이 위나라에서 도망쳐 진나라로 들어오니, 효공(孝公)
이 재상으로 삼고 상(商) 땅에 그를 봉해서 부르기를 상군(商君)이라
하였다. 상군이 진나라를 다스리자 법령이 지극한 곳까지 행해졌으며
공평하고 사사로움이 없었다. 형벌이 굳세고 큰 자들을 꺼리지 않아서
법이 태자에까지 미쳤으니, 태자의 사부가 얼굴에 먹을 치고 코를 베
이게 되었다. 일 년이 지나고 나자 길에 흘린 것이 있어도 주워가지 않
고 백성들이 망령되게 차지하지 않았으며 병사가 크게 강성해졌으니,
제후들이 꺼리고 두려워하였다. 그러나 (법을) 각박하고 심하게 썼으며
은혜가 부족했으니[寡=少], 단지 억지로 복종시킬 뿐이었다.

효공이 (변법을) 시행한 지 8년이 지난 뒤 병이 들어 일어나지 못하
게 되자, 상군에게 (자리를) 물려주고[傳→禪, 傳位與之] 싶었지만 사양
하며 받지 않았다. 효공이 죽자 혜왕(惠王)이 대신하여 뒤를 이었는데,
정사에 임한 지 어느 정도가 되자 상군이 물러나고 싶다고 알려왔다.
다른 사람이 혜왕을 설득하여 말했다.

---

1   위나라 서얼의 공자로 성은 공손씨(公孫氏)이다. 상 땅에 봉해져 상앙(商鞅)이라고도 부른다.

"대신들이 너무 무겁게 여기는 자가 있으면 나라가 위태로워지고, 좌우에서 너무 내 몸같이 여기는 자가 있으면 (임금의 몸이) 아주 위태롭습니다. 지금 진나라의 여인과 어린아이들은 모두 상군의 법만 이야기하고 있지, 대왕의 법을 말하지 않습니다. 이는 상군이 도리어 임금이 되고 임금이 바뀌어 신하가 되는 것입니다. 장차 저 상군은 정말로 대왕의 원수가 될 것이니, 원컨대 대왕께서는 그를 도모하십시오."

상군이 (위나라로 갔다가) 돌아오자 혜왕이 그를 수레로 찢어 죽였는데[2], 진나라 사람들은 불쌍하게 여기지 않았다.

衛鞅亡魏入秦, 孝公以爲相, 封之於商, 號曰商君. 商君治秦, 法令至行, 公平無私, 罰不諱强大, 賞不私親近, 法及太子, 黥劓其傅. 期年之後, 道不拾遺, 民不妄取, 兵革大强, 諸侯畏懼. 然刻深寡恩, 特以强服之耳. 孝公行之八年, 疾且不起, 欲傳商君, 辭不受. 孝公已死, 惠王代後, 蒞政有頃, 商君告歸. 人說惠王曰: "大臣太重者國危, 左右太親者深危. 今秦婦人嬰兒皆言商君之法, 莫言大王之法. 是商君反爲主, 大王更爲臣也. 且夫商君, 固大王仇讎也, 願大王圖之." 商君歸還, 惠王車裂之, 而秦人不憐.

위앙의 변법을 써서 진나라가 강성해졌는데, 이로 인해 위앙의 이름이 임금을 누르

---

2 요굉 주: 상군이 주살당할 것이 두려워 위나라로 가려 했으나 상 땅의 사람(商人)이 그를 막으며 말하기를, "상군의 법이 급합니다"라고 해서, 나가지 못하고 막혀서 돌아온 것이다. 일설에 따르면 위나라는 상군이 공자 앙을 속여 그 군사를 몰살시킨 것을 원망해서 위나라 사람들이 받아들이지 않았고, 그래서 혜왕이 그를 거열형에 처했다고 한다.(姚本, 商君懼誅, 欲之魏, 商人禁之曰, "商君之法急", 不得出, 窮而還. 一曰, 魏以其譎公子卬而沒其軍, 魏人怨而不納. 故惠王車裂之也.)

자 위앙을 죽이라고 임금을 설득한 것이다.

3-2 소진이 처음으로 연횡설을 가지고【蘇秦始將連橫】

(1)

소진(蘇秦)이 처음으로 연횡설³을 가지고 진나라 혜왕[秦惠王]을
설득하여 말했다.

"대왕의 나라는 서쪽으로는 파, 촉과 한중의 이점을 가지고 있고,
북으로는 호(胡) 땅의 담비[貉]와 대(代) 땅의 말이 (군사용으로) 쓰임새
가 있고, 남쪽으로는 무산(巫山)과 검중(黔中)의 험준한 경계가 있고,
동쪽으로는 효산(餚山)과 함곡의 견고함이 있습니다. 밭은 비옥하여
좋고, 백성은 많고 부유하며, 싸움하는 수레가 만 대요, 떨쳐 싸우는
군사가 100만이고, 기름진 들이 천 리나 뻗어 있고, 땅의 형세가 편안
하니[形便]⁴, 이곳은 하늘이 내린 창고이며 천하에서 매우 강한 나라입
니다. 대왕의 뛰어남과 선비와 백성이 많은 것과 수레와 기마의 활용
과 병법을 익히면(敎=習) 제후들을 아울러서 천하를 삼키고 제(帝)를

---

3 요굉 주: 관동을 합하여 따르게 해서 진나라에 통하게 하니, 그러므로 말하기를 연횡이라 한다.
표포 주: 문영(文穎)이 말하기를 "관동(關東: 함곡관 동쪽)을 종(從)이라 하고 관서(關西: 함곡관
서쪽)를 횡(橫)이라 한다"라고 했고, 맹강(孟康)이 말하기를 "남북을 종이라 하고 동서를 횡이라
한다"라고 했고, 신찬(臣瓚)이 말하기를 "이익으로써 합하는 것을 종이라 하고 위세로써 서로 함
께하는 것을 횡이라 한다"라고 했다. (오사도가) 바로잡아 말한다: 고유(高誘)의 주에 "관중(關中)
을 연결하는 것을 횡이라 하고 관동을 합하는 것을 종이라 한다"라고 했는데, 『대사기』에서는 이
설을 취하였다.(姚本, 合關東從, 通之於秦, 故曰連橫者也. 鮑本, 文穎曰, 關東爲從, 西爲橫, 孟
康曰, 南北爲從, 東西爲橫. 瓚曰, 以利合曰從, 以威勢相脅曰橫. 正曰: 高注, 連關中之爲橫, 合
關東之爲從, 大事記取.)
4 요굉 주: 공격해도 얻을 수 없고 지키면 무너뜨릴 수 없으니, 그러므로 말하기를 '땅의 형세가 편
안하다(形便)'고 한다.(姚本, 攻之不可得, 守之不可壞, 故曰形便也.)

88

칭하며 다스릴 수 있으니, 원컨대 대왕께서 조금 뜻을 남겨 주시면 신이 청컨대 그 효험을 아뢰겠습니다."

蘇秦始將連橫, 說秦惠王曰: "大王之國, 西有巴·蜀·漢中之利, 北有胡貉·代馬之用, 南有巫山·黔中之限, 東有餚·函之固. 田肥美, 民殷富, 戰車萬乘, 奮擊百萬, 沃野千里, 蓄積饒多, 地勢形便, 此所以天府之, 天下之雄國也. 以大王之賢, 士民之衆, 車騎之用, 兵法之教, 可以並諸侯, 吞天下, 稱帝而治, 願大王少留意, 臣請奏其效."

(2)

진나라 왕이 말했다.

"과인이 듣건대, 깃털[買羽→毛羽]이 풍성하고 꽉 차지 않으면 높이 날 수 없고, 법령[文章]으로 이루어져 있지 못하면 주벌할 수 없고, 도리와 다움이 두텁지 못하면 백성을 부릴 수 없고, 다스림과 가르침이 따르지 못하면 대신을 번거롭게 할 수 없다고 했소. 지금 선생이 확실히 천릿길도 멀다 않고 오셔서 조정에서 가르침을 주시려 하지만, 원컨대 다른 날에 했으면 하오."

소진이 말했다.

"신은 정말로 대왕이 능히 (싸워야만 하는 계책을) 쓰지 못할 것이라 의심하고 있었습니다. 옛날 신농씨가 보수(補遂)를 정벌했고, 황제가 탁록(涿鹿)을 쳐서 치우(蚩尤)를 붙잡았고, 요임금이 환도(驩兜)를 정벌했고, 순임금이 삼묘(三苗)를 정벌했고, 우임금이 공공(共工)을 정벌했고, 탕왕이 하나라를 정벌했고, 문왕이 숭(崇)나라를 정벌했고, 무왕이 주(紂)를 정벌했고, 제환공이 전쟁을 맡아서 천하의 패자가 되었습니다. 이로 말미암아 살펴보면, 어찌 싸우지 않는 사람이 있겠습니까?

옛날에는 수레바퀴가 (서로) 부딪칠 정도로 달리다가도 말(言語)로써 서로 맺으면 천하가 하나가 되었습니다. (그런데 지금은) 연횡(連橫)하기로 약속했지만 병사와 무기를 감추지 않고, 글 읽는 선비들이 나란히 거짓으로 꾸며대어 제후들을 어지럽혀서 의심스럽게 하고, 모든 일들이 전부 다 일어나도 (제대로) 다스릴 수가 없고, 법 규정이 이미 빽빽하게 갖추어져도 백성들은 거짓된 모습을 많이 보이고 있고, 법령[書策]이 번거롭고 어지러워서[稱注→繁亂] 백성이 만족하지 못하게 되니, 위와 아래가 서로 근심하여 백성들이 즐거워할 바가 없게 되었습니다. 말이 밝아지고 이치가 드러날수록 갑옷 입은 병사가 오히려 일어났고, 교묘한 말과 옷 입은 모양이 크고 장엄할수록[偉服→服裝壯觀] 전쟁이 그치지 않았고, 부르기를 번잡스럽게 하고 말을 꾸밀수록 천하는 다스려지지 않았습니다. 혀가 닳고 귀가 먹을 정도가 되어도 이루려는 공로가 드러나지 않고 있으니, 마땅함을 행하고 믿음을 약속해도 천하가 내 몸같이 여기지 않고 있습니다. 이에 마침내 문치를 버리고 무력에 맡겨서, 죽음을 무서워하지 않는 용사[死士→敢死之士]를 두텁게 기르며 갑옷을 꿰매고 병기를 날카롭게 가는 것을 본받아야 전쟁터에서 이길 수 있습니다.

무릇 아무 일 없이 있으면서 이익을 얻고 편안히 앉아서 땅을 넓히는 일은 비록 옛날의 오제(五帝: 太昊, 神農, 黃帝, 少昊, 顓頊)나 삼왕(三王: 夏禹, 商湯, 周文·武王)이나 오패(五伯: 齊桓公, 晉文公, 宋襄公, 秦穆公, 楚莊王) 같은 밝은 주인이나 뛰어난 임금일지라도 언제나 앉은 채[佐→坐]로 이루고 싶어 했지만, 그 형세로는 능히 할 수가 없었기 때문에 싸움이 계속되었던 것입니다. 멀리 있으면[寬] 양 군대가 서로를 공격하고 닥치면[迫] 몽둥이와 창으로 서로 찌르면서, 그런 후에야 큰 공을 세울 수 있는 것입니다. 이런 까닭에 군대가 밖에서 이기고 마땅함으로써 나라 안을 강하게 해야 하니, 무위를 위에 세우면 백성이 아래에서 복종하게 됩니다. 지금 천하를 아울러 만승의 제후들을 능가하며 적의 나라를 굽히고 바다 안쪽을 제압하며 백성을 자식같이 여기고 제후들을 신하로 삼는 것은, 군대의 일이 아니면 할 수 없습니다.

지금 왕위를 이으신 임금께서는 지극한 도리를 잊고서, 모든 가르침이 흐릿하고 다스림이 어지러우며 말이 헷갈리고 이야기에 미혹되었으며 교묘한 말에 빠져 있고 핑계되는 말에 그르치고 있습니다. 이것으로 문제를 삼아서 보면, 임금의 나라는 능히 (싸워야만 하는 계책을) 행할 수가 없습니다."

秦王曰: "寡人聞之, 買羽不豐滿者不可以高飛, 文章不成者不可以誅罰, 道德不厚者不可以使民, 政教不順者不可以煩大臣. 今先生儼然不遠千里而庭教之, 願以異日." 蘇秦曰: "臣固疑大王不能用也. 昔者神農伐補遂, 黃帝伐涿鹿而禽蚩尤, 堯伐驩兜, 舜伐三苗, 禹伐共工, 湯伐有夏, 文王伐崇, 武王伐紂, 齊桓任戰而伯天下. 由此觀之, 惡有不戰者乎? 古者使車轂擊馳, 言語相結, 天下爲一; 約中連橫, 兵革不藏; 文士並飭, 諸侯亂惑; 萬端俱起, 不可勝理; 科條旣備, 民多僞態; 書策稠注, 百姓不足, 上下相愁, 民無所聊; 明言章理, 兵甲愈起; 辯言偉服, 戰攻不息; 繁稱文辭, 天下不治; 舌弊耳聾, 不見成功; 行義約信, 天下不親. 於是, 乃廢文任武, 厚養死士, 綴甲厲兵, 效勝於戰場. 夫徒處而致利, 安坐而廣地, 雖古五帝·三王·五伯, 明主賢君, 常欲佐而致之, 其勢不能, 故以戰續之. 寬

則兩軍相攻, 迫則杖戟相橦, 然後可建大功. 是故兵勝於外, 義強於內;
武立於上, 民服於下. 今欲並天下, 凌萬乘, 詘敵國, 制海內, 子元元, 臣諸
侯, 非兵不可! 今之嗣主, 忽於至道, 皆惛於教, 亂於治, 迷於言, 惑於語,
沈於辯, 溺於辭. 以此論之, 王國不能行也."

(3)

진나라 왕을 설득하기 위해 글을 열 번이나 올렸지만 설득은 먹히
지 않았다. 검은 담비가죽옷이 다 헤지고 황금 백근도 남김없이 써버
려서 밑천으로 쓸 것들이 부족해지고 끊어져버리자 진나라를 떠나 집
으로 돌아갔다. 등나무 껍질[縢→藤]를 칭칭 감고[羸→纍, 纏繞] 짚신
(蹻)을 신은 채 책을 짊어지고 전대[橐=纏帶]를 메었는데, 몸과 용모가
야위고 파리해졌으며 얼굴은 얼룩지고 시커멓게 탄 데다가 모습에 부
끄러운[歸] 빛이 있었다. 돌아가서 집에 이르자 아내가 새끼를 꼬면서
[紝] 내려오지 않았고, 형수는 밥을 지어주지 않았으며, 아버지와 어머
니는 같이 말을 하려 하지 않았다. 소진이 한숨을 쉬며 탄식해 말했다.

"아내는 나를 남편으로 대하지 않고 형수는 나를 시동생으로 대하
지 않으며 아버지와 어머니는 나를 자식으로 대하지 않으니, 이는 모
두 나의 죄이다."

마침내 밤에 책을 펴고 상자에서 일을 적어 놓은 책들을 늘어놓고
보다가 『태공음부(太公陰符)』라는 책에서 계책을 얻어, 엎드려서 그것
을 외우며 정성을 다해 연습하여 췌마(揣摩)[5]하는 법을 익혔다. 책을

---

5 포표 주: '췌(揣)'란 다른 사람의 마음을 헤아린다는 뜻이고 '마(摩)'는 궁구한다는 뜻이니, 유세
하는 재주를 말한다.(鮑本, 揣量, 摩研也, 游說之術.)

읽다가 잠이 오면 송곳을 당겨서 자기 허벅지를 찌르니, 피가 흘러내려 발에까지 이르렀다. (스스로 다짐하여) 말했다.

"어찌 다른 사람의 주인된 자를 설득하여 능히 그 금과 옥[市→玉]과 비단을 내놓게 하지 못하고서 경이나 재상의 높은 자리를 차지할 수 있겠는가?"

일 년이 지나 췌마술이 이루어지자, 말했다.

"이제 참으로 지금 세상의 임금들을 설득할 수 있을 것이다."

說秦王書十上而說不行. 黑貂之裘弊, 黃金百斤盡, 資用乏絶, 去秦而歸. 嬴縢履蹻, 負書擔橐, 形容枯槁, 面目犁黑, 狀有歸色. 歸至家, 妻不下紝, 嫂不爲炊, 父母不與言. 蘇秦喟歎曰: "妻不以爲爲夫, 嫂不以我爲叔, 父母不以我爲子, 是皆秦之罪也." 乃夜發書, 陳篋書事, 得太公陰符之謀, 伏而誦之, 簡練以爲揣摩. 讀書欲睡, 引錐自刺其股, 血流至足. 曰: "安有說人主不能出其金市錦繡, 取卿相之尊者乎?" 期年揣摩成, 曰: "此真可以說當世之君矣!"

(4)

이에 마침내 (조나라 궁궐인) 연오집궐(燕烏集闕)에 이르자[摩=接近], 조나라 왕을 뵙고 설득하기 위해 화려한 집 아래로 나아가 손뼉을 치며 (흉금을 털어놓고) 이야기했다. 조나라 왕이 크게 기뻐하며 봉하여 무안군(武安君)으로 삼았다. 재상의 도장을 받고 가죽 수레 100대와 흰 벽옥 100쌍, 황금 1만 일(鎰)이 그 뒤를 따랐으니, 합종을 맺고 연횡을 흩트려서 강한 진나라를 억제하였다. 그래서 소진이 조나라에서 재상을 지내면서부터 (진나라 군대가 나오지 못하도록) 함곡관이 막히게 되었다.

이때를 맞이하여 천하의 크기, 천하 백성의 수, 왕후의 위세, 신하의 권력들이 모두 생각하기를 소진의 책략으로 결정되었다고 했다. 한 말의 식량도 낭비하지 않았고 한 명의 병사도 번거롭게 하지 않았고 한 명의 선비도 속이지[張] 않았고 한 개의 활시위도 끊어지지 않았고 한 대의 화살도 꺾어지지 않았으니, 제후들이 서로를 내 몸같이 여기면서 형제보다 더 두터워졌다[賢→厚]. 무릇 뛰어난 이가 조정에 있으면 천하가 복종하고, 한 사람이 쓰이면 천하가 따르게 된다. 그래서 말하기를 "정사를 쓰고[式=用] 무력[勇]은 쓰지 않았으며, 조정(廊廟)에서만 쓰고 나라 밖에서는 쓰지 않았다"라고 하였다.

소진이 성대해짐에 걸맞게 (행차 때는) 황금 1만 일을 쓰면서 수레바퀴가 세차게 구르고 연이어 말을 탄 사람들이 쫓아가는[6] 것이 (그 성대함은) 길에서 밝은 빛이 날 지경이었으니, 산동의 나라들은 바람을 따라서 복종하듯 조나라를 매우 무겁게 여겼다. 장차 저 소진은 단지 빈궁한 거리에서 패어진 문짝에 뽕나무 지게문, 나무를 파서 만든 지도리밖에 없는 (가난한) 선비일 뿐이었지만, 수레 앞 가로대에 엎드려 말의 재갈을 제어하고[撙=制] 마음대로 천하를 밟았으며 조정에서 제후의 왕들에게 이야기를 할 때는 좌우의 입을 틀어막았으니 천하에서 능히 짝이 될 사람이 없었다.

於是乃摩燕烏集闕, 見說趙王於華屋之下, 抵掌而談. 趙王大悅, 封爲武安君. 受相印, 革車百乘, 綿繡千純, 白壁百雙, 黃金萬溢, 以隨其後, 約

---

6 (오사도가) 바로잡아 말한다: 수레와 기마가 성대한 것이다.(正曰: 車騎之盛.)

從散橫, 以抑強秦. 故蘇秦相於趙而關不通. 當此之時, 天下之大, 萬民之衆, 王侯之威, 謀臣之權, 皆欲決蘇秦之策. 不費斗糧, 未煩一兵, 未張一士, 未絶一弦, 未折一矢, 諸侯相親, 賢於兄弟. 夫賢人在而天下服, 一人用而天下從. 故曰: 式於政, 不式於勇; 式於廊廟, 不式於四境之外. 當秦之隆, 黃金萬溢爲用, 轉轂連騎, 炫熿於道, 山東之國, 從風而服, 使趙大重. 且夫蘇秦特窮巷掘門‧桑戶棬樞之士耳, 伏軾撙銜, 橫歷天下, 廷說諸侯之王, 杜左右之口, 天下莫之能伉.

(5)

장차 초나라 왕을 설득하기 위해 가는 길에 낙양을 지나게 되었는데, 아버지와 어머니가 듣고서 집을 깨끗이 하고 길을 치운 뒤 음악을 풀고 술을 준비해서 성 밖 30리까지 마중을 나왔다. 아내는 (마주보지 못하고) 옆 눈으로 쳐다보며 귀를 기울여 들었고, 형수는 뱀처럼 비틀거리면 기어와서 길에 엎드려 네 번 절하고 스스로 무릎을 꿇고 사죄를 했다. 소진이 말했다.

"어찌하여 전에는 거만하더니 지금은 낮추는 것입니까?"

형수가 말했다.

"서방님[季子]의 자리가 높고 돈이 많기 때문입니다."

소진이 말했다.

"슬프구나! 가난하고 의지할 데가 없어지면 부모도 자식으로 여기지 않고, 부유하고 귀해지면 친척들도 무섭고 두려워한다. (그러니) 사람이 태어나 세상에 있을 때에는 세력, 자리, 부유함과 귀함을 어찌 소홀히 할 수 있겠는가!"

將說楚王路過洛陽, 父母聞之, 淸宮除道, 張樂設飮, 郊迎三十里. 妻側
目而視, 傾耳而聽; 嫂蛇行匍伏, 四拜自跪謝. 蘇秦曰: "嫂, 何前倨而後
卑也?" 嫂曰: "以季子之位尊而多金." 蘇秦曰: "嗟乎! 貧窮則父母不子,
富貴則親戚畏懼. 人生世上, 勢位富貴, 蓋可忽乎哉!"

췌마술(揣摩術)을 배우는 까닭이 소진의 마지막 말에 다 담겨 있다.

3-3 진나라 혜왕이 한천자에게 일러주다【秦惠王謂寒泉子】

진나라 혜왕(惠王)이 (秦나라 處士) 한천자(寒泉子)에게 일러주며 말
했다.

"소진이 과인을 속이고, 한 사람의 지혜로써 산 동쪽[東山=山東]의
임금들을 다시 되돌려서 합종(從)을 가지고 진나라를 속이려고 하오.
조나라는 정말로 그 무리들과 의지하고자[負=恃] 해서 먼저 소진에게
폐백으로 제후들과 약속하게 했소. 제후들이 하나가 될 수 없는 것은
마치 닭을 줄로 묶어놓아도[連→繩繫之] 사는 곳에 모두 머물게 할 수
없는 것과 같이 명백하오. 과인이 발끈하여 노여움을 품은 날이 오래
되었으니, 내가 무안자[武安子=武安君: 秦나라 장수 白起]를 시켜 가서 뜻
을 깨우쳐주고 싶소."

한천자가 말했다.

"안 됩니다. 무릇 성을 공격하고 마을을 떨어뜨리는 일이라면 청컨
대 무안자에게 시키십시오. (그러나) 우리나라와 집안을 잘되게 하고자
제후들을 부리는 일이라면 청컨대 객경 장의(張儀)에게 시키십시오."

진나라 혜왕이 말했다.

"명을 받들겠소."

秦惠王謂寒泉子曰: "蘇秦欺寡人, 欲以一人之智, 反覆東山之君, 從以
欺秦. 趙固負其衆, 故先使蘇秦以幣帛約乎諸侯. 諸侯不可一, 猶連雞
之不能俱止於棲之明矣. 寡人忿然, 含怒日久, 吾欲使武安子起往喩意
焉." 寒泉子曰: "不可. 夫攻城墮邑, 請使武安子. 善我國家使諸侯, 請使
客卿張儀." 秦惠王曰: "受命.

**싸움은 장수에게 시키고, 제후들과의 외교는 나라와 정세를 잘 아는 사람을 시켜야
한다.**

3-4 영향이 진나라 왕에게 일러주다【冷向謂秦王】

(秦나라 사람) 영향(冷向)이 진(秦)나라 왕에게 일러주며 말했다.

"저[영향]는 제나라가 왕을 섬기게 하고 싶으니, 송나라를 공격하게
하십시오. 송나라가 깨지면 진(晉)나라[魏나라 大樑]가 위태롭게 되어
안읍(安邑)이 왕의 소유가 될 것입니다. 연나라와 조나라는 제나라와
진(秦)나라의 연합을 미워하여 반드시 땅을 떼어주면서 왕과 사귀고
자 할 것입니다. 제나라가 반드시 왕에게 중요하니, 저의 송나라 공격
은 장차 제나라를 두렵게 함으로써 왕을 무겁게 여기게 만들 것입니
다. 왕께서는 어찌 제가 송나라를 공격하는 것을 싫어하십니까? 저는
왕의 눈 밝음으로써 먼저 그것을 알고 있다 여겨서, 그래서 말을 하지

않았던 것입니다."

冷向謂秦王曰: "向欲以齊事王, 使攻宋也. 宋破, 晉國危, 安邑王之有
也. 燕·趙惡齊·秦之合, 必割地以交欲王矣. 齊必重於王, 則向之攻宋
也, 且以恐齊而重王. 王何惡向之攻宋乎? 向以王之明爲先知之, 故不
言."

제나라로 하여금 송나라를 치게 하면 여러 나라들에게서 쉽게 땅을 얻을 수 있고,
이로써 진나라가 더욱 강성해지면 제나라는 왕을 섬길 수밖에 없다는 말이다.

3-5 장의가 진나라 왕을 설득하다 【張儀說秦王】

— 이 장은 『한비자(韓非子)』 「초현진(初見秦)」편과 같은 내용인데,
진왕(秦王) 정(政) 13년(기원전 234년) 한비(韓非)가 함양(咸陽)에서 알현
했을 때에 한 말이라고도 한다.

(1)
장의(張儀)[7]가 진나라 왕[秦惠王]을 설득하며 말했다.
"신이 듣건대, 알지 못하면서도 말을 하면 지혜가 없는 것이고, 알
면서도 말하지 않으면 충성하는 것이 아니라고 합니다. 다른 사람의

---

7 포본에는 '장의(張儀)'라는 두 글자가 없다. (오사도가) 보충해서 말한다: 잘못되었다. 마땅히 '한
비(韓非)'가 되어야 한다.(鮑本無張儀二字. 補曰: 誤, 當作韓非.)

신하가 되어 충성스럽지 못하면 마땅히 죽어야 하고, 말을 자세히 살피지 않으면 또한 마땅히 죽어야 합니다. 비록 그렇다 해도 신은 원컨대 들은 바를 모두 말하겠으니, 대왕께서는 이 죄를 판단해 주십시오.

張儀說秦王曰: "臣聞之, 弗知而言爲不智, 知而不言爲不忠. 爲人臣不忠當死, 言不審亦當死. 雖然, 臣願悉言所聞, 大王裁其罪.

(2)

신이 듣기에 천하에서 북쪽[陰=北]의 연나라, 남쪽[陽=南]의 위나라는 형(荊)나라[8]와 연합하고 제나라와 (우의를) 견고하게 하면서 겨우 남아있는 한나라를[9] 거두어 합종을 이루고 장차 서쪽을 바라보며 [南→面] 진나라와 더불어 병난[難=兵難]을 만들려 한다고 했습니다. 신이 몰래 웃었습니다. 세상에는 세 가지 망하는 길이 있는데 천하가 그것을 가졌으니, 어찌 이를 설명할 수 있겠습니까? 신이 들은 것을 말하면, '어지러움으로써 다스려지는 것을 공격하면 망하고, 기울어진 것으로써 바른 것을 공격하면 망하고, 거스르는 것으로써 고분고분한 것을 공격하면 망한다'라고 했습니다.

지금 천하의 부고(府庫)[10]가 가득 차지 않았고 곳간(囷)과 창고

---

8 포표 주: 초나라를 말한다. 시황제의 아버지 장양왕(莊襄王)의 이름이 초(楚)였기 때문에 그것을 피휘한 것이다. 그러므로 형(荊)이라 부른 것으로부터 이 글이 시황제 때 사람이 지은 것임을 알 수 있다.(鮑本, 楚也. 始皇諱其父名. 故稱曰荊, 知此書始皇時人作.)

9 포표 주: 이때 한나라는 약해져서 많은 땅을 잃고 지금 남아있는 것은 그 나머지뿐이었다.(鮑本, 韓時弱, 多喪地, 今存者, 其餘也.)

10 포표 주: 부(府)는 문서를 보관하는 곳이고, 고(庫)는 무기와 수레를 보관하는 곳이다.(鮑本, 府文書藏, 庫兵車藏.)

(倉)**11**가 텅 비어있는데도 남김없이 그 선비와 백성을 군대에 펼치니 수천 수백만이 되었고, 흰 칼날이 앞에 있고 도끼가 뒤에 있으나**12** 모두 떠나고 달아나서 죽지 않으려고 합니다. 백성이 능히 죽으려 들지 않는 것이 아니라[罪→非] 그 윗사람이 능히 하지 못하기 때문[殺→故]입니다. 말로만 '상을 준다' 하고는 시키지 않고 말로만 '벌을 준다' 하고는 행하지 않으니, 상과 벌이 (제대로) 행해지지 않기 때문에 그래서 백성들이 죽으려 하지 않는 것입니다.

臣聞天下陰燕陽魏, 連荊固齊, 收餘韓成從, 將西南以與秦爲難. 臣竊笑之. 世有三亡, 而天下得之, 其此之謂乎! 臣聞之曰: '以亂攻治者亡, 以邪攻正者亡, 以逆攻順者亡.' 今天下之府庫不盈, 囷倉空虛, 悉其士民, 張軍數千百萬, 白刃在前, 斧質在後, 而皆去走, 不能死, 罪其百姓不能死也, 其上不能殺也. 言賞則不使, 言罰則不行, 賞罰不行, 故民不死也.

(3)

지금 진나라가 군사를 일으키는 영을 내보내고 상과 벌을 (제대로) 행하면 공이 있거나 없거나 간에[不攻無攻=有功無功] 서로 도울 것입니다. 부모가 품어주고 있던 옷섶에서 나와 태어나서 일찍이 적을 본 적도 없는데도, 싸움이 났다는 소리에 발을 구르며 맨손에 웃통을 벗어부치고 나와서 흰 칼날에 맞서고 불타는 숯을 밟으면서 앞에서 죽으

---

11 (오사도가) 바로잡아 말한다: 고유의 주에 이르기를, 원형의 창고[囷]를 균(囷)이라 하고 사각형을 창(倉)이라 한다.(正曰: 高注, 圓曰囷, 方曰倉.)

12 포표 주: 전쟁에서 앞으로 나아가지 않는 자는 주살하였으니, 그러므로 (도끼가) 뒤에 있는 것이다.(鮑本, 誅不進戰者, 故在後.)

려고 결단하여 순서[比→次]를 기다리는 자들이 한둘이 아닙니다[相次不一]. 무릇 죽음을 결심하는 것과 살려고 결심하는 것은 같지 않습니다. 백성이 그렇게 하는 것은 죽음을 돌아보지 않는 용기[奮=勇: 勇不顧死]를 귀하게 여기기 때문입니다. (이와 같다면) 한 명이 열 명을 이길 수 있고, 열 명이 백 명을 이길 수 있고, 백 명이 천 명을 이길 수 있고, 천 명이 만 명을 이길 수 있고, 만 명이 천하를 이길 수 있습니다.

지금 진나라의 땅의 모양은 긴 쪽을 잘라서 짧은 쪽에 이으면 사방으로 천 리라고 쓸 수 있고 이름난 군사가 수백만이니, 진나라의 호령과 상벌, 땅의 형세 및 (진나라의) 이로움과 (다른 나라의) 해로움은 천하에 비교할 것이 없습니다. 이를 가지고서 천하를 상대하면 천하는 아울러서 소유하기에도 부족합니다. 이에 진나라가 싸움에서 일찍이 이기지 못한 적이 없고, 공격하면 일찍이 차지하지 못한 적이 없으며, 맞닥뜨린 곳에서는 일찍이 깨뜨리지 않은 적이 없다는 것을 알 수 있습니다. 땅을 개척해서 문서로 남겨진 것만 천 리이니, 이는 매우 큰 공업입니다. 그러나 병사는 힘들어하고 선비와 백성은 병이 들었고 쌓아둔 것은 다하고 밭고랑은 황폐해졌으며 곳간은 비었고 사방의 이웃 제후들이 복종하지 않아서 패왕의 이름이 이루어지고 있지 않는데도, 이것이 이상할 까닭이 없는 것은 계책을 내는 신하들 모두가 그 충성을 다하지 못했기 때문입니다.

今秦出號令而行賞罰, 不攻無攻相事也. 出其父母懷衽之中, 生未嘗見寇也, 聞戰頓足徒裼, 犯白刃, 蹈煨炭, 斷死於前者比是也. 夫斷死與斷生也不同. 而民爲之者是貴奮也. 一可以勝十, 十可以勝百, 百可以勝千, 千可以勝萬, 萬可以勝天下矣. 今秦地形, 斷長續短, 方書千里, 名師數百萬, 秦之號令賞罰, 地形利害, 天下莫如也. 以此與天下, 天下不足兼而有也. 是知秦戰未嘗不勝, 攻未嘗不取, 所當未嘗不破也. 開地書千里, 此甚大功也. 然而甲兵頓, 士民病, 蓄積索, 田疇荒, 困倉虛, 四鄰諸侯不服, 伯王之名不成, 此無異故, 謀臣皆不盡其忠也.

(4)

신이 감히 전날에 있었던 이야기[往昔→往者]를 하겠습니다. 옛날에 제나라는 남쪽에서 형나라를 깨뜨렸고 가운데의 송나라를 깨뜨렸고 서쪽으로는 진(秦)나라를 복속시켰고 북으로는 연나라를 깨뜨렸으며 중간에서는 한나라와 위나라의 임금을 부렸습니다. 땅은 넓고 병사는 강하여 싸우면 이기고 공격하면 차지했으며 조서로써 천하에 영을 내렸습니다. 제수[濟]는 맑고 황하는 흐리지만 경계로 삼기에 충분했고, 장성(長城)과 거방(鉅坊)은 요새가 되기에 충분했습니다. 제나라는 다섯 번 싸운 나라입니다. (그러나) 한 번 싸워서 이기지 못하자 제나라가 없어졌습니다.[13] 그래서 이를 가지고 살펴보면, 무릇 싸움이라는 것은 만승의 자리에 남을지 망할지를 가릅니다.

또 신이 들은 것을 말하면, '줄기를 자르고 뿌리를 파내어 이웃에게 화근을 주지 않으면 화근은 마침내 있지 않게 된다'라고 했습니다. 진나라가 형나라 사람과 싸워 형나라를 크게 깨뜨리고 (수도인) 영(郢)을 습격해서 동정호, 오도(五都)와 강남을 차지했습니다. 형나라 왕은 도망쳐 급히 달아났고, 동쪽으로 가서 진(陳)나라에 엎드려 있었습니다. 바로 그때에 형나라를 뒤쫓아서 병사를 거느리고 갔으면 곧 형나

---

13 표포 주: 연나라 소왕이 임치에 입성한 일을 말한다.(鮑本, 燕昭入臨淄事.)

라를 들어낼 수 있었을 것입니다. 형나라를 들어냈으면 그 백성들은 탐내기에 충분했고 땅도 이익되기에 충분했습니다. 동쪽의 강한 제나라와 연나라를 이끌어 가운데의 삼진을 업신여길 수 있었습니다. 그랬더라면 바로 한 번 일어나서 패왕의 이름을 이루어 사방의 이웃한 제후들에게서 조현을 받을 수 있었을 것입니다. 그러나 계책을 세우는 신하들이 그렇게 하지 못했기에 군대를 이끌어 물러났고 형나라 사람들과 화친을 맺었습니다. 지금 형나라 사람들은 망한 나라를 거두어들이고 흩어진 백성을 모으며, 사직의 위패를 세우고 종묘를 설치하며, 영을 내려 천하를 이끌어 서쪽을 바라보면서 진나라에게 어려움을 만들어내고 있으니, 이것이 진실로 이미 패왕의 길이 없어진 첫 번째입니다.

천하가 뜻을 나란히 하고서 화하(華下)에 군진을 쳤습니다만 대왕께서 속임수를 써서 그들을 깨뜨려 군대가 대량(梁)의 성곽에 이르렀으니, 대량을 에워싸기를 수십 일을 하여 마침내 대량을 뽑아내었습니다. 대량을 뽑아내면 위나라를 들어낼 수 있었습니다. 위나라를 들어내면 곧 형나라와 조나라의 뜻이 끊어지게 되고, 형나라와 조나라의 뜻이 끊어지면 조나라는 위태로워지며, 조나라가 위태로워지면 형나라는 외로워집니다. 동쪽의 강한 제나라, 연나라를 이끌어서 중앙의 삼진을 업신여길 수 있게 되니, 그렇게 되면 바로 한 번 일어나서 패왕의 이름을 이루어 사방의 이웃 제후들이 조현했을 것입니다. 그런데 계책을 내는 신하들은 그렇게 하지 않았고, 그 때문에 군대를 이끌고 물러나서 위나라 사람들과 화친을 맺었습니다. 영을 내려 위나라 사람들에게 망한 나라를 거두어들이고 흩어진 세월을 모으며 사직의 위패를 세우고 종묘를 설치하게 했으니, 이것이 진실로 이미 패왕의 길이 없어진 두 번째입니다.

앞의 일들은 양후(穰侯)가 진나라를 다스렸을 때의 일인데, 한 나라의 병사를 써서 두 나라가 이룰 수 있는 공업을 이루고자 욕심내었습니다. 이 까닭으로 병사들이 나라 밖에서 목숨이 다하고 혼령이 드러났으며 선비와 백성들은 나라 안에서 여위고 병들었는데도 끝내 패왕의 이름을 이루지 못했으니, 이것이 진실로 이미 패왕의 길이 없어진 세 번째입니다.

臣敢言往昔. 昔者齊南破荊, 中破宋, 西服秦, 北破燕, 中使韓·魏之君, 地廣而兵強, 戰勝攻取, 詔令天下, 濟淸河濁, 足以爲限, 長城鉅坊, 足以爲塞. 齊五戰之國也. 一戰不勝而無齊. 故由此觀之, 夫戰者萬乘之存亡也. 且臣聞之曰: '削株掘根, 無與禍鄰, 禍乃不存.' 秦與荊人戰, 大破荊, 襲郢, 取洞庭·五都·江南. 荊王亡奔走, 東伏於陳. 當是之時, 隨荊以兵, 則荊可擧. 擧荊, 則其民足貪也, 地足利也. 東以強齊·燕, 中陵三晉. 然則是一擧而伯王之名可成也, 四鄰諸侯可朝也. 而謀臣不爲, 引軍而退, 與荊人和. 今荊人收亡國, 聚散民, 立社主, 置宗廟, 令帥天下西面以與秦爲難, 此固已無伯王之道一矣. 天下有比志而軍華下, 大王以詐破之, 兵至梁郭, 圍梁數旬, 則梁可拔. 拔梁, 則魏可擧. 擧魏則荊·趙之志絶. 荊·趙之志絶, 則趙危. 趙危而荊孤. 東以強齊·燕, 中陵三晉, 然則是一擧而伯王之名可成也, 四鄰諸侯可朝也. 而謀臣不爲, 引軍而退, 與魏氏和, 令魏氏收亡國, 聚散年, 立社主, 置宗廟, 此固已無伯王之道二矣. 前者穰侯之治秦也, 用一國之兵, 而欲以成兩國之功. 是故兵終身暴靈於外, 士民潞病於內, 伯王之名不成, 此固已無伯王之道三矣.

(5)

　조나라는 중앙에 있는 나라로 여러 백성이 섞여서 사는 곳입니다. 그 백성들은 경솔하여 쓰기가 어렵고 명령을 내려 다스리기 어려우며 상과 벌에 믿음이 없고 땅의 형상에 이로운 바가 없어서, 위에서는 능히 그 백성의 힘을 다 쓰지 못합니다. 저들은 정말 나라가 망하는 형세인데도 그 백성들(民氓)을 걱정하지 않고 선비와 백성을 모조리 이끌어 장평(長平) 아래에 군진을 치고서 한나라의 상당(上黨)을 두고 다투었는데, 대왕이 속임수를 써서 그들을 깨뜨리고 무안(武安)을 뽑아내었습니다. 이때를 맞이하여 조나라는 위아래가 서로 내 몸같이 합쳐지지 못했고 높은 사람과 낮은 사람이 서로 믿지 못해서 바로 한단을 지킬 수도 없었습니다. (만일 대왕께서) 한단을 뽑아내었다면 하간(河間)을 다스릴 수 있었고, 군사를 이끌고 떠나서 서쪽으로 수무(修武)를 공격하고 양장(羊腸)을 넘어 대(代)와 상당(上黨)을 떨어뜨릴 수 있었습니다. 대(代)의 36현, 상당의 17현이 한 벌의 갑옷도 쓰지 않고 한 명의 백성도 힘들게 하지 않은 채로 고스란히 진나라의 소유가 되었을 것입니다. 대와 상당이 싸우지 않고서도 이미 진나라 것이 되었다면 동양(東陽)과 하외(河外)는 싸우지 않고도 이미 제나라의 것으로 돌아갔을 것이고, 중산과 호지(呼池) 이북은 싸우지 않고도 이미 연나라의 것이 되었을 것입니다. 그렇기 때문에 바로 조나라를 들어내었다면 한나라는 틀림없이 망했을 것이고, 한나라가 망하면 반드시 형나라와 위나라도 능히 홀로 설 수가 없었을 것입니다. 형나라와 위나라가 홀로 설 수 없게 되면, 이에 한 번 (군사를) 일으켜서 한나라를 무너뜨리고 위나라를 좀먹게[蠹] 하며 형나라를 옆에 끼고서 동쪽의 약해진 제나라와 연나라를 거느리고 백마의 입구를 터트려서 위나라를 휩쓸어버릴 수 있었습니다. 한 번 일어나 삼진이 망하면 합종[從]하는 자들은 패망하게 됩니다. 대왕이 팔짱을 끼고서 기다리기만 하면 천하가 두루두루 따라와서 엎드릴 것이니, 패왕의 이름을 이룰 수 있었을 것입니다.

그러나 계책을 내는 신하들은 그렇게 하지를 않고, 군사를 이끌고 물러나서 조나라와 더불어 화친을 맺었습니다. 대왕의 눈 밝음과 진나라 병사의 강함을 가지고도 패왕의 대업을 이루지도, 바치는 땅[地尊][14]을 얻지도 못했고 마침내 망한 나라에게 속임수에 걸렸으니, 이는 계책을 내는 신하가 어리석었기 때문입니다. 또 저 조나라는 마땅히 망해야 하는데도 망하지 않았고 진나라는 마땅히 패자(伯者)가 되어야 하는데도 패자가 되지 못했으니, 바로 천하가 정말로 진나라의 계책을 내는 신하를 헤아린 것이 첫 번째입니다. 마침내 다시 모든 병사들을 곧 한단을 공격했지만 뽑아낼 수 없었고 갑옷을 버리고 병사들이 화를 내면서도 두려워 떨면서 물러났으니, 천하가 정말로 진나라의 힘을 헤아린 것이 두 번째입니다. 군대를 마침내 이끌어 물러나게 하여 이하(李下)에서 합쳤고, 대왕께서 군대를 아울러서 힘을 다하여[致→極力] 싸웠지만 능히 크게 이길 수가 없어서 다시 교전을 풀고서 물러났으니, 천하가 정말로 진나라의 힘을 헤아린 것이 세 번째입니다.

안으로는 우리의 계책 내는 신하를 헤아리고, 밖으로는 우리 병사의 힘이 미치는 바[15]를 추측하였습니다. 이로 말미암아 살펴보면, 신이 생각하기로 천하가 합종[從]으로 가는 것이 어찌 어렵겠습니까? 안으로는 우리 병사들이 힘들어하고 선비와 백성은 병이 들어있으며 쌓아

둔 것이 다하고 밭고랑이 황폐해졌으며 곳간은 비어있고, 밖으로는 천하가 뜻을 같이함이 매우 단단합니다. 원컨대 대왕께서 이것을 생각하셔야 할 것입니다.

趙氏, 中央之國也, 雜民之所居也. 其民輕而難用, 號令不治, 賞罰不信, 地形不便, 上非能盡其民力. 彼固亡國之形也, 而不憂其民氓. 悉其士民, 軍於長平之下, 以爭韓之上黨, 大王以詐破之, 拔武安. 當是時, 趙氏上下不相親合, 貴賤不相信, 然則是邯鄲不守, 拔邯鄲, 完河間, 引軍而去, 西攻修武, 逾羊腸, 降代·上黨. 代三十六縣, 上黨十七縣, 不用一領甲, 不苦一民, 皆秦之有也. 代·上黨不戰而已爲秦矣, 東陽河外不戰而已反爲齊矣, 中呼池以北不戰而已爲燕矣. 然則是擧趙則韓必亡, 韓亡則荊魏不能獨立. 荊·魏不能獨立, 則是一擧而壞韓, 蠹魏, 挾荊, 以東弱齊·燕, 決白馬之口, 以流魏氏. 一擧而三晉亡, 從者敗. 大王拱手以須, 天下遍隨而伏, 伯王之名可成也. 而謀臣不爲, 引軍而退, 與趙氏爲和. 以大王之明, 秦兵之强, 伯王之業, 地尊不可得, 乃取欺於亡國, 是謀臣之拙也. 且夫趙當亡不亡, 秦當伯不伯, 天下固量秦之謀臣一矣. 乃復悉卒乃攻邯鄲, 不能拔也, 棄甲兵怒, 戰慄而郤, 天下固量秦力二矣. 軍乃引退, 並於李下, 大王並軍而致與戰, 非能厚勝之也, 又交罷郤, 天下固量秦力三矣. 內者量吾謀臣, 外者極吾兵力. 由是觀之, 臣以天下之從, 豈其難矣. 內者吾甲兵頓, 士民病, 蓄積索, 田疇荒, 囷倉虛, 外者天下比志甚固. 願大王有以慮之也.

(6)
또 신이 듣기로, '두려워하고 두려워하며 하루하루 삼가라. 진실

로 삼가면서 그 길을 가면 천하를 얻을 수 있다'라고 했습니다. 어떻게
해서 이를 알 수 있겠습니까? 옛날 주(紂)가 천자가 되어 천하를 이끌
고 무장한 병사 백만을 거느렸는데, 왼쪽은 기수(淇水) 골짜기에서 물
을 마시고 오른쪽은 항수(洹水)에서 물을 마셨더니 기수의 물이 마르
고 항수의 물이 흐르지 않을 정도였고, 이 때문에 주나라 무왕에게 어
려움을 주었습니다. (그러나) 무왕은 흰 갑옷을 입은 삼천 명의 군사만
으로 싸운 지 하루 만에 주왕의 나라를 깨뜨려서 그 몸을 붙잡고 그
땅을 점거하며 그 백성을 소유했지만, 천하가 (무왕을) 해치지 못했습
니다.

지백(智伯)이 세 나라(晉, 韓, 魏)의 무리를 이끌고 조나라 양자를 진
양(晉陽)에서 공격하여 물길을 터서 성으로 물을 대니, 삼 년이 지나 성
이 드디어 뽑혔습니다. 양자는 거북 껍질을 두고 자주 댓가지로 점을
쳐서 조짐을 얻어[16] 그로써 이로움과 해로움을 살피고, 어느 나라가 항
복할지를[何國可降=孰爲可降] 보고 나서 (그 나라에) 장맹담(張孟談)을
보냈습니다. 이때에 (장맹담이) 몰래 나가 지백의 맹약을 뒤집고 두 나
라(韓, 魏)의 무리를 얻었으니, 이를 가지고 지백의 나라를 공격하여 그
몸을 붙잡고 양자의 공업을 이루었습니다.[17]

지금 진나라 땅은 긴 쪽을 끊어서 짧은 쪽에 이으면 사방 수천 리
이고 이름 있는 선생이 수백만이며, 진나라의 명령과 상벌, 땅의 형세
의 이로움과 해로움은 천하에 비슷한 것이 없습니다. 이것으로써 천하

---

16 처음에는 거북 등껍질을 불에 태워서 나온 갈라진 금에 따라 점을 쳤으나, 나중에는 거북 형
    상을 만들어 시초(蓍草) 또는 대가지를 꽂아 두고 그것을 뽑아내어 길흉을 판단하게 되었다고
    한다.
17 「趙策」 18-2 '지백이 조나라, 한나라, 위나라를 통솔하여 범씨와 중항씨를 치다(知伯帥趙韓魏
    而伐范中行氏)' 참조.

와 더불어 싸우면 천하를 아울러서 소유할 수 있습니다. 신이 우매하여 죽음을 바라고 대왕을 뵌 것은 천하의 합종을 깨뜨리고, 조나라를 들어내고, 한나라를 망하게 하고, 형나라와 위나라를 신하로 삼고, 제나라와 연나라를 내 몸같이 여김으로써 패왕의 이름을 이루고 사방 이웃한 제후가 조현하게 하는 도리를 말씀드리기 위함입니다. 대왕께서 시험 삼아 이 이야기를 들어주셨는데, 한 번 일어나서 천하의 합종을 깨지 못하고, 조나라를 들어내지 못하고, 한나라가 망하게 하지 못하고, 형나라와 위나라를 신하로 삼지 못하고, 제나라와 연나라가 내 몸처럼 되지 않고, 패왕의 이름을 이루지 못하고, 사방 이웃한 제후들이 조현하게 하지 못한다면 대왕께서는 신의 목을 쳐서 나라에 조리돌림(徇)하여 주인을 위해 불충한 계책을 낸 자들에게 보여주십시오.'

且臣聞之, 戰戰慄栗, 日慎一日. 苟慎其道, 天下可有也. 何以知其然也? 昔者紂爲天子, 帥天下將甲百萬, 左飮於淇谷, 右飮於洹水, 淇水竭而洹水不流, 以與周武爲難. 武王將素甲三千領, 戰一日, 破紂之國, 禽其身, 據其地, 而有其民, 天下莫不傷[18]. 智伯帥三國之衆, 以攻趙襄主於晉陽[19], 決水灌之, 三年, 城且拔矣. 襄主錯龜數策占兆, 以視利害, 何國可降, 而使張孟談. 於是潛行而出, 反智伯之約, 得兩國之衆, 以攻智伯之國, 禽其身, 以成襄子之功. 今秦地斷長續短, 方數千里, 名師數百萬, 秦國號令賞罰, 地形利害, 天下莫如也. 以此與天下, 天下可兼而有也. 臣昧

---

18 (오사도가) 바로잡아 말한다: 『한비자』 「초현진(初見秦)」에는 ('不'이 빠지고) "天下莫傷"으로 되어 있다.(正曰: 韓作莫傷.)

19 요굉 주: 양주(襄主)는 조양자(趙襄子)로, 대부이면서 군주라 칭했다. 진양(晉陽)은 조나라의 읍이다.(姚本, 襄主, 趙襄子也, 大夫稱主. 晉陽, 趙氏邑也.)

死望見大王, 言所以擧破天下之從, 擧趙亡韓, 臣荊·魏, 親齊·燕, 以成
伯王之名, 朝四鄰諸侯之道. 大王試聽其說, 一擧而天下之從不破, 趙不
擧, 韓不亡, 荊·魏不臣, 齊·燕不親, 伯王之名不成, 四鄰諸侯不朝, 大王
斬臣以徇於國, 以主爲謀不忠者."

진나라가 지금껏 강성함에도 불구하고 패업을 이루지 못한 까닭을 진술하고, 제,
연, 위, 초나라와 연횡하여 삼진을 깨뜨리는 계책을 진언하였다.

3-6 장의가 진나라 병사를 빌려서 위나라를 구원하고 싶어 하다
【張儀欲假秦兵以救魏】

장의가 진나라 병사를 빌려서 위나라를 구원하고 싶어했다. 좌성
(左成)이 감무(甘茂)에게 일러주며 말했다.

"그대는 차라리 주는 것만 못합니다[子不→子不如]. 위나라가 (싸움
에 지고, 진나라 군사가 많이 죽고 다쳐서) 진나라 병사를 돌려주지 못한다
면 장자(張子=張儀)는 진나라로 돌아오지 않을 것입니다. 위나라가 진
나라 병사를 돌려보낸다면 장자는 위나라에서 (공을 세웠기에) 뜻을 얻
을 것이요, 감히 (진나라가 장의가 위나라를 두텁게 대한 까닭을 의심하기 때문
에) 진나라로 돌아오지 못할 것입니다. 장자가 진나라를 떠나지 않으면
장자는 반드시 그대보다 높게 될 것입니다."

張儀欲假秦兵以救魏. 左成謂甘茂曰: "子不予之. 魏不反秦兵, 張子不
反秦. 魏若反秦兵, 張子得志於魏, 不敢反於秦矣. 張子不去秦, 張子必

高子.”

장의가 위나라를 구원하게 되면 일의 성패와 무관하게 돌아오지 못할 것이요 위나라에 가지 않는다면 장의가 감무보다 귀하게 될 것이니, 차라리 군사를 빌려 주는 것이 낫다.

3-7 사마조가 장의와 함께 진나라 혜왕 앞에서 논쟁을 벌이다
【司馬錯與張儀爭論於秦惠王前】

(1)

사마조(司馬錯)가 장의(張儀)와 함께 진나라 혜왕(惠王) 앞에서 논쟁을 벌였다. 사마조가 촉(蜀)을 치고 싶어 하자 장자가 말했다.

“한나라를 치는 것만 못합니다.”

왕이 말했다.

“그 이야기를 듣고자 하오.”

(장의가) 대답하여 말했다.

“위나라와 가까이 지내고 초나라와 좋게 지내면서, 병사를 삼천(三川)으로 내려보내고 환원(轘轅)과 후지(緱氏)의 입구를 틀어막으며 둔류(屯留)의 길에서 대적합니다. 위나라가 남양(南陽)에서 끊어주고 초나라가 (한나라 도읍인) 남정(南鄭)에 임(臨)하면 진나라는 신성(新城), 의양(宜陽)을 공격하고서 동주와 서주의 성 밖까지 이르러 주나라 임금의 죄를 벌하고 초나라와 위나라 땅을 침공할 것이니, 주나라는 스스로 구원받지 못함을 알고 구정(九鼎)과 보기(寶器)들을 반드시 내보낼 것입니다. 구정을 차지하고 천하의 지도[圖]와 호적[籍]을 살펴보면서 천자를 끼고 천하에 영을 내리면 천하가 감히 듣지 않을 수 없으니, 바로 왕이 이룩할 업적입니다. 지금 저 촉나라는 서쪽의 궁벽한 나라이나 융적의 우두머리이니, 병사를 피곤하게 하고 무리를 힘들게 한 것에 비하여 이름을 이루는 데 충분치 못하며 그 땅을 얻어도 이익으로 삼기에는 충분치 않습니다. 신이 듣기에 '이름을 다투는 사람은 조정에 있고, 이익을 다투는 사람은 시장에 있다'라고 했습니다. 지금 삼천과 주나라 왕실은 천하의 조정이며 시장인데도 왕께서는 (여기서) 다투지 않고 도리어 융적(戎狄)과 싸우려 하시니, 왕업과의 거리가 멀 것입니다."

司馬錯與張儀爭論於秦惠王前. 司馬錯欲伐蜀, 張儀曰: "不如伐韓." 王曰: "請聞其說." 對曰: "親魏善楚, 下兵三川, 塞轘轅·緱氏之口, 當屯留之道, 魏絕南陽, 楚臨南鄭, 秦攻新城·宜陽, 以臨二周之郊, 誅周主之罪, 侵楚·魏之地. 周自知不救, 九鼎寶器必出. 據九鼎, 安圖籍, 挾天子以令天下, 天下莫敢不聽, 此王業也. 今夫蜀, 西辟之國, 而戎狄之長也, 弊兵勞衆不足以成名, 得其地不足以爲利. 臣聞: '爭名者於朝, 爭利者於市.' 今三川·周室, 天下之市朝也. 而王不爭焉, 顧爭於戎狄, 去王業遠矣."

(2)

사마조가 말했다.

"그렇지 않습니다. 신이 듣기에, 나라를 부유하게 하고자 하면 그 땅을 넓히는 데 힘을 쓰고, 병사를 강하게 하고자 하면 그 백성을 부유하게 만드는 데 힘을 쓰고, 왕 다운 왕이 되고자 하면 그 다움[德]을 넓히는 데 힘을 써야 한다고 했습니다. 이 세 가지 밑천이 되는 것을 갖추면 왕(의 일)은 저절로 따라올 것입니다.

지금 왕의 땅은 작고 백성은 가난합니다. 그래서 신은 바라건대 먼저 쉬운 쪽에서 일을 쫓았으면 합니다. 저 촉은 서쪽에 치우쳐[辟=僻] 있으며 융적의 우두머리로 걸왕과 주왕과 같은 어지러움이 있어서, 진나라가 그들을 공격하는 것은 비유하면 마치 이리와 늑대들이 양 떼를 모는 것과 같습니다. 그 땅을 얻으면 나라를 넓힐 수 있고 그 재물을 차지하면 백성을 부유하게 할 수 있으니, 병사를 잘 다스리면 많은 사람을 다치게 하지 않고도 저들을 이미 복속시킬 것입니다. 그래서 한 나라를 뽑아내도 천하가 사납다고 여기지 않을 것이고, 이익을 세상[西海=四海]에서 남김없이 다 가져도 제후들이 탐욕스럽다고 여기지 않을 것입니다. 이는 내가 하나를 들었는데 이름과 실속이 함께 붙어 있는 것이고, 또 사나움을 막고 어지러움을 바로잡는다는 명분도 있습니다.

지금 한(韓)나라를 공격하여 천자를 겁박하면 천자를 겁박했다는 나쁜 이름을 얻으니, 반드시 이로울 것이 없습니다. 마땅하지 않다는 이름이 있으면서 천하가 욕심내지 않는 곳[주나라]을 공격하면 위태롭습니다. 신이 청컨대 그 까닭을 아뢰고자 합니다. 주나라는 천하의 종실이요, 제나라는 한나라, 주나라와 동맹인 나라입니다. 주나라가 스스로 구정을 잃게 되리라는 것을 알고 한나라가 스스로 삼천을 잃게 되리라는 것을 알면 반드시 장차 두 나라는 힘을 합쳐서 함께 계책을 내어 이로써 제나라와 조나라에게 기대게 되고, 그리고는 초나라와 위나라에 풀어줄 것을 요구하게 될 것입니다. 쇠솥을 초나라에 주고 땅을 위나라에 주게 되면 왕께서는 막을 수가 없을 것입니다. 이것이 신이 이른바 위태롭다고 한 것이니, 촉을 쳐서 (진나라를) 완전하게 하는 것만 못합니다."

혜왕이 말했다.

"좋다. 과인은 그대의 말을 듣겠소."

司馬錯曰: "不然, 臣聞之, 欲富國者, 務廣其地; 欲强兵者, 務富其民; 欲王者, 務博其德. 三資者備, 而王隨之矣. 今王之地小民貧, 故臣願從事於易. 夫蜀, 西辟之國也, 而戎狄之長, 而有桀·紂之亂. 以秦攻之, 譬如使豺狼逐群羊也. 取其地, 足以廣國也; 得其財, 足以富民; 繕兵不傷衆, 而彼已服矣. 故拔一國, 而天下不以爲暴; 利盡西海, 諸侯不以爲貪. 是我一擧而名實兩附, 而又有禁暴正亂之名. 今攻韓劫天子, 劫天子, 惡名也, 而未必利也, 又有不義之名, 而攻天下之所不欲, 危! 臣請謁其故: 周, 天下之宗室也; 齊, 韓·周之與國也. 周自知失九鼎, 韓自知亡三川, 則必將二國並力合謀, 以因於齊·趙, 而求解乎楚·魏. 以鼎與楚, 以地與魏, 王不能禁. 此臣所謂危, 不如伐蜀之完也." 惠王曰: "善! 寡人聽子."

사마조는 풍요한 촉 땅을 먼저 거두는 것이 실리와 명분에 모두 좋다고 주장하여 장의의 뜻을 꺾었다.

3-8 장의가 저리질을 해치려 하다【張儀之殘樗裡疾】

장의가 (秦惠王의 이복동생인) 저리질(樗裡疾)을 해치기 위해서, 무거운 일을 맡겨 초나라에 사신으로 보내고 그참에 초나라 왕[楚懷王]에게 (저리질에게) 진나라의 재상 자리를 줄 것을 요청하게 했다. 그러면서 장자는 진나라 왕에게 일러주며 말했다.

"저리질을 무겁게 하여 사신으로 보낸 것은 장차 나라의 사귐을 위해서입니다. 지금 그 몸이 초나라에 있는데, 초나라 왕이 그참에 진나라에 재상으로 삼을 것을 요청하고 있습니다. 신이 그 말을 들었는데, (저리질이) 말하기를 '왕께서 몰래 장의[儀]를 진나라에서 데려오려고 하십니까? 신이 청컨대 왕을 돕겠습니다'라고 했답니다. 초나라 왕이 그렇다고 여겨서, 그래서 재상을 청하게 된 것입니다. 지금 왕께서 진실로 그 말을 들어주면 그는 반드시 나라를 가지고 초나라 왕을 섬길 것입니다."

진나라 왕이 크게 화를 내자 저리질이 나라를 나가서 달아났다.

張儀之殘樗裡疾也, 重而使之楚. 因令楚王爲之請相於秦. 張子謂秦王曰: "重樗裡疾而使之者, 將以爲國交也. 今身在楚, 楚王因爲請相於秦. 臣聞其言曰: '王欲窮儀於秦乎? 臣請助王.' 楚王以爲然, 故爲請相也. 今王誠聽之, 彼必以國事楚王." 秦王大怒, 樗裡疾出走.

장의가 저리자를 쫓아내기 위해 '저리자가 초나라에 가서 장의를 재상으로 받으라고 초나라 왕에게 말했다'고 무고했다.

3-9 장의가 한중 땅을 초나라에게 주고 싶어 하다 【張儀欲以漢中與楚】

장의가 한중(漢中) 땅을 초나라에게 주고 싶어서 진나라 왕에게 청하며 말했다.

"한중이 있는데, 좀벌레와 같습니다. 곡식을 심어도 살지 못하니 사람이 반드시 해를 입게 되고, 집안에 마땅하지 않은 재물이 있으면 뿌리를 상하게 됩니다. 한중 남쪽 변경은 초나라에게는 이로운 곳이지만, 이곳은 나라에는 손해[累]가 됩니다."

감무(甘茂)가 왕에게 일러 말했다.

"땅이 크다는 것이 나라에 큰 걱정거리가 되겠습니까! 천하에 변고가 생겨서 왕께서 한중을 떼어 초나라와 화친을 하게 되면, 초나라는 반드시 천하를 배반하고 왕과 함께할 것입니다. 왕께서 지금 한중을 초나라에게 주신다면 천하에 변고가 생겼을 때 왕께서는 무엇을 가지고 초나라와 거래하시겠습니까?"

張儀欲以漢中與楚, 請秦王曰: "有漢中, 蠹. 種樹不處者, 人必害之; 家有不宜之財, 則傷本. 漢中南邊爲楚利, 此國累也." 甘茂謂王曰: "地大者, 國多憂乎! 天下有變, 王割漢中以爲和楚, 楚必畔天下而與王. 王今以漢中與楚, 即天下有變, 王何以市楚也?"

장의가 한중을 초나라에 주려 했으나 감무가 임금에게 훗날 위태로워졌을 때를 대비해 남겨둘 것을 청했다.

3-10 초나라가 위나라를 공격하다【楚攻魏張儀謂秦王】

초나라[楚威王]가 위나라를 공격하자 장의가 진나라 왕[秦惠王]에게 일러주며 말했다.

"차라리 위나라를 도와서 굳세게 만드는 것만 못할 것입니다. 위나라가 싸움에서 이기면 다시 진나라의 말을 들을 것이니, 반드시 서쪽 황하 바깥 땅을 들일[入=納] 것입니다. 이기지 못하면, 위나라는 지킬 수가 없으므로 왕께서 틀림없이 차지하게 됩니다."

왕이 장의의 말을 써서 (魏나라 땅) 피지(皮氏)의 병사 만 명, 수레 백 승을 가지고 위나라와 함께했다. (위나라 장군) 서수(犀首)가 싸워서 초나라 위왕(威王)을 이겼으나, 위나라는 병사들이 피로하고 약해졌으며 진나라를 무서워하고 두려워하여 과연 서쪽 황하 바깥 땅을 바쳤다.

楚攻魏. 張儀謂秦王曰: "不如與魏以勁之, 魏戰勝, 復聽於秦, 必入西河之外; 不勝, 魏不能守, 王必取之." 王用儀言, 取皮氏卒萬人, 車百乘, 以與魏. 犀首戰勝威王, 魏兵罷弊, 恐畏秦, 果獻西河之外.

초나라가 위나라를 공격하자, 장의가 위나라를 지원해서 위나라의 승패와 관계없이 땅을 얻을 수 있는 계책을 내놓았다.

3-11 전신이 진진을 위해 진나라 혜왕에게 설득하다

【田莘之爲陳軫說秦惠王】

전신(田莘)이 진진(陳軫)[20]을 위해 진(秦)나라 혜왕에게 설득하며 말했다.

"신은 왕께서 곽(郭=虢)나라 임금과 같을까 두렵습니다. 저 진(晉)나라 헌공(獻公)이 곽나라를 치고 싶었으나 (곽나라 대부) 주지교(舟之僑)가 있는 것을 꺼려했는데, (晉나라 대부) 순식(荀息)이 말했습니다. 「주서(周書)」의 말에, 아름다운 여자가 (충신의) 혀를 자른다는 것이 있습니다.' 드디어 여자 악사를 (곽나라에) 보내자 이로써 그 정사가 어지러워졌습니다. 주지교가 바로잡는 말[諫]을 했지만 들어주지 않자 마침내 떠났으니, 이로 인해 곽나라를 정벌하여 마침내 깨뜨릴 수 있었습니다.

또 우(虞)나라를 정벌하고 싶었으나 궁지기(宮之奇)가 있는 것을 꺼려했는데, 순식이 말하기를 「주서(周書)」의 말에, 아름다운 남자가 오래된 신하를 깨뜨린다는 말이 있습니다'라고 했습니다. 곧 잘생긴 남자를 보내어 (우나라 임금이) 궁지기를 미워하도록 가르쳤습니다. 궁지기가 바로잡는 말[諫]을 했지만 들어주지 않자 마침내 도망갔으니, 이로 인해 우나라를 정벌하고 마침내 차지할 수 있었습니다.

지금 진나라가 스스로 왕이라고 부르고 있지만 능히 왕을 해칠 수 있는 나라는 초나라입니다. 초나라는 횡군(橫君=橫門君. 秦나라의 장수)

---

20 제나라 사람으로, 진나라 혜왕에게 장의와 함께 총애를 다툰 종횡가이다. 뒷날 초나라 혜왕에 의해 영천후(潁川侯)에 봉해졌다.

이 병사를 잘 부리고 진진이 지모를 잘 쓴다는 것을 알고 있습니다. 그래서 (초나라는) 장의를 총애하여 다섯 나라[韓, 魏, 趙, 燕, 齊]를 거느리게 하였습니다. (장의가) 오면 틀림없이 이 두 사람[橫門君, 陳軫]의 잘못[惡: 言其惡也]을 말할 것이니, 원컨대 왕께서는 들어주지 마십시오."

장의가 과연 와서 말을 하는데, 그참에 진진에 대하여 말하자 왕이 화를 내며 듣지 않았다.

田莘之爲陳軫說秦惠王曰: "臣恐王之若郭君. 夫晉獻公欲伐郭, 而憚舟之僑存. 荀息曰: '周書有言, 美女破舌.' 乃遺之女樂, 以亂其政. 舟之僑諫而不聽, 遂去. 因而伐郭, 遂破之. 又欲伐虞, 而憚宮之奇存, 荀息曰: '周書有言, 美男破老.' 乃遺之美男, 敎之惡宮之奇. 宮之奇以諫而不聽, 遂亡. 因而伐虞, 遂取之. 今秦自以爲王, 能害王者之國者, 楚也. 楚智橫君之善用兵[21], 用兵與陳軫之智, 故驕張儀以五國. 來, 必惡是二人. 願王勿聽也." 張儀果來辭, 因言軫也, 王怒而不聽.

옛날에 다른 나라를 공격하기 전에 미리 사람을 보내어 그 나라의 중신을 헐뜯음으로써 안에서부터 무너뜨리는 술책이 있었음을 알려주면서, 장의가 진나라의 두 중신을 해치려 한다고 미리 왕에게 일러준 것이다.

---

21 포표 주: 뒤의 용병(用兵) 두 글자는 연문이다.(鮑本, 下衍用兵二字.)

3-12 장의가 또다시 진나라 왕에게 진진을 헐뜯다【張儀又惡陳軫於秦王】

장의가 또다시 진나라 왕에게 진진(陳軫)을 헐뜯으며 말했다.

"진진이 초나라와 진나라 사이를 치달리고 있는데, 지금 초나라는 진나라에게 더 잘해주지 않으면서도 진진에게는 잘해주고 있습니다. 그렇기 때문에 이는 진진이 스스로를 위하면서 나라를 위하지 않는 것입니다. 장차 진진이 진나라를 떠나서 초나라로 가려고 하는데, 왕께서는 어째서 들어주지 않습니까?"

왕이 진진에게 일러주며 말했다.

"내가 듣건대 그대는 진나라를 떠나 초나라로 가고 싶다고 하던데, 믿을 만한가?"

진진이 말했다.

"그렇습니다."

왕이 말했다.

"장의의 말이 과연 믿을 만하구나."

진진이 말했다.

"홀로 장의만 아는 것이 아니라, 길을 가는 사람들 모두가 알고 있습니다. 말하기를, '효기(孝己)[22]가 자기 부모를 사랑하자 세상 사람들이 그를 자식으로 삼으려고 했으며, 오자서(伍子胥)[23]가 그 임금에게

---

22 포표 주: 『세기(世紀)』에 따르면, 은나라 고종(高宗) 무정(戊丁)에게 뛰어난 아들 효기(孝己)가 있었다. 어머니가 일찍 돌아가셨는데, 고종이 후처의 말에 현혹되어 추방해서 죽게 만들었다. (오사도가) 보충하여 말한다: 『시자(尸子)』에서 말하기를, 효기는 부모를 섬길 때 하룻밤에 다섯 번 일어나서 옷이 두꺼운지 얇은지, 베개가 높은지 낮은지를 살폈다고 한다.(鮑本, 世紀, 殷高宗戊丁有賢子孝己, 母早死, 高宗惑后妻之言, 放之而死. 補曰: 尸子云, 孝己事親, 一夜而五起, 視衣厚薄, 枕之高下也.)

23 포표 주: 오자서는 초나라 사람으로, 초나라 왕이 그의 아비 오사를 죽이자 오나라로 달아났다.

충성스럽자 천하가 그를 신하로 삼고 싶어 했다. 종[僕妾]을 팔았는데 (賣) (다시) 그 마을에서 팔렸다면[售] 좋은 종이고, 여자가 집을 나왔다가 그 마을로 시집갔다면 좋은 여자다'라고 했습니다. 제가 임금에게 충성스럽지 못하다면 초나라 또한 어떻게 제[진진]가 충성스럽다고 여기겠습니까? 충성하는데도 장차 버려졌는데, 제가 초나라에 가지 않으면 어디를 가겠습니까?"

진나라 왕이 말했다.

"좋다."

이에 마침내 그치게[必→止] 하였다

張儀又惡陳軫於秦王, 曰: "軫馳楚·秦之間, 今楚不加善秦而善軫, 然則是軫自爲而不爲國也. 且軫欲去秦而之楚, 王何不聽乎?" 王謂陳軫曰: "吾聞子欲去秦而之楚, 信乎?" 陳軫曰: "然." 王曰: "儀之言果信也." 曰: "非獨儀知之也, 行道之人皆知之. 曰: '孝己愛其親, 天下欲以爲子; 子胥忠乎其君, 天下欲以爲臣. 賣僕妾售乎閭巷者, 良僕妾也; 出婦嫁鄕曲者, 良婦也.' 吾不忠於君, 楚亦何以軫爲忠乎? 忠且見棄, 吾不之楚, 何適乎?" 秦王曰: "善." 乃必之也.

장의가 진진의 마음이 초나라에 있다고 했으나, 진진은 진나라에 충성스럽기 때문에 다른 나라에서 나를 쓰고 싶어 할 뿐이라는 말을 했다.

오왕 부차가 부초에서 월나라를 패망시킨 후 월왕 구천이 나라를 맡기고 신하되기를 구하자 부차가 허락하려 했는데, 오자서가 간하였으나 부차는 들어주지 않았다. 뒤에 오나라가 제나라를 정벌할 때 오자서는 제나라를 풀어주고 먼저 월나라를 치자고 청했다가, 태재 비가 참소해서 검을 받고 죽었다.(鮑本, 伍子胥, 楚人. 平王殺其父奢, 胥奔吳. 吳王夫差敗越於夫椒, 越王勾踐求委國爲臣妾, 夫差將許之, 胥諫不聽. 后吳伐齊, 胥諫請釋齊先越, 太宰嚭讒之, 賜劍以死.)

3-13 진진이 초나라를 떠나 진나라로 오다【陳軫去楚之秦】

진진이 초나라를 떠나 진나라로 오니, 장의가 진나라 왕[秦惠王]에게 일러주며 말했다.

"진진은 왕의 신하가 되어서 언제나 나라의 실상을 초나라에 보냈습니다. 저는 그와 더불어 일을 할 수 없습니다. 원컨대 왕께서는 그를 쫓아내십시오. 바로 다시 초나라로 가면 원컨대 왕께서 그를 죽이십시오."

왕이 말했다.

"진진이 어찌 감히 초나라로 가겠는가?"

왕이 진진을 불러서 이를 알리고 말했다.

"내가 능히 그대의 말을 들었는데, 그대는 어디로 가기를 원하시오? 청컨대 그대를 위해 수레를 준비해두겠소."

(진진이) 대답하여 말했다.

"신은 초나라로 가기를 원합니다."

왕이 말했다.

"장의가 그대가 초나라로 간다고 했고, 나 또한 스스로 그대가 초나라로 갈 것을 알았다. 그대는 초나라가 아니면 장차 어디로 가겠는가!"

진진이 말했다.

"신이 나가서 반드시 초나라에 가려는 까닭은, 왕과 장의의 계책에 고분고분 따름으로써 신이 초나라와 함께 하는지 아닌지를 밝히려고 하기 때문입니다.

초나라에 두 아내를 가진 사람이 있었는데, 다른 사람이 그 중 나이 많은 사람[其者→其長者]을 꾀자 (나이 많은 사람은) 욕을 하였고 그 어린 사람을 꾀자 어린 사람은 허락했습니다. 함께 산 지 얼마 되지 않아 두 아내를 가진 사람이 죽었습니다. 손님(客)이 꼬드겼던 사람에게 일러 말하기를 '너는 나이 많은 쪽을 택할 것인가 아니면 어린 쪽인가?'라고 하자 '나이 많은 쪽을 택해야지'라고 대답했습니다. 손님이 '나이 많은 이는 너를 욕했고 적은 이는 너와 화합했는데, 너는 어째서 나이든 이를 택하려 하는가?'라고 하자, 말하기를 '그 사람의 집에서 살려 했기 때문에 나를 허락해주기를 바랐다. (그러나) 지금 내 아내가 되려면 나를 위해 다른 사람에게 욕을 하는 사람이기를 바란다'라고 했습니다.

지금 초나라 왕은 눈 밝은 임금이고 소양(昭陽)은 뛰어난 재상입니다. 제가 다른 사람의 신하가 되어 늘 그 나랏일을 초나라 왕에게 알렸더라면 (초나라) 왕은 반드시 신을 머무르게 하지 않았을 것이고 소양은 장차 신이 일을 좇지 못하게 했을 것입니다. 이것으로써 신이 초나라와 함께 하는지 아닌지를 밝힐 수 있습니다."

진진이 나가고 장관(長官) 장의가 들어와서 왕에게 물어보며 말했다.

"진진은 과연 어디로 갑니까?"

왕이 말했다.

"저 진진은 천하의 말 잘하는 선비로다. 누가 과인을 보고 말하기를 '진진은 반드시 초나라로 갈 것입니다'라고 했는데, 과인은 마침내 어찌할 바를 몰랐소. 과인이 그참에 물어보며 말하기를 '그대는 틀림없이 초나라로 간다고 하니, 장의의 말이 과연 믿을 만하구나!'라고 하자, 진진이 말하기를 '장의 혼자만이 아니라, 길을 가는 사람은 모두가 알고 있습니다. 옛날 자서가 그 임금에게 충성스러우니 천하가 모두 그를 신하 삼기 원하였고, 효기가 그 부모를 사랑하니 천하가 모두 그를 아들 삼기 원하였습니다. 팔린 종(奴婢)이 마을을 나가지 않고 거두어지면 좋은 종이고, 이혼한 여인이 동네에서 시집가면 좋은 아내라고 했습니다. 신이 왕에게 충성스럽지 못한데 초나라가 어찌 진을 위하겠습니까? 충성을 바치다가 오히려 버려지면 저는 초나라로 가지 못하는데, 어디로 가겠습니까?'라고 했소."

왕이 그렇다고 여겨서 마침내 (진진을) 잘 대해주었다.

陳軫去楚之秦. 張儀謂秦王曰: "陳軫爲王臣, 常以國情輸楚. 儀不能與從事, 願王逐之. 即復之楚, 願王殺之." 王曰: "軫安敢之楚也." 王召陳軫告之曰: "吾能聽子言, 子欲何之? 請爲子車約." 對曰: "臣願之楚." 王曰: "儀以子爲之楚, 吾又自知子之楚. 子非楚, 且安之也!" 軫曰: "臣出, 必故之楚, 以順王與儀之策, 而明臣之楚與不也. 楚人有兩妻者, 人挑其者, 詈之; 挑其少者, 少者許之. 居無幾何, 有兩妻者死. 客謂挑者曰: '汝取長者乎? 少者乎?' '取長者.' 客曰: '長者詈汝, 少者和汝, 汝何爲取長者?' 曰: '居彼人之所, 則欲其許我也. 今爲我妻, 則欲其爲我詈人也.' 今楚王明主也, 而昭陽賢相也. 軫爲人臣, 而常以國輸楚王, 王必不留臣, 昭陽將不與臣從事矣. 以此明臣之楚與不." 軫出長官儀入, 問王曰: "陳軫果安之?" 王曰: "夫軫天下之辯士也, 孰視寡人曰: '軫必之楚.' 寡人遂無奈何也. 寡人因問曰: 子必之楚也, 則儀之言果信矣!' 軫曰: '非獨儀之言也, 行道之人皆知之. 昔者子胥忠其君, 天下皆欲以爲臣; 孝己愛其親, 天下皆欲以爲子. 故賣僕妾不出里巷而取者, 良僕妾也; 出婦嫁於鄉里者, 善婦也. 臣不忠於王, 楚何以軫爲? 忠尚見棄, 軫不之楚, 而何之乎?'" 王以爲然, 遂善待之.

진진이 아내를 택할 때 나를 위해 절개를 지키는 자를 택할 것이라는 이야기를 가

지고서 진나라 왕에게 자신을 변호하였다.

| # 진책 2
秦策

4-1 제나라가 초나라를 도와서 진나라를 공격하여 곡옥을 차지했다

【齊助楚攻秦】

제나라가 초나라를 도와 진나라를 공격해서 곡옥(曲沃)을 차지했다. 그 후에 진나라가 제나라를 치고 싶었지만, 제나라와 초나라 사이가 좋았기 때문에 (진나라) 혜왕(惠王)이 그것을 걱정하여 장의에게 일러주며 말했다.

"내가 제나라를 치고 싶은데, 제와 초나라가 바야흐로 좋아하고 있으니, 그대가 나를 위해 이를 근심해 볼 때 어찌하면 되겠소?"

장의가 말했다.

"왕께서 이에 신에게 수레와 아울러 폐백을 준비해주시면, 신이 청컨대 시도해보겠습니다."

장의가 남쪽으로 가서 초나라 왕을 뵙고 말했다.

"저희 나라 왕께서 깊이 좋아하는 사람 중에 대왕보다 더 큰 사람이 없으며, 오직 제[장의]가 깊이 신하되기를 원하는 사람 중에 역시 대왕보다 더 큰 사람이 없습니다. 저희 나라 왕이 매우 미워하는 사람 중에 정말로 제나라 왕을 앞서는 사람은 없으며, 오직 제가 매우 미워하는 사람 중에 역시 제나라 왕보다 더한 사람이 없습니다. 지금 제나라 왕의 죄는 이에 저희 나라 왕에게 매우 무거워서 저희 나라가 치고 싶습니다만, 대국과 즐거움을 같이하고 있으니 이 때문에 저희 나라 왕이 명령하는 일을 할 수 없고 저 역시 신하 노릇을 할 수 없습니다. 대왕이 진실로 관문을 닫고 제나라와 끊어줄 수 있으면, 신이 청하여 진나라 왕에게 상(商)과 오(於)의 땅 사방 육백 리를 바치도록 하겠습니다. 만일 이같이 하면 제나라는 반드시 약해지고, 제나라가 약해지면 반드시 왕을 위해 일을 하게[役] 될 것입니다. 이렇게 되면 북쪽으로는 약해진 제나라가 있고 서쪽으로는 진나라에게 은덕을 주게 되며 상과 오의 땅을 내 것으로 만들어 이익으로 삼을 수 있으니, 이는 한 가지 계책으로 세 가지 이익에 모두 이르는 것입니다."

초나라 왕이 크게 기뻐하며, 조정에서 선언하며 말했다.

"내[不谷 → 不穀=寡人]가 상과 오의 땅 사방 육백 리를 얻게 되었다."

뭇 신하 중에 듣고 본 사람들이 모두 하례를 드렸지만, 진진이 뒤에서 보고 홀로 하례를 드리지 않았다. 초나라 왕이 말했다.

"내가 병사 한 명도 번거롭지 않게 하고 한 사람도 다치지 않게 하면서 상과 오의 땅 육백 리를 얻었으니, 과인이 스스로 똑똑하다고 여기고 있다. 여러 선비와 대부들이 모두 하례를 올리는데 그대만 홀로 하례를 올리지 않으니, 어째서인가?"

진진이 대답하여 말했다.

"신이 보기에 상과 오의 땅은 얻을 수 없고 근심이 반드시 올 것이기 때문에, 그래서 감히 망령되이 축하하지 않은 것입니다."

초나라 왕이 말했다.

"어째서인가?"

대답하여 말했다.

"진나라가 왕을 무겁게 여기는 까닭은 왕께서 제나라를 끼고 있어서입니다. 지금 땅을 얻지도 않았는데 먼저 제나라를 끊어버리면 이는 초나라가 외로워지는 것인데, 진나라가 또한 왜 외로운 나라를 무겁게 대하겠습니까? 장차 먼저 땅을 내놓게 하고 제나라를 끊는다고 하시면 진나라가 헤아려서 틀림없이 하지 않을 것입니다. 먼저 제나라를 끊은 뒤에 땅을 달라고 하면 장차 틀림없이 장의에게 기만을 받을 것이니, 장의에게 기만을 받으면 왕께서는 반드시 몹시 억울해(悗=恨)하실 겁니다. 서쪽에는 진나라라는 걱정거리가 생겼고 북쪽으로는 제나라와의 교분을 끊었으니, 두 나라의 군사가 반드시 이르게 될 것입니다."

초나라 왕이 들어주지 않고 말했다.

"내가 일을 잘하겠으니, 그대는 입을 닫고(鉗=止) 말하지 말고 내가 일하는 것을 기다리시오."

초나라 왕이 사람을 시켜 제나라를 끊게 하였는데, 미처 사신이 오기도 전에 거듭해서 끊었다.

장의가 돌아온 뒤, 진나라는 다른 사람을 시켜 제나라에 사신으로 가게 해서 제나라와 진나라의 사귐을 몰래 합의했다. 초나라가 그 참에 한 명의 장군에게 진나라에서 땅을 받아오도록 했는데, 장의가 이르러서는 병을 핑계로 조정에 나오지 않았다.

초나라 왕이 말했다.

"장자가 과인이 제나라를 끊어내지 않았다고 여기는가?"

마침내 용사에게 가서 제나라 왕을 욕하도록 시켰다. 장의가 초나라가 제나라와 끊었다는 것을 알고, 마침내 나가서 사자를 보고 말했다.

"여기에서 저기까지의 넓이와 길이가 육 리입니다."

사자가 말했다.

"신이 들은 것은 육백 리이니, 육 리는 듣지 못했습니다."

장의가 말했다.

"저는 정말로 보잘것없는 사람(小人)[1]인데, 어찌 육백 리를 얻을 수 있겠습니까?"

사자가 돌아가서 초나라 왕에게 보고하니, 초나라 왕이 크게 화를 내며 군사를 일으켜서 진나라를 치려고 했다. 진진이 말했다.

"신이 말씀드려도 되겠습니까?"

왕이 말했다.

"되오."

진진이 말했다.

"진나라를 치는 것은 계책이 아닙니다. 왕께서는 차라리 이름 있는 도읍(都) 하나를 뇌물로 주고 진나라와 더불어 제나라를 치는 것만 못할 것입니다. 이는 진나라에 잃은 것을 제나라에서 보상으로 취하는 것입니다. 초나라는 오히려 보전할 수 있지 않겠습니까[事→乎]? 왕께서 지금 이미 제나라를 끊어내고서는 진나라에게 속은 것을 꾸짖게 되면 이는 바로 우리가 제나라와 진나라의 교분을 모아주는 것이니, 정말로 (나라가) 틀림없이 크게 상하게 될 것입니다."

초나라 왕이 들어주지 않고, 마침내 병사를 일으켜 진나라를 쳤다.

---

1 포표 주: 가난함을 일컫는 말로, 많이 줄 수 없다는 뜻이다.(鮑本, 貧窶之稱, 言不能多與.)

진나라는 제나라와 함께 연합하였고, 한나라가 따랐다.[2] 초나라 병사
가 두릉(杜陵)에서 크게 패했다. 그래서 초나라의 땅과 백성들은 깎이
고 약해졌고 겨우 멸망에서 구원받았으니, 진진의 계책을 버리고[失]
장의의 말을 지나치게 들어준 탓이다.

齊助楚攻秦, 取曲沃. 其後, 秦欲伐齊, 齊·楚之交善, 惠王患之, 謂張儀
曰: "吾欲伐齊, 齊楚方歡, 子爲寡人慮之, 奈何?" 張儀曰: "王其爲臣約
車並幣, 臣請試之." 張儀南見楚王曰: "弊邑之王所說甚者, 無大大王;
唯儀之所甚願爲臣者, 亦無大大王. 弊邑之王所甚憎者, 亦無先齊王. 唯
儀甚憎者, 亦無大齊王. 今齊王之罪, 其於弊邑之王甚厚, 弊邑欲伐之,
而大國與之歡, 是以弊邑之王不得事令, 而儀不得爲臣也. 大王苟能閉
關絕齊, 臣請使秦王獻商於之地, 方六百里. 若此, 齊必弱, 齊弱則必爲
王役矣. 則是北弱齊, 西德於秦, 而私商於之地以爲利也, 則此一計而
三利俱至." 楚王大說, 宣言之於朝廷, 曰: "不穀得商於之田, 方六百里."
群臣聞見者畢賀, 陳軫後見, 獨不賀. 楚王曰: "不穀不煩一兵不傷一人,
而得商於之地六百里, 寡人自以爲智矣! 諸士大夫皆賀, 子獨不賀, 何
也?" 陳軫對曰: "臣見商於之地不可得, 而患必至也, 故不敢妄賀." 王曰:
"何也?" 對曰: "夫秦所以重王者, 以王有齊也. 今地未可得而齊先絕, 是
楚孤也, 秦又何重孤國? 且先出地絕齊, 秦計必弗爲也. 先絕齊後責地,
且必受欺於張儀. 受欺於張儀, 王必悁之. 是西生秦患, 北絕齊交, 則兩
國兵必至矣." 楚王不聽, 曰: "吾事善矣! 子其弭口無言, 以待吾事." 楚王

2   요쿵 주: 한나라 왕이 진나라와 제나라가 연합하여 하나가 되는 것을 보고, 그래서 다시 그들과
     힘을 모은 것이다.(姚本, 韓王見齊·秦合爲一, 故復合之也.)

使人絶齊, 使者未來, 又重絶之. 張儀反, 秦使人使齊, 齊·秦之交陰合. 楚因使一將軍受地於秦. 張儀至, 稱病不朝. 楚王曰: "張子以寡人不絶齊乎?" 乃使勇士往詈齊王. 張儀知楚絶齊也, 乃出見使者曰: "從某至某, 廣從六里." 使者曰: "臣聞六百里, 不聞六里." 儀曰: "儀固以小人, 安得六百里?" 使者反報楚王, 楚王大怒, 欲興師伐秦. 陳軫曰: "臣可以言乎?" 王曰: "可矣." 軫曰: "伐秦非計也, 王不如因而賂之一名都, 與之伐齊, 是我亡於秦而取償於齊也. 楚國不尙全事. 王今已絶齊, 而責欺於秦, 是吾合齊·秦之交也, 固必大傷." 楚王不聽, 遂舉兵伐秦. 秦與齊合, 韓氏從之. 楚兵大敗於杜陵. 故楚之土壤士民非削弱, 僅以救亡者, 計失於陳軫, 過聽於張儀.

왕이 자기 공로를 자랑하고 싶어서, 육백 리 땅을 준다는 말만 믿고 울타리가 되어 줄 나라를 끊어내어 나라를 거의 망하게 한 것이다.

4-2 초나라가 제나라를 끊고, 제나라는 병사를 들어서 초나라를 정벌했다

【楚絶齊齊舉兵伐楚】

초나라가 제나라를 끊어버리자 제나라는 병사를 들어서 초나라를 정벌하려 했다. 진진이 초나라 왕에게 일러주며 말했다.

"왕께서는 차라리 땅 동쪽을 가지고 제나라와 풀고 서쪽으로는 진나라와 강화하느니만 못합니다."

초나라 왕이 진진을 시켜 진나라에 가게 하니, 진나라 왕이 진진에게 일러주며 말했다.

"그대는 진나라 사람이고 과인은 그대와 함께한 지 오래되었지만, 과인이 말재주가 없고 능히 몸소 나랏일을 할 수 없었기 때문에 그대가 과인을 버리고 초나라 왕을 섬기게 되었소. 지금 제나라와 초나라가 서로 공격하고 있는데, 어떤 사람은 구하는 게 유리하다고 말하고 어떤 사람은 구하는 게 좋지 않다고 말하니, 그대는 다만 그대의 주인[楚懷王]을 위해 충심으로 계책을 세우고 난 뒤에 그 나머지를 과인을 위해 해줄 수는 없겠소?"

진진이 말했다.

"왕께서는 어찌 오나라 사람 중에 초나라에 머물던 사람에 대해 듣지 못하셨습니까? 초나라 왕이 매우 그를 아꼈는데, (그가) 병이 나자 사람을 시켜 문안하고는 말하기를 '정말로 병이 났는가? 뜻이 역시 (오나라를) 생각하는가?'라고 했습니다. 좌우에서 말하기를 '신은 그가 (오나라를) 생각하는지 않는지 모르겠으니, 정말로 생각하고 있다면 아마도 오나라 노래를 부르고 있을 것입니다'라고 했습니다. 지금 진진은 장차 왕을 위해 오나라 노래를 부르겠습니다.[3]

왕께서는 관여(管與)의 이야기를 듣지 못하셨습니까? 두 호랑이가 사람을 두고 다투며[諍=爭] 싸웠는데, 관장자(管莊子)가 찌르려고 하자 관여가 막으면서 말했습니다. '호랑이는 탐욕스러운(㹠→戾=貪) 짐승으로, 사람은 맛있는 먹잇감입니다. 지금 두 마리 호랑이가 사람을 두고 다투어 싸우게 되면, 작은 놈은 틀림없이 죽고 큰 놈은 반드시 다칠 것입니다. 그대가 다친 호랑이를 기다렸다가 찌르면 한 번에 두 마리 호랑이를 아우를 수 있습니다. 한 마리 호랑이를 찌르는 수고도 없

---

3 포표 주: 진나라를 잊지 않았다는 말이다.(鮑本, 言不忘秦.)

이 두 마리 호랑이를 찔렀다는 명성을 얻게 됩니다.' 제나라가 지금 초나라와 싸우려 하는데, 싸우면 반드시 집니다. (그때를 기다렸다가) 왕께서 병사를 일으켜 구원하시면, 제나라를 구원한 이로움이 있는 데다가 초나라를 벌한 해로움도 없을 것입니다.

계책을 듣고 (이치에 맞지 않는) 엎어지거나 거슬리는 곳을 알아내는 것은 오직 왕만이 할 수 있습니다. 계책이란 일의 뿌리이고, 듣는다는 것은 살고 죽는 기틀입니다. 계책을 놓치고 듣는 것에 허물이 있으면서 능히 나라를 소유하는 사람은 거의 없습니다. 그래서 말하기를 '계책을 한 번, 두 번 생각하는[4] 사람은 잘못되기(悖=誤) 어렵고, 듣고서 본말을 놓치지 않는 사람은 미혹시키기 어렵다'라고 했습니다."

楚絶齊, 齊擧兵伐楚. 陳軫謂楚王曰: "王不如以地東解於齊, 西講於秦." 楚王使陳軫之秦, 秦王謂軫曰: "子秦人也, 寡人與子故也, 寡人不佞, 不能親國事也, 故子棄寡人事楚王. 今齊·楚相伐, 或謂救之便, 或謂救之不便, 子獨不可以忠爲子主計, 以其餘爲寡人乎?" 陳軫曰: "王獨不聞吳人之遊楚者乎? 楚王甚愛之, 病, 故使人問之, 曰: '誠病乎? 意亦思乎?' 左右曰: '臣不知其思與不思, 誠思則將吳吟.' 今軫將爲王吳吟. 王不聞管與之說乎? 有兩虎諍人而鬥者, 管莊子將刺之, 管與止之曰: '虎者, 戾蟲; 人者甘餌也. 今兩虎諍人而鬥, 小者必死, 大者必傷. 子待傷虎而刺之, 則是一擧而兼兩虎也. 無刺一虎之勞, 而有刺兩虎之名.' 齊·楚今戰, 戰必敗. 敗, 王起兵救之, 有救齊之利, 而無伐楚之害. 計聽知覆逆者, 唯王可也. 計者, 事之本也; 聽者, 存亡之機. 計失而聽過, 能有國者寡也. 故

---

4 포표 주: 한 번 두 번이란, 여러 번 되짚어 헤아린다는 말이다.(鮑本, 一二, 言反覆計之.)

曰: '計有一二者難悖也, 聽無失本末者難惑.'"

① 제나라와 초나라가 싸워서 힘이 빠지기를 기다렸다가 패한 제나라를 구해줌으
로써 힘 빠진 나라를 쉽게 복종시킬 수 있다고 계책을 올린 것이다.

② 계책을 여러 번 되짚어 생각하는 사람은 잘못되기 어렵고, 듣고서 본말을 놓치
지 않는 사람을 속이기 어렵다.

4-3 진나라 혜왕이 죽자, 공손연이 장의를 궁지에 몰고 싶어하다
【秦惠王死公孫衍欲窮張儀】

진나라 혜왕이 죽자, 공손연(公孫衍)[5]이 장의를 궁지에 몰고 싶었
다. 이수(李讎)가 공손연에게 일러주며 말했다.

"차라리 위나라에서 감무를 부르고, 한나라에서 공손현(公孫顯)
을 부르고, (우리)나라에서는 저리자(樗裡子)를 들어 쓰는(起=擧) 것만
못합니다. 세 사람은 모두 장의의 원수이니, 공이 그들을 쓰시면 제후
들은 반드시 장의가 진나라에 없음을 보게 될 것입니다."

秦惠王死, 公孫衍欲窮張儀. 李讎謂公孫衍曰: "不如召甘茂於魏, 召公
孫顯於韓, 起樗裡子於國. 三人者, 皆張儀之讎也, 公用之, 則諸侯必見
張儀無秦矣!"

---

5 요굉 주: 공손연은 위나라 사람으로, 진나라에서 벼슬을 했으며 육국시대에는 서수(犀首)로 불
렸다.(姚本, 公孫衍, 魏人也, 仕於秦, 當六國時號曰犀首.)

혜왕이 죽자, 장의의 원수들을 진나라에서 중용함으로써 제후들에게 장의가 더 이상 진나라에서 권력과 총애를 받지 못한다는 것을 보여주도록 권했다.

4-4 의거군이 위나라로 가다【義渠君之魏】

의거군(義渠君: 의거는 西戎의 한 나라이다)이 위나라로 가게 되자 공손연이 의거군에게 일러주며 말했다.

"길이 멀어, 신이 다시 볼(過=見) 수 없을 것 같습니다. 청컨대 일의 실상을 말씀드리겠습니다."

의거군이 말했다.

"원컨대 듣고자 합니다."

대답하여 말했다.

"중국에서 진나라에 아무 일이 없다면 진나라는 장차 임금의 나라를 태우고 불살라서 빼앗으려 할 것이고, 중국이 진나라에 일을 만들면 진나라는 장차 빠르게 무거운 선물을 보내어 임금의 나라를 섬기려 할 것입니다."

의거군이 말했다.

"삼가 영을 듣겠습니다."

자리 잡은 지 얼마 되지 않아 다섯 나라가 과연 진나라를 공격하였다.[6] 진진이 진나라 왕에게 일러주며 말했다.

---

6 요굉 주: 다섯 나라는 제(齊)나라, 송(宋)나라, 한(韓)나라, 위(魏)나라, 조(趙)나라이다. 포표 주: 7년 뒤에, 한(韓)나라, 조(趙)나라, 위(魏)나라, 연(燕)나라, 제(齊)나라가 함께 진나라를 공격하였다.(姚本, 五國, 齊宋韓魏趙也. 鮑本, 後七年, 韓趙魏燕齊共攻秦.)

"의거군이란 사람은 오랑캐 중의 뛰어난 임금이니, 왕께서 선물을 주어 그 마음을 어루만져 주느니만 못합니다."

진나라 왕이 말했다.

"좋다."

그참에 무늬 있는 비단 천 필, 아름다운 여자 백 명을 의거군에게 보냈다. 의거군이 뭇 신하들에게 이르러 계책을 말했다.

"이는 곧 공손연이 일러주었던 바입니다."

그참에 병사를 일으켜서 진나라를 습격하여 (진나라 邑인) 이백(李帛) 아래에서 진나라 사람들을 크게 무너뜨렸다.

義渠君之魏, 公孫衍謂義渠君曰: "道遠, 臣不得復過矣, 請謁事情." 義渠君曰: "願聞之." 對曰: "中國無事於秦, 則秦且燒爇獲君之國; 中國爲有事於秦, 則秦且輕使重幣, 使事君之國也." 義渠君曰: "謹聞令." 居無幾何, 五國伐秦. 陳軫謂秦王曰: "義渠君者, 蠻夷之賢君, 王不如賂之以撫其心." 秦王曰: "善." 因以文繡千匹, 好女百人, 遺義渠君. 義渠君致群臣而謀曰: "此乃公孫衍之所謂也." 因起兵襲秦, 大敗秦人於李帛之下.

공손연이 넌지시 서융의 임금에게 진나라가 후한 선물을 보낼 때가 중원의 여러 나라가 진나라를 공격할 때라는 것을 알려주었다.

4-5 의원 편작이 진나라 무왕을 뵙다 【醫扁鵲見秦武王】

의원 편작(扁鵲)이 진나라 무왕(武王)을 뵈었는데, 무왕이 병을 보여주자 편작이 없앨 것을 청했다. 좌우에서 말했다.

"임금의 병은 귀 앞, 눈 밑에 있는데 없애도 틀림없이 그치지 못할 것이니, 장차 귀가 들리지 않게 되고 눈이 보이지 않게 될 것이오."

임금이 이를 편작에게 알렸다. 편작이 화가 나서 그 침(石=鍼石)을 던지고 말했다.

"임금은 (일을) 아는 자와 더불어 계책을 내어야지, 알지 못하는 자와 함께하면 패망하게 됩니다. 이로써 진나라의 다스림을 알게 해주었으니, 임금이 한 번 움직이면 나라를 망치게 될 것입니다."

> 醫扁鵲見秦武王, 武王示之病, 扁鵲請除. 左右曰: "君之病, 在耳之前, 目之下, 除之未必已也, 將使耳不聽, 目不明." 君以告扁鵲. 扁鵲怒而投其石: "君與知之者謀之, 而與不知者敗之. 使此知秦國之政也, 則君一舉而亡國矣."

임금이 좌우에 있는 일을 모르는 자들과 함께하면 나라를 망치게 된다고 경고한 것이다.

4-6 진나라 무왕이 감무에게 일러주다【秦武王謂甘茂】

진나라 무왕(武王)이 감무(甘茂)에게 일러 말했다.

"과인이 수레를 타고 삼천을 통과하여 주나라 왕실을 살펴보고 싶은데, 그러면 과인이 죽어서도 (이름이) 썩지 않겠지?"

감무가 대답하여 말했다.

"청컨대 위나라에 가서 한나라를 치자고 약속하겠습니다."

왕이 상수(向壽)에게 보좌하여 가게 했다. 감무가 위나라에 이르자 상수에게 일러주며 말했다.

"그대는 돌아가서 왕에게 말씀하십시오. '위나라가 신의 말을 들어주었지만, 그러나 원컨대 왕께서는 (아직은 한나라를) 공격하지 마십시오.' 일이 이루어지면 남김없이 그대의 공이 될 것입니다."

상수가 돌아가서 왕께 고하자 왕은 식양(息壤)에서 감무를 맞이하였다. 그리고 그 연유를 물었더니, 대답하여 말했다.

"의양(宜陽)은 큰 현이고, 상당(上黨)과 남양(南陽)은 (財富를) 쌓은 지 오래되어서 이름은 현이지만 실제는 군입니다. 지금 왕께서 여러 험난함을 등지고[倍=背] 천 리를 가서 공격하는 것은 어렵습니다. 신이 듣기에, 장의가 서쪽으로 파촉 땅을 아우르고 북쪽으로 서하의 바깥을 차지했으며 남쪽으로는 상용(上庸)을 차지했지만, 세상에서는 장의가 잘했다고[多] 여기지 않고 돌아가신 왕을 뛰어나다고 여기고 있습니다.

위(魏)나라 문후(文侯)가 영을 내려 악양(樂羊)을 장수로 삼아 중산(中山)을 공격했는데, 3년이 지나 중산을 뽑아내고서 악양이 돌아와서 공적을 말씀드리자 문후가 그에게 비방하는 글 한 궤짝[篋]을 보여주었습니다. 악양이 두 번 절하고 머리를 조아리며 말했습니다. '이는 신의 공이 아닙니다. 주군의 힘입니다.'

지금 신은 객지에 머무는 나그네[羈旅]일 뿐이어서, 저리질(樗裡疾), 공손연(公孫衍) 두 사람이 한나라를 끼고 의견을 내면 왕께서는 반드시 (그들의 말을) 들어줄 것입니다. 이는 왕께서 위나라를 속인 것이 되고, 신은 공중치(公仲侈)의 원망을 받게 될 것입니다. 옛날에 증삼이 비

(費) 땅에 살았는데, 증삼과 같은 이름과 성을 가진 비 땅 사람이 다른 사람을 죽인 일이 있었습니다. 어떤 사람이 와서 증삼의 어머니에게 알리면서 말하기를 '증삼이 사람을 죽였습니다' 하자, 증자의 어머니는 '내 아들은 사람을 죽이지 않았다'라고 말하며 내버려두고 아무렇지 않아했습니다. 잠시 후 다른 사람이 오자 또 어머니는 내버려두고 여전히 아무렇지 않아했습니다. 얼마 뒤 한 사람이 다시 와서 말하기를 '증삼이 사람을 죽였습니다'라고 하자, 그 어머니는 두려워 북[杼]을 던지고 베틀에서 내려와서 담을 넘어 달아났습니다. 무릇 증삼의 뛰어남이 어머니에게 (증삼을) 믿게 하였는데, 그러나 세 사람이 그를 의심하자 그 자애로운 어머니도 믿지 못했습니다. 지금 신의 똑똑함은 증자만 못하고 왕께서 신을 믿는 것 또한 증자 어머니와 같지 않으며 신을 의심하는 사람이 세 사람만이 아닐 터이니, 신은 대왕이 북을 던질까 두렵습니다."

왕이 말했다.

"과인은 들어주지 않겠소. 청컨대 그대와 맹세를 하겠소."

이에 함께 식양에서 맹세를 하였다. 마침내 의양을 공격하였지만 5개월이 지나도 의양을 뽑아내지 못했다. 저리자와 공손연 두 사람이 있으면서 왕에게 그를 놓고 다투자, 무왕이 장차 (그들의 말을) 들어주려고 감무를 불러서 알려주었다. 감무가 대답하여 말했다.

"식양이 저기에 있습니다."

왕이 말했다.

"있구나."

그로 인해 모든 병사를 일으켜서 다시 감무를 시켜 공격하게 하니, 마침내 의양을 뽑아낼 수 있었다.

秦武王謂甘茂曰: "寡人欲車通三川, 以窺周室, 而寡人死不朽乎?" 甘
茂對曰: "請之魏, 約伐韓." 王令向壽輔行. 甘茂至魏, 謂向壽: "子歸告王
曰: '魏聽臣矣, 然願王勿攻也.' 事成, 盡以爲子功." 向壽歸以告王, 王迎
甘茂於息壤. 甘茂至, 王問其故. 對曰: "宜陽, 大縣也, 上黨・南陽積之
久矣, 名爲縣, 其實郡也. 今王倍數險, 行千里而攻之, 難矣. 臣聞張儀
西並巴蜀之地, 北取西河之外, 南取上庸, 天下不以爲多張儀而賢先王.
魏文侯令樂羊將, 攻中山, 三年而拔之, 樂羊反而語功, 文侯示之謗書一
篋, 樂羊再拜稽首曰: '此非臣之功, 主君之力也.' 今臣羈旅之臣也, 樗裡
疾・公孫衍二人者, 挾韓而議, 王必聽之, 是王欺魏, 而臣受公仲侈之怨
也. 昔者曾子處費, 費人有與曾子同名族者而殺人, 人告曾子母曰: '曾參
殺人.' 曾子之母曰: '吾者不殺人.' 置自若. 有頃焉, 人又曰: '曾參殺人.' 其
母尚置自若也. 頃之, 一人又告之曰: '曾參殺人.' 其母懼, 投杼逾牆而走.
夫以曾參之賢, 與母之信也, 而三人疑之, 則慈母不能信也. 今臣賢不及
曾子, 而王之信臣又未若曾子之母也, 疑臣者不適三人, 臣恐王爲臣之
投杼也." 王曰: "寡人不聽也, 請與子盟." 於是與之盟於息壤. 果攻宜陽,
五月而不能拔也. 樗裡疾・公孫衍二人在, 爭之王, 王將聽之, 召甘茂而
告之. 甘茂對曰: "息壤在彼." 王曰: "有之." 因悉起兵, 復使甘茂攻之, 遂
拔宜陽.

**감무가 참소로 인해 무왕의 지지가 계속되지 못할 것을 두려워하여 위문후와 증삼
의 이야기를 가지고 식양의 맹세(息壤誓言)를 이끌어낸 것이다.**

4-7 의양의 싸움에서, 풍장이 진나라 왕에게 일러주다

【宜陽之役馮章謂秦王】

의양의 싸움에서, 풍장(馮章)이 진나라 왕에게 일러 말했다.

"의양을 뽑아내지 못했는데, 한나라와 초나라가 (진나라가) 너덜너덜해진 틈을 올라타게 되면 나라가 반드시 위태로워질 것입니다. 초나라에게 (원래 초나라 땅이었던) 한중(漢中)을 허락하여 환심을 사는 것만 못합니다. 초나라가 기뻐하면서 나아가지 않으면 한나라가 반드시 외롭게 되니, 진나라에게 무슨 일이 있겠습니까?"

왕이 말했다.

"좋다."

마침내 풍장을 사신으로 보내 초나라에게 한중을 허락한 뒤 의양을 뽑아내었다. 초나라 왕이 그 (약속한) 말을 가지고 풍장에게 한중을 요구[責]하였는데, 풍장이 진나라 왕에게 일러주며 말했다.

"왕께서 마침내 신이 도망가게 하시고, 그참에[固→因] 초나라 왕에게 일러서 말하기를 '과인은 정말 땅을 초나라 왕에게 허락한 적이 없습니다'라고 하십시오."

宜陽之役, 馮章謂秦王曰: "不拔宜陽, 韓·楚乘吾弊, 國必危矣! 不如許楚漢中以歡之. 楚歡而不進, 韓必孤, 無奈秦何矣!" 王曰: "善." 果使馮章許楚漢中, 而拔宜陽. 楚王以其言責漢中於馮章, 馮章謂秦王曰: "王遂亡臣, 固謂楚王曰: '寡人固無地而許楚王.'"

초나라에게 거짓으로 한중을 주겠다고 속여서 한나라에 구원병을 내지 않게 하고,

의양을 뽑아낸 후에는 마침내 왕은 약속한 적이 없고 신하가 멋대로 한 짓이라고 돌리는 계책을 올렸다.

4-8 감무가 의양을 공격하다【甘茂攻宜陽】

감무가 의양을 공격하였는데, 세 번 북을 쳤는데도 병사들이 성을 오르지 않았다. 진나라 우장(右將)의 어느 위(尉)가 대답하여 말했다.

"공께서 병사들에게 (상벌을) 말하지 않으면 반드시 크게 곤란해지실 겁니다."

감무가 말했다.

"내가 나그네로 진나라 재상이 되었으니, 나는 의양을 왕에게 드려야[餌] 합니다. 지금 의양을 공격해서 뽑아내지 못하면 공손연, 저리질이 안에서 나를 꺾으려 할 것이요 밖에서는 공중(公中=公仲侈)이 한나라로써 나를 궁하게 할 것이니, 이에 공격하는 날이 (더 이상) 없을 뿐이오.[7] 청컨대 내일 북을 쳐서 (성이) 떨어지지 않으면 그참에 의양의 성곽[8]을 (내) 무덤으로 삼겠소."

이에 사사로운 돈을 꺼내 상금(公賞)에 보태니, 다음날 북을 치자 의양이 뽑혔다.

甘茂攻宜陽, 三鼓之而卒不上. 秦之右將有尉對曰: "公不論兵, 必大困."

---

7 포표 주: 싸워서 공을 세우는 것을 벌(伐)이라 하니, '뒷날에 다시 공을 세울 수가 없음'을 말한다.(鮑本, 戰功曰伐, 言後不復立功.)

8 郭은 성곽이라는 뜻 외에 관(棺)을 담는 덧널(槨)이라는 뜻이 있다.

甘茂曰: "我羈旅而得相秦者, 我以宜陽餌王. 今攻宜陽而不拔, 公孫衍·樗裡疾挫我於內, 而公中以韓窮我於外, 是無伐之日已! 請明日鼓之而不可下, 因以宜陽之郭爲墓." 於是出私金以益公賞. 明日鼓之, 宜陽拔.

병사들이 성에 오르려 하지 않자, 감무가 자기 처지의 절박함을 말하고 자기 돈을 상금을 보태어 군사의 사기를 높였다.

4-9 의양을 미처 얻지 못하다【宜陽未得】

의양을 미처 얻지 못했는데, 진나라 병사 중 죽고 다친 사람이 많아서 감무가 병사를 쉬게[息=休] 하고 싶었다. 좌진(左陳)이 감무에게 일러주며 말했다.

"공께서 안으로는 저리질과 공손연에게 공격을 당하고 밖에서는 한나라 공중치에게 원한을 사고 있는데, 지금 병사를 써도 공이 없으니 공께서는 틀림없이 궁색해질 것입니다. 차라리 병사를 (쉬게 하지 말고) 나아가게 하여 의양을 공격하는 것만 못하니, 의양을 뽑아버리면 공의 전공이 많을 것입니다. 이에 저리질, 공손연이 할 일이 없게 될 것이며, 진나라 백성들은 남김없이 그들에게 원한을 깊게 품을 것입니다.[9]"

---

9 요굉 주: 진나라 병사 중 죽고 다친 자가 많아서 모두가 저리질과 공손연이 의양을 공격하는 계책을 세운 데 대해 원한을 품고 있었는데, 그 원한이 깊고 무거웠다.(姚本, 秦死傷衆, 盡怨樗裡疾·公孫衍之造謀伐宜陽, 怨深之重也.)

宜陽未得, 秦死傷者衆, 甘茂欲息兵. 左陳謂甘茂曰: "公內攻於樗裡
疾 · 公孫衍, 而外與韓侈爲怨, 今公用兵無功, 公必窮矣. 公不如進兵攻
宜陽, 宜陽拔, 則公之功多矣. 是樗裡疾 · 公孫衍無事也, 秦衆盡怨之深
矣."

공성 중에 사상자가 많이 발생하자, 빨리 공격하여 성을 떨어뜨리고 원망을 의양
공격을 모의한 사람들에게 돌리자고 제안한 것이다.

4-10 의양의 싸움에서, 초나라가 진나라를 배반하고 한나라와 연합하다
【宜陽之役楚畔秦而合於韓】

의양의 싸움에서, 초나라가 진나라를 배반하고 한나라와 연합하
였다. 진나라 왕이 두려워하자, 감무가 말했다.

"초나라가 비록 한나라와 힘을 합해도 한나라를 위해 먼저 싸우
지 못할 것이며, 한나라 역시 싸울 때 초나라가 그 뒤에서 변고를 일으
킬까 두려워할 것입니다. (그래서) 한나라와 초나라는 반드시 서로 막
으려고 할 것입니다. 초나라가 한나라와 더불어 이야기를 하고 있지만,
진나라에 원한을 남기지 않으려 하니 신은 이 때문에 그들이 (서로 진
나라를 공격하는 것을) 막을 것이라 생각합니다."

宜陽之役, 楚畔秦而合於韓. 秦王懼. 甘茂曰: "楚雖合韓, 不爲韓氏先
戰; 韓亦恐戰而楚有變其後. 韓 · 楚必相御也. 楚言與韓, 而不餘怨於秦,
臣是以知其御也."

초나라가 한나라와 연합하여 진나라에 맞서고 있지만, 서로가 믿지 못하고 또한 진나라에 원한을 사고 싶지 않으므로 두 나라의 연합은 걱정할 것이 없다고 이야기하고 있다.

4-11 진나라 왕이 감무에게 일러주다【秦王謂甘茂】

진나라 왕이 감무에게 일러주며 말했다.

"초나라 손님 중에 사자로 온 사람이 매우 말을 잘해서[健=康=强辯], 과인과 더불어 말을 다투었지만 과인이 여러 번 말이 막히게 되었는데 어찌 방도가 있겠소?"

감무가 대답하여 말했다.

"왕께서는 걱정하지 마십시오. 그 말 잘하는 사자가 오면 왕께서는 그가 가져온 일을 들어주지 말고, 부드럽고[需=儒] 약한 자가 사자로 오면 왕께서는 갖추어서 들어주십시오. 그렇게 되면 부드럽고 약한 자는 쓰이고 지금 보고 있는 자는 쓰이지 않게 될 것이니, 왕께서는 이를 가지고 그들을 다루십시오."

秦王謂甘茂曰:"楚客來使者多健, 與寡人爭辭, 寡人數窮焉, 爲之奈何?"
甘茂對曰:"王勿患也! 其健者來使者, 則王勿聽其事; 其需弱者來使, 則王比聽之. 然則需弱者用, 而見其者不用矣! 王因而制之."

왕이 변론에 휘둘릴 필요가 없는 이유는, 들어줄지 말지를 결정할 수 있기 때문이다.

4-12 감무가 진나라에서 도망쳐서 장차 제나라로 가려 하다

【甘茂亡秦且之齊】

감무가 진나라에서 도망쳐서 장차 제나라로 가려고 했는데, 관문을 나서다가 소자(蘇代. 이때 제나라에 인질로 가 있는 연나라 태자를 모시고 있었다)와 마주쳤기에 말했다.

"그대는 저 강(江)가의 처녀에 대해 들어보았습니까?"

소자가 말했다.

"듣지 못했습니다."

(감무가) 말했다.

"저 강가의 처녀는 집안이 가난하여 등불도 켜지 못했는데, (다른) 처녀들이 서로 말을 나누어 그녀를 쫓아내고 싶어 했습니다. 집이 가난해 등불도 켜지 못하는 사람이 장차 떠나려고 하면서 처녀들에게 일러 말했습니다. '제[妾]가 등불도 없어서 언제나 먼저 와서 방을 청소하고 자리를 깔았는데, 어찌 사방 벽을 비추는 나머지 불빛을 아까워하십니까? 다행히 (남은 불빛이라도) 제게 내려주신다면 어찌 처녀들을 방해하고자 하겠습니까? 제가 스스로 처녀들께 보탬이 된다고 여겼는데, 어찌 나를 쫓아내십니까?' 처녀들이 서로 이야기를 하더니, 그렇다고 여겨서 머무르게 했습니다. 지금 신이 능력은 없고 버려져서 진나라에서 떠나려고 관문을 나서려 하지만, 원컨대 족하(足下)를 위해 방을 청소하고 자리를 깔 수 있다면 요행히 제가 떠나지 않을 수 있습니다."

소자가 말했다.

"좋습니다. 제나라에서 공을 무겁게 대하도록 청하겠습니다."

곧 서쪽으로 가서 진나라 왕을 설득하여 말했다.

"감무는 뛰어난 사람으로 늘 있는[恆=恒=常] 선비가 아닙니다. 그가 진나라에 머물 때에는 여러 왕[惠王, 武王, 昭王]들이 무겁게 여겼습니다. 효산[殽]의 요새에서부터 계곡, 지형의 험하고 쉬운 것을 남김없이 알고 있습니다. 그가 만일 제나라를 이끌어 한나라, 위나라와 약속하여 거꾸로 진나라를 도모한다면, 이는 진나라의 이로움이 아닙니다."

진나라 왕이 말했다.

"그러면 어찌해야 하오?"

소자가 말했다.

"그에게 폐백[贄]을 무겁게 주고 녹을 후하게 주어 맞이하는 것만 못할 것입니다. 그가 왔을 때 괴곡(槐谷)에 두고 죽을 때까지 나오지 못하게 한다면 (그는) 천하에서 누구를 좇아 진나라를 도모할 수 있겠습니까?"[10]

진나라 왕이 말했다.

"좋소."

그러면서 그에게 상경의 지위를 주고 재상으로서 맞이하려 했는데, 감무가 사양하고 가지 않았다. 소대[秦→代]가 꾸며서 (제나라) 왕에게 일러주며 말했다.

"감무는 뛰어난 사람입니다. 지금 진나라가 그에게 상경의 지위를 주고 재상으로서 맞이하려 했지만 감무는 왕이 내려주신 은덕 때문

---

10 포표 주: 소대는 감무가 반드시 제나라에 머물 것을 알았기 때문에 이렇게 말했을 뿐, 감무를 위해 설득한 것이 아니다.(鮑本, 代知茂必留齊, 故言此爾, 不爲茂游說也.)

에 가지 않았으니, 원컨대 왕을 위해 신하 노릇을 하게 해주십시오. 지금 왕께서는 어찌 그를 예로 대우하지 않습니까? 왕께서 만일 머무르게 하지 못하면 틀림없이 왕에게 덕이 없게 됩니다. 저 감무의 뛰어남으로써 강한 진나라 군사[衆]를 마음대로 쓸 수 있게 되면 도모하기가 어렵습니다."

제나라 왕이 말했다.

"좋소."

상경의 지위를 내려주고 명하여 (후하게) 대우했다

甘茂亡秦, 且之齊, 出關遇蘇子, 曰: "君聞夫江上之處女乎?" 蘇子曰: "不聞." 曰: "夫江上之處女, 有家貧而無燭者, 處女相與語, 欲去之. 家貧行無燭者將去矣, 謂處女曰: '妾以無燭, 故常先至, 掃室布席, 何愛餘明之照四壁者? 幸以賜妾, 何妨於處女? 妾自以有益於處女, 何爲去我?' 處女相語以爲然而留之. 今臣不肖, 棄逐於秦而出關, 願爲足下掃室布席, 幸無我逐也." 蘇子曰: "善. 請重公於齊." 乃西說秦王曰: "甘茂賢人, 非恆士也. 其居秦累世重矣, 自殽塞·谿谷, 地形險易盡知之. 彼若以齊約韓·魏, 反以謀秦, 是非秦之利也." 秦王曰: "然則奈何?" 蘇代曰: "不如重其贄, 厚其祿以迎之. 彼來則置之槐谷, 終身勿出, 天下何從圖秦." 秦王曰: "善." 與之上卿, 以相迎之齊. 甘茂辭不往, 蘇秦僞謂王曰: "甘茂, 賢人也. 今秦與之上卿, 以相迎之, 茂德王之賜, 故不往, 願爲王臣. 今王何以禮之? 王若不留, 必不德王. 彼以甘茂之賢得擅用強秦之衆, 則難圖也!" 齊王曰: "善." 賜之上卿, 命而處之.

감무가 진나라에서 버려지자, 소대가 그의 역량과 위험성을 진나라 왕과 제나라 왕

에게 피력하여 양쪽에서 대우를 받도록 말해준 것이다.

4-13 감무가 진나라에서 재상을 하다【甘茂相秦】

감무가 진나라에서 재상을 하고 있었다. 진나라 왕이 공손연(公孫衍=犀首)을 아껴서, 함께 있는 틈에 (그를) 세우는 바에 대해서 스스로 그에게 일러주며 말했다.

"과인이 장차 그대를 재상으로 삼으리다."

감무의 벼슬아치가 길가다 듣고서 이를 감무에게 알렸다. 감무가 그참에 들어가 왕을 뵙고 말했다.

"왕께서 뛰어난 재상을 얻으셨으니 감히 두 번 절하여 축하드립니다."

왕이 말했다.

"과인이 나라를 그대에게 맡겼는데 어찌 다시 뛰어난 재상을 얻겠소?"

대답하여 말했다.

"왕께서는 장차 서수(犀首)를 재상으로 삼으실 것입니다."

왕이 말했다.

"그대가 어떻게 들었소?"

대답하여 말했다.

"서수가 제게 알려줬습니다."

왕은 서수가 흘린 것에 대하여 화가 나서 마침내 그를 쫓아내었다.

甘茂相秦. 秦王愛公孫衍, 與之間有所立, 因自謂之曰: "寡人且相子." 甘
茂之吏, 道而聞之, 以告甘茂. 甘茂因入見王曰: "王得賢相, 敢再拜賀."
王曰: "寡人托國於子, 焉更得賢相?" 對曰: "王且相犀首." 王曰: "子焉聞
之?" 對曰: "犀首告臣." 王怒於犀首之洩也, 乃逐之.

정적이 자기 자리를 대신할 것이라는 이야기를 듣고, 왕에게 그에게 직접 들었다고
거짓으로 아뢰어 정적을 쫓아내었다.

4-14 감무가 진나라와 위나라가 약속을 맺게 하여 초나라를 공격하다
【甘茂約秦魏而攻楚】

감무가 진나라와 위나라가 약속을 맺게 하여 초나라를 공격하였
다. 초나라에서 진나라를 상대한 자는 굴합(屈盍=屈蓋)이었는데, 초나
라를 위해 진나라와 사이좋게 지내려 했기에 진나라에서는 관문을 열
고 초나라 사신의 말을 들어주었다. 감무가 진나라 왕에게 일러주며
말했다.

"초나라를 두려워하여 위나라가 화친을 맡게 하지 않으면 초나라
는 틀림없이 말하기를, '진나라가 위나라를 속이려[鬻=告=賣] 한다'라
고 할 것입니다. 그리하면 (위나라는) 기분 나빠하면서 초나라와 힘을
모으려 할 것이니, 초나라와 위나라가 하나가 되면 나라가 상할까 걱
정됩니다. 왕께서 위나라가 화친을 맡도록 하는 것만 못하니, 위나라
는 화친을 맡으면 반드시 기뻐할 것입니다. 왕께서는 위나라로부터 미

움을 받지 않게 되고 보내는 땅(寄地)¹¹도 반드시 많아질 것입니다."

甘茂約秦·魏而攻楚. 楚之相秦者屈盍, 爲楚和於秦, 秦啟關而聽楚使.
甘茂謂秦王曰: "怵於楚而不使魏制和, 楚必曰: '秦鬻魏.' 不悅而合於
楚, 楚·魏爲一, 國恐傷矣. 王不如使魏制和, 魏制和必悅. 王不惡於魏,
則寄地必多矣."

**진나라가 초나라와 직접 화의를 맺는 것보다는 동맹국인 위나라가 주도하게 하여
초나라가 진나라와 위나라 사이의 틈을 파고들지 못하게 해야 한다는 것이다.**

4-15 형산의 싸움【陘山之事】

형산(陘山)의 싸움¹²에서 조나라가 장차 진나라와 더불어서 제나
라를 치려고 했다. 제나라가 두려워하며, 전장(田章)에게 양무(陽武) 땅
을 가지고 조나라와 힘을 모으게 하면서 순자(順子)를 인질로 주었다.
조나라 왕[楚惠文王]이 기뻐하며 군사를 멈추고[案兵=按兵↔發兵] 진
나라에 알리면서 말했다.

"제나라가 양무 땅을 저희 나라[弊邑]에 내려주고 순자를 들이게

---

11 표포 주: 위나라가 장차 땅을 갈라서 진나라에 주는 것을 말하는 것으로, 이때는 땅이 아직 들
어오지 않았기 때문에 '보내다'라고 했다.(鮑本, 言魏且割地與秦. 時地未入, 故言'寄'.)

12 요굉 주: 형산은 대개 초나라 변경에 있는 요새이며, 사(事)는 역(役) 즉 싸움이라는 뜻이다. 표포
주: 「양후열전」에 따르면, 위나라가 진나라를 배반하고 제나라와 합종하여 친하게 지내자, 진나
라는 양후를 시켜 조나라, 한나라, 위나라를 화양 아래에서 공격하게 하고 다시 조나라에 군사
를 보태어 제나라를 치게 하였으니, 바로 이 싸움이다.(姚本, 陘山, 蓋趙幷陘塞也. 事, 役也. 鮑
本, 穰侯列傳, 魏背秦與齊從親, 秦使穰侯攻趙韓魏於華陽下, 且益趙以兵伐齊, 則此役也.)

하면서 정벌을 풀어주기를 바라고 있습니다. 감히 아래 관리[下吏][13]에
게 알립니다."

진나라 왕이 공자 타(他)를 사신으로 조나라에 가게 해서 조나라
왕에게 일러주며 말했다.

"제나라는 대국과 더불어 위나라를 구원하기로 하고서는 약속을
배신하였기 때문에 믿고 의지할 수 없는데, 대국이 마땅하지 않다고
여겨 이를 저희 나라에 알려주시면서 두 개 사당의 땅[14]을 내려주시어
제사를 받들게 했습니다. 지금 또 병사를 멈추고 장차 제나라와 연합
해서 (양무) 땅을 받으시려는 것은 사신(使臣)이 알 수 있는 바가 아닙니
다. 청컨대 갑옷 입은 병사 사만을 보태어 드릴 테니 대국께서 결단해
주시기 바랍니다."

소대(蘇代)가 제나라를 위해 글을 (진나라 재상인) 양후(穰侯)에게
올려 말했다.

"신이 듣기에 오고 가는 사람들이 하는 말 중에 '진나라가 장차 조
나라 갑병 4만 명을 보태서 제나라를 치려고 한다'라는 것이 있었습
니다. 신이 몰래 저희 왕[襄王]에게 틀림없이 말씀드리기를 '진나라 왕
은 눈 밝고 계책에 능숙하며 양후는 지혜롭고 싸움(事)에 익숙하기 때
문에, 틀림없이 조나라에 갑병 4만 명을 보태주어 제나라를 치는 일은
없을 것입니다'라고 했습니다. 이것이 무슨 말인가 하면, 저 삼진이 서
로 맺게 되면 진나라의 깊은 원수가 되기 때문입니다. 삼진이 백 번 진

---

13 표포 주: 왕을 (직접) 가리킬 수 없었기 때문에 벼슬아치를 언급한 것이다.(鮑本, 不斥王, 故言告
吏.)
14 표포 주: 읍마다 사당이 하나씩 있으니, 두 개의 사당이란 두 개의 읍을 말한다.(鮑本, 邑皆有社.
二社, 二邑也.)

나라에 등을 돌리고 백 번 진나라를 속였지만 (진나라는) 믿지 못한다고도 하지 못했고 아무것도 하지 않을 수도 없었습니다. 지금 제나라를 깨뜨리고 조나라를 살찌게 하더라도 조나라는 진나라의 깊은 원수가 될 것이니 진나라에는 이로움이 없습니다. 이것이 첫 번째 이유입니다.

진나라에서 계책을 꾸미는 자는 틀림없이 말하기를, '제나라를 깨뜨리고 진(晉)나라[趙나라]의 힘을 다 쓰게[弊] 만들며, 그러고 난 후에 진(晉)나라와 초나라를 제압하여 이긴다'라고 할 것입니다. 저 제나라는 힘이 닳고 지친 나라이기 때문에 천하가 그를 치는 것은 비유하자면 천 균의 화살을 가지고 종기(癰)를 터뜨리는 것과 같습니다. 진나라 왕이 어떻게 진(晉)나라와 초나라를 제압할 수 있겠습니까? 이것이 두 번째 이유입니다.

진나라가 적은 군사를 내보내면 곧 진(晉)나라와 초나라는 믿지 못할 것이며, 많이 내보내면 곧 진(晉)나라와 초나라는 진나라에게 제압을 받게 됩니다. 제나라가 두려워하게 되면 반드시 진나라에게 달려가는 것이 아니라 장차 진(晉)나라와 초나라로 달려갈 것입니다. 이것이 세 번째 이유입니다.

제나라가 땅을 갈라서 진(晉)나라와 초나라에게 채워주면 진(晉)나라와 초나라가 편안해질 것이고, 제나라가 병사를 일으켜 무딘 검을 내려치게 되면 진나라도 오히려 병기(兵器)로써 받아내야 합니다. 이것이 네 번째 이유입니다.

이는 진(晉)나라와 초나라가 진나라로써 제나라를 깨뜨리고 제나라로써 진나라를 깨뜨리는 것이니, 진(晉)나라와 초나라는 어떻게 그리 지혜로우며 제나라와 진나라는 어떻게 그리 어리석습니까? 이것이

다섯 번째 이유입니다.

　진나라가 안읍을 얻고 제나라와 잘 지내어 편안해지면 정말로 걱정할 것이 없습니다. 그러나 진나라가 안읍을 소유하게 되면 곧 한나라와 위나라는 반드시 상당의 땅이 없어질 것입니다. 저 삼진(三晉)의 위(胃)와 장(腸)을 빼앗는 것과, 병사를 내보냈다가 그들이 (살아서) 돌아오지 못할 것을 두려워하는 것 중에 어느 쪽이 이롭겠습니까? 그래서 신이 몰래 틀림없이 저희 왕에게 말하기를 '진나라 왕은 눈 밝고 계책에 능숙하며 양후는 지혜롭고 싸움[事]에 익숙하기 때문에, 반드시 조나라에 갑병 4만 명을 보태주어 제나라를 치는 일은 없을 것입니다'라고 했던 것입니다."

陘山之事, 趙且與秦伐齊. 齊懼, 令田章以陽武合於趙, 而以順子爲質. 趙王喜, 乃案兵告於秦曰: "齊以陽武賜弊邑而納順子, 欲以解伐. 敢告下吏." 秦王使公子他之趙, 謂趙王曰: "齊與大國救魏而倍約, 不可信恃, 大國不義, 以告弊邑, 而賜之二社之地, 以奉祭祀. 今又案兵, 且欲合齊而受其地, 非使臣之所知也. 請益甲四萬, 大國裁之." 蘇代爲齊獻書穰侯曰: "臣聞往來之者言曰: '秦且益趙甲四萬人以伐齊.' 臣竊必之弊邑之王曰: '秦王明而熟於計, 穰侯智而習於事, 必不益趙甲四萬人以伐齊.' 是何也? 夫三晉相結, 秦之深讎也. 三晉百背秦, 百欺秦, 不爲不信, 不爲無行. 今破齊以肥趙, 趙, 秦之深讎, 不利於秦. 一也. 秦之謀者必曰: '破齊弊晉, 而後制晉楚之勝.' 夫齊, 罷國也, 以天下擊之, 譬猶以千鈞之弩潰癰也. 秦王安能制晉·楚哉! 二也. 秦少出兵, 則晉·楚不信; 多出兵, 則晉·楚爲制於秦. 齊恐, 則必不走於秦且走晉·楚. 三也. 齊割地以實晉·楚, 則晉·楚安. 齊舉兵而爲之頓劍, 則秦反受兵. 四也. 是晉·楚以秦破齊, 以齊破秦, 何晉·楚之智而齊·秦之愚! 五也. 秦得安邑, 善齊以安之, 亦必無患矣. 秦有安邑, 則韓·魏必無上黨哉. 夫取三晉之腸胃與出兵而懼其不反也, 孰利? 故臣竊必之弊邑之王曰: '秦王明而熟於計, 穰侯智而習於事, 必不益趙甲四萬以伐齊矣.'"

진나라가 조나라를 이용하여 제나라를 치는 것보다, 삼진을 경계하고 분열시키는 것이 더 큰 일이라고 소대가 양후를 설득한 것이다.

4-16 진나라 선태후가 위나라 축부를 사랑하다【秦宣太后愛魏丑夫】

(惠王의 부인이자 昭陽王의 어머니인) 진나라 선태후(宣太后)가 위나라 축부(丑夫)를 사랑하였는데, 태후가 병이 들어 죽게 되자 명을 내려 말했다.

"내 장례를 치르게 되면 반드시 위자(魏子)를 같이 묻어라(殉)."

위자가 근심하였는데, 용예(庸芮)가 위자를 위해 태후에게 설득하여 말했다.

"죽은 사람에게 지각[知=知覺]이 있겠습니까?"

태후가 말했다.

"지각이 없소."

말했다.

"만일 태후의 신령으로 죽은 사람은 지각이 없다는 것을 밝게 안다면, 어찌하여 살아있는 사랑하는 바로써 헛되이 지각없는 죽은 사람과 함께 묻으려고 하십니까? 만일 죽은 자가 지각이 있다면 돌아가신 왕께서 화를 쌓아온 날이 오래되었고 태후께서 허물을 빌 시간도 모자랄 터인데, 무슨 틈을 내어 마침내 사사로이 위나라 축부(丑夫)를 만날 수 있겠습니까?"

태후가 말했다.

"좋다."

마침내 그치게 했다.

秦宣太后愛魏丑夫. 太后病將死, 出令曰: "爲我葬, 必以魏子爲殉." 魏子患之. 庸芮爲魏子說太后曰: "以死者爲有知乎?" 太后曰: "無知也." 曰: "若太后之神靈, 明知死者之無知矣, 何爲空以生所愛, 葬於無知之死人哉! 若死者有知, 先王積怒之日久矣, 太后救過不贍, 何暇乃私魏丑夫乎?" 太后曰: "善." 乃止.

죽은 다음에 지각이 없으면 순장이 무슨 소용이 있으며, 지각이 있다면 먼저 죽은 남편을 어떻게 볼 수 있겠는가 하는 말이다.

진책 3
秦策

5-1 설공이 위나라를 위해 위염에게 일러주다【薛公爲魏謂魏冉】

설공(薛公)이 위나라를 위해 (진나라 재상인) 위염(魏冉=穰侯)[1]에게
일러주며 말했다.

"제[田文=孟嘗君]가 듣기에 진나라 왕은 여례(呂禮)로 하여금 (제나
라 재상이 되어) 제나라를 거두게 한다 하니, 천하를 얻게 되면[濟] 그대
는 틀림없이 가볍게 여겨질 것입니다. 제나라와 진나라가 서로 모여서
삼진(三晉)에 맞서게[臨] 되면 여례가 반드시 아울러서 (진나라와 제나라
의) 재상이 될 것이니, 이는 그대가 제나라를 거두어서 여례를 무겁게
만드는 것입니다.

제나라가 천하의 병난[兵=兵難]에서 벗어난다면, 이에 그대를 원수
처럼 대하는 것이 반드시 깊어질 것입니다. 그대는 진나라 왕에게 저
희 고을[薛][2]에 영을 내려 끝내 제나라를 공격하도록 권하느니만 못할
것입니다. 제나라가 깨지면 저[文]는 얻은 땅을 가지고 그대를 봉하기

---

1 기원전 335~266년. 진나라 혜문왕의 부인인 선태후(宣太后)의 동모제(同母弟)로, 본래 초나라
　사람이다. 무왕이 자식이 없이 죽자 선태후의 아들인 소양왕을 세우고 실권을 장악했다. 양(穰)
　땅에 봉해져 양후라고 불렸다.
2 포표 주: 저희 고을이란 설 땅을 가리킨다. 맹상군이 이때[昭王 13년] 설나라로 달아나 있었
　다.(鮑本. 薛也. 文以此十三年奔薛.)

를 청할 것입니다. 제나라가 깨지고 나면 진(晉=魏)나라가 강해지기 때문에, 진나라 왕은 진(晉=魏)나라의 강성해짐을 두려워하여 반드시 그대를 무겁게 해서 진(晉=魏)나라를 얻으려 할 것입니다. 제나라가 진(晉=魏)나라에게 저희 나라[薛]를 주어도[3] 진나라를 당해낼[支=當] 수가 없습니다. 진(晉=魏)나라는 반드시 그대를 무겁게 여겨서 진나라를 섬길 것이니, 이에 그대가 제나라를 깨뜨려서 공을 세우면 진(晉=魏)나라를 손에 쥐고서 (더욱) 무겁게 될 것입니다. 제나라를 깨뜨리고 봉토를 정하면 진나라와 진(晉=魏)나라 모두가 그대를 무겁게 대할 것이고, 만일 제나라를 깨뜨리지 못하면 여례가 다시 쓰여서 그대는 틀림없이 크게 곤궁해질 것입니다."

薛公爲魏謂魏冉曰: "文聞秦王欲以呂禮收齊, 以濟天下, 君必輕矣. 齊·秦相聚以臨三晉, 禮必並相之, 是君收齊以重呂禮也. 齊免於天下之兵, 其讎君必深. 君不如勸秦王令弊邑卒攻齊之事. 齊破, 文請以所得封君, 齊破晉強, 秦王畏晉之強也, 必重君以取晉. 齊予晉弊邑, 而不能支秦. 晉必重君以事秦, 是君破齊以爲功, 操晉以爲重也. 破齊定封, 而秦·晉皆重君; 若齊不破, 呂禮復用, 子必大窮矣."

진나라에서 여례를 제나라 재상으로 만들어 평화적으로 제나라를 거두게 되면 양후의 영향력이 떨어질 것이니, 제나라를 힘으로 깨뜨리는 것이 낫다.

---

3 포표 주: 설은 비록 맹상군의 오래된 봉토이지만 제나라에 속해 있는데, 제나라가 깨어지면 위나라를 두려워해서 장차 설을 가져다 위나라에 주게 될 것이라는 뜻이다.(鮑本, 薛雖文舊封, 而屬齊, 齊破畏魏, 且取薛予魏.)

5-2 진나라 객경 조가 양후에게 일러주다【秦客卿造謂穰侯】

진나라 객경 조(造)가 양후(穰侯)에게 일러주며 말했다.

"진나라가 군을 도(陶) 땅에 봉하면서 (군에게) 기대어(藉) 천하에 군림한(君) 것이 몇 년이 되었습니다. 제나라를 공격하는 일이 이루어지면, 도 땅은 만승의 나라로서 작은 나라의 우두머리가 되어 (그들을) 이끌고서 천자를 조현하고 천하는 반드시 (군의 말을) 듣게 될 것이니, 오패가 했던 일입니다. (만일) 제나라를 공격하는 일이 이루어지지 않으면, 도 땅은 이웃나라의 근심거리가 되어 의지할 곳이 없어지게 됩니다. 그러므로 제나라를 공격하는 일은 도 땅에 있어서 남느냐 없어지느냐의 기틀이 됩니다. 군이 이루고 싶으시면, 어찌 다른 사람을 시켜 연나라 상국에게 (이렇게) 일러 말하지 않습니까?

'빼어난 이는 때를 만들 수는 없지만 때가 이르면 놓치지 않습니다. 순임금이 비록 뛰어나지만 요임금을 만나지 못했다면 천자가 되지 못했을 것이고, 탕임금이나 무왕이 비록 뛰어나지만 걸이나 주왕과 대적하지 않았다면 왕이 되지 못했을 것입니다. 그래서 순임금이나 탕왕이나 무왕의 뛰어남으로도 때를 만나지 못했다면 제(帝)나 왕이 될 수 없었습니다. 지금[令→今] 제나라를 공격하면 이는 군에게는 크게 때에 들어맞을 뿐이니, 이참에 천하의 힘을 모아 원수인 제나라를 쳐서 혜왕(惠王)의 치욕을 갚고 소왕(昭王)의 공업을 이루며 만세의 해악을 없앤다면 이는 연나라의 가장 큰 이로움이요 군께서 크게 이름이 나는 일입니다. 『서경』에 말하기를 '덕을 세우는 데에는 무성히 자라는 것보다 큰 것이 없고, 해로움을 없애는 데에는 남김없이 하는 것보다 좋은 것이 없다'⁴라고 했습니다. 오나라가 월나라를 없애지 않았기 때문에 월나라는 오나라를 망하게 했고, 제나라가 연나라를 없애버리지 않았기 때문에 연나라는 제나라를 망하게 했습니다. 이는 병을 없애는 데에서 남김없이 하지 않았기 때문입니다.

지금 이때에, 군의 공을 이루고 군에게 해로운 것들을 없애지 않는다면 진나라는 끝내 다른 일들을 핑계대어 제나라를 따를 것이고, 제나라가 조나라와 힘을 모으게 되면 아마도 군에 대한 원한이 반드시 깊어질 것입니다. 그대의 원수를 옆에 끼고서 연나라를 주벌하면 뒤에 가서는 비록 후회해도 얻지 못할 뿐입니다. 군이 연나라 병사를 모조리 모아서 빨리 제나라를 공격한다면[僭→攻] 천하가 군을 따를 것이니, 이에 아버지와 아들의 원수를 갚을 수 있을 것입니다. 진실로 능히 제나라를 망하게 하고 나면 군을 하남(河南) 땅에 봉해 만승이 되게 할 것이니, 중국에 길을 통하고 남쪽으로는 도 땅과 이웃이 되어 대대로 걱정이 없을 것입니다.

원컨대 군이 제나라를 공격하려는 뜻을 한결같이 해서 다른 생각이 없기를 바랍니다.'"

秦客卿造謂穰侯曰: "秦封君以陶, 藉君天下數年矣. 攻齊之事成, 陶爲萬乘, 長小國, 率以朝天子, 天下必聽, 五伯之事也; 攻齊不成, 陶爲鄰恤, 而莫之據也. 故攻齊之於陶也, 存亡之機也. 君欲成之, 何不使人謂燕相國曰: '聖人不能爲時, 時至而弗失. 舜雖賢不遇堯也, 不得爲天子; 湯·

포표 주: 서경이 아니고 시경인데 이 시는 전하지 않는다. (오사도가) 보충해서 말한다. 『서경』 「태서(泰誓)」에 이르기를, "나무의 덕은 우거지는 데 힘쓰고, 악을 없애는 것은 뿌리까지 힘써야 한다"라고 하였다.(鮑本, 書作詩, 逸詩. 補曰. 泰誓, 樹德務滋, 除惡務本.)

武雖賢, 不當桀·紂不王. 故以舜·湯·武之賢, 不遭時不得帝王. 令攻齊,
此君之大時也已. 因天下之力, 伐讎國之齊, 報惠王之恥, 成昭王之功, 除
萬世之害, 此燕之長利, 而君之大名也. 書云, 樹德莫若滋, 除害莫如盡.
吳不亡越, 越故亡吳; 齊不亡燕, 燕故亡齊. 齊亡於燕, 吳亡於越, 此除
疾不盡也. 以非此時也, 成君之功, 除君之害, 秦卒有他事而從齊, 齊·趙
合, 其讎君必深矣. 挾君之讎以誅於燕, 後雖悔之, 不可得也已. 君悉燕
兵而疾僭之, 天下之從君也, 若報父子之仇. 誠能亡齊, 封君於河南, 爲萬
乘, 達途於中國, 南與陶爲鄰, 世世無患. 願君之專志於攻齊, 而無他慮
也.'"

**진나라 양후가 연나라를 끌어들여 제나라를 치기 위해, 연나라 재상에게 지금이야
말로 제나라를 칠 절호의 기회이니 때를 놓치면 후회할 것이라고 하면서 딴 마음을
먹지 말라고 권했다.**

5-3 위나라 사람이 위염에게 일러주다【魏謂魏冉】

위나라 사람이 (위나라를 위해, 秦나라 재상인) 위염(魏冉)에게 일러주
며 말했다.[5]

"그대는 동쪽의 이야기를 들은 적이 있습니까?"

(위염이) 말했다.

---

5 표표 주: 위염이 전권을 휘두르던 무왕 때의 일로, 이때에 위염이 초나라로 가려고 해서 위나라
가 진나라와 초나라가 힘을 모을까 봐 두려워했다.(鮑本, 其用事武王時, 此時冉欲如楚, 魏恐其
合也.)

"듣지 못했습니다."

(위나라 사람이) 말했다.

"신(辛), 장양(張陽), 무택(毋澤)이 위나라 왕, 설공(薛公: 孟嘗君의 아버지 田嬰)과 공숙야(公叔也)를 설득하기 위해 말하기를, '신들이 싸우러 나갈 때, 신주[主=神主]를 싣고 나라와 약속을 맺고서⁶ 왕[魏王]과 함께 맹약을 하면 반드시 근심이 없을 것입니다. 만일 맹세를 어그러뜨리는 사람이 있다면 신들은 바라건대 저희의 목[領=項]을 벨 것을 청하겠습니다. 그런데 신들에게는 근심이 있습니다.⁷ [저 초나라 왕에게 그 신하가 (약속을 못 지켰을 때) 목을 벨 것을 청한다고 해도 신에게는 근심이 있습니다].⁸ 저 초나라 왕[懷王]이 그 나라를 위염(魏冉)에게 맡겨서 (진나라와 초나라가 함께) 신들[辛, 張陽, 毋澤]의 주인[韓, 魏, 齊]을 치는[事=征伐] 것입니다. 이것이 신들의 깊은 근심입니다'라고 했다 합니다.

지금 공이 동쪽으로 가서 이참에 초나라와 (좋게) 말한다면 이는 장의의 말이 우임금의 수준의 좋은 계책으로 되는 것이니⁹, (세 나라는) 힘써 공의 일을 어그러뜨리려 할 것입니다. 차라리 공께서 공의 나라[秦나라]로 돌아가서 초나라에 은덕을 베풀고 설공이 그대를 대하는 것을 살피느니만 못합니다. 세 나라[韓, 魏, 齊]가 진나라에게 구한 바 중에 얻지 못한 것을 살펴서, 그것을 청하여 세 나라가 스스로 (魏冉

---

6 포표 주: 주(主)는 나무로 만든 신주로, 군대가 나아갈 때 싣고 가면서 (조상에게) 기도하고 알린다. 계(契)는 나라를 들어 약속하는 것을 말한다.(主, 木主, 軍行載之, 禱且告焉. 契, 言以國爲約.)

7 포표 주: 초나라와 진나라가 합쳐지는 것을 근심한 것이다. 아래 16글자는 연문이다.(鮑本, 患楚與秦合. 下衍十六字.)

8 포표 주: 어떤 본에는 이 16글자(夫楚王之以其臣請挈領然而臣有患也)가 없다.(鮑本, 一無以上十六字.)

9 포표 주: 지금 장의가 초나라에게 위염을 의지하라고 말했는데 위염이 과연 초나라에 가서 합하려 하니, 이는 장의의 계책이 우임금 정도 된다는 것이다.(鮑本, 今儀言楚依冉, 而冉果與楚合, 是儀之謀侔於禹也.)

을) 믿게 해야(號=使) 합니다. 장의와 무택이 설공에게서 얻을 수 없던
것을 살펴서 공께서 그것을 청해 주어 스스로를 무겁게 만드십시오."

魏謂魏冉曰: "公聞東方之語乎?" 曰: "弗聞也." 曰: "辛·張陽·毋澤說魏
王·薛公·公叔也, 曰: '臣戰, 載主契國以與王約, 必無患矣. 若有敗之
者, 臣要求挈領. 然而臣有患也. [夫楚王之以其臣請挈領然而臣有患也.] 夫
楚王之以其國依冉也, 而事臣之主, 此臣之甚患也.' 今公東而因言楚,
是令張儀之言爲禹, 而務敗公之事也. 公不如反公國, 德楚而觀薛公之
爲公也. 觀三國之所求於秦而不能得者, 請以號三國以自信也. 觀張儀
與澤之所不能得於薛公者也, 而公請之以自重也."

위염이 초나라에 가서 진나라와 힘을 합치게 되면 한, 위, 조, 세 나라가 위태로워지
므로, 이를 막기 위해서 위염에게 유세하여 초나라에 가지 않고 세 나라에 은덕을
입히는 것이 위염 자신에게는 유리하다고 설득했다.

5-4 위염에게 일러주며 말하기를 화친이 이루어지지 않는다
【謂魏冉曰和不成】

(누군가가) 위염에게 일러주며 말했다.
"화친이 이루어지지 않으면 병사가 반드시 나가게 됩니다. 백기(白
起)라는 사람이 장차 다시 장군이 될 것이니, 싸움에서 이겨도 틀림없
이 공은 답답해질 것입니다. 이기지 못하면 틀림없이 조나라를 섬기는
일[화친하는 일]을 공이 처리하게 되어서 공은 또한 가볍게 여겨질 것입

니다. 공이 다른 일[多→他]을 없애는[화친에 전념하는] 것만 못하니, 그렇게 되면 (조나라가 화친하기 위해) 빠르게 도착할 것입니다."

謂魏冉曰: "和不成, 兵必出. 白起者, 且復將. 戰勝, 必窮公; 不勝, 必事趙從公. 公又輕, 公不若毋多, 則疾到."

조나라와 화친하지 못한 상태에서 전쟁이 나면, 진나라가 이기든 지든 간에 위염의 처지가 답답해지므로 화친에 전념하라고 일러준 것이다.

5-5 양후에게 일러주다【謂穰侯】

(누군가가) 양후에게 일러주며 말했다.

"그대를 위해 봉할 곳을 생각해보면 (송나라 땅인) 도[除→陶] 땅만 한 곳이 없는데, 송나라의 죄가 무거워서 제나라가 화를 내고 있습니다. 마땅히 어지러운 송나라를 사납게 벌해서, 강한 제나라에 은덕을 베풀고 몸소 봉지를 안정시키십시오. 이것은 정말로 백세의 기회일 뿐입니다."

謂穰侯曰: "爲君慮封, 若於除[10], 宋罪重齊怒; 須殘伐亂宋, 德强齊, 定身封. 此亦百世之時也已!"

---

10 황비열의 안(案): '제(除)'자는 '도(陶)'자의 잘못이다. 구절이 끊어져 있으니, "若於除" 앞에 '막莫'자가 있어야 한다.(札記조烈案: '除'乃'陶'字誤. 句絶. '若'上當有'莫'字.)

송나라를 쳐서 제나라의 화를 풀고 그 땅에 봉지를 만드는 일이 양후에게는 일생일대의 큰 기회가 되어줄 것이라고 설득했다.

5-6 위염에게 일러주며 말하다【謂魏冉曰】[11]

(누군가가) 위염에게 일러주며 말했다.

"초나라가 깨지고 나면 진나라는 제나라와 더불어 (누가 더 무겁고 가벼운지) 저울질할[縣衡] 수 없게 됩니다. 진나라는 삼대에 걸쳐 한나라, 위나라와 (싸우며) 맺힌 것[節→戰伐之事]이 쌓여있지만, 제나라의 은덕은 새로이 (그 두 나라에) 더해졌습니다. 제나라와 진나라가 서로 다투면 한나라와 위나라는 동쪽[제나라]으로 가서 말을 듣게 되어 진나라를 정벌할 것입니다.

제나라는 동쪽 나라의 땅을 가지고 있으며 사방 천 리입니다. 초나라는 아홉 오랑캐 땅을 싸고 있는데 또한 사방 천 리이며, 남쪽으로는 부리(符離)의 요새가 있고 북쪽으로는 감어(甘魚)의 입구기 있습니다. 저울로 송나라, 위나라를 재어보면 송나라, 위나라는 곧 (제나라 땅인) 아(阿)와 견(甄)에 비견될[다른 판본에는 桑→當으로 되어 있음] 뿐입니다. (초나라가 제나라에 깨어졌다면) 천리를 소유하여 이로움이 있는 나라가 둘[齊·楚]이고 부유해서 마음대로 월나라를 노예로 부릴 정도인데, 진나라가 어찌(烏) 능히 제나라를 한나라, 위나라와 더불어 저울질할 수

---

11 이 장은 빠진 글자가 있거나 문장이 통하지 않는 부분이 많다고 여겨져 왔다. 최대한 의역을 했으나 본래의 뜻과 통한다 할 수 없다.

있겠습니까?

(초나라가) 방성(方城: 초나라 북쪽의 長城)의 기름진 땅을 잘게 나누어(支分) 정나라[12]에 (주면서 진나라를 치라고) 압박(薄=迫)하게 되면 병사를 멈췄다가 다시 일어나서 충분히 진나라를 해칠 수 있으니, 제나라(와의 싸움)를 기다릴 필요도 없습니다."

謂魏冉曰: "楚破, 秦不能與齊縣衡矣. 秦三世積節於韓·魏, 而齊之德新加與. 齊秦交爭, 韓·魏東聽, 則秦伐矣. 齊有東國之地, 方千里. 楚苞九夷, 又方千里, 南有符離之塞, 北有甘魚之口. 權縣宋·衛, 宋·衛乃桑阿·甄耳. 利有千里者二, 富擅越隸, 秦烏能與齊縣衡韓·魏, 支分方城膏腴之地以薄鄭? 兵休復起, 足以傷秦, 不必待齊."

초나라와 제나라는 대국이라 송나라, 한나라, 위나라와는 비교할 수조차 없으니, 초나라가 땅을 주면서 한나라를 위협하여 진나라에 같이 대항하게 하면 진나라는 큰 위협을 받게 된다는 정세 판단이다.

5-7 다섯 나라가 성고에서 물러나다【五國罷成皋】

다섯 나라[楚, 趙, 韓, 魏, 燕]가 성고(成皋)에서 물러나자, 진나라 왕이 성양군(成陽君)을 위해 한나라와 위나라의 재상 자리를 요구하려

---

12 (오사도가) 바로잡아 말한다: 정나라는 이때는 이미 한나라 땅이 되었으니, 『전국책』에서 무릇 정나라라고 한 것은 모두 한나라이다.(正曰: 是時已爲韓. 策凡言鄭者, 韓也.)

했지만 한나라와 위나라가 들어주지 않았다. 진나라 태후[宣太后]가 (성양군이 위염의 일을 방해할까 봐서) 위염을 위해 진나라 왕에게 일러주며 말했다.

"성양군이 왕과의 일 때문에 처지가 답답하게 되어서 제나라에 웅크리고[局=居] 있었는데, 지금 왕께서 그가 현달[13]한 것을 보고 거두려고 하지만 진실로 능히 그 마음을 거두어들일[翕=收] 수 있겠소?"

왕이 말했다.

"그렇지 못합니다."

태후가 말했다.

"처지가 답답했을 때는 거두지 않다가 현달했을 때는 갚으려 하니, 왕에게 쓰이지 못할까 걱정되오. 장차 성양군을 거두는 것은 한나라와 위나라를 잃는 길이랍니다."

五國罷成皋, 秦王欲爲成陽君求相韓·魏, 韓·魏弗聽. 秦太后爲魏冉謂秦王曰: "成陽君以王之故, 窮而局於齊, 今王見其達收之, 亦能翕其心乎?" 王曰: "未也." 太后曰: "窮而不收, 達而報之, 恐不爲王用; 且收成陽君, 失韓·魏之道也."

처지가 어려울 때 거두어주지 못하다가 승승장구할 때 보답하려는 것은 위험한 일이라고 태후가 왕에게 조언하며 성양군의 길을 막았다.

---

13 달(達)이란 곧 현달(顯達)이라는 뜻으로, 지위와 이름이 함께 높아서 세상에 드러난 것이다.

5-8 범자가 왕계를 통하여 진나라에 들어오다【范子因王稽入秦】

범자(范子)**14**가 왕계(王稽)**15**를 통하여 진나라에 들어와서, 소왕(昭王)에게 글을 바쳐 말했다.

"신이 듣기로 눈 밝은 임금이 바른 자리에서 다스리게 되면, 공이 있으면 상을 받지 못함이 없고 능력이 있으면 벼슬을 얻지 못함이 없으며 힘쓰기를 많이 한 사람은 그 녹이 두텁고 공적이 많은 사람은 그 작위가 높으며 능히 무리를 잘 다스리는 사람은 그 벼슬이 크다 합니다. 그래서 능력이 없는 자는 그 직을 감당하지 못하고, 능력이 있는 사람 또한 가리고 숨길 수가 없습니다. 만약 신의 말이 해볼 만하다 싶으면 시행하여 그 길에 이로움을 더해 주시고, 만약 장차 시행하지 못할 것 같으면 오랫동안 신을 붙잡아 두고서 말하지 못하게 하십시오. 속담에 '변변치 못한 주인[人主→庸主]은 아끼는 사람에게는 상을 주고 미워하는 자에게는 벌을 준다. 눈 밝은 주인은 그렇지 않아서, 상은 반드시 공이 있는 자에게 더해주고 형벌은 반드시 죄가 있는 자에게 내려준다'라고 했습니다. 지금 신의 가슴은 심질(椹質)**16**의 형벌을 받기에 충분치 않고 허리는 부월(斧鉞)의 형을 맞기에 충분치 않습니다만, 어찌 감히 의심스러운 일을 가지고 오히려 왕께 말을 올리겠습니까? 비

---

14 포표 주: 이름은 수(睢)고 자는 숙(叔)으로, 후(后)로 봉해져서 응후(應侯)라고 불렀다. 무릇 범(范)은 대개 진(晉)나라의 옛 성씨로, 사서에서는 위나라 사람이라고 했다. (오사도가) 보충하여 말한다: 睢는 '수(雖)'로 읽는다.(鮑本, 名睢, 字叔, 后封應侯. 凡范, 皆晉舊姓, 故史云魏人. 補曰: 睢, 音雖.)

15 포표 주: 진나라의 알자령(謁者令)으로, 이때 위나라에 사신으로 갔다가 돌아왔다.(鮑本, 秦謁者令, 時使魏還.)

16 포표 주: 심(椹)은 작두의 칼날을 받는 나무토막을 말하고, 질(質)은 질(鑕: 작두)과 같다.(鮑本, 椹, 斫木鑕. 質, 鑕同.)

록 신을 천하게 여겨 가벼이 신을 욕되게 하여도, 어찌 무겁게 신을 맡긴 사람[重任臣者=王稽]이 뒷날 왕 앞에서 (한 말을) 뒤집지 않도록[無反覆] 해야 하지 않겠습니까?[17]

신이 듣기로 주나라에는 지액(砥厄)이 있고, 송나라에는 결록(結綠)이 있고, 양나라에는 현려(懸黎)가 있고, 초나라에는 화박(和璞)이 있다고 합니다. 이 네 가지 보물은 장인[工]들이 (가치를 모르고) 놓쳤던 바였으나[18] 천하의 이름난 기물이 되었습니다. 그런 까닭에 빼어난 왕에게 버림받은 사람이라 해서 어찌 나라와 집안을 두텁게 하기에 부족하다 하겠습니까? 신이 듣기에, 집안을 두텁게 하기를 잘하는 사람은 나라에서 그것[집안을 두텁게 해주는 방법]을 찾고, 나라를 두텁게 하기를 잘하는 사람은 제후들에게서 그것[나라를 두텁게 해주는 방법]을 찾는다고 했습니다.

천하의 눈 밝은 주인이 있게 되면 제후는 제멋대로 두터움을 얻을 수 없습니다. 이는 무슨 까닭이겠습니까? 그 영광을 나누어 지니게 하기 때문입니다. 좋은 의사는 병든 사람이 죽고 사는 것을 알고, 빼어난 임금은 일이 이루어지거나 어그러지는 것에 밝습니다. 이로움이 있으면 시행하고 해로움이 있으면 버리며 의심이 나면 조금 맛을 보니, 비록 요, 순, 우, 탕왕이 다시 살아나도 (이런 방법을) 꾸짖을 수 없을 뿐입니다. 말이 지극함에 이르게 되면 신은 감히 글에 실을 수가 없으며, 천

---

17 표표 주: 보증인은 반드시 그의 뒷날까지 책임져야 하는데 뒤에 가서 처음 한 말과 같지 않다면 곧 뒤집어엎은 것이 된다. 이는 '보증인이 무겁게 여기는 사람인데 왕이 어찌 저를 가벼이 여기십니까?'라는 뜻이다.(鮑本, 保任人必保其後, 後不如言, 則爲反覆. 此任人者所重也, 王豈得輕之.)

18 표표 주: 놓친다는 것은 능히 그것을 변별하지 못하였음을 이른다. 그러므로 화벽을 바친 변화는 쓸모없는 돌덩이라 하여 세 번이나 다리가 잘리는 형벌을 당했다.(鮑本, 失, 謂不能別之. 故卞和三刖也.)

박함에 이르면 또한 듣기에 충분치 않을 것입니다. 생각해보건대, 신이 어리석어서 왕의 마음과 합해지지[闓=合] 않으십니까? 이미 신에 대해 말한 사람이 장차 천박하여 듣기에 충분치 않으십니까? 만일 이와 같지 않다면 곧 신의 뜻을 원컨대 적게나마 여기저기 둘러보실 만은 하다고 여기시어 족하(足下)**¹⁹**를 뵐 수 있도록 받아들여 주십시오."

글을 올리자 진나라 왕이 기뻐하였고, 그참에 왕계에게 사례하여 말하면서 사람을 시켜 수레를 가지고 불러오게 하였다.

范子因王稽入秦, 獻書昭王曰: "臣聞明主涖正, 有功不得不賞, 有能者不得不官; 勞大者其祿厚, 功多者其爵尊, 能治衆者其官大. 故不能者不敢當其職焉, 能者亦不得蔽隱. 使以臣之言爲可, 則行而益利其道; 若將弗行, 則久留臣無謂也. 語曰: '人主賞所愛, 而罰所惡. 明主則不然, 賞必加於有功, 刑必於有罪.' 今臣之胸不足以當椹質, 要不足以待斧鉞, 豈敢以疑事尙語於王乎? 雖以臣爲賤而輕辱臣, 獨不重任臣者後無反覆於王前耶? 臣聞周有砥厄, 宋有結綠, 梁有懸黎, 楚有和璞. 此四寶者, 工之所失也, 而爲天下名器. 然則聖王之所棄者, 獨不足以厚國家乎? 臣聞, 善厚家者, 取之於國; 善厚國者, 取之於諸侯. 天下有明主, 則諸侯不得擅厚矣. 是何故也? 爲其凋榮也. 良醫知病人之死生, 聖主明於成敗之事, 利則行之, 害則捨之, 疑則少嘗之, 雖堯·舜·禹·湯復生, 弗能攻已! 語之至者, 臣不敢載之於書; 其淺者又不足聽也. 意者, 臣愚而不闓於王心耶! 已其言臣者, 將賤而不足聽耶! 非若是也, 則臣之志, 願少賜

遊觀之間, 望見足下而入之." 書上, 秦王說之, 因謝王稽說, 使人持車召
之.

**범수가 진나라 왕에게 인재를 등용하고 안 하고에 따라 나라가 쇠락하거나 흥하니,
그 인재를 써보고 판별하라고 설득했다.**

5-9 범수가 진나라에 이르다【范雎至秦】

범수가 진나라에 이르자, 왕이 조정에서 맞이하면서 범수에게 일
러주며 말했다.

"과인이 마땅히 이 몸으로 영을 받은 지 오래되었소. 지금껏 의거
(義渠)의 일[20]이 급하여 과인이 날마다 태후에게 청하였는데, 지금은
의거의 일이 그쳐서 과인이 마침내 명을 받을 수 있었소. 몸에 남모를
근심이 있어서 (범수를) 빨리 모시지 못했지만, 삼가 손님과 주인의 예
절로써 맞이하고자 하오."

이날 범수를 보았는데, 본 사람 중에 얼굴빛을 바꾸거나 얼굴 표정
을 고치지 않은 사람이 없었다. 진나라 왕이 좌우를 물리쳐서 궁 안이
비고 아무도 없게 되자, 진나라 왕이 무릎을 꿇고 청하여 말했다.

"선생께서는 무엇을 가지고 과인에게 은혜를 내려주시겠소?"

범수가 "예, 예"라고 말했고, 잠시 틈이 있은 뒤 진나라 왕이 다시

---

20 (오사도가) 보충하여 말한다: 『한서』 「흉노전」에 따르면, 진나라 소왕 때에 의거의 융왕과 선태후
가 간음하여 두 아들을 두게 되었는데, 이에 태후가 왕을 감천궁에서 죽이려 하였다.(補曰: 漢匈
奴傳, 秦昭王時, 義渠戎王與宣太后亂, 有二子, 太后計殺王於甘泉.)

청하자 범수가 "예, 예"라고 말했다. 이렇게 한 것이 세 번이었다. 진나라 왕이 꿇어앉아 말했다.

"선생은 과인에게 은혜를 내려주지 않을 겁니까?"

범수가 사죄하며 말했다.

"감히 그렇게 못합니다. 신이 듣기에 처음 여상이 문왕을 만났을 때 그 몸은 물고기 잡는 사람으로서 위수 북쪽[渭陽]의 물가에서 낚시를 하고 있었을 뿐이었다고 합니다. 이와 같았을 때는 교분이 멀었습니다. 이윽고 한번 이야기를 하고는 세워져 태사가 되어 수레를 같이 타고 함께 돌아갔다고 하니, 그 말이 매우 깊었을 것입니다. 그래서 문왕은 과연 여상에게서 공업을 거두었고, 끝내 천하를 마음껏 다스리고 몸을 세워서 제왕이 되었습니다. 바로 문왕이 여상을 멀리하고 함께 깊은 말을 하지 않았다면, 주나라는 천자의 다움이 없었을 것이고 문왕과 무왕은 더불어 그 왕업[王]을 이루지 못했을 것입니다.

지금 신은 나그네[羈旅] 신하로 왕과의 사이가 먼데 펼치기 원하는 바는 모두 임금의 일을 바로잡는 것과 (왕의) 피붙이[骨肉之間]에 대한 것이니, 원컨대 신의 비루한 충성을 펼치고자 하지만 왕의 마음을 미처 알 수가 없었습니다. 왕이 세 번 물을 때까지 대답하지 않았던 까닭은 바로 이 때문이었지, 신이 두려워하는 바가 있어서 감히 말할 수 없는 것은 아닙니다. 오늘은 앞에서 말했다가 내일은 뒤에서 엎어져 주살되는 것을 알고 있으나, 신은 감히 두려워하지 않습니다. 대왕께서 믿고 신의 말을 행해주신다면 죽음도 신의 근심으로 삼기에는 부족하고, 몸을 망치는 것도 신의 걱정으로 삼기에는 부족하며, 몸에 옻칠을 하고서 문둥이가 되고 머리를 풀어헤치고[被髮=被髮] 미친놈이 되어도 신의 부끄러움으로 삼기에는 부족합니다. 다섯 제왕[五帝]이 빼어났지만 죽었고, 세 명의 왕[三王]도 어질었지만 죽었고, 다섯 패주[五伯]도 뛰어났지만 죽었고, 오획[烏獲][21]도 힘이 쌨지만 죽었고, 분(奔)이나 육(育)[22]도 용맹스러웠지만 죽었습니다. 죽는다는 것은 사람이 반드시 벗어나지 못할 바입니다. 반드시 그렇게 되는 일에 있어서라면 조금이라도 진나라에 보탬이 되자는 것이 바로 신의 큰 바람입니다.

신이 무엇을 걱정하겠습니까? 오자서는 자루[橐]를 메고 소관(昭關)[23]을 나와서 밤에는 가고 낮에는 엎드려 숨으면서 능수(菱水)에 이르렀지만 그 입에 넣을 것이 없었는데, 엉금엉금 기면서 풀로 엮은 옷을 입고 오나라 시장통에서 밥을 빌어먹었지만 끝내 오나라를 일으키고 합려를 패왕으로 만들었습니다. 신이 오자서와 같이 말씀을 올릴 수 있다면, 몸에 유폐되어 갇히는 형벌이 더해지고 거듭 말하는 것을 다시 드러내지 못한다 해도, 이에 신의 말이 시행된다면 신이 무슨 걱정을 하겠습니까? 기자(箕子)나 접여(接輿)[24]는 몸에 옻칠을 하여 문둥이처럼 하고서 머리를 풀어헤친 채 미친 척을 했으나 은나라나 초나라에게는 의미 없는 일이었습니다. 신이 기자나 접여와 같이 행동할 수 있어서 몸에 옻칠을 하는 것으로 임금의 뛰어남을 보필할 수 있다면, 이는 신의 큰 영예이니 신이 또한 무슨 부끄러움이 있겠습니까?

신이 두려워하는 바는 단지 신이 죽은 후를 두려워할 뿐이니, 세상

---

21 포표 주: 『진기(秦紀)』에 따르면 오획(烏獲)은 진나라 무왕 때의 역사라고 하였으나, 맹자의 때부터 일컬어져 온 것으로 보아 역사로 소문난 것이 이미 오래되었다.(鮑本, 秦紀, 烏獲, 武王力士. 然自孟子時稱之, 則其以力聞久矣.)

22 포표 주: 『사기』의 주에 따르면, 맹분(孟賁)과 하육(夏育)은 모두 용사로 하육의 힘은 천 균을 들어 올릴 수 있었다고 한다. (오사도가) 보충하여 말한다: 모두 위(衛)나라 사람이다.(鮑本, 史注, 孟賁·夏育皆勇士. 育之力能舉千鈞. 補曰: 皆衛人.)

23 포표 주: 초나라 관문의 이름이다.(鮑本, 楚關名.)

24 춘추시대 때 공자와 같은 시기의 초나라 사람으로, 거짓으로 미친 체하면서 벼슬하지 않았다. 초나라 소왕(昭王)이 초빙하였으나 거절하고 숨어 살았다고도 한다.

사람들이 신이 남김없이 충성을 바치고도 몸이 엎어지는 것을 보고는 이 때문에 입을 틀어막고 두려워 발을 멈춘[裹足] 채 기꺼이 진나라로 나아가려 하지 않게 될까 하는 것입니다. 왕[足下]께서는 위로는 태후가 엄격하심을 무서워하고 아래로는 간신들의 행태에 현혹되어 깊은 궁궐 속에 사시면서 보호해주는 사부[傅]의 손을 벗어나지 못한 채로 죽을 때까지 어두운 의혹 속에 계시는데도 간사함을 비춰주는 사람이 없으니, 크게는 종묘가 없어져 엎어지고 작게는 몸이 외롭고 위태로워질 것입니다. 이를 신이 두려워 할 뿐입니다. 이처럼 막히고 욕되는 일은 죽고 망하는 근심이니, 신이 감히 무서워하지 않을 수 없습니다. 신이 죽어도 진나라는 (제가) 살아있을 때보다 뛰어나야 합니다."

진나라 왕이 무릎을 꿇은 채 말했다.

"선생, 이게 무슨 말입니까? 무릇 진나라가 멀리 벽지에 있고 과인이 어리석고 덕이 없는데도 선생이 마침내 여기까지 행차하셨으니, 이는 하늘이 과인으로 하여금 선생을 욕보임으로써 돌아가신 왕의 종묘를 보존할 수 있게 하려는 까닭입니다. 과인이 선생에게서 명을 받을 수 있는 것은, 이는 하늘이 돌아가신 왕을 총애하여 그의 외로운 아들[其孤]을 버리지 않으신 까닭입니다. 선생은 어찌하여 말을 그처럼 하시오! 일이 크거나 작거나, 위로는 태후에 미치고 아래로는 대신에게 이르거나 관계없이, 원컨대 선생이 모두 과인에게 가르쳐주시오. 과인을 의심하지 마시오."

범수가 두 번 절하고, 진나라 왕도 또한 두 번 절했다. 범수가 말했다.

"대왕의 나라는 북쪽으로는 감천(甘泉)과 곡구(谷口)가 있고 남쪽으로는 경수[涇]와 위수[渭]가 띠처럼 두르고 있으며 오른쪽으로는 농

(隴) 땅과 촉(蜀) 땅이, 왼쪽으로는 함곡관[關]과 농판[阪=隴阪]이 있습니다. 전차는 천승이고, 떨치며 공격할 병사가 백만이나 됩니다. 진나라 병졸의 용기와 수레와 기마가 많은 것을 가지고 제후들과 맞닥뜨리게 되면 비유컨대 마치 (잘 달리는 개) 한로(韓盧)가 내달려서 절름발이 토끼를 쫓는 것과 같으니, 패왕의 업에 이를 수가 있습니다. (그런데) 지금 도리어 문을 닫고서 산 동쪽으로 감히 병사들이 엿보지 못하게 하는 것은, 이는 양후(穰侯: 魏冉)가 나라를 위한 계책을 내는 일에 충실하지 못했고 대왕의 계책에 실수한 바가 있었기 때문입니다."

왕이 말했다.

"원컨대 계책에서 실수한 바를 듣고 싶소."

범수가 말했다.

"대왕께서 한나라와 위나라를 건너뛰고 강한 제나라를 공격하는 것은 (좋은) 계책이 아닙니다. 적게 군사를 내보내면 제나라를 상하게 하는 데 충분하지 않고, 많으면 진나라에 해가 됩니다. 신이 생각하기에 왕의 계책은 (진나라) 병사를 적게 내보내고 한나라와 위나라의 병사를 모조리 내보내려 하시는데, 이러면 마땅하지 않습니다. 지금 함께하는 나라[與國=同盟國]도 내 몸같이 여기지 않으면서 다른 사람의 나라를 건너뛰고 공격하는 것이 가능하겠습니까? 계책으로는 엉성합니다.

옛날에 제나라 사람들이 초나라를 정벌하여 싸움에 이기고 군대를 깨뜨리며 장수를 죽여서 다시 일군 땅이 천 리나 되었지만 얼마 안 되는[膚寸] 땅도 얻지 못했습니다. 어찌 제나라가 땅에 욕심이 없어서였겠습니까? 형세 때문에 가질 수 없었던 것입니다. 제후들이 제나라가 힘이 빠진 것이 드러나고[罷露] 임금과 신하가 내 몸같이 여기지 않는 것을 보고는 병사를 일으켜서 정벌하니, 임금은 욕을 당하고 군사는 깨져서 천하의 웃음거리가 되었습니다. 그렇게 된 까닭은, 제나라가 초나라를 정벌하면서 한나라와 위나라를 살찌웠기 때문입니다. 이는 이른바 적에게 무기를 빌려주고[藉] 도둑에게 밥을 계속 주는 것입니다. 왕께서는 차라리 멀리 있는 나라와 사귀면서 가까이 있는 나라를 공격하는(遠交近攻) 것만 못하니, 한 마디 땅을 얻으면 왕에게도 한 마디 땅이 되고 한 자 땅을 얻으면 또한 왕에게도 한 자 땅이 됩니다. 지금 이를 버리고 멀리 있는 나라를 공격하려 하니, 정말로 틀린 것이 아닙니까?

또한, 옛날에 중산국(中山國)의 땅이 사방 오백 리였는데도 조나라는 홀로 그것을 마음대로 할 수 있었으니[擅之], 공이 이루어지자 이름이 세워지고 이로움이 더해지자 곧 천하에 누구도 (조나라에) 해를 끼칠 수 없었습니다. 그러나 지금 한나라와 위나라는 중국(의 가운데)에 있으면서 천하의 돌쩌귀와 같은 곳입니다. 왕이 만일 패자가 되고자 하면 반드시 중국의 가운데 나라들을 내 몸같이 여겨서 천하의 돌쩌귀로 삼고, 이로써 초나라와 조나라를 위협해야 할 것입니다. 조나라가 강해지면 초나라가 달라붙고, 초나라가 강해지면 조나라가 달라붙습니다. 초나라와 조나라가 붙으면 제나라가 반드시 두려워할 것이니, 두려워지면 반드시 (자기를) 낮추는 글과 무거운 선물(幣)로써 진나라를 섬길 것입니다. 제나라가 (진나라에) 붙어오면 한나라와 위나라는 가히 텅 비게 될 것입니다."

왕이 말했다.

"과인은 위나라와 가깝게 지내고 싶은데, 위나라는 바뀌는 바가 많은 나라라서 과인이 가까이할 수가 없소. 청해서 묻건대, 위나라와 가깝게 지내려면 어떻게 해야 하오?"

범수가 말했다.

"낮추는 글과 무거운 선물로써 위나라를 섬기십시오. 안 된다고 하면 땅을 쪼개서 주십시오. 그래도 안 된다고 하면 병사를 일으켜 토벌하십시오."

이에 병사를 일으켜 형구(邢丘) 땅을 공격하니, 형구가 뽑히자 위나라가 (진나라에) 붙기를 청해왔다. (범수가) 말했다.

"진나라와 한나라 땅의 모양은 서로 수를 놓은 것처럼 섞여있습니다. 진나라 안에 한나라가 있는 것이, 마치 좀벌레가 나무에 있는 것과 같고 사람의 병이 심장과 뱃속에 있는 것과 같습니다. 천하에 변란이 있으면 진나라에 해가 되는 것으로는 한나라보다 큰 것이 없습니다. 왕은 차라리 한나라를 거두어들이는 것만 못합니다."

왕이 말했다.

"과인이 한나라를 거두고 싶어도 (한나라가) 들어주지 않는데, 그리 만들려면 어떻게 해야 하오?"

범수가 말했다.

"병사를 일으켜 형양(滎陽) 땅을 공격하면 곧 성고(成皐)로 가는 길이 통하지 않게 되니, 북쪽으로 태항산에 이르는 길을 끊으면 상당(上黨)에 있는 병사들은 내려올 수가 없습니다. 한 번에 바로 드러내어 형양을 공격하면 끊어서 나라를 세 토막으로 만들 수 있습니다, 위나라와 한나라는 틀림없이 망하게 될 것이니 어찌 듣지 않을 수 있겠습니까? 한나라가 듣게 되면 패왕의 일은 가히 이루어질 것입니다."

왕이 말했다.

"좋습니다."

범수가 말했다.

"신이 산동에 있을 때, 제나라에는 전단(田單)[25]이 있다는 것만 들었지 그 왕이 있다는 것은 듣지 못했고, 진나라에는 태후, 양후(穰侯), 경양군[涇陽]과 화양군[華陽][26]이 있다는 것만 들었지 그 나라에 왕이 있다는 것은 듣지 못했습니다. 무릇 나라를 마음대로 하는 사람을 일러 왕이라 부르며, 이익과 해로움을 오로지할 수 있는 사람을 일러 왕이라 부르며, 죽이거나 살리는 것을 제어하는 위세를 가진 사람을 일러 왕이라 부릅니다. 지금 태후는 자기 마음대로 행하면서 돌아보지 않고, 양후는 나가서 있는 곳도 보고하지 않고, 경양군과 화양군은 함부로 다른 사람을 처벌하면서도(擊斷) 거리낌이 없으니, 네 명의 귀하신 분들이 갖추어지고서도 나라가 위태롭지 않은 바는 일찍이 있은 적이 없습니다. 이 네 사람 때문에 아래에서 마침내 이른바 왕이 없을 뿐이라 하고 있습니다. 그렇게 되면 권세가 어찌 기울지 않을 것이며, 명령이 어찌 왕으로부터 나올 수 있겠습니까?

신이 듣건대, '나라를 잘 다스리는 사람은, 안으로는 그 위세를 단단히 하고 밖으로는 그 권세를 무겁게 한다'라고 했습니다. 양후의 사자가 왕의 무거움을 손에 쥐고서 제후들을 이리저리 찢어내고 천하에 부절(符)을 쪼개어서 적을 정벌하고 나라를 토벌하면 감히 듣지 않을 수 없습니다만, 싸워서 이기고 공격해서 차지하면 곧 이익이 (穰侯의 봉지인) 도(陶) 땅으로 돌아가게 됩니다. 나라는 (기운이) 닳아 빠져서 제

---

25 제나라의 장수로, 연나라 악의(樂毅)에 의해 제나라의 70여 개 성읍이 무너지자 즉묵(卽墨)을 지키면서 상황을 역전시켜 제나라를 구해내었다.

26 양후는 선태후의 이부(異父)동생이고 경양군과 화양군은 선태후의 아들로 소왕(昭王)의 아우이다.

후들에게 고삐를 잡히게 되니, 싸워서 지면 원망을 백성들에게 맺고 재앙을 사직으로 돌립니다. 시[佚詩: 『시경』에 나오지 않는 시]에서 말하기를, "나무에 열매가 많으면 그 가지가 부러지고, 그 가지가 부러지면 그 뿌리[心=本]를 상하게 된다. 그 마을[都]을 크게 하면 나라가 위태로워지고, 그 신하를 높이면 그 주인을 낮추게 된다"라고 했습니다.

요치(淖齒)가 제나라의 권력을 관장할 때 민왕(閔王=湣王)의 힘줄을 뽑아서[縮] 종묘의 대들보에 걸어두었는데, 그날 밤이 지나자 (민왕이) 죽었습니다. 이태(李兌)가 조나라를 제멋대로 하면서[用=用事] 왕의 아버지[主父=太上王: 조나라 惠王의 아버지인 武靈王]에게 음식을 주지 않으니, 백일이 지나자 (태상왕이) 굶어죽었습니다. 지금 진나라는 태후와 양후가 일을 마음대로 하고 고릉군(高陵)과 경양군이 그들을 도우면서 끝내 진나라에 왕이 없게 하니, 이는 또한 요치나 이태와 같은 무리일 뿐입니다. 신이 지금 왕께서 종묘와 조정에서 홀로 서있는 것을 보면, 또한 신은 장차 뒷세상에 진나라를 소유한 자가 왕의 자손이 아니게 될까 봐서 두렵습니다."

진나라 왕이 두려워서, 이에 마침내 태후를 폐하고, 양후를 쫓아내고, 고릉군을 (나라 밖으로) 내보내고, 경양군을 관문 밖으로 떠나보냈다(走).

소왕이 범수에게 일러주며 말했다.

"옛날에 제나라 임금이 관중을 얻고, 그때에 중부로 여겼습니다. 지금 내가 그대를 얻었으니 또한 아버지로 여기겠소."

范雎至秦, 王庭迎, 謂范雎曰: "寡人宜以身受令久矣. 今者義渠之事急, 寡人日自請太后. 今義渠之事已, 寡人乃得以身受命. 躬竊閔然不敏, 敬執賓主之禮." 是日見范睢, 見者無不變色易容者. 秦王屏左右, 宮中虛無人, 秦王跪而請曰: "先生何以幸教寡人?" 范睢曰: "唯唯." 有間, 秦王復請, 范睢曰: "唯唯." 若是者三. 秦王跽曰: "先生不幸教寡人乎?" 范睢謝曰: "非敢然也. 臣聞始時呂尙之遇文王也, 身爲漁父而釣於渭陽之濱耳. 若是者, 交疏也. 已一說而立爲太師, 載與俱歸者, 其言深也. 故文王果收功於呂尙, 卒擅天下而身立爲帝王. 即使文王疏呂望而弗與深言, 是周無天子之德, 而文·武無與成其王也. 今臣, 羈旅之臣也, 交疏於王, 而所願陳者, 皆匡君之事, 處人骨肉之間, 願以陳臣之陋忠, 而未知王之心也, 所以王三問而不對者是也. 臣非有所畏而不敢言也, 知今日言之於前, 而明日伏誅於後, 然臣弗敢畏也. 大王信行臣之言, 死不足以爲臣患, 亡不足以爲臣憂, 漆身而爲厲, 被髮而爲狂, 不足以爲臣恥. 五帝之聖而死, 三王之仁而死, 五伯之賢而死, 烏獲之力而死, 奔·育之勇而死. 死者, 人之所必不免也. 處必然之事, 可以少有補於秦, 此臣之所大願也. 臣何患乎? 伍子胥橐載而出昭關, 夜行而晝伏, 至於菱水, 無以餌其口, 坐行蒲服, 乞食於吳市, 卒興吳國, 闔閭爲霸. 使臣得進辯如伍子胥, 加之以幽囚, 重申不復見, 是臣說之行也, 臣何憂乎? 箕子·接輿, 漆身而爲厲, 被髮而爲狂, 無意於殷·楚. 使臣得同行於箕子·接輿, 漆身可以補所賢之主, 是臣之大榮也, 臣又何恥乎? 臣之所恐者, 獨恐臣死之後, 天下見臣盡忠而身蹶也, 是以杜口裹足, 莫肯即秦耳. 足下上畏太后之嚴, 下惑奸臣之態; 居深宮之中, 不離保傅之手; 終身闇惑, 無與照奸; 大者宗廟滅覆, 小者身以孤危. 此臣之所恐耳! 若夫窮辱之事, 死亡之患, 臣弗敢畏也. 臣死而秦者, 賢於生也." 秦王跽曰: "先生是何言也! 夫秦國僻遠, 寡人愚不肖, 先生乃幸至此, 此天以寡人恩先生, 而存先王之廟也. 寡人得受命於先生, 此天所以幸先王而不棄其孤也. 先生奈何而言若此! 事無大小, 上及太后, 下至大臣, 願先生悉以教寡人. 無疑寡人也." 范雎再拜, 秦王亦再拜. 范雎曰: "大王之國, 北有甘泉·谷口, 南帶涇·渭, 右隴·蜀, 左關·阪; 戰車千乘, 奮擊百萬. 以秦卒之勇, 車騎之多, 以當諸侯, 譬若馳韓盧而逐蹇兔也, 霸王之業可致. 今反閉而不敢窺兵於山東者, 是穰侯爲國謀不忠, 而大王之計有所失也." 王曰: "願聞所失計." 雎曰: "大王越韓·魏而攻強齊, 非計也. 少出師則不足以傷齊; 多之則害於秦. 臣意王之計, 欲少出師, 而悉韓·魏之兵則不義矣. 今見與國之不可親, 越人之國而攻, 可乎? 疏於計矣! 昔者, 齊人伐楚, 戰勝, 破軍殺將, 再闢地千里, 膚寸之地無得者, 豈齊之欲地哉, 形弗能有也. 諸侯見齊之罷露, 君臣之不親, 舉兵而伐之, 主辱軍破, 爲天下笑. 所以然者, 以其伐楚而肥韓·魏也. 此所謂藉賊兵而齎盜食也. 王不如遠交而近攻, 得寸則王之寸, 得尺亦王之尺也. 今捨此而遠攻, 不亦繆乎? 且昔者, 中山之地, 方五百里, 趙獨擅之, 功成·名立·利附, 則天下莫能害. 今韓·魏, 中國之處, 而天下之樞也. 王若欲霸, 必親中國而以爲天下樞, 以威楚·趙. 趙強則楚附, 楚強則趙附. 楚·趙附則齊必懼, 懼必卑辭重幣以事秦, 齊附而韓·魏可虛也." 王曰: "寡人欲親魏, 魏所變之國也, 寡人不能親. 請問親魏奈何?" 范雎曰: "卑辭重幣以事之. 不可, 削地而賂之. 不可, 舉兵而伐之." 於是舉兵而攻邢丘, 邢丘拔而魏請附. 曰: "秦·韓之地形, 相錯如繡. 秦之有韓, 若木之有蠹, 人之病心腹. 天下有變, 爲秦害者莫大於韓. 王不如收韓." 王曰: "寡人欲收韓, 不聽, 爲之奈何?" 范雎曰: "舉兵而攻滎陽, 則成皋之路不通; 北斬太行之到, 則上黨之兵不下; 一即著而攻滎陽, 則其國斷而爲三. 魏·韓見必亡, 焉得不聽? 韓聽而霸事可成也." 王曰: "善." 范雎曰: "臣居山東, 聞齊之內有田單, 不聞其王. 聞秦之有太后·穰侯·涇陽·華陽, 不聞其有王. 夫擅國之謂王, 能專利

害之謂王制殺生之威之謂王. 今太后擅行不顧, 穰侯出處不報, 涇陽·
華陽擊斷無諱, 四貴備而國不危者, 未之有也. 爲此四者, 下乃所謂無王
已. 然則權焉得不傾, 而令焉得從王出乎? 臣聞: '善爲國者, 內固其威,
而外重其權.' 穰侯使者操王之重, 決裂諸侯, 剖符於天下, 征敵伐國, 莫
敢不聽. 戰勝攻取, 則利歸於陶; 國弊, 御於諸侯; 戰敗, 則怨結於百姓,
而禍歸社稷. 詩曰: '木實繁者披其枝, 披其枝者傷其心. 大其都者危其
國, 尊其臣者卑其主.' 淖齒管齊之權, 縮閔王之筋, 縣之廟梁, 宿昔而死.
李兌用趙, 滅食主父, 百日而餓死. 今秦, 太后·穰侯用事, 高陵·涇陽佐
之, 卒無秦王, 此亦淖齒·李兌之類已. 臣今見王獨立於廟朝矣, 且臣將
恐後世之有秦國者, 非王之子孫也." 秦王懼, 於是乃廢太后, 逐穰侯, 出
高陵, 走涇陽於關外. 昭王謂范睢曰: "昔者, 齊公得管仲, 時以爲仲父. 今
吾得子, 亦以爲父."

**범수가 진나라의 외교와 내정의 실상에 대해 말하는 한편, 소왕으로 하여금 외로운
처지를 벗어나 중국의 패자가 될 수 있도록 하기 위한 계책의 대강을 올렸다.**

5-10 응후가 소왕에게 일러주다 【應侯謂昭王】

응후(應侯=范睢)가 소왕에게 일러주며 말했다.

"정말로 항사(恒思) 땅에 신령스런 떨기나무[神叢]가 있다는 것을
들어보셨습니까? 항사에 억센 소년이 있었는데, 떨기나무[叢]에게 내
기[博]를 청하여 말하기를, '내가 떨기나무를 이기면 떨기나무는 나에
게 신령을 사흘만 빌려주시오. 떨기나무를 이기지 못하면 떨기나무가

나를 곤란하게 하시오"라고 했습니다. 마침내 왼쪽 손으로 떨기나무를 위해 던지고 오른손은 스스로를 위해 던졌는데, 떨기나무를 이겨서 떨기나무가 그 신령을 빌려주었습니다. 사흘이 지나자 떨기나무가 와서 (신령을) 돌려달라고 했지만 끝내 돌려주지 않았습니다. 5일이 지나자 떨기나무가 마르기 시작했고, 7일이 지나자 떨기나무가 죽었습니다. 지금 나라라는 것은 왕의 떨기나무이고, 형세는 왕의 신령입니다. 다른 사람에게 이것을 빌려주고 아무런 위험이 없겠습니까? 신은 일찍이 손가락이 팔뚝보다 크고 팔뚝이 허벅지보다 두껍다는 말을 들어본 적이 없으니, 만일 그렇다면 곧 병이 반드시 심한 것입니다.

백 사람이 바가지[瓢]를 메고서 종종걸음으로 달려도 한 사람이 잡고서 달리는 것보다 빠르지 않습니다. 백 사람이 열심히 바가지를 짊어지면 바가지는 반드시 찢어집니다. 지금 진나라는 화양군도 마음대로 하고 양후도 마음대로 하며 태후도 마음대로 하고 있지만, 왕 또한 마음대로 하고 있습니다. 바가지를 (실제) 기물이라 여기지[稱=等也] 않으면 그만이겠지만, 이미 바가지를 (실제) 기물이라고 여기게 되면 나라는 반드시 찢어질 것입니다.

신이 들은 바로는 '나무에 열매가 많으면 그 가지가 부러지고, 그 가지가 부러지면 그 뿌리[心=本]를 상하게 된다. 그 마을(都)을 크게 하면 나라가 위태롭고, 그 신하를 높이면 그 주인을 낮추게 된다'라는 말이 있습니다. 아마도 읍 중에서 (봉록이) 한 말[斗]짜리[27]로부터 그 이상 위관(尉)에 이르기까지, (대궐에서는) 안에서 시중드는 사람부터 왕의

---

27 포표 주: 한나라 벼슬 중에서 연봉이 백곡이 되지 않는 자리를 말하는데, 하루로 셈하면 한 말 두 되가 된다.(鮑本, 漢官表,俸不滿百斛,計日而食一斗二升.)

좌우 측근에 이르기까지 상국(相國=穰侯)의 사람이 아닌 자가 있습니까? 나라에 일이 없으면 곧 그만이지만, 나라에 일이 있으면 신은 틀림없이 왕께서 조정[唐→廷]에 홀로 서있는 것을 듣고 보게 될 것입니다. 신이 남몰래 왕에게 걱정하는 것은, 만세 후에 나라를 갖고 있는 자가 왕의 자손이 아닐 것이라는 점입니다.

  신이 듣기로, 옛날에 나라를 잘 다스리는 사람은 그 위세를 안에서 잘 돕게[扶=持] 하고 그 보필하는 것이 밖으로 널리 퍼지게 해서 사방이 다스려지고 정령이 어지럽지 않게 하며 거스르는 바가 없게 만드니, 사자를 보내면 곧장 길을 나서서 가면서 감히 아닌 일을 하지 않습니다. 지금 태후의 사자는 제후를 나누고 찢어놓으면서 부절을 천하에 드러내어 큰 나라의 세력을 잡아 쥐고서는 강한 나라에서 병사를 불러 모아 제후들을 토벌하고 있으며, 싸워서 이기고 공로를 차지하면 이익은 남김없이 도(陶) 땅으로 돌아갑니다. 나라의 폐백은 태후의 집안으로 다 들어가고, 국경 안의 이익은 나뉘어 화양군에게로 옮겨갑니다. 옛날의 이른바 '임금을 위태롭게 하고 나라를 없애는 길'이 틀림없이 여기에서 일어날 것입니다. 세 귀한 사람[太后, 穰侯, 華陽君]이 나라를 말아먹는(竭國) 것을 스스로 편안하다고 여기니, 그렇게 되면 명령이 어찌 왕에게서 나올 수 있겠습니까? 권세가 어찌 나뉘지 않을 수 있겠습니까? 이를 볼 때 우리 왕은 과연 삼분의 일만 가지고 있습니다."

應侯謂昭王曰: "亦聞恆思有神叢與? 恆思有悍少年, 請於叢博, 曰: '吾勝叢, 叢籍我神三日; 不勝叢, 叢困我.' 乃左手爲叢投, 右手自爲投, 勝叢, 叢籍其神. 三日, 叢往求之, 遂弗歸. 五日而叢枯, 七日而叢亡. 今國者, 王之叢; 勢者, 王之神. 籍人以此, 得無危乎? 臣未嘗聞指大於臂, 臂大於股, 若有此, 則病必甚矣. 百人輿瓢而趨, 不如一人持而走疾. 百人誠輿瓢, 瓢必裂. 今秦國, 華陽用之, 穰侯用之, 太后用之, 王亦用之. 不稱瓢爲器, 則已; 已稱瓢爲器, 國必裂矣. 臣聞之也: '木實繁者枝必披, 枝之披者傷其心. 都大者危其國, 臣强者危其主.' 其令邑中自斗食以上, 至尉·內侍及王左右, 有非相國之人者乎? 國無事, 則已; 國有事, 臣必聞見王獨立於唐也. 臣竊爲王恐, 恐萬世之後有國者, 非王之子孫也. 臣聞古之善爲政也, 其威內扶, 其輔外布, 四治政不亂不逆, 使者直道而行, 不敢爲非. 今太后使者分裂諸侯, 而符布天下, 操大國之勢, 强徵兵, 伐諸侯. 戰勝攻取, 利盡歸於陶; 國之幣帛, 竭入太后之家; 竟內之利, 分移華陽. 古之所謂, '危主滅國之道', 必從此起. 三貴竭國以自安, 然則令何得從王出, 權何得毋分, 是我王果處三分之一也.'

범수가 왕을 제대로 하기 위해서는 위세가 중요하다고 말하고, 외척의 발호를 없애기 위해 태후로부터 권세를 찾아오라고 조언하였다.

5-11 진나라가 한나라를 공격하여 형 땅을 에워싸다【秦攻韓圍陘】

진나라가 한나라를 공격하여 형(陘)땅을 에워쌌다. 범수가 진나라 소왕에게 일러주며 말했다.

"사람을 공격해야 하는 경우가 있고, 땅을 공략해야 하는 경우가 있습니다. 양후가 열 번 위나라를 공격하고도 그들을 상하게 하지 못했던 것은, 진나라가 약하고 위나라가 강해서가 아니라 그 공격하는 바가 땅이었기 때문입니다. 땅이란 것은 다른 사람의 주인이 매우 좋아하는 바이고, 다른 사람의 주인된 자라는 것은 다른 사람의 신하가 (그를 위해) 기꺼이 죽으려 하는 바입니다. 다른 사람의 주인이 좋아하는 바를 공격하면서 기꺼이 죽으려는 자들과 더불어서 싸우니, 그래서 열 번 공격하고도 능히 이길 수 없었던 것입니다. 지금 왕께서 장차 한나라를 공격하려고 형 땅을 에워쌌는데, 신이 원컨대 왕께서는 단지 그 땅을 공격하지 마시고 거기에 있는 사람을 공격하십시오.

왕께서는 한나라를 공격하여 형(陘) 땅을 에워쌓으면 (한나라의) 장의[28]에게 협상을 하게 하십시오. 장의가 (한나라 내에서) 힘이 많으면 (한나라는) 장차 땅을 깎아내어 그것을 가지고서 왕에게 스스로 속죄할 것이니, 어느 정도 땅을 잘라내더라도 한나라가 다 없어지지는 않을 것입니다. 장의의 힘이 적으면 왕께서는 장의를 쫓아내게 한 뒤 장의만 못한 사람으로 바꾸어 거래[市]를 하십시오. 그렇게 되면 왕께서 한나라에서 구하고자 바를 남김없이[言→盡] 얻을 수 있을 것입니다.

秦攻韓, 圍陘. 范睢謂秦昭王曰: "有攻人者, 有攻地者. 穰侯十攻魏而不得傷者, 非秦弱而魏强也, 其所攻者, 地也. 地者, 人主所甚愛也. 人主者, 人臣之所樂爲死也. 共侮辱主之所愛, 與樂死者鬥, 故十攻而弗能勝也. 今王將攻韓圍陘, 臣願王之毋獨攻其地, 而攻其人也. 王攻韓圍陘, 以張儀爲言. 張儀之力多, 且削地而以自贖於王, 幾割地而韓不盡; 張儀之力少, 則王逐張儀, 而更於不如張儀者市. 則王之所求於韓者, 言可得

<hr />

28 포표 주: 장의가 죽고 범수가 재상이 되기까지 44년이 걸렸고 장의는 일찍이 한나라에 있던 적이 없었기 때문에 이것은 반드시 잘못되었다.(鮑本, 儀死至睢之相, 四十四年矣, 儀亦未嘗在韓, 此必誤.)

也."

단순히 땅을 뺏는 싸움을 하지 말고 성을 에워싼 후 성안 사람들의 목숨을 가지고 협박하여 땅을 얻어내며, 협상 대상자인 장의가 한나라에서 영향력이 매우 크다면 조금씩 계속 땅을 잘라주게 만들고 그 정도는 아니라 하면 실력 없는 자로써 그를 대신하게 한 뒤 한꺼번에 요구하라는 것이다.

5-12 응후가 말했다【應侯曰】

응후(應侯=范雎)가 말했다.

"정나라 사람들은 옥(玉)을 미처 갈지 못한 것을 일러 박(璞)이라 했고, 주나라 사람들은 쥐(鼠)를 미처 햇볕에 말리지 못한 것을 일러 박(朴)이라 했습니다. 주나라 사람이 말리지 않은 쥐[朴]를 품고 정나라 상인 앞을 지나다가 물었습니다. '박(朴)을 사고 싶소?' 정나라 상인이 (璞인 줄 알고) 말하기를 '원하오'라고 하자 그 말리지 않은 쥐[朴]를 꺼냈는데, 쳐다보니 곧 쥐였습니다. 그로 인해 사양하고 사지 않았습니다[不取]. 지금 (조나라) 평원군(平原君)이 스스로 뛰어나다고 하여 천하에 이름이 드러나 있으나, 그는 사구(沙丘)에서 그 임금의 아버지[主父]29를 끌어내려 신하로 삼았습니다. (그런데도) 천하의 왕들은 오히려 그[평원군]를 높여주고 있으니, 이는 천하의 왕들이 정나라 상인의

---

29 조나라 무령왕(武靈王)으로, 혜문왕(惠文王)과 평원군의 아버지이다. 혜문왕에게 자리를 물려준 뒤 이태(李兌)에 의해 굶어죽었다.

지혜만 못한 것이며 이름에 눈이 멀어 그 실상을 알지 못한 것입니다."

應侯曰: "鄭人謂玉未理者璞, 周人謂鼠未臘者朴. 周懷璞過鄭賈曰: '欲
賣朴乎?' 鄭賈曰: '欲之.' 出其樸, 視之, 乃鼠也. 因謝不取. 今平原君自以
賢, 顯名於天下, 然降其主父沙丘而臣之. 天下之王尙猶尊之, 是天下之王
不如鄭賈之智也. 眩於名, 不知其實也."

실상을 보고도, 체면 때문에 거절하지 못하면 어리석은 것이다.

5-13 천하의 책사들이 합종을 위해 조나라에 서로 모여들다
【天下之士合從相聚於趙】

천하의 책사들이 합종을 위해 조나라에 서로 모여들어 진나라를
공격하려 했다. 진나라 재상 응후가 말했다.

"왕께서는 걱정하지 마시고, 청컨대 영을 내려 없애도록 하십시오.
진나라가 천하의 선비들에게 원한이 있는 것은 아닙니다. 서로 모여서
진나라를 공격하려는 자들도 자기가 부유하고 귀해지기를 욕심낼 뿐
입니다. 왕께서 대왕의 개들을 보면, 누울 놈은 눕고 일어설 놈은 일어
서며 갈 놈은 가고 멈출 놈은 멈추어서 서로 싸우는[斗=鬪] 놈이 없다
가도, 뼈다귀 하나를 던져주면 가벼이 일어나 서로 어금니를 드러냅니
다. 이것이 무슨 이치겠습니까? 싸울 뜻이 있는 것입니다."

이에 당저(唐雎=唐且)에게, 악기를 실어주고 5천 금을 베풀어서 무
안에 머물며 성대한 모임[高會=盛會]을 열어서 서로 술을 마시는 중에

이르게 하였다.

"한단 사람에게 말하니, 누가 와서 가져가겠는가?"

이에 그 (진나라를 공격하려고) 모의한 자들은 정말로 얻지 못했고, 받은 사람은 마치 형제와 같이 되었다. (애초에 응후가 당수에게 이렇게 말했다.)

"그대가 진나라를 위한[與=爲] 계책에 공을 세우려 한다면, 금(金)이 간 곳[所之]을 묻지 않을 터이니 그 금을 남김없이 쓰는 것이 공이 많은 것입니다. 지금 사람을 시켜서 다시 5천 금을 실어 그대를 따르게 하겠습니다."

당수가 떠나서 무안(武安)에 도착하여, 나눠 주기를 능히 3천 금이 되지 않았는데도 천하의 책사들이 크게 모여 (재물을 얻기 위해) 서로 다투었다.

天下之士, 合從相聚於趙, 而欲攻秦. 秦相應侯曰: "王勿憂也, 請令廢之. 秦於天下之士非有怨也, 相聚而攻秦者, 以己欲富貴耳. 王見大王之狗, 臥者臥, 起者起, 行者行, 止者止, 毋相與斗者; 投之一骨, 輕起相牙者, 何則? 有爭意也." 於是唐雎載音樂, 予之五十[30]金, 居武安, 高會相於飲, 謂: "邯鄲人謂誰來取者?" 於是其謀者固未可得予也, 其可得與者, 與之昆弟矣.[31] "公與秦計功者, 不問金之所之, 金盡者功多矣. 今令人復載五十金隨公." 唐雎行, 行至武安, 散不能三千金, 天下之士, 大相與斗矣.

---

30 포표 주: '십(十)'은 '천(千)'으로 써야 한다. 황비열의 안(案): '천(千)'자가 맞다. 아래의 '부재오십 금(復載五十金)'도 마찬가지이다.(鮑本, 十作千. 丕烈案: 千字是也, 下復載五十金, 同.)

31 (오사도가) 바로잡아 말한다: 받고서 화목하고 좋아하는 것이 마치 형제와 같았다는 말이다. 이 아래에 빠진 문장이 있다.(正曰: 言與之和好若昆弟矣. 此下有缺文.)

진나라를 공격하려고 모의하는 책사들의 목적은 부귀이므로, 반대하는 사람들에게 뇌물을 뿌려서 계획을 훼방한 것이다.

5-14 응후에게 일러주다【謂應侯曰君禽馬服乎】

(누군가가) 응후(應侯)에게 일러주며 말했다.

"그대는 마복군(馬服君=趙括)을 잡았습니까?"

(응후가) 말했다.

"그렇습니다."

"또 바로 한단을 에워싸실 겁니까?"

(응후가) 말했다.

"그렇습니다."

"조나라가 망하고 나면 진나라 왕은 왕 노릇을 하게 되고 무안군(武安君=白起)은 삼공이 될 것입니다. 무안군이 진나라를 위해 싸움에서 이기고 공격하여 차지한 것이 70여 개 성이니, 남쪽으로는 언(鄢), 영(郢), 한중(漢中)을 없애고 마복군의 군사를 사로잡으면서 한 명의 갑사도 잃지 않았으니, 비록 주나라 여망(呂望=姜太公)의 공일지라도 또한 이것을 넘지 못할 것입니다. 조나라가 망하고 진나라 왕이 왕 노릇을 하며 무안군이 삼공이 되면, 그대는 능히 그의 아랫사람이 될 수 있겠습니까? 비록 그의 아랫사람이 되지 않으려 해도 또한 얻지 못할 것입니다.

진나라가 일찍이 한나라의 형(邢) 땅을 공격했다가 상당(上黨)에서 곤경에 빠졌을 때, 상당의 백성들이 모두 조나라로 넘어갔습니다. 천하의 백성들은 진나라의 백성이 되는 날을 즐거워하지 않은 지가 정말 오래되었습니다. 지금 조나라를 공격하면, 북쪽 땅은 연나라로 들어가고 동쪽 땅은 제나라로 들어가며 남쪽 땅은 초나라와 위나라에 들어가게 되어 진나라가 얻는 바는 얼마(幾何) 되지 않을 것입니다. 그러므로 (한단을 에워싼) 이참에 땅을 나누어 가지도록 함으로써 이것이 무안군의 공으로 되지 않도록 하십시오."

謂應侯曰: "君禽馬服乎?" 曰: "然." "又即圍邯鄲乎?" 曰: "然." 趙亡, 秦王王矣, 武安君爲三公. 武安君所以爲秦戰勝攻取者七十餘城, 南亡鄢·郢·漢中, 禽馬服之軍, 不亡一甲, 雖周呂望之功, 亦不過此矣. 趙亡, 秦王王, 武安君爲三公, 君能爲之下乎? 雖欲無爲之下, 固不得之矣. 秦嘗攻韓邢, 困於上黨, 上黨之民皆返爲趙. 天下之民, 不樂爲秦民之日固久矣. 今攻趙, 北地入燕, 東地入齊, 南地入楚·魏, 則秦所得不一[32]幾何. 故不如因而割之, 因以爲武安功."

무안군 백기가 점령한 조나라를 찢어서 여러 나라들에게 나눠주면 조나라 땅의 백성들이 반드시 진나라를 꺼려하여 등을 돌릴 것이니, 무안군의 공이 퇴색해서 응후가 무안군의 아랫사람이 되지 않을 것이라는 계책이다.

---

32 표교 주: '일(一)'은 '능(能)'이 되어야 한다.(鮑本, 一作能.)

5-15 응후가 한나라의 여남을 잃다【應侯失韓之汝南】

응후가 한나라의 여남(汝南)³³을 잃게 되자, 진나라 소왕이 응후에게 일러주며 말했다.

"그대가 나라를 잃었는데, 이에 걱정하고 있는가?"

응후가 말했다.

"신은 걱정하지 않습니다."

왕이 말했다.

"어째서인가?"

(응후가) 말했다.

"양나라 사람 중에 동문오(東門吳)라는 사람이 있었는데, 그 자식이 죽어도 걱정하지 않아서 그 상실(相室)³⁴이 말했습니다. '그대의 사랑하는 아들이 세상에 있지 않게 됐는데, 지금 아들이 죽어도 걱정하지 않는 것은 왜 그렇습니까?' 동문오가 말하기를, '내가 일찍이 아들이 없었는데, 아들이 없을 때에도 걱정이 없었다. 지금 아들이 죽었으니, 마침내 바로 아들이 없던 이전의 상태와 같이 바뀌어 똑같게[用→同] 된 것이다'라고 했습니다. 신이 어찌 걱정하겠습니까? 신 또한 일찍이 아들이 없었는데[爲子→爲無子], 아들이 없었을 때[爲子→爲無子]에도 근심이 없었습니다. 지금 여남을 잃은 것은 마침내 바로 양나라 사람의 어린 아들[余子]이 사라진 것과 같으니[用→同],

---

33 포표 주: 양주군(梁州郡)으로, 응 땅과 가까워서 응후가 일찍이 차지하여 얻었다.(鮑本, 梁州郡, 近應國, 應侯嘗取得之.)

34 포표 주: 집안일을 돕는 여자를 말한다. 남자는 가로(家老)라고 한다.(鮑本, 室家之相, 此女也. 男曰家老.)

신이 무엇 때문에 걱정하겠습니까?"

진나라 왕이 그렇지 않은 것 같다고 여겨서 이를 몽오(蒙傲)에게 알려주며 말했다.

"지금 과인은 성 하나만 에워싸여도 먹어도 맛이 달지 않고 누워도 자리가 편치 않은데, 지금 응후는 땅을 잃고도 걱정 없다고 말하니 이것에는 (어떤) 사정이 있을까?"

몽오가 말했다.

"신이 청컨대 그 사정을 얻어 보겠습니다."

몽오가 마침내 와서 응후를 보고 말했다.

"저는 죽고 싶습니다."

응후가 말했다.

"왜 그렇습니까?"

(몽오가) 말했다.

"진나라 왕이 그대를 스승으로 모시는 것을 천하에서 듣지 못한 사람이 없는데, 하물며 진나라에서 (모르는 사람이) 있겠습니까? 지금 제 위세는 진나라 왕을 위한 장수가 되어 병사를 이끌어서 얻은 것입니다. 신은 한(韓)나라가 작은데도[細] 거스르는 마음을 드러냈으니[35] 주벌을 해야 하는데, (오히려) 그대의 땅을 빼앗겼으니 제가 어찌 살겠습니까? 죽지 않을 수 없습니다."

응후가 몽오에게 절하고서 말했다.

"원컨대 그대에게 맡기겠습니다."[36]

---

35 포표 주: 그 나라가 작은데도 도리를 거스르는 마음을 드러내는 것이다.(鮑本, 其國小而逆節著.)
36 여남 땅을 근심하지 않았다면, 몽오에게 걱정하지 말라고 했어야 한다.

몽오가 이를 소왕에게 보고하였다. 이때 이후로 응후가 매번 한나라 일을 말하더라도 진나라 왕이 들어주지 않았으니, 그가 (여전히 마음은) 여남에 사로잡혀 있다고 생각했기 때문이다.

應侯失韓之汝南. 秦昭王謂應侯曰: "君亡國, 其憂乎?" 應侯曰: "臣不憂." 王曰: "何也?" 曰: "梁人有東門吳者, 其子死而不憂, 其相室曰: '公之愛子也, 天下無有, 今子死不憂, 何也?' 東門吳曰: '吾尙無子, 無子之時不憂; 今子死, 乃卽與無子易用也.' 臣奚憂焉? 臣亦嘗爲子, 爲子時不憂; 今亡汝南, 乃與卽爲梁余子用也. 臣何爲憂?" 秦以爲不然, 以告蒙傲曰: "今也, 寡人一城圍, 食不甘味, 臥不便席, 今應侯亡地而言不憂, 此其情也?" 蒙傲曰: "臣請得其情." 蒙傲乃往見應侯, 曰: "傲欲死." 應侯曰. "何謂也?" 曰: "秦王師君, 天下莫不聞, 而況於秦國乎! 今傲勢得秦爲王將, 將兵, 臣以韓之細也, 顯逆誅, 奪君地, 傲尙奚生? 不若死." 應侯拜蒙傲曰: "願委之卿." 蒙傲以報於昭王. 自是之後, 應侯每言韓事者, 秦王弗聽也, 以其爲汝南虜也.

응후가 자기 땅을 잃고도 근심하지 않으니, 속으로는 애태우고 있을 것이라고 왕이 의심을 품었다.

5-16 진나라가 한단을 공격하다【秦攻邯鄲】

진나라가 (조나라 도읍인) 한단을 공격했지만 17개월이 지나도 떨어뜨리지 못했다. 장(莊)이 왕계(王稽)에게 말했다.

"그대는 왜 군리(軍吏)들에게 (상을) 내려주지 않습니까?"

왕계가 말했다.

"나는 왕과 더불어 다른 사람의 말을 쓰지 않기로 (약속)했습니다."

장(莊)이 말했다.

"그렇지 않습니다. 아버지와 아들 사이에도 명령이 있으면 반드시 해야 하는 것과 반드시 하지 말아야 할 것이 있습니다. (아버지가) 말하기를 '귀하게 여기는 아내를 쫓아내고 사랑하는 첩을 팔아라' 하면, 이 명령은 반드시 할 수 있습니다. (그러나) 그참에 말하기를, '감히 (아내와 첩을) 생각하지도 마라' 하면, 이 명령은 반드시 실행될 수 없습니다. 마을 문을 지키는 할멈이 '그날 저녁, 모 부인[懦子→孺子]³⁷이 모 선비의 집에 들어갔습니다[內=私之: 사통하다]'라고 알려주면, 귀한 아내가 이미 쫓겨났고 사랑하는 첩이 이미 팔렸다 해도 (아버지의 잊으라는 명령은) 마음에 남아있지 않습니다.³⁸ (그러나 아내의 일을 잊지 못하는 그에게) 알려주고 싶어 하는 것이 다른 사람의 마음속에 정말로 있습니다.

지금 그대가 비록 임금에게 총애를 받고 있지만 아버지와 아들의 내 몸 같음을 넘지 못하고, 그대의 군리들이 비록 지위가 낮아도 마을 문을 지키는 할멈보다 낮지는 않을 것입니다. 또 그대가 주인을 마음대로 하고 아랫사람을 가벼이 여긴 지 오래되었습니다[救→久]. 듣건대 '세 사람이 (없는) 호랑이를 만들고, 열 명의 사내가 (단단한) 쇠막대

---

37 표표 주: 유자(孺子)는 젖먹이이니, 젖먹이가 있는 부인을 가리킨다. 또한 부인을 아름답게 부르는 말이기도 하다.(鮑本, 孺子, 乳也. 婦之嘗乳者. 亦婦人之美稱.)

38 표표 주: 아버지가 비록 영을 내리더라도 자신이 원하는 바가 아니기 때문에, 생각하지 말라는 영이 반드시 행해지지 않게 되는 것이다.(鮑本, 父雖令之, 而非其所欲, 故令之勿思, 則必不行.)

도 구부리며, 많은 사람들이 말을 옮기면 날개가 없어도 날아다닌다'
라고 했습니다. 그래서 말하기를, 군리에게 차라리 상을 내리고 예로
대우하는 것만 못하다고 한 것입니다."

왕계가 들어 주지 않았다. 군리들은 (처지가) 막히자 과연 미워하여
왕계와 (왕계의 부장인) 두지(杜摯)가 반란을 일으켰다고 했다. 진나라
왕이 크게 화를 내면서, 겸해서 (왕계를 천거한) 범수도 주벌하고 싶어
했다. 범수가 말했다.

"신은 동쪽 외진 곳의 낮은 사람인데, 초나라와 위나라에서 죄를
짓고[開] 숨어살다가 달아나 도망쳐 들어왔습니다. 신이 제후의 후원
이나 진나라 좌우[習=近習]의 연고[故]가 없는데도 왕께서는 신을 나
그네 중에서 들어 써서 일을 주관하게[職事=主事] 하셨으니, 천하 모두
가 신의 몸[深→身]을 왕께서 천거했다는 것을 알고 있습니다. 지금 의
혹을 만나 혹시 죄인과 더불어 마음을 같이했다고 왕께서 드러내어
주벌하시면, 이는 왕의 허물을 들어서 천하에 드러내시는 것으로 제
후들에게 이야깃거리가 될 것입니다. 신이 바라건대, 약을 내려 받아
서 죽게 하고 은혜롭게 재상으로 장사지내 주십시오. 왕께서는 반드시
신의 죄도 잃지 않고 들어 쓰신 이름에도 허물이 없게 될 것입니다."

왕이 말했다.

"그렇게 하겠소."

마침내 죽이지 않고 잘 대해주었다.

秦攻邯鄲, 十七月不下. 莊謂王稽曰: "君何不賜軍吏乎?" 王稽曰: "吾與
王也, 不用人言." 莊曰: "不然. 父之於子也, 令有必行者, 必不行者. 曰,
'去貴妻, 賣愛妾', 此令必行者也; 因曰, '毋敢思也', 此令必不行者也. 守

閭嫗曰, '其夕, 某孺子內某士.' 貴妻已去, 愛妾已賣, 而心不有. 欲教之

者, 人心固有. 今君雖幸於王, 不過父子之親; 君吏雖賤, 不卑於守閭嫗.

且君擅主輕下之日救矣. 聞, '三人成虎, 十夫楺椎. 衆口所移, 毋翼而飛.'

故曰, 不如賜軍吏而禮之." 王稽不聽. 軍吏窮, 果惡王稽·杜摯以反. 秦

王大怒, 而欲兼誅范睢. 范睢曰: "臣, 東鄙之賤人也, 開罪於楚·魏, 遁

逃來奔. 臣無諸侯之援, 秦習之故, 王擧臣於羈旅之中, 使職事, 天下皆

聞臣之深與王之擧也. 今遇惑或與罪人同心, 而王明誅之, 是王過擧顯

於天下, 而爲諸侯所議也. 臣願請藥賜死, 而恩以相葬臣, 王必不失臣之

罪, 而無過擧之名." 王曰: "有之." 逐弗殺而善遇之.

---

① 명령 중에는 할 수 있는 것과 할 수 없는 것이 있는데, 사람의 마음속을 통제할
수는 없기 때문에 아랫사람을 예로써 대해주는 것이 중요하다.

② 범수는 자신이 추천한 왕계의 죄에 연루되어 죽는다면 임금이 자기를 발탁하여
쓴 허물을 입게 될 것이라고 하여, 자신은 이 일과는 무관하게 죽고자 한다고 아
뢰었다.

5-17 채택이 초나라에서 쫓겨나다【蔡澤見逐於趙】

(1)

채택(蔡澤)이 초나라에서 쫓겨나서 한나라와 위나라로 들어가려
했는데, 뜻하지 않게 길에서 가마[釜]와 솥[鬲]을 빼앗기게 되었다. 소
문을 들으니 응후가 정안평(鄭安平), 왕계(王稽)에게 일을 맡겼는데 모
두가 무거운 죄를 지어 응후가 속으로 부끄러워한다고 해서, 곧 서쪽

으로 가서 진나라로 들어갔다. 장차 소왕을 뵙기 위해, 다른 사람을 시켜서 말을 퍼뜨려 응후를 화나게 하려고 했다.

"연나라 세객인 채택은 천하의 뛰어난 인재[駿雄]이고 아주 변론을 잘하는 선비이다. 그가 한 번 왕을 뵈면 진나라 왕은 반드시 그를 재상으로 삼고서 그대의 자리를 빼앗을 것이다."

응후가 듣고 사람을 시켜 채택을 불렀다. 채택이 들어오자 곧 응후에게 읍을 하니, 응후는 정말로 기분이 좋지 않았지만 (그에게) 다가가서 보고는 또 같이 자리에 앉았다. 응후가 이참에 자리를 양보하며 말했다.

"그대가 일찍이[常→嘗] 말을 퍼뜨려 나를 대신해서 진나라 재상이 되려고 했다던데, 어떻게 이런 일이 있었소?"

대답하여 말했다.

"그렇습니다."

응후가 말했다.

"청컨대 그 이야기를 듣고자 하오."

채택이 말했다.

"아! 어찌 그대가 (저를) 보는 것이 이리 늦었습니까? 무릇 사계절은 순서가 있고, 공을 이룬 자는 떠나갑니다. 무릇 사람이 살아가면서 손과 발이 굳세고 강하며 귀와 눈은 귀 밝고 눈 밝으며 빼어난 지혜를 갖추는 것이 어찌 선비의 바라는 바가 아니겠습니까?"

응후가 말했다.

"그렇소."

채택이 말했다.

"어짊을 바탕[質]으로 삼고 마땅함을 잡아 쥐며 천하에 도리를 행하고 덕을 베풀면 천하는 즐거움을 가슴에 품고서 삼가고 아껴주게 되니, (그런 사람이) 군왕이 되기를 바라는 것, 어찌 유세[辯智=遊說]하는 사람이 기대하는 바가 아니겠습니까?"

응후가 말했다.

"그렇소."

채택이 다시 말했다.

"부유하고 귀하며 출세하여 영예가 있고 만 가지 일을 다스리는 것이 이루어지면 만물은 그들이 있어야 할 곳을 얻게 됩니다. 태어나 받은 명대로 살기[壽]를 오래하여 자기 수명[年]을 끝내고 요절[夭傷=夭折]하지 않습니다. 천하가 그 줄기[統]를 잇고 그 업적을 지키며 전해주기를 끊임없이 하고 이름과 실상에 다른 것이 조금도 섞이지 않으며 은택이 천 세대를 흘러내려 가서, 그를 칭찬하는 말이 끊어지지 않고 천하와 더불어 끝나게 됩니다. 어찌 도리가 행해진 증표[符]이자 빼어난 이[聖人]의 이른바 좋은 징조와 좋은 일이 아니겠습니까?"

응후가 말했다.

"그렇소."

채택이 말했다.

"진나라의 상군(商君)이나, 초나라의 오기(吳起), 월나라의 대부 종(種) 같은 경우는 그 끝이 정말로 원한 것이었겠습니까?"

응후는 채택이 이야기로 자기를 곤란하게 하고 싶어 한다는 것을 알고, 다시 말했다.

"어째서 원하지 않았겠소? 무릇 공손앙(公孫鞅=魏鞅=商鞅)은 효공을 섬겼는데 그 몸을 극진히 하면서 두 마음이 없었으니, 공(公)을 남김 없이 하면서 사사로움으로 돌리지 않았고 상벌에 믿음을 줌으로써 다스림을 지극히 하였으며 지혜와 능력을 다 쓰면서도 실상은 참된 마음[素=懍]을 보여주었소. 원한과 허물을 뒤집어쓰고 오래 사귄 지인에게 속았지만, 위나라 공자 앙(卬)을 사로잡아서 끝내 진나라를 위해 장수를 잡고 적군을 깨뜨리고 천리 땅을 넓혔소. 오기는 도왕(悼王)을 섬기면서 사사로움[死→私]이 공(公)을 해치지 못하게 하였고, 헐뜯는 말이 충심을 가리지 않게 했으며, 말이 구차하게 이리저리 합치게 하지 않았소. 움직일 때 구차한 모습을 취하지 않았고, 마땅함을 행할 때는 헐뜯는 말이나 기리는 말을 돌아보지 않았으며, 반드시 패주와 강한 나라를 있게 하기 위해서라면 재앙이나 불길함도 사양하지 않았소. 대부 종은 월나라 왕을 섬기면서, 임금이 막히고 욕을 만나도(離=罹=遭) 충심을 다할 뿐 흐트러지지 않았으며 임금이 비록 망하고 (제사가) 끊기게 됐는데도 능력을 남김없이 다할 뿐 떠나지 않았소. 공이 많은데도 자랑하지 않았고, 지위가 높고 부유해도 교만하거나 게으르지 않았소. 이렇게 세 사람은 마땅함이 지극하고 충심에 절의가 있었습니다. 그래서 군자는 자기 몸을 죽여서 이름을 이루게 되니, 마땅함이 있는 곳이면 몸이 비록 죽더라도 섭섭해 하거나 후회하지 않소. 어째서 (이 세 사람처럼 목숨을 버리고 이름을 이루는 것이) 아니 되오?"

채택이 말했다.

"임금이 빼어나고 신하가 뛰어난 것은 천하의 복이요, 임금이 밝고 신하가 충심이 있는 것은 나라의 복이요, 아버지가 자애롭고 자식이 효심이 있으며 남편이 믿음이 있고 아내가 정숙한 것은 집안의 복입니다. 옛날 비간(比干)은 충심이 있었지만 은나라에서 몸을 보존하지 못했고, 오자서(伍子胥)는 지혜가 있었지만 오나라에서 몸을 보존하지 못했으며, 신생(申生)은 효심이 있었지만 진(晉)나라는 미혹되고 어지러워졌습니다. 이렇게 충신과 효자가 있는데도 나라와 집안이 없어지고 어지러워지는 것은 왜이겠습니까? 밝은 임금과 뛰어난 아버지가 그들을 들어주지 않아서입니다. 그래서 천하가 그 임금과 아비를 죽이고 욕되게 한다면 그 신하와 자식이 가련하게 되는 것입니다. 무릇 죽음을 기다린 후에야 충성을 세우고 이름을 이룰 수 있다면, 이는 미자[微左=微子]도 어짊이 부족하고 공자도 빼어남이 충분치 않으며 관중도 크다고 하지 못하게 되는 것입니다."

이에 응후가 좋다고 칭찬하였다.

蔡澤見逐於趙, 而入韓·魏, 遇奪釜鬲於途. 聞應侯任鄭安平·王稽, 皆負重罪, 應侯乃慚, 乃西入秦. 將見昭王, 使人宣言以感怒應侯曰: "燕客蔡澤, 天下駿雄弘辯之士也. 彼一見秦王, 秦王必相之而奪君位." 應侯聞之, 使人召蔡澤. 蔡澤入, 則揖應侯, 應侯固不快, 及見之, 又倨. 應侯因讓之曰: "子常宣言代我相秦, 豈有此乎?" 對曰: "然." 應侯曰: "請聞其說." 蔡澤曰: "吁! 何君見之晚也. 夫四時之序, 成功者去. 夫人生手足堅強, 耳目聰明聖知, 豈非士之所願與?" 應侯曰: "然." 蔡澤曰: "質仁秉義, 行道施德於天下, 天下懷樂敬愛, 願以爲君王, 豈不辯智之期與?" 應侯曰: "然." 蔡澤復曰: "富貴顯榮, 成理萬物萬物各得其所; 生命壽長, 終其年而不夭傷; 天下繼其統, 守其業, 傳之無窮, 名實純粹, 澤流千世, 稱之而毋絶, 與天下終. 豈非道之符, 而聖人所謂吉祥善事與?" 應侯曰: "然." 澤曰: "若秦之商君, 楚之吳起, 越之大夫種, 其卒亦可願矣." 應侯知蔡澤之欲困己以說, 復曰: "何爲不可? 夫公孫鞅事孝公, 極身毋二, 盡公不還私, 信賞罰以致治, 竭智能, 示情素, 蒙怨咎, 欺舊交, 虜魏公子卬, 卒爲秦禽將, 破敵軍, 攘地千里. 吳起事悼王, 使死不害公, 讒不蔽忠,

言不取苟合, 行不取苟容, 行義不圖毀譽, 必有伯主強國, 不辭禍凶. 大
夫種事越王, 主離困辱, 悉忠而不解, 主雖亡絕, 盡能而不離, 多功而不
矜, 貴富不驕怠. 若此三子者, 義之至, 忠之節也. 故君子殺身以成名, 義
之所在, 身雖死, 無憾悔, 何爲不可哉?" 蔡澤曰: "主聖臣賢, 天下之福也;
君明臣忠, 國之福也; 父慈子孝, 夫信婦貞, 家之福也. 故比干忠, 不能存
殷. 子胥知, 不能存吳; 申生孝, 而晉惑亂. 是有忠臣孝子, 國家滅亂, 何
也? 無明君賢父以聽之. 故天下以其君父爲戮辱, 憐其臣子. 夫待死之後
可以立忠成名, 是微子不足仁, 孔子不足聖, 管仲不足大也." 於是應侯稱
善.

(2)

채택이 조금 틈을 얻어서 그참에 말했다.

"상군, 오기, 대부 종은 다른 사람의 신하가 되어 충심을 다해 지극
한 공을 이루었으니, 즉 바라는 것이었습니다. 굉요(閎夭)가 문왕을 섬
기고 주공이 성왕을 보필한 것도 어찌 또한 충성이 아니겠습니까? 임
금과 신하(의 관계)로써 말해보면 상군, 오기, 대부 종이라면 가히 굉요
나 주공과 비교하여 누구를 바라겠습니까?"

응후가 말했다.

"상군, 오기, 대부 종은 그들만 못합니다."

채택이 말했다.

"그렇다면 그대의 주인이 자애롭고 어질어서 (그대의) 충심을 믿고
오랜 지인[故]을 속이지 않는다는 점에서 진나라 효공, 초나라 도공, 월
나라 왕[句踐]과 비교하여 누가 더 낫습니까?"

응후가 말했다.

"누가 나은지 미처 알지 못하겠소."

채택이 말했다.

"(그대의) 임금은 정말로 충성스러운 신하를 내 몸같이 여기지만 진나라 효공, 월나라 왕, 초나라 도공을 넘지는 못합니다. 그대는 임금을 위해 어지러움을 바로잡고 환란을 헤치며 어려움을 겪으면서 땅을 넓히고, 곡식[谷=穀]을 키우고, 나라를 부유하게[痼→富] 하고, 집안을 풍족하게 하고, 임금을 강하게 만들어서 위엄이 나라 안[海內]을 덮고 공적이 만리 밖까지 드러났지만 상군, 오기, 대부 종을 넘지는 못합니다. (이미) 그대의 봉록과 작위가 높고 성대하며 집안이 부유한 것이 세 사람을 넘었는데, 그런데도 몸이 물러나지 않으니 남 몰래 그대를 위해 위태롭다고 생각합니다. 속담에 말하기를 '해가 가운데에 있으면 옮겨가고, 달이 차면 어그러진다'라고 했으니, 만물이 성대해지면 반드시 쇠퇴하게 되는 것이 하늘의 일정한 법칙입니다. 나아가고 물러나는 것, 가득 차고 줄어드는 것, 바뀌어 그렇게 되는 것은 일을 맡은 자가 감당해야 할[39] 일정한 도리입니다.

옛날에 제나라 환공은 아홉 차례 제후를 모으고 한 번에 천하를 바로잡았지만, 규구(葵丘)의 회합에 이르러 교만하고 기뻐하는 모습이 있게 되자 등 돌린 것이 아홉 나라였습니다. 오나라 부차는 천하에 대적할 것이 없었는데, 제후를 가벼이 보고 제나라와 진(晉)나라를 깔보게 되자 마침내 몸이 죽고 나라는 망치게 되었습니다. 하육(夏育)과 태사 계(啓)는 소리를 내질러 삼군을 흩어버렸으나, 그 몸은 평범한 사

---

39 승임勝任이란, (맡은 직책·임무 따위를) 능히 감당한다는 뜻이다. 다른 판본에는 '聖人'으로 되어 있다.

내에게 죽고 말았습니다. 이는 모두 지극한 성대함에 올라탔지만 도리에 미치지 못했기 때문입니다. 무릇 상군은 효공을 위해 저울대와 추를 다스려서 도량형을 바르게 하고, 가볍고 무거움을 조절하여 논밭의 길[阡陌]을 트고 찢었으며, 해[年]마다 농사짓고 싸우는 것을 가르쳐 이로써 병사를 움직임으로써 땅을 넓히고 병사를 쉬게 하며 나라를 부유하게 하였으니, 이 때문에 진나라는 천하에 대적할 자가 없게 되고 제후들에게 위엄을 세울 수 있었습니다. (그러나) 공이 이미 이루어지자 마침내 수레에 찢겨 죽었습니다. 초나라 땅에는 창을 든 병사가 백만이었는데 백기는 수만의 군대를 이끌고 초나라와 대적하여 싸웠으니, 한 번 싸워서 언(鄢) 땅과 영(郢) 땅을 들어내고 두 번 싸워서 이릉(夷陵)을 불태웠습니다. 남쪽으로는 촉과 한중을 아우르고 또 한나라와 위나라를 넘어서 강한 조나라를 공격하였으며, 북쪽으로는 마복을 구덩이에 파묻어 사십여 만의 무리를 주살하고 도륙하였으니 흐르는 피가 강이 되고 끓어오르는 소리가 마치 우레와 같았습니다. (마침내 백기가) 진나라로 하여금 제왕(의 업)을 이루게 하였으니[有帝之業], 이때 이후로 조나라와 초나라는 기운을 잃고[懾=失氣] 복종하여 감히 진나라를 공격하지 못했습니다. (모두) 백기의 위세 때문으로, 몸소 복속시킨 성이 70여 개였습니다. (그러나) 공이 이미 이루어지고 나자 두우(杜郵)에서 죽음을 내려 받았습니다. 오기는 초나라 도왕을 위해 능력 없는 자들을 그만두게 하고, 쓸모없는 자들을 버리고, 급하지 않은 벼슬아치를 덜어내고, 사사로운 가문의 요청은 틀어막으며 초나라의 풍습을 하나로 만들어서, 남쪽으로는 양월(楊越)을 공격하고 북쪽으로는 진(陳)과 채(蔡) 땅을 아울렀습니다. 또 연횡을 깨뜨리고 합종을 흩어버림으로써 빠르게 치달리며 유세하는 선비들[說之士=辯士]이 그 입을 여는 바가 없게 만들었습니다. (그러나) 그 공이 이루어지자 사지가 찢겨 나갔습니다. 대부 종은 월나라 왕을 위하여 풀밭을 개간하고 마을을 경작하게 해서 반드시 땅이 있으면 곡식[谷=穀]을 심게 하고, 사방의 선비를 이끌고 위아래의 힘을 모아서 이를 가지고 굳센 오나라를 잡고 패업의 공을 이루었습니다. (그러나) 구천은 끝내 몽둥이로 (대부 종을) 때려[梏]죽였습니다. 이 네 사람[상앙, 백기, 오기, 대부 종]은 공을 이루었지만 떠나지 않았기 때문에 화가 여기에 미치게 된 것입니다. 이는 이른바 (자기 공을) 믿고서 굽힐 줄을 모르는 것이고, 가면 돌아올 줄 모르는 것입니다. 범려(范蠡)는 이를 알았기에 (명리를) 벗어나서 세상을 피하여 오랫동안 도주공(陶朱公)으로 살았습니다.

그대는 어찌 도박하는 사람을 살피지 않습니까? 어떤 사람은 온전히 홀로 이기기를[大投=全勝] 원하고[이곳의 分은 뜻 없이 쓰인 말이다], 어떤 사람은 승리의 공을 나누기를 원합니다. 이는 모두 그대가 밝게 알고 있는 바입니다. 지금 그대는 진나라의 재상으로 있으면서 계책은 자리에서 내려오지도 않고 모책[某→謀]은 조정의 묘당을 나서지 않더라도 앉아서 제후를 제압할 수 있습니다. 이로움을 삼천(三川)에 베풀어서 의양을 채워주고, 양장판(羊腸坂)의 험로를 터주고 태항의 입구를 틀어막았으며, 또 범(范)씨와 중항(中行)씨의 길을 끊어내고 촉과 한중으로 통하는 잔도(棧道)를 놓았습니다. 이로써 천하가 모두 진나라를 두려워하게 되었으니, 진나라가 얻고 싶어 하는 것을 이룬 데에는 그대의 공이 지극합니다. 지금은 정말로 진나라가 공을 나누어주는 때입니다. 이와 같은 때에 물러나지 않는다면 곧 상군, 백공, 오기, 대부 종과 같이 됩니다. 그대는 어찌 이때에 재상의 도장을 돌려주어 뛰어난 자에게 양보하지 않습니까? (그리 한다면) 반드시 백이의 깨끗함이 있게 되어, 오랫동안 응후로 있으면서 대대로 '고(孤)'라 칭할 수 있고 교[王子喬]나 송[赤松子]의 수(壽)를 누릴 수 있습니다. 재앙으로써 삶을 마치는 것과 비교하여 어느 쪽이 낫습니까? 이렇게 되면 그대는 어디에 머무르시겠습니까?"

응후가 대답하였다.

"좋습니다."

(채택을) 이끌어 안으로 들여서 상객으로 대접했다.

蔡澤得少間, 因曰: "商君·吳起·大夫種, 其爲人臣, 盡忠致功, 則可願矣. 閎夭事文王, 周公輔成王也, 豈不亦忠乎? 以君臣論之, 商君·吳起·大夫種, 其可願孰與閎夭·周公哉?" 應侯曰: "商君·吳起·大夫種不若也." 蔡澤曰: "然則君之主, 慈仁任忠, 不欺舊故, 孰與秦孝公·楚悼王·越王乎?" 應侯曰: "未知何如也." 蔡澤曰: "主固親忠臣, 不過秦孝·越王·楚悼. 君者爲主, 正亂·披患·折難, 廣地制穀, 痛國足家·強主, 威蓋海內, 功章萬里之外, 不過商君·吳起·大夫種. 而君之祿位貴盛, 私家之富過於三子, 而身不退, 竊爲君危之. 語曰: '日中則移, 月滿則虧.' 物盛則衰, 天之常數也; 進退·盈縮·變化, 勝任之常道也. 昔者, 齊桓公九合諸侯, 一匡天下, 至葵丘之會, 有驕矜之色, 畔者九國. 吳王夫差無適於天下, 輕諸侯, 凌齊·晉, 遂以殺身亡國. 夏育·太史啟叱呼駭三軍, 然而身死於庸夫. 此皆乘至盛不及道理也. 夫商君爲孝公平權衡·正度量·調輕重, 決裂阡陌, 教年耕戰, 是以兵動而地廣, 兵休而國富, 故秦無敵帝於天下, 立魏諸侯. 功已成, 遂以車裂. 楚地持戟百萬, 白起率數萬之師, 以與楚戰, 一戰舉鄢·郢, 再戰燒夷陵, 南並蜀·漢, 又越韓·魏攻強趙, 北坑馬服, 誅屠四十餘萬之衆, 流血成川, 沸聲若雷, 使秦業帝. 自是之後, 趙·楚懾服, 不敢攻秦者, 白起之勢也. 身所服者, 七十餘城. 功已成矣, 賜死於杜郵. 吳起爲楚悼罷無能, 廢無用, 損不急之官. 塞私門之請, 壹楚國之俗, 南攻楊越, 北並陳·蔡, 破橫散從, 使馳說之士無所開其口. 功已成矣, 卒支解. 大夫種爲越王墾草耕邑, 必地殖穀, 率四方士, 上下之力, 以禽勁吳, 成霸功. 勾踐終棓而殺之. 此四子者, 成功而不去, 禍至於此. 此所謂信而不能詘, 往而不能反者也. 范蠡知之, 超然避世, 長爲陶朱. 君獨不觀博者乎? 或欲分大投, 或欲分功. 此皆君之所明制也. 今君相秦, 計不下席, 某不出廊廟, 坐制諸侯, 利施三川, 以實宜陽, 決羊腸之險, 塞太行之口, 又斬范·中行之途, 棧道千里於蜀·漢使天下皆畏秦. 秦之欲得矣, 君之功極矣. 此亦秦之分功之時也! 如是不退, 則商君·白公·吳起·大夫種是也. 君何不以此時歸相印, 讓賢者授之, 必有伯夷之廉; 長爲應侯, 世世稱孤, 而有喬·松之壽. 孰與以禍終哉! 此則君何居焉?" 應侯曰: "善." 乃延入坐爲上客.

채택이 범수에게, 충심을 다하여 공을 이루었지만 제때 물러나지 못하고 끝내 죽음을 맞이한 사람들의 예를 들려주며 범수의 은퇴를 종용했다.

---

(3)

그 뒤 며칠이 지나서, 조정에 들어가 진나라 소왕에게 이야기를 하면서 말했다.

"손님 중에 새로이 산동으로부터 온 사람이 있는데, 채택이라고 합니다. 그 사람은 말 잘하는 선비입니다. 신이 본 사람이 매우 많지만 (그에게) 미치는 사람은 없으며, 신도 미치지 못합니다."

진나라 소왕이 불러서 보고는 같이 이야기를 한 뒤, 크게 기뻐하며 제배해서 객경으로 삼았다. 응후가 그참에 병을 평계로 재상의 도장을 돌려드릴 것을 청하였다. 소왕이 억지로 응후를 일으켰지만 응후는 끝내 (병이) 심하다고[篤=甚] 칭했고, 이로 인해 재상의 자리에서 벗어났다. 소왕이 새로운 채택의 계획을 기뻐하며, 마침내 제배하여 진나라 승상으로 삼아서 동쪽으로 주나라 왕실을 거두어들였다. 채택이 진나라 왕의 재상이 된 지 몇 달 뒤에 다른 사람들 중의 누군가가 그를 미워했는데, 주살될 것이 두려워서 마침내 병으로 사양하고 재상의 도장을 돌려주었으며 부르기를 강성군(剛成君)이라 했다. 진나라에서 10여 년을 살면서 소왕(昭王), 효문왕(孝文王), 장양왕(莊襄王), 끝내는 시황제(始皇帝)를 섬겼다. 진나라 사신이 되어 연나라에 가서는 3년 뒤에 연나라의 태자 단(丹)을 진나라에 인질로 들어오게 하였다.

後數日, 入朝, 言於秦昭王曰: "客新有從山東來者蔡澤, 其人辯士. 臣之見人甚衆, 莫有及者, 臣不如也." 秦昭王召見, 與語, 大說之, 拜爲客卿. 應侯因謝病, 請歸相印. 昭王強起應侯, 應侯遂稱篤, 因免相. 昭王新說蔡澤計畫, 遂拜爲秦相, 東收周室. 蔡澤相秦王數月, 人或惡之, 懼誅, 乃謝病歸相印. 號爲剛成君. 秦十餘年, 昭王·孝文王·莊襄王·卒事始皇帝. 爲秦使於燕, 三年而燕使太子丹入質於秦.

채택도 공을 이룬 후에 주변의 참소가 있자 자리에서 물러나 몸을 보존하였다.

진책 4
秦策

6-1 진나라가 초나라 한중을 차지하다【秦取楚漢中】

진나라가 초나라 한중을 차지하고, 다시 남전(藍田)에서 싸워서 초나라 군을 크게 꺾었다. 한나라와 위나라가 초나라의 곤란함을 듣고서는 곧 남쪽으로 습격하여 (초나라 땅인) 등(鄧)에 이르니, 초나라 왕이 (병사를) 이끌고 돌아왔다. 뒤에 세 나라[齊, 韓, 魏]가 초나라를 공격할 것을 모의했는데, 진나라가 (초나라를) 구원할까 두려워하고 있었다. 누가 설공(薛公=孟嘗君)을 설득했다.

"할 수 있으면 사신을 보내어 초나라에 일러 말하기를, '지금 세 나라의 병사들이 장차 초나라를 떠나려고 하는데, 초나라가 호응하고 설공이 진나라를 공격하면 비록 남전이라 할지라도 어찌 얻기가 어렵겠습니까! 하물며 초나라의 옛 땅이 아닙니까?'라고 하십시오. 초나라는 진나라가 자기를 반드시 구원하지는 않을 것이라고 의심하고 있던 참입니다. 지금 세 나라가 그만두고 떠나게 되면, 곧 초나라의 반응은 반드시 좋아할[勸=樂之] 것입니다. 이는 초나라가 세 나라와 더불어 모의하여 진나라에 병사를 내보내겠다는 것이니, 진나라가 알면 반드시 구원하지 않을 것입니다. 세 나라가 빠르게 초나라를 공격하면 초나라는 반드시 진나라에 달려가서 위급하다 하겠지만 진나라는 오히려 감

히 (병사를) 내보내지 못할 것이고, 그러면 이에 우리는 진나라를 떼어
낸 채로 초나라를 공격하게 되어 싸움에 반드시 공이 있을 것입니다."

설공이 말했다.

"좋습니다."

드디어 중신을 사신으로 초나라에 보냈으니, 초나라의 반응은 과
연 이를 좋아하였다. 이에 세 나라가 힘을 아울러서 초나라를 공격하
자 초나라가 과연 진나라에 급함을 알렸지만, 진나라는 끝내 병사를
감히 내지 못했다. 크게 이긴[大臣 → 大勝] 공이 있었다.

秦取楚漢中, 再戰於藍田, 大敗楚軍. 韓·魏聞楚之困, 乃南襲至鄧, 楚王
引歸. 後三國謀攻楚, 恐秦之救也, 或說薛公: "可發使告楚曰: '今三國之
兵且去楚, 楚能應而公攻秦, 雖藍田豈難得哉! 況於楚之故地?' 楚疑於
秦之未必救己也, 而今三國之辭去, 則楚之應之也必勸. 是楚與三國謀
出秦兵矣, 秦爲知之, 必不救也. 三國疾攻楚, 楚必走秦以急; 秦愈不敢
出, 則是我離秦而攻楚也, 兵必有功." 薛公曰: "善." 遂發重使之楚, 楚之
應之果勸. 於是三國並力攻楚, 楚果告急於秦, 秦遂不敢出兵. 大臣有
功.

초나라가 약한 틈을 타서 세 나라가 초나라를 공격하면서, 진나라가 초나라를 구원
할 것을 대비하여 마치 초나라가 세 나라와 결탁한 것 같은 모습을 보이게 하여 진
나라의 개입을 막아냈다.

6-2 설공이 위나라에 들어가서 제나라 여자를 내보내다

【薛公入魏而出齊女】

설공(薛公)이 위나라에 들어가서 제나라 여자[1]를 (친정인 제나라로) 돌려보내자, 한춘(韓春)이 진나라 왕에게 일러 말했다.

"어째서 (제나라 여자를) 아내로 삼지 않으십니까? 제나라와 진나라를 가지고 위나라를 겁주면 상당(上黨)은 진나라의 소유가 됩니다. 제나라과 진나라가 힘을 합쳐 부추(負芻)를 세우십시오. 부추가 세워졌는데 그 어머니가 진나라에 있으면 위나라는 진나라의 현(縣) 정도가 될 뿐입니다. (위나라 사람인) 문(㟃)이 제나라와 진나라를 업고서 위나라를 겁주고 그참에 설공을 곤란하게 하고 싶어 하며 (부추의 庶兄인) 좌(佐)는 그 동생을 (세워서) 정하고 싶어 하니, 신이 청하건대 왕께서 문과 좌로 말미암아 (위나라를 겁박)하십시오. 위나라가 두려워서 (제나라 여자를) 돌려보내면 부추는 반드시 위나라를 가지고 죽을 때까지[歿世] 진나라를 섬길 것이요, (부추의 어머니인) 제나라 여자가 위나라에 들어가게 되면 설공을 원망하며 종신토록 제나라를 가지고 왕을 받들어 섬길 것입니다."

薛公入魏而出齊女. 韓春謂秦王曰: "何不取爲妻, 以齊·秦劫魏, 則上黨, 秦之有也. 齊·秦合而立負芻. 負芻立, 其母在秦, 則魏, 秦之縣也已. 㟃欲以齊·秦劫魏而困薛公, 佐欲定其弟, 臣請爲王因㟃與佐也. 魏懼

---

1 표교 주: 위공자 부추(負芻)의 어머니인데, 설공이 제나라를 미워하여 쫓아내었다.(鮑本, 魏公子 負芻之母, 薛公惡齊, 故逐之.)

而復之, 負芻必以魏殁世事秦, 齊女入魏而怨薛公, 終以齊奉事王矣."

제나라와 손잡고 부추를 세우고 그 어머니인 제나라 왕녀의 거취를 제어한다면 위나라과 제나라는 진나라에 영향력 하에 있게 될 것이라는 계책이다.

6-3 세 나라가 진나라를 공격하여 함곡관으로 들어가다【三國攻秦入函谷】

세 나라[齊, 韓, 魏]가 진나라를 공격하여 함곡관으로 들어가니, 진나라 왕이 누완(樓緩)에게 일러 말했다.

"세 나라의 병사가 매우 많구나. 과인은 하수(河水) 동쪽을 잘라주고 강화를 하고 싶다."

대답하였다.

"하수의 동쪽을 잘라주는 것은 큰 손해요, 나라의 근심을 벗어나는 것은 큰 이익입니다. 이는 (公室의) 어른(父兄)들에게 맡기십시오. 왕께서는 왜 공자(公子) 지(池=他)를 불러서 듣지 않으십니까?"

왕이 공자 지를 불러서 물으니, 대답하여 말했다.

"강화를 해도 또한 후회할 것이고, 강화를 하지 않아도 또한 후회할 것입니다."

왕이 말했다.

"왜 그렇소?"

대답하여 말했다.

"왕께서 하수 동쪽을 잘라 강화를 해서 세 나라가 비록 떠난다 해도, 왕께서는 반드시 말하기를 '아쉽도다! 세 나라가 장차 떠나려고

하던 참인데 내가 다만 성 3개를 그들에게 딸려 보내고 말았다'라고
하실 것입니다. 이것이 강화의 후회입니다. 왕이 강화하지 않으면 세
나라가 함곡관으로 들어와서 함양이 반드시 위태롭게 되니, 왕께서는
또한 말하기를 '아쉽도다! 내가 성 3개를 아껴서 강화를 하지 못했구
나'라고 하실 것입니다. 이것이 또한 강화를 하지 않은 후회입니다."

왕이 말했다.

"내가 후회하는 것을 비교해보니[鈞→均, 平], 차라리 성 셋을 없애
고 후회하는 것이 낫지 함양을 위태롭게 하고 후회하지는 않을 것이
오. 과인은 강화하는 것을 결심했소."

드디어 공자 지를 시켜 성 세 개를 가지고 세 나라의 군대와 강화하
니, (세 나라가) 마침내 물러났다.

三國攻秦, 入函谷. 秦王謂樓緩, 曰: "三國之兵深矣, 寡人欲割河東而
講." 對曰: "割河東, 大費也; 免於國患, 大利也. 此父兄之任也. 王何不
召公子池而聞焉?" 王召公子池而問焉, 對曰: "講亦悔, 不講亦悔." 王曰:
"何也?" 對曰: "王割河東而講, 三國雖去, 王必曰: '惜矣! 三國且去, 吾特
以三城從之.' 此講之悔也. 王不講, 三國入函谷, 咸陽必危, 王又曰: '惜
矣! 吾愛三城而不講.' 此又不講之悔也." 王曰: "鈞吾悔也, 寧亡三城而
悔, 無危咸陽而悔也. 寡人決講矣." 卒使公子池以三城講於三國之兵,
乃退.

작은 손해로 끝날 일을, 아깝다고 해서 하지 않다가 큰 일로 만들 수는 없다.

6-4 진나라 소왕이 좌우에게 일러주다【秦昭王謂左右】

진나라 소왕이 좌우에게 일러주며 말했다.

"오늘날의 한나라와 위나라는 처음과 비교하면 어느 쪽이 강했는가?"

대답하여 말했다.

"(처음의 강성함과) 같지 못합니다."

왕이 말했다.

"지금의 (한나라 신하인) 여이(如耳)와 (위나라 재상인) 위제(魏齊)는 (앞서의 위나라 재상이었던) 맹상(孟嘗)과 (위나라 장수였던) 망묘(芒卯)의 뛰어남과 비교해서 어느 쪽이 나은가?"

대답하여 말했다.

"(맹상이나 망묘와) 같지 못합니다."

왕이 말했다.

"맹상, 망묘의 뛰어남으로 강한 한나라와 위나라의 병사를 이끌어 진나라를 공격하였는데도 오히려 과인을 어쩌지 못했는데, 지금 여이 (如耳)나 위제와 같은 능력 없는 자들이 약한 한나라와 위나라를 거느리고 진나라를 공격한다면, 이에 과인을 어쩌지 못할 것은 정말로 훤한 일이다."

좌우 모두가 말했다.

"정말로 그러합니다."

중기(中期)가 거문고를 밀어내고 대답하였다.

"왕[三→王]께서 천하를 헤아리는 바가 지나치십니다. 옛날 여섯 진나라[六晉] 시절[2]에, 지(智)씨가 제일 강해서 범(范)씨와 중항(中行)씨를 쳐서 없앤 뒤 한나라와 위나라를 거느리고 진양에서 조양자를 에워쌌습니다. 진수(晉水)를 터서 진양(晉陽)에 물을 대(어 공격하)니, 성에 잠기지 않은 곳이 세 판[3]뿐이었습니다. 지백이 나가서 물댄 곳을 살펴보았는데, 한강자(韓康子)가 (수레의 오른쪽에서) 고삐를 잡고 위환자(魏桓子)가 왼쪽에 탔습니다. 지백이 말하기를, '처음에 나는 물로 다른 사람의 나라를 없앨 수 있다는 것을 몰랐으나, 마침내 지금 알았소. 분수(汾水)는 (위환자의 읍인) 안읍(安邑)에 물대기에 유리하고, 강수(絳水)는 (한강자의 읍인) 평양(平陽)에 물대기에 좋을 것 같소'라고 했다. (이에) 위환자가 팔꿈치로 한강자를 툭툭 치자, 한강자가 (슬며시) 위환자의 발뒤꿈치를 밟았습니다. 팔꿈치와 다리가 수레 위에서 서로 부딪치자 지씨가 (후일) 떨어져 나갔으니, 몸이 죽고 나라가 망해서 천하의 웃음거리가 되었습니다. 지금 진나라가 강해도 지백을 넘지 못하고, 한나라와 위나라는 비록 약해도 오히려 진양을 떨어뜨릴[下] 때(의 한나라와 위나라)보다 뛰어납니다.[4] 지금은 곧 바야흐로 팔꿈치와 다리를 쓰는 때이니, 원컨대 왕께서는 쉽다고 여기지 마십시오.'"

秦昭王謂左右曰: "今日韓·魏, 孰與始強?" 對曰: "弗如也." 王曰: "今之如耳·魏齊, 孰與孟嘗·芒卯之賢?" 對曰: "弗如也." 王曰: "以孟嘗·芒卯

---

2 요굉 주: 여섯 경대부가 진나라를 나누어 가졌으니, 지씨, 범씨, 중항씨, 위씨, 한씨, 조씨가 주나라가 쇠퇴함을 틈타 참칭하여 모두 제후라고 불렀다. 이 때문에 육진이라 한다.(姚本, 六卿分晉, 智氏·范·中行氏·魏·韓氏·趙氏, 乘周之衰, 僭號皆曰諸侯. 謂六晉也.)

3 요굉 주: 폭 2척을 판(版)이라고 한다. 포표 주: 판이란, 높이 3척(尺)을 말한다.(姚本, 廣二尺曰板. 鮑本, 板, 高三尺.)

4 요굉 주: 조양자가 진양에서 포위당했을 때보다는 낫다는 말이다.(姚本, 賢於趙襄子見圍於晉陽也.)

之賢, 帥強韓·魏之兵以伐秦, 猶無奈寡人何也! 今以無能若耳·魏齊,

帥弱韓·魏以攻秦, 其無奈寡人何, 亦明矣!"左右皆曰: "甚然." 中期推

琴對曰. "三之料天下過矣. 昔者六晉之時, 智氏最強, 滅破范·中行, 帥

韓·魏以圍趙襄子於晉陽. 決晉水以灌晉陽, 城不沈者三版耳. 智伯出

行水, 韓康子御, 魏桓子驂乘. 智伯曰: '始, 吾不知水之可亡人之國也, 乃

今知之. 汾水利以灌安邑, 絳水利以灌平陽.' 魏桓子肘韓康子, 康子履

魏桓子, 躡其踵. 肘足接於車上, 而智氏分矣, 身死國亡, 爲天下笑. 今秦

之強, 不能過智伯; 韓·魏雖弱, 尙賢在晉陽之下也. 此乃方其用肘足時

也, 願王之勿易也."

진소왕이 한나라와 위나라를 우습게 여기자, 신하가 옛날 지백이 한나라와 위나라
를 업신여기다가 어이없이 죽은 이야기를 들려주며 주의할 것을 당부하였다.

6-5 초나라와 위나라가 형산에서 싸우다【楚魏戰於陘山】

초나라와 위나라가 형산(陘山)에서 싸웠는데, 위나라는 상락(上洛)
땅을 진나라에 허락함으로써 진나라를 초나라로부터 끊어낼 수 있었
다. 위나라가 싸워서 이기고, 초나라는 남양에서 패했다. 진나라가 위
나라에게 대가[賂]를 요구[責=求]했으나 위나라가 주지 않자, 영천(營
淺)이 진나라 왕[昭王]에게 일러 말했다.

"왕께서는 어찌 초나라 왕[懷王]에게 (다음과 같이) 말하지 않으십니
까? '위나라가 과인에게 땅을 가지고서 약속했는데, 지금 싸워서 이기
고는 위나라 왕이 과인을 배신했습니다. 왕께서는 어찌 과인과 만나지

않으십니까? 위나라는 진나라와 초나라가 연합하는 것을 두려워해서 반드시 진나라에게 땅을 줄 것이니, 이는 위나라가 초나라에 이기고도 진나라에게 땅을 잃는 것입니다. 이것은 왕께서 위나라 땅을 가지고 과인에게 덕을 베푸는 것이니, 진나라에서 초나라로 가는 재물[資 =財幣]이 많을 것입니다. 위나라가 약해졌으면서도 만일 땅을 내놓지 않는다면, 바로 왕께서 위나라 남쪽을 공격하시고 과인이 그 서쪽을 끊어서 위나라는 틀림없이 위태로워질 것입니다.'"

진나라 왕이 말했다.

"좋다."

이를 초나라에 알렸다. 초나라 왕이 공공연히 진나라 왕과 만난다고 말하자, 위나라 왕이 듣고서 두려워하며 진나라에 상락을 바쳤다.

楚魏戰於陘山. 魏許秦以上洛, 以絶秦於楚. 魏戰勝, 楚敗於南陽. 秦責賂於魏, 魏不與. 營淺謂秦王曰: "王何不謂楚王曰, 魏許寡人以地, 今戰勝, 魏王倍寡人也. 王何不與寡人遇. 魏畏秦·楚之合, 必與秦地矣. 是魏勝楚而亡地於秦也; 是王以魏地德寡人, 秦之楚者多資矣. 魏弱, 若不出地, 則王攻其南, 寡人絶其西, 魏必危." 秦王曰: "善." 以是告楚. 楚王揚言與秦遇, 魏王聞之恐, 效上洛於秦.

위나라가 땅을 미끼로 진나라와 초나라 사이를 끊어내었는데, 초나라와의 싸움에서 이기고 나자 위나라는 그 땅을 주지 않으려고 했다. 그러나 이 때문에 진나라가 초나라와 다시 연합하려 하자 땅을 줄 수밖에 없게 되었다.

6-6 초나라 사신인 경리가 진나라에 있었다【楚使者景鯉在秦】

초나라 사신인 경리(景鯉)가 진나라에 있을 때, 진나라 왕을 따라 가서 위나라 왕과 국경에서 만나게 되었다. 초나라가 (위나라와) 진나라가 모인[合=遇] 것에 화를 내자, (진나라에서 보낸) 주최(周最)가 초나라 왕에게 일러주며 말했다.[5]

"위나라가 청하기를 초나라와는 같이 만나지 말고 진나라하고만 모이자고 했으니, 그래서 경리가 만남에 같이하게 된 것입니다. 저희 나라[弊邑=秦]는 (초나라도) 같이 만나는 것이 좋다고 여기기 때문에, 그래서 제나라와는 연합하지 않을 것입니다."[6]

초나라 왕이 이로 말미암아 경리에게 죄[7]를 묻지 않고 주나라와 진나라에 덕을 베풀었다.

楚使者景鯉在秦, 從秦王與魏王遇於境. 楚怒秦合, 周最爲楚王曰: "魏請無與楚遇而合於秦, 是以鯉與之遇也. 弊邑之於與遇善之, 故齊不合也." 楚王因不罪景鯉而德周·秦.

---

5 포표 주: 진나라에서 주최를 보내어 위나라와 만났던 까닭을 해명한 것이다.(鮑本, 秦使周最解說與魏所以遇.)

6 포표 주: 제나라는 위나라의 원수이기 때문에 위나라를 좋아하므로 제나라와는 연합하지 않을 것이며 제나라는 초나라의 적이기 때문에 제나라와는 연합하지 않을 것이라고 하니, 이 때문에 초나라가 기뻐하였다.(鮑本, 齊, 魏讎也, 好魏故齊不合. 齊, 楚敵也, 齊不合, 故楚說.)

7 요굉 주: 제나라와 초나라의 관계가 좋았는데, 진나라가 위나라와 만남으로써 장차 제나라와 잘 지내던 것이 끊어진다는 말인가? 초나라 경리가 진나라에 가서 (위나라와) 만날 때 같이 있었던 일에 초나라 왕이 화를 낸 것은, 진나라는 초나라에서 진나라와 위나라가 음모를 꾸민다고 여길까 두려워했기 때문에, 그래서 장차 경리에게 죄를 준다 운운한 것이다.(姚本, 齊·楚之交善, 秦與魏遇, 且以善齊而絕齊乎? 楚景鯉之秦, 與於遇, 楚王怒, 恐秦以楚爲有陰於秦·魏也, 且罪鯉云云.)

218

초나라가 자신을 빼고 진나라와 위나라가 만난 것에 대해 화를 내자, 진나라는 그 때문에 일부러 경리를 참석시킨 것이라고 하면서 앞으로도 제나라와는 연합하지 않을 것이라고 밝혔다.

6-7 초나라 왕이 경리를 시켜 진나라에 가게 하다【楚王使景鯉如秦】

초나라 왕[懷王]이 경리(景鯉)를 시켜 진나라에 가게 했는데, 손님 중 하나가 진나라 왕에게 일러 말했다.

"경리는 초나라 왕이 매우 아끼는 자이니, 왕께서 차라리 그를 억류하여 땅을 흥정하는 것만 못합니다. 초나라 왕이 들어주면 곧 병사를 쓰지 않고도 땅을 얻을 수 있고, 초나라 왕이 들어주지 않으면 곧 경리를 죽여서 다시 차라리 경리만 못한 자[留→者]와 함께하는 것이 바로 이로운[便=利安] 계책입니다."

진나라 왕이 마침내 경리를 억류하자, 경리가 사람을 시켜 진나라 왕을 설득하며 말했다.

"신이 보기에 왕의 권세로 천하를 가볍게 여기면 땅은 얻을 수 없습니다. 신이 사자로 온 것은, 듣기에 제나라와 위나라 모두가 장차 땅을 잘라주고 진나라를 섬기려 한다고 했기 때문입니다. 그렇게 된 까닭은 진나라가 초나라와 형제의 나라가 되었기 때문입니다. 지금 대왕께서 신을 억류하시면 이는 천하에 (진나라 곁에) 초나라가 없다는 것을 보여주는 것이니, 제나라와 위나라가 외로운 나라[진나라]를 어떻게 무겁게 여기겠습니까? 초나라가 진나라의 외로움을 알고 땅을 주지 않으면서 밖으로 제후들과 친교를 맺고서 도모하게 되면, 곧 사직이 반드시 위태롭게 될 것이니 차라리 신을 내보내는 것만 못합니다."

진나라 왕이 마침내 그를 내보냈다.

楚王使景鯉如秦. 客謂秦王曰: "景鯉, 楚王使景**[8]**所甚愛, 王不如留之以
市地. 楚王聽, 則不用兵而得地; 楚王不聽, 則殺景鯉, 更不與不如景鯉
留**[9]**, 是便計也." 秦王乃留景鯉. 景鯉使人說秦王曰: "臣見王之權輕天
下, 而地不可得也. 臣之來使也, 聞齊·魏皆且割地以事秦. 所以然者, 以
秦與楚爲昆弟國. 今大王留臣, 是示天下無楚也, 齊·魏有何重於孤國
也. 楚知秦之孤, 不與地, 而外結交諸侯以圖, 則社稷必危, 不如出臣."
秦王乃出之.

초나라의 중신이 경리를 억류하여 땅을 얻어내려 했지만, 경리는 초나라와 사이가
멀어지면 반드시 천하가 모두 적대시할 것이라고 위협함으로써 풀려났다.

6-8 진나라 왕이 둔약을 보고 싶어하다【秦王欲見頓弱】

(1)

진나라 왕[秦始皇이 稱帝하기 전이다]이 둔약(頓弱)을 보고 싶어 하
니, 둔약이 말했다.

---

8 요굉 주: 어떤 본에는 '사경(使景)' 두 글자가 없다. 포표 주: '사경(使景)' 두 글자는 연문이다.(姚
本, 一本無'使景'二字. 鮑本, 衍'使景'二字.)

9 포본에는 '불(不)'자가 없고 요본에는 '류(留)'자가 '자(者)'자로 되어 있으므로, "更不與不如景鯉
留"는 "更與不如景鯉者"로 옮길 수 있다.

"신의 마땅함으로는 세 번 절하지 못하겠으니, 왕께서 신에게 절을 하지 않게 하시면 바로 허락하겠습니다. 아니라면 뵐 수 없습니다."

진나라 왕이 이를 허락했다. 이에 둔자(頓子)가 말했다.

"천하에는 실상이 있으나 이름이 없는 사람과 실상은 없고 이름만 있는 사람, 그리고 이름도 없고 실상도 없는 사람이 있는데, 왕께서는 이를 아십니까?"

왕이 말했다.

"알지 못하오."

둔자가 말했다.

"천하에 실상은 있으나 이름이 없는 사람은 장사꾼이 바로 그렇습니다. 가래를 잡고 괭이질을 하는[推耨] 수고로움[勢→勞]도 없으면서 곡식을 쌓아두는 실상이 있으니, 이것이 실상은 있으나 이름이 없는 사람입니다. 실상은 없고 이름만 있는 사람은, 농부가 바로 그러합니다. (땅이) 얼었던 것이 풀리면 밭갈이를 하고 뜨거운 햇볕을 등진 채 김을 매지만 곡식이 쌓이는 실상은 없으니, 이것이 실상은 없고 이름만 있는 사람입니다. 이름도 없고 실상도 없는 사람은, 왕이 바로 그러합니다. 이미 세워져 만승이 되었지만 효성스러운 이름이 없고, 천리의 땅으로 (어머니를) 봉양하지만 효성스럽다는 실상이 없습니다."

진나라 왕이 발끈하며[悖=艴=勃] 화를 냈다.

秦王欲見頓弱, 頓弱曰: "臣之義不參拜, 王能使臣無拜, 即可矣. 不, 即不見也." 秦王許之. 於是曰: "天下有其實而無其名者, 有無其實而有其名者, 有無其名又無其實者. 王知之乎?" 王曰: "弗知." 頓子曰: "有其實而無其名者, 商人是也. 無把銚推耨之勢, 而有積粟之實, 此有其實而無

其名者也. 無其實而有其名者, 農夫是也. 解凍而耕, 暴背而耨, 無積粟
之實, 此無其實而有其名者也. 無其名又無其實者, 王乃是也. 已立爲
萬乘, 無孝之名; 以千里養, 無孝之實." 秦王悖然而怒.

**진나라 왕이 태후를 유폐하고 있었으므로 비록 봉양한다고 해도 효성스럽지 않다
고 이야기한 것이다.**

---

(2)

둔약이 말했다.

"산 동쪽에서 싸우는 나라가 여섯(齊, 楚, 燕, 韓, 魏, 趙)이 있는데, 위
세가 산 동쪽을 덮지도 못하면서 어머니[10]만 덮고 있으니 신이 몰래 대
왕을 위해 생각건대 취할 바가 아닙니다."

진나라 왕이 말했다.

"산동에서 다른 나라들과 싸워서[建→戰] 아우를[兼=幷] 수 있
겠소?"

둔자가 말했다.

"한나라는 천하의 목구멍이고, 위나라는 천하의 가슴과 배입니다.
왕께서 신에게 만금을 밑천으로 유세하게 하셔서 한나라와 위나라의
말을 들어주면, 그 나라의 사직지신(社稷之臣)을 진나라에 들이게 되
니 곧 한나라와 위나라가 따르는 것입니다. 한나라와 위나라가 따르게
되면 천하를 도모할 수 있습니다."

222

진나라 왕이 말했다.

"과인의 나라가 가난하여 (만금을) 대어드리지 못할 것이 두렵소."

둔자가 말했다.

"천하에 일찍이 일이 없었던 적이 없으니, 합종이 아니면 연횡입니다. 연횡이 이루어지면 곧 진나라가 천하의 왕[帝]이 될 것이고, 합종이 이루어지면 초나라가 왕 노릇을 하게 될 것입니다. 진나라가 천하의 왕이 되면 곧 천하가 받들어 모시겠지만[恭養], 초나라가 왕 노릇을 하게 되면 곧 왕에게 비록 만금이 있다 해도 사사로이 가질 수 없을 것입니다."

진나라 왕이 말했다.

"좋소."

마침내 만금을 밑천으로 내어주었다. (둔자는) 동쪽으로 가서 한나라와 위나라에 유세하고는 들어가서 그 대장군과 승상이 되었으며, 북쪽으로 가서[碑→北] 연나라와 조나라에 유세를 하고는 (조나라 장수인) 이목을 죽였다. 제나라 왕이 들어와 조현[朝]하였고 네 나라[燕, 趙, 韓, 魏]가 마침내[必→畢] 따르게 되었으니, 둔자의 유세 때문이었다.

頓弱曰: "山東戰國有六, 威不掩於山東, 而掩於母, 臣竊爲大王不取也." 秦王曰: "山東之建國可兼與?" 頓子曰: "韓, 天下之咽喉; 魏, 天下之胸腹. 王資臣萬金而游, 聽之韓·魏, 入其社稷之臣於秦, 即韓·魏從. 韓·魏從, 而天下可圖也." 秦王曰: "寡人之國貧, 恐不能給也." 頓子曰: "天下未嘗無事也, 非從即橫也. 橫成, 則秦帝; 從成, 即楚王. 秦帝, 即以天下恭養; 楚王, 即王雖萬金, 弗得私也." 秦王曰: "善." 乃資萬金, 使東遊韓魏, 入其將相. 碑游於燕·趙, 而殺李牧. 齊王入朝, 四國必從, 頓子之說也.

연횡이 이루어져야 진나라가 천하의 패자가 될 수 있으므로 우선 중원의 한가운데

인 한나라와 위나라를 손에 넣어야 한다는 계책을 밝혔다.

6-9 경양왕 20년【頃襄王二十年】

(1)

(초나라) 경양왕(頃襄王) 20년, 진나라 백기(白起)가 초나라 서릉(西

陵)을 뽑아내었고 다른 군대는 언(鄢), 영(郢), 이릉(夷陵)을 뽑아내고

죽은 임금의 무덤을 불태웠으니, 왕이 동북쪽으로 옮겨가서 진성에서

지키게 되었다. 초나라가 마침내 깎이고 약해지자 진나라가 가볍게 여

겼다. 이에 백기가 다시 병사를 이끌고 와서 정벌하였다.

초나라 사람 중에 황헐(黃歇=春申君)이란 사람이 있었는데, 여러 곳

에서 배우고 많이 들었기 때문에 양왕(襄王)이 변론[辯]이 있다고 여

겨서 진나라에 사신으로 보냈다. (황헐이) 소왕(昭王)에게 설득하여 말

했다.

"천하에 진나라와 초나라보다 강한 나라가 없습니다. 지금 들으니

왕께서 초나라를 정벌하려 하신다는데, 이는 오히려 두 마리 호랑이

가 서로 싸울 때 둔한 개[駑犬]가 그 기운 없는 틈을 타고 (이익을) 거두

어들이는[受=收] 것이니 초나라와 잘 지내는 것만 못합니다. 청컨대 말

씀드리자면, 신이 듣기에 '사물이 지극해지면 되돌아가니, 겨울과 여

름이 그렇다. 지극함에 이르면 위태로우니, 바둑돌을 쌓는 것이 그렇

다'라고 했습니다. 지금 대국의 땅이 천하의 반으로 (천하의 끝에) 닿아

있는 모퉁이가 둘이 있으니, 백성이 생기고 난 이래로 일찍이 만승의

땅은 있었던 적이 없습니다. 돌아가신 제왕이신 문왕[惠文王], 장왕(莊王)[11] 그리고 왕의 몸까지 삼대가 제나라와 땅을 맞대지 않으면서 (다른 나라들이 진나라에 대항하고자 서로) 합종하여 가까이 지내자는 약속[要=約]을 끊어버렸습니다. 지금 왕께서는 (동생인) 성교(盛橋)를 시켜 한나라에서 일을 맡게[守事] 하였는데 성교가 그 땅을 가지고 진나라에 집어넣어 버렸으니[12], 이는 왕께서 갑주도 쓰지 않고 위엄을 펴지도(伸) 않은 채 백 리의 땅을 내놓게 한 것입니다. 왕께서는 능력이 있다 말할 수 있습니다.

頃襄王二十年, 秦白起拔楚西陵, 或拔鄢·郢·夷陵, 燒先王之墓. 王徙東北, 保於陳城. 楚遂削弱, 爲秦所輕. 於是白起又將兵來伐. 楚人有黃歇者, 遊學博聞, 襄王以爲辯, 故使於秦. 說昭王曰: "天下莫強於秦·楚, 今聞大王欲伐楚, 此猶兩虎相鬪而駑犬受其弊, 不如善楚. 臣請言其說·臣聞之: '物至而反, 冬夏是也. 致至而危, 累棋是也.' 今大國之地半天下, 有二垂, 此從生民以來, 萬乘之地未嘗有也. 先帝文王·莊王, 王之身, 三世而不接地於齊, 以絕從親之要. 今王三使守事於韓, 成橋以北入燕. 是王不用甲, 不伸威, 而出百里之地, 王可謂能矣.

---

11 황비열의 안(案): 포표가 고친 곳이나 오사도가 보충한 곳에서는 장왕(莊王)이 마땅히 무왕(武王)이 되어야 한다고 했는데, 모두 틀렸다. 고유의 주가 증명할 수 있으니, 『사기』 또한 '장왕'으로 되어 있다. 『신서』에는 이 세 구절이 없으니, 혹 그 적절치 못함 때문에 삭제된 듯하다.(札記조烈案: 鮑改·吳補皆非也. 高注可證, 史記亦是莊字. 新序無此以下三句, 或以其不合而削之也.)

12 요굉 주: 연나라가 진나라에 입조한 것이다. 포표 주: '이(以)'자는 '이(已)'자가 되어야 하니, 연나라로 하여금 진나라에 입조하게 한 것이다. (오사도가) 바로잡아 말한다: '이(以)'와 '이(已)'는 통한다. 보충하여 말한다: "『사기』에 '성교가 그 땅을 가지고 진나라에 들어갔다'라고 한 것이 이것이다. 『신서(新序)』도 같다.(姚本, 燕入朝秦也. 鮑本, 以作已. 使燕入朝於秦. 正曰: 以已通. 補曰: 史作'盛橋以其地入秦', 爲是. 新序同.)

(2)

왕께서 또한 갑옷 입은 병사를 일으켜서 위나라를 공격하고 대량의 입구를 틀어막으며 황하 안쪽을 점거[舉]하고 연(燕), 산조(酸棗), 허(虛), 도인(桃人)을 뽑아버렸으니, 초나라와 연나라의 병사들이 구름처럼 흩어져서 감히 바로잡을 수 없었습니다. 왕의 공로가 정말로 많다 할 것입니다. 왕께서 병사[申→休甲]와 백성을 두 해 동안 쉬게 한 뒤, 다시 군사를 일으켜 포(蒲), 연(衍), 수원(首垣)을 차지하고 인(仁), 평병(平兵) 소황(小黃), 준양영성(浚陽嬰城)에까지 이르자[臨] 위나라가 복종하였습니다. 왕께서 다시 복수(濮水)와 마(磨)의 북쪽을 떼어내어 연나라에게 주고 제나라와 한나라[秦→韓]의 허리를 자르며 초나라와 조나라의 등뼈[脊]를 끊어버리자, 천하가 다섯 번 합치고 여섯 번 모여도 감히 서로를 구할 수 없게 되었습니다. 왕의 위세가 정말로 지극[單=殫]하다 할 것입니다.

왕께서 만일 능히 공업을 붙잡고 위엄을 지키면서 전쟁에서 이긴 마음을 살피며 어질고 의로움을 경계하는 마음을 살찌워서 뒷날의 근심을 다시없게 하신다면, 삼왕(三王)이 부족하여 사왕(四王)이 되고 오패(五伯)가 모자라서 육패(六伯)가 될 것입니다. (그렇지 못하고) 왕께서 만약 백성의 무리가 많은 것을 업고 칼과 갑주의 강함을 사용하여 위나라를 깬[毁] 위세를 오로지하면서 힘으로써 천하의 왕들을 신하로 삼으려 하신다면, 신은 그 뒷날에 근심이 있을까 걱정됩니다. 시[『詩經』「大雅·蕩」]에서 말하기를 '시작하지 않는 것은 없으나, 능히 끝이 있는 것은 드물다'라고 했고『주역』[未濟卦[13]]에서 말하기를 '여우가 (물을

---

13 『주역』 미제(未濟)괘의 괘사에 대해 주희는 다음과 같이 주석하고 있다: 미제(未濟)는 일이 아직

건너면) 꼬리가 젖는다[狐涉水, 濡其尾]'¹⁴라고 했으니, 이 말은 시작하는 것은 쉬우나 끝내는 것이 어렵다는 것을 말합니다. 어떻게 그런 것인지 알 수 있겠습니까?

지씨[智伯]는 조나라를 치는 이익만 보았지 유차(楡次)의 재앙¹⁵을 알지 못했고, 오나라는 제나라를 치는 것이 쉽다는 것만 보았지 간수(干隧)에서 패배할 것¹⁶을 알지 못했습니다. 이 두 나라는 큰 공업이 없지 않았습니다만, 앞에 있는 이익을 세우느라 뒤에 있는 근심을 가볍게 여겼습니다. 오나라는 월나라를 믿었기 때문에 이미 애릉에서 제나라를 쳐서 이기고 돌아오다가 월나라 사람들에게 삼강(三江)의 나루터에서 잡히게 되었습니다. 지씨는 한나라와 위나라를 믿었기 때문에 (그들을) 거느리고 조나라를 치러 갔는데, 진양의 성을 공격하여 이긴 지 며칠이 되지 않아서 한나라와 위나라가 배반하여 지백 요(瑤)를 착대(鑿臺)에서 죽였습니다.

지금 왕께서 초나라가 무너지지 않는 것만을 미워해서 초나라가 무너지면 위나라가 강해진다는 것을 잊고 계시니, 신이 대왕을 위해

이루어지지 않은 때이다. 물과 불이 서로 사귀지 못하여 쓰임이 되지 못하고 괘의 여섯 효가 모두 제자리를 잃었기 때문에 미제(未濟)가 되었다. 흘(汔)은 '거의[幾]'라는 뜻이니, 거의 건너가서 꼬리를 적심은 여전히 건너지 못한 것이다. 점을 치는 자가 이와 같이 하면 무슨 이익이 있겠는가?(未濟, 事未成之時也. 水火不交, 不相爲用, 卦之六爻, 皆失其位, 故爲未濟. 汔, 幾也, 幾濟而濡尾, 猶未濟也. 占者如此, 何所利哉.)

14 포표 주: 여우는 큰 강을 건널 수가 없고, 비록 건넌다 하더라도 남은 힘이 없기 때문에 장차 그 꼬리가 젖어들어 건너기를 끝마칠 수 없다는 말이다.(鮑本, 未濟注, 小狐不能涉大川, 雖濟而無餘力, 將濡其尾, 不能終也.)

15 요굉 주: 지백 요는 단지 조양자가 지닌 진양의 땅을 탐하기만 할 뿐 조양자가 한나라·위나라와 더불어 음모를 꾸미는 것을 알지 못하였기 때문에, 마침내 착대 위에서 죽임을 당하여 유차(楡次)에 묻히게 되었다.(姚本, 智伯瑤但貪趙襄子晉陽之地, 而不知襄子與韓·魏之陰謀, 卒殺于鑿臺之上, 葬之於楡次.)

16 오나라 왕 부차가 제나라를 칠 때 월왕 구천은 오나라를 돕는 척하면서 간수(干隧) 땅에서 오나라 왕을 포로로 잡았는데, 이에 부차가 자살하였다.

걱정하기 때문에 찬성하지 않는[不取] 것입니다. 시[逸詩]에서 말하기를 '대군[大武=大軍]은 먼 곳으로 건너가지 않는다'라고 했습니다. 이에 따라 살펴보면 초나라는 (진나라를) 지원하는 나라이고, 이웃나라는 적이 됩니다. 시[『詩經』「小雅·小旻之什·巧言」]에서 "다른 사람이 딴 마음이 있으면 나는 헤아리고 예상할 수 있도다. 빨리 달아나는 저 교활한 토끼는 사냥개를 만나면 죽음을 면치 못하리라"라고 했습니다. 지금 왕께서는 길 가운데에 서서 한나라와 위나라가 좋은 왕이라 믿고 있는데, 이는 바로 오나라가 월나라를 믿은 것과 같습니다.

王又擧甲兵而攻魏, 杜大梁之門, 擧河內, 拔燕·酸棗·虛·桃人, 楚·燕之兵雲翔不敢校, 王之功亦多矣. 王申息衆二年, 然後復之, 又取蒲·衍·首垣, 以臨仁·平兵, 小黃·浚陽嬰城, 而魏氏服矣. 王又割濮·磨之北屬之燕, 斷齊·秦之要, 絶楚·魏之脊. 天下五合·六聚而不敢救也, 王之威亦憚矣. 王若能持功守威, 省攻伐之心而肥仁義之誠, 使無復後患, 三王不足四, 五伯不足六也. 王若負人徒之衆. 材兵甲之强, 壹毁魏氏之威, 而欲以力臣天下之主, 臣恐有後患. 詩云: '靡不有初, 鮮克有終.' 易曰: '狐濡其尾.' 此言始之易, 終之難也. 何以知其然也? 智氏見伐趙之利, 而不知楡次之禍也; 吳見伐齊之便, 而不知干隧之敗也. 此二國者, 非無大功也, 設利於前, 而易患於後也. 吳之信越也, 從而伐齊, 旣勝齊人於艾陵, 還爲越王禽於三江之浦. 智氏信韓·魏, 從而伐趙, 攻晉煬之城, 勝有日矣, 韓·魏反之, 殺智伯瑤於鑿臺之上. 今王妒楚之不毁也, 而忘毁楚之强魏也. 臣爲大王慮而不取. 詩云: '大武遠宅不涉.' 從此觀之, 楚國, 援也; 鄰國, 敵也. 詩: '他人有心, 予忖度之. 躍躍毚兔, 遇犬獲之.' 今王中道而信韓·魏之善王也, 此正吳信越也.

(3)

신이 듣기에, 적(敵)은 쉽게 놔둘 수 없고 때는 놓칠 수 없다고 했습니다. 신은 한나라와 위나라가 자신들을 낮추는 말로 환란을 근심하고 있지만 실제로는 진나라[大國]를 속이고 있을까봐 걱정하고 있습니다. 왜 그러하겠습니까? 왕께는 한나라와 위나라에 대대로 내려주신 은덕의 무거움은 없고 여러 세대에 쌓인 원망만이 있기 때문입니다. 한나라와 위나라의 부모와 자식 그리고 형제들이 진나라 때문에 발뒤꿈치가 서로 닿도록 잇달아서 죽는 일이 100대에 걸쳐 있습니다. 자기들 나라가 없어지고, 사직이 무너지고, 종묘가 버려지고, 배를 가르고 턱을 잘라내고, 머리와 몸이 나누어져 떨어지고, 뼈가 풀밭이나 늪에서 드러나고, 머리[頭顱]가 엎어지고 넘어진[僵仆] 것이 국경까지 서로 마주보고 있습니다. 아버지와 아들, 늙은이와 젊은이들이 묶이고 포로가 되어 길에서 서로 끌려가고, 귀신과 여우귀신[狐祥]이 제삿밥을 먹지 못하고, 백성이 안심하고 생활할 수가 없고, 집안사람들이 떨어져 흩어져서 흘러 도망 다니다가 남의 종복이나 첩이 된 일 등이 세상[海內]에 가득합니다. 한나라와 위나라가 망하지 않는 것은 진나라 사직의 근심거리입니다.

지금 왕께서 초나라를 공격하시니, 정말로 실책이 아닙니까! 이에 왕께서 초나라를 공격하시는 날에, 어디로 병사를 내보내시겠습니까? 왕께서 장차 원수인 한나라와 위나라에서 빌린[藉] 길로 가려고 하십니까? 병사가 떠나는 날이 되면 왕께서는 그들이 돌아오지 못할 것을 걱정하시게 될 터이니, 바로 왕께서 병사들을 원수인 한나라와 위나라에 밑천으로 대주시는 것과 같습니다. 왕께서 만일 원수인 한나라와 위나라에서 길을 빌리지 않으시려면 반드시 (초나라 땅인) 수양[陽=

隨陽]과 우양(右壤)을 공격해야 하는데, 수양과 우양 땅은 모두 넓은 강과 큰 물이 있고 산과 숲과 계곡이 있어 먹을 수 없는 땅입니다. 왕께서 비록 갖게 되셔도 얻었다 할 수 없습니다. 왕께서는 초나라를 무너뜨린 이름은 있겠지만 땅을 얻은 실리는 없을 것입니다.

또 왕께서 초나라를 공격하는 날에 네 나라[韓, 魏, 趙, 齊]가 반드시 모두 병사를 일으켜서 왕께 응전해도 진나라와 초나라의 병사들은 얽혀서 떠날 수가 없습니다. 그러면 위나라는 장차 병사를 내어 류(留), 방여(方與), 질(銍), 호릉(胡陵), 탕(碭), 숙(蕭), 상(相)을 공격하여 옛 송나라 땅을 반드시 남겨놓지 않을 것입니다. 제나라는 남쪽으로 향해서, 사수(泗水) 북쪽을 반드시 들어낼 것입니다. 여기는 모두 사방으로 통하는 너른 들판의 기름지고 비옥한[膏腴] 땅인데, 왕께서 (제나라가) 홀로 공격할 수 있게 만들어주신 것입니다. 왕께서는 초나라를 깨뜨림으로써 중국에서 한나라와 위나라를 살찌워주시게 되고 제나라를 강하게 만들어주시게 될 것입니다. 한나라와 위나라가 강해지면 진나라에 보복을 할 수 있게 됩니다. 제나라는 남쪽으로는 사수(泗水)를 경계로 삼고 동쪽으로는 바다를 등지며 북쪽으로는 황하를 의지하니, 뒤의 근심이 없어져서 천하의 나라 중에 제나라보다 강한 나라가 없게 됩니다. 제나라와 위나라가 땅을 얻고 이로움을 지키면서[葆] 거짓[詳=佯]으로 아래 관리가 섬기듯이 하면, 1년이 지난 뒤에 (제나라와 위나라가) 제왕[帝]이 되는 일은 아마도 없겠지만, 이에 왕께서 제왕[帝]이 되는 것을 막기에는 넉넉할 것입니다. 무릇 왕께서 땅이 넓고 사람의 수가 많고 군대가 강한 것을 가지고서 한 번에 일[衆→事=戰]을 일으켜 초나라로부터 땅을 넓히려[注地=地廣] 하신다면 도리어 한나라와 위나라에 영을 내려 소중한 제왕의 자리를 제나라에게 보내주는 것이니, 이는 왕께서 계책을 잃으신 것입니다.

　신이 임금을 위하여 근심해 보건대, 초나라와 잘 지내는 것만 못합니다. 진나라와 초나라가 합심해서 하나가 되어 한나라를 압박하면[臨] 한나라는 반드시 목을 바칠 것입니다. 왕께서 동쪽 산의 험준함으로써 옷깃을 여미듯이 하고 황하의 꾸불꾸불한 이로움으로 띠를 두르듯이 하면, 한나라는 반드시 (진나라의) 관내후 정도가 될 것입니다. 이와 같이 하고서 왕께서 정(鄭) 땅을 십만의 병사들로 공격하면[十成→十萬伐] 위나라[梁氏]는 마음이 서늘해져서 언릉(鄢陵)과 영성(嬰城)을 허락하게 되고 상채(上蔡)와 소릉(召陵)은 오고갈 수가 없게 될 것이니, 그렇다면 위나라 또한 관내후와 같이 될 것입니다. 왕께서 한 번 초나라와 좋게 지내시면 관내에 두 명의 만승지주가 있게 되고 제나라로부터 땅을 넓힐 수 있으니, 제나라의 (진나라 위치에서 볼 때) 오른쪽 땅은 팔짱을 끼고서도 차지할 수 있습니다. 이에 왕의 땅은 한 번에 양쪽 바다 끝에 이르게 되어 천하의 허리를 끊어버리게 됩니다. 바로 연나라와 조나라는 제나라와 초나라의 도움이 없어지고 제나라와 초나라는 연나라와 조나라의 도움을 받지 못하게 되니, 그런 후에 연나라와 조나라를 위협해 움직여서 제나라와 초나라를 붙잡으면 이 네 나라는 힘들이지 않고 복속할 수 있을 것입니다."

臣聞, 敵不可易, 時不可失. 臣恐韓·魏之卑辭慮患, 而實欺大國也. 此何也? 王既無重世之德於韓·魏, 而有累世之怨矣. 韓·魏父子兄弟接踵而死於秦者, 百世矣. 本國殘, 社稷壞, 宗廟毀, 刳腹折頤, 首身份離, 暴骨草澤, 頭顱僵仆, 相望於境; 父子老弱系虜, 相隨於路; 鬼神狐祥, 無所食, 百姓不聊生, 族類離散, 流亡爲臣妾, 滿海內矣. 韓·魏之不亡, 秦社

稷之憂也. 今王之攻楚, 不亦失乎! 是王攻楚之日, 則惡出兵? 王將藉路
於仇讎之韓·魏乎? 兵出之日而王憂其不反也, 是王以兵資於仇讎之
韓·魏. 王若不藉路於仇讎之韓·魏, 必攻陽·右壤. 隨陽·右壤, 此皆廣
川大水, 山林溪谷不食之地, 王雖有之, 不爲得地. 是王有毀楚之名, 無
得地之實. 且王攻楚之日, 四國必應悉起應王. 秦·楚之構而不離, 魏
氏將出兵而攻留·方與·銍·胡陵·碭·蕭·相, 故宋必盡. 齊人南面, 泗北
必擧. 此皆平原四達, 膏腴之地也, 而王使之獨攻. 王破楚於以肥韓·魏
於中國而勁齊, 韓·魏之強足以校於秦矣. 齊南以泗爲境, 東負海, 北倚
河, 而無後患, 天下之國, 莫強於齊. 齊·魏得地葆利, 而詳事下吏, 一年之
後, 爲帝若未能, 於以禁王之爲帝有餘. 夫以王壤土之博, 人徒之衆, 兵
革之強, 一擧衆而注地於楚, 詘令韓·魏, 歸帝重於齊, 是王失計也. 臣
爲王慮, 莫若善楚. 秦·楚合而爲一, 臨以韓, 韓必授首. 王襟以山東之
險, 帶以河曲之利, 韓必爲關內之候. 若是, 王以十成鄭, 梁氏寒心, 許·
鄢陵嬰城, 上蔡召陵不往來也. 如此, 而魏以關內候矣. 王一善楚, 而關
內二萬乘之主注地於齊, 齊之右壤可拱手而取也. 是王之地一任兩海,
要絕天下也. 是燕·趙無齊·楚, 無燕趙也. 然後危動燕·趙, 持齊·楚, 此
四國者, 不待痛而服矣."

춘신군 황헐이 초나라를 보전하기 위해, 진나라가 제왕의 업을 이루려면 초나라와
더불어서 중원에 있는 한나라와 위나라를 먼저 꺾어야 한다고 설득하였다.

6-10 누군가가 여섯 나라를 위하여 진나라 왕을 설득하며 말하다

【或爲六國說秦王】

누군가가 여섯 나라를 위하여 진나라 왕[始皇帝]을 설득하며 말했다.

"땅이 넓어도 편안하다 여기기에는 충분하지 않고, 사람이 많아도 강하다고 여기기에는 충분치 않습니다. 만약 땅이 넓은 것이 편안하고 사람이 많은 것이 강하다고 한다면 (지금도) 걸이나 주왕의 후손이 거느리면서 있을 것입니다.

옛날에 조씨 또한 일찍이 강한 적이 있었습니다. 조나라의 강함이 무엇과 같은지 말해보자면, 왼손을 들어 제나라를 누르고(案=下) 오른손을 들어 위나라를 눌렀으니[17], 이렇게 만승의 나라인 두 나라와 천승의 나라인 송나라까지 계속해서 누를 정도였습니다.[18] 강평(剛平)에 성을 쌓자 위(衛)나라는 동쪽 들판에서는 꼴을 베어 말을 키울 수도, 땔나무를 찾고 나물을 캘 수도 없게 되었으나 감히 동쪽 문을 엿보지도 못했습니다. 이때를 맞이하여 위(衛)나라는 계란을 쌓아놓은 듯이 위태로웠으니, 천하의 선비들은 서로 모여서 모의하여 말하기를 '우리는 장차 (벼슬을 위해) 바친 예물[委質]을 돌려받고, (조나라 도읍인) 한단의 임금에게 조현합시다!'라고 했습니다. 이에 천하에서 한단을 정벌할 것을 말하던[稱] 자들 가운데 (한단에) 조현하러 가지 않는 사람이 없었습니다.

---

17 조나라 왕의 입장에서 보면 왼쪽에 제나라가 있고 오른쪽에 위나라가 있다.

18 포표 주: 염(厭)이란 누르는 것을 한 번만 하지 않는 것을 말한다.(鮑本, 厭, 言案之不一.)

위나라[魏惠王]가 한단을 정벌하고 그참에 물러나 봉택(逢澤)에서 회맹을 했을 때, 하(夏)나라 수레를 타고 하나라 왕으로 자칭하면서 천자에게 조현을 하니 천하가 모두 따랐습니다. 제나라 태공(太公=田和: 齊威王의 할아버지)이 듣고는 병사를 일으켜서 위나라를 정벌하고 그 땅을 둘로 나누니, 나라와 집안이 크게 위태로웠습니다. 양나라[위나라] 왕이 몸소 폐백[質=贄]을 안고 벽옥[璧]을 잡고서 (제나라 왕인) 진후(陳侯)[19]의 신하가 되기를 청하자 천하가 마침내 양나라를 풀어주었습니다.

(초나라 도읍인) 영(郢)의 위왕(威王)이 이를 듣고는 누워도 잠이 오지 않고 먹어도 배가 부르지 않더니, (마침내) 천하 백성들을 이끌고 가서 (제나라 장수인) 신박(申縛)을 사수(泗水)의 물가에서 마주쳐 신박의 군대를 크게 꺾었습니다. 조나라 사람이 이를 듣고 (병사를 보내) 지상(枝桑)에 이르렀고, 연나라 사람이 듣고는 (병사를 보내) 격도(格道)에 이르렀습니다. 격도가 통하지 않자 평제(平際) 땅이 끊어지게 되었습니다. 제나라는 싸우면 패하여 이기지 못했고 모책을 세우면 얻는 것이 없었기에 진모(陳毛)를 시켜 칼과 딱딱이를 풀고서[20] 남면하는 존귀함을 버리고 죄를 청하였으며, 서쪽으로 가서 조나라를 달래고 북으로는 연나라를 설득하고 안으로는 그 백성들을 깨우쳤습니다. 그러자 천하가 마침내 제나라를 풀어주었습니다.

---

19 요굉 주: 진후는 제나라 임금을 말한다. 진씨가 자리를 찬탈하여 여씨가 끊어졌으니, 그래서 진후라고 부른다. 포표 주: 제나라 진경중의 후예라서 진후라고 부른다.(姚本, 陳侯, 齊侯也. 陳氏篡, 呂氏絕, 故曰陳侯也. 鮑本, 齊陳敬仲之後, 故稱陳侯.)

20 포표 주: 추(掫)는 밤에 경계시키는 물건으로, 당겨서 부딪치는 것이다. 칼과 딱딱이를 푼다는 것은 스스로 지키지 않는 것이니, 낮춤을 보여주는 것이다.(鮑本, 掫, 夜戒, 有所擊引也. 釋二者, 不自衛, 示卑也.)

이에 무릇 얇은 것이 쌓이면 두터워지고 적은 것이 모여서 많아지게 됩니다. (제후들은) 같은 일(同)을 가지고 남쪽 창문[紂→牖]²¹ 곁에서 초나라 위왕(威王)에 대한 이야기를 하고 있습니다. 신이 어찌 영에 있는 (초나라) 위왕의 정사가 시들해지고 모책이 어지럽게 되어 여기에 이르렀다고 여기겠습니까? 초나라가 강해지면 천하의 제후에게 군림할 것 같아서, 그래서 천하가 기꺼이 초나라를 정벌하는 것입니다."

或爲六國說秦王曰: "土廣不足以爲安, 人衆不足以爲強. 若土廣者安, 人衆者強, 則桀·紂之後將存. 昔者, 趙氏亦嘗強矣. 曰趙強何若? 擧左案齊, 擧右案魏, 厭案萬乘之國二國, 千乘之宋也. 築剛平, 衛無東野, 芻牧薪采, 莫敢窺東門. 當是時, 衛危於累卵, 天下之士相從謀曰: '吾將還其委質, 而朝於邯鄲之君乎! 於是天下有稱伐邯鄲者, 莫不令朝行. 魏伐邯鄲, 因退爲逢澤之遇, 乘夏車, 稱夏王, 朝爲天子, 天下皆從. 齊太公聞之, 擧兵伐魏, 壤地兩分, 國家大危. 梁王身抱質執璧, 請爲陳侯臣, 天下乃釋梁. 郢威王聞之, 寢不寐, 食不飽, 帥天下百姓, 以與申縛遇於泗水之上, 而大敗申縛. 趙人聞之至枝桑, 燕人聞之至格道. 格道不通, 平際絶. 齊戰敗不勝, 謀則不得, 使陳毛釋劍捫, 委南²²聽罪, 西說趙, 北說燕, 內喻其百姓, 而天下乃齊釋. 於是夫積薄而爲厚, 聚少而爲多, 以同言郢威王於側紂之間. 臣豈以郢威王爲政衰謀亂以至於此哉? 郢爲強, 臨天下諸侯, 故天下樂伐之也!'"

---

21 남쪽으로 난 창문[牖]이란 임금이 신하를 병문안할 때 보는 창이다.(『論語』「雍也」 8 참조.) 왕들이 이야기한다는 뜻으로 볼 수 있다.

22 포표 주: '위남(委南)'이란, '남면하는 존귀함을 버리다'라는 뜻이다.(鮑本, 委去南面之尊.)

조나라가 강해지면 제나라가 치고, 제나라가 강해지면 초나라가 치고, 초나라가 강해지면 제후들이 다시 그를 도모하려 한다. 강자는 기댈 곳이 충분치 않다고 말한 것은 천하에서 미워하는 자들을 불러서 그를 같이 공격하려는 것 때문이다. 이것을 말한 것은 진나라의 공격을 그치게 하고 싶었기 때문이다. 그래서 '여섯 나라를 위하여 설득하다' 운운한 것이다.(鮑本 此章先言趙强而魏伐之, 魏强而齊伐之, 齊强而楚伐之, 楚强而諸侯又謀之. 言强者之不足恃, 召天下之所惡, 而欲共攻之者也. 言此欲以止秦之攻, 故云"爲六國說也.)

진책 5
秦策

7-1 진나라 왕에게 일러주다【謂秦王】

(1)

(누군가) 진나라 왕에게 일러주며 말했다.

"신이 몰래 의혹을 갖고 있는데, 왕께서는 제나라를 가볍게 보시고 초나라를 쉽게 여기시며 한나라를 낮추어 짐승처럼 여기십니다. 신이 듣기에 (왕다운) 왕은 싸움에서 이기고도 교만하지 않고, 패주는 (자기 마음을) 다잡고서(約) 원한을 품지 않는다고 했습니다. 이기고도 교만하지 않기 때문에 그래서 능히 세상을 복종시킬 수 있고, 다잡고서 원한을 품지 않기 때문에 그래서 능히 이웃나라를 거느릴 수 있습니다. 지금 왕께서 넓은 덕을 위나라와 조나라에게 베풀면서도 제나라를 가벼이 잃는 것은 교만한 것이고, 의양에서 싸워서 이기고도 초나라와의 교류를 돌아보지 않는[不恤=不顧] 것은 원한을 품고 있는 것입니다. 교만과 원한은 패주의 과업이 아니니, 신은 몰래 대왕께서 그것을 헤아리시고 취하지 않기를 바라고 있습니다.

謂秦王曰: "臣竊惑王之輕齊易楚, 而卑畜韓也. 臣聞, 王兵勝而不驕, 伯主約而不忿. 勝而不驕, 故能服世; 約而不忿, 故能從鄰. 今王廣德魏·

趙, 而輕失齊, 驕也; 戰勝宜陽, 不恤楚交, 忿也. 驕忿非伯主之業也, 臣
竊爲大王慮之而不取也.

**세상을 복종시키고 이웃나라를 거느리려면 교만하지 않고 원한을 품지 말아야 한
다고 설득했다.**

---

(2)

시[『詩經』「大雅·蕩詩」]에서 말하기를 '시작하지 않음이 없지만, 능
히 제대로 끝내는 것은 드물다'라고 했습니다. 그래서 앞선 빼어난 임
금들이 무겁게 여긴 바는 오직 시작과 끝입니다. 어떻게 그런 것을 알
겠습니까? 옛날 지백[智襄子]이 범(范)씨와 중항(中行)씨를 흔들어서
없애버렸지만 진양을 에워싸고 핍박하다가 끝내 세 집안[趙, 韓, 魏]에
게 웃음거리가 되었습니다. 오나라 왕 부차는 회계(會稽)에서 월나라
를 자기 밑에서 살게 하고[棲] 애릉(艾陵)에서 제나라에게 이겼지만 황
지(黃池)의 회맹[遇=會]에서 송나라에게 예를 갖추지 않았다가[1] 마침
내 구천에게 잡혀 간수(干遂)에서 죽었습니다. 양나라 임금[梁惠王]은
초나라를 정벌하고 제나라를 이겼으며 조나라와 한나라의 병사들을
제압하고 맹진(孟津)에서 열두 제후를 몰고 가서 천자에게 조현을 했
지만 뒤를 이을 자식[太子申]은 죽고 자신은 베로 만든 관[布冠]을 쓴
채로 진나라에 붙잡히게 되었습니다. 세 사람[智襄子, 夫差, 梁惠王]이
공이 없었던 것이 아니지만, 시작할 수는 있었어도 제대로 끝맺지 못

---

1 표포 주: 오나라가 송나라를 정벌하고 싶어서, 송나라 대부를 죽이고 그 아내를 죄인으로 삼았
다.(鮑本, 吳欲伐宋, 殺其大夫, 囚其婦人.)

했습니다.

詩云: '靡不有初, 鮮克有終.' 故先王之所重者, 唯始與終. 何以知其然?
昔智伯瑤殘范·中行, 圍逼晉陽, 卒爲三家笑. 吳王夫差棲越於 會稽, 勝
齊於, 爲黃池之遇, 無禮於宋, 遂與勾踐禽, 死於干遂. 梁君伐楚勝齊, 制
趙·韓之兵, 驅十二諸侯以朝天子於孟津, 後子死, 身布冠而拘於秦. 三
者非無功也, 能始而不能終也.

세 임금의 보기를 들어, 시작하는 것보다 끝맺음을 잘해야 하다는 말을 올렸다.

---

(3)

지금 왕께서 의양(宜陽)을 깨뜨리고 삼천(三川)을 없애버리고는 천
하의 선비들로 하여금 감히 말을 하지 못하게 했으니, 천하의 나라들
을 끼고서[雍=擁] 두 주나라의 영토를 옮기자 세상의 주인[諸侯]들은
감히 양후의 요새를 엿보지[交→窺] 못했고, 황극(黃棘) 땅을 차지하
자 한나라와 초나라의 병사들은 감히 나아가지 못하고 있습니다. 왕
께서 만약 능히 이를 잘 마무리할[尾=後=終, 善其後] 수 있다면, 삼왕[禹
王, 湯王, 文王·武王]으로 충분치 않아 넷이 되고 오패[2]가 모자라서 여
섯이 될 것입니다 왕께서 만약 능히 이를 잘 마무리하지 못하게 되면
뒷날에 근심이 있을 것이니, 신은 제후들의 임금과 하수[河]·제수[濟]

---

2 일반적으로 제환공(齊桓公), 진목공(秦穆公), 송양공(宋襄公), 진문공(晉文公), 초장왕(楚莊王)을
말하는데, 제환공, 진문공, 초장왕, 오왕(吳王) 합려(闔閭) 혹은 부차(夫差), 월왕(越王) 구천(勾
踐)을 가리키기도 한다.

의 선비[3]들이 왕을 오왕 부차나 지백의 일로 만들 것을 두렵게 여깁
니다.

今王破宜陽, 殘三川, 而使天下之士不敢言, 雍天下之國, 徙兩周之疆, 而
世主不敢交陽侯之塞, 取黃棘, 而韓·楚之兵不敢進. 王若能爲此尾, 則
三王不足四, 五伯不足六. 王若不能爲此尾, 而有後患, 則臣恐諸侯之
君, 河·濟之士, 以王爲吳·智之事也.

**삼왕오패(三王五覇)와 같은 업적을 남기기 위해서는 지금 하는 일을 잘 마무리해야
한다는 말이다.**

---

(4)

시[逸詩]에서 이르기를 '백 리를 가는 사람은 구십 리를 절반으로
여긴다'라고 했는데, 이는 마지막 길을 가는 어려움을 말한 것입니다.
지금 대왕께서는 거의 교만한 빛이 있으니, 신이 마음속으로 살펴보건
대 천하의 일은 세상 주인[諸侯]들의 마음에 의거하므로 초나라가 병
란을 당하거나 아니면 반드시 진나라가 될 것입니다. 어떻게 그렇게 될
지 알겠습니까? 진나라 사람이 위나라를 지원하여 초나라에 항거하
면 초나라 사람은 한나라를 지원하여 진나라에 항거하게 될 터인데,
네 나라의 병사는 대등(敵)하기 때문에 다시 싸울 수가 없게 됩니다.
제나라와 송나라는 먹줄[繩墨]의 바깥에 있으면서[4] 저울대[權]가 될

---

3 두 강이 중원을 통과하고 있으므로, 천하의 선비를 일컫는다.
4 포표 주: 진나라, 위(魏)나라, 초나라, 한나라의 연합관계 밖에 있는 것을 말한다.(鮑本, 外, 言四
   國不以爲意.)

240

것이니, 그러므로 먼저 제나라와 송나라를 얻게 되면 진나라를 정벌해 올 것이라고 말씀드리는 것입니다. 진나라가 먼저 제나라와 송나라를 얻게 되면 한나라가 녹아 없어지고[鑠], 한나라가 녹아 없어지면 초나라가 외로워져서 병란을 받게 됩니다. 초나라가 먼저 제나라를 얻게 되면 위나라가 녹아 없어지고, 위나라가 녹아 없어지면 진나라가 외로워져서 병란을 받게 됩니다. 만일 이 계책을 따라서 가면 두 나라는 반드시 천하의 웃음거리가 될 것입니다."

詩云: '行百里者半於九十.' 此言末路之難. 今大王皆有驕色, 以臣之心觀之, 天下之事, 依世主之心, 非楚受兵, 必秦也. 何以知其然也? 秦人援魏以拒楚, 楚人援韓以拒秦, 四國之兵敵, 而未能復戰也. 齊·宋在繩墨之外以爲權, 故曰先得齊·宋者伐秦. 秦先得齊·宋, 則韓氏鑠, 韓氏鑠, 則楚孤而受兵也. 楚先得齊, 則魏氏鑠, 魏氏鑠, 則秦孤而受兵矣. 若隨此計而行之, 則兩國者必爲天下笑矣.

초나라와 진나라가 강하면서 교만하기 때문에, 누구든 제후들의 공격을 받을 수 있으므로 끝마무리를 잘해야 한다.

7-2 진나라 왕이 중기와 더불어 다투어 논리를 펴다【秦王與中期爭論】

진나라 왕이 [진나라 변사인] 중기(中期)와 더불어 다투어 논리를 폈으나, 이기지 못했다. 진왕이 크게 화를 내자, 중기가 천천히 움직여 떠났다. 누군가가 중기를 위해 진나라 왕을 설득하며 말했다.

"사나운 사람입니다, 중기는! 딱 맞게 눈 밝은 임금을 만난 까닭입니다. 옛날의 걸왕이나 주왕을 만났으면 틀림없이 죽었을 것입니다."

진나라 왕이 그로 인해 죄를 주지 않았다.

秦王與中期爭論, 不勝. 秦王大怒, 中期徐行而去. 或爲中期說秦王曰: "悍人也, 中期! 適遇明君故也. 向者遇桀·紂, 必殺之矣." 秦王因不罪.

걸왕이 방몽을 죽이고 주왕이 비간을 죽인 것은 그들이 자기를 이긴 것을 미워했기 때문이다. 진나라 왕은 걸·주의 흠결을 이어받을 것을 부끄러워해서, 그래서 죄주지 않았다.(姚本 言桀殺逢蒙, 紂殺比干, 惡其勝己也. 秦王恥襲桀·紂之闕, 故不罪.)

7-3 헌칙이 공손소에게 일러주다【獻則謂公孫消】

(초나라 사람인) 헌칙이 공손소(公孫消)에게 일러주며 말했다.

"공이 대신 중에서 높은 사람으로서 여러 차례 싸워서 공이 있는데도 재상이 되지 못한 까닭은 태후[宣太后]께서 공을 좋아하지 않기 때문입니다. (초나라 사람) 신융(辛戎=芉戎)이란 자를 태후가 내 몸같이 여기는데, 지금 초나라에서 도망가서 동주에 있습니다. 공은 어찌 진나라와 초나라의 무거움을 밑천으로 하여 주나라에서 (신융을) 재상으로 삼게 하지 않으십니까? 초나라는 틀림없이 이롭게 여길 것입니다. 이에 신융이 진나라와 초나라에 중요한 사람이 되면 태후가 반드시 기뻐할 것이니, 공이 재상이 되는 일은 틀림없을 것입니다."

獻則謂公孫消曰: "公, 大臣之尊者也, 數伐有功, 所以不爲相者, 太后不
善公也. 辛戎者, 太后之所親也, 今亡於楚, 在東周. 公何不以秦·楚之
重, 資而相之於周乎? 楚必便之矣. 是辛戎有秦·楚之重, 太后必悅公,
公相必矣."

망명 중인 태후의 동생을 동주의 재상으로 추천함으로써 태후의 환심을 사서 진나
라 재상을 노려보라는 이야기이다.

7-4 누오가 진나라와 위나라와 맹약을 하다【樓㹉約秦魏】

(위나라 사람) 누오(樓㹉)가 진나라와 위나라와 맹약을 하고 위나라
태자를 인질로 보내려고 했다. (위나라 신하인) 분강(紛疆)이 (맹약을) 깨
고 싶어서 태후에게 일러주며 말했다.

"나라 간에 서로 주는 것은 돌고 도니[5], 진나라가 손해를 보아서 위
나라에 이롭게 된다면 위나라는 반드시 (맹약을) 저버릴 것입니다. 진
나라를 저버리는 날, 태자는 (죽어) 거름으로 돌아갈 것입니다."

위나라 태후가 왕 앞에 앉아서 울었다. 왕이 그로 말미암아 태자
의 일에 의심이 생겨서, 영을 내려 (태자를 보내지 않고) 산조(酸棗)에 머
물게 했다. 누자[樓㹉]가 이를 근심하다가, (주나라 사람) 소연(昭衍)이 주
나라 일로 양나라에 오자 이를 알렸다.[6] 소연이 양(梁=魏)나라 왕을 뵙

---

5 포표 주: 환(還)은 곧 반(反)으로, 양국이 서로 좋고 싫은 것을 주는 것이 돌고 돌아서 고정된 바
가 없는 것이다.(鮑本, 還, 猶反也. 兩國相與好惡, 循環不定.)

6 요굉 주: 소연에게 위나라 태자가 산조에 머물겠다는 뜻을 알린 것이다.(姚本, 告昭衍魏太子止

자, 양나라 왕이 말했다.

"뭔가 들은 바가 있소?"

(소연이) 말했다.

"듣기에 진나라가 장차 위나라를 정벌한다 합니다."

왕이 말했다.

"(진나라는) 이미 나와 맹약을 맺기로 약속했소."[7]

(소연이) 말했다.

"진나라에서는 왕의 약속을 의심하고 있으니, 태자가 산조에 머물면서 진나라에 가지 않고 있기 때문입니다. 진나라 왕이 헤아려 말하기를, '위나라가 나와 맹약을 맺으려 하지 않으니, 반드시 나를 공격할 것이다. 나는 자리에서 기다리다 공격을 당하기보다는 차라리 먼저 정벌하는 것이 낫겠다'라고 했습니다. 진나라가 강한데도 몸을 굽히고서(折節) 동맹국(與國)들에게 낮추게 되면, 신은 동주(東周)에게 해가 될까[8] 두렵습니다."

樓悟約秦·魏, 魏太子爲質. 紛彊欲敗之, 謂太后曰: "國與還者也, 敗秦而利魏, 魏必負之. 負秦之日, 太子爲糞矣." 太后坐王而泣. 王因疑於太子, 令之留於酸棗. 樓子患之. 昭衍爲周之梁, 樓子告之. 昭衍見梁王, 梁

酸棗意.)

7 포표 주: "태자를 인질로 하여 맹약을 맺는 것을 기대했는데 보내지 않으니, 이 때문에 정벌을 하는가?"라는 말이다. (오사도가) 바로잡아 말한다. "나와 더불어 약속을 했는데, 어찌 정벌을 하는가?"라는 말이다.(鮑本, 言期以太子結約而不遣, 爲此故伐邪? 正曰: 言與我結約矣, 何爲而伐?)

8 요굉 주: 소연이 곧바로 위나라를 해칠 것이라고는 말하고 싶지 않아서, 그래서 말을 바꾸어 동주를 해칠까 두렵다고 말한 것이다. 진나라가 와서 정벌을 하기 위해서는 반드시 동주를 지나가야 하기 때문이다.(姚本, 昭衍不欲正言害魏也, 故詭言恐害東周也. 秦來伐, 必徑東周故也.)

244

王曰: "何聞?" 曰: "聞秦且伐魏." 王曰: "爲期與我約矣." 曰: "秦疑於王之約, 以太子之留酸棗而不之秦. 秦王之計曰: '魏不與我約, 必攻我; 我與其處而待之見攻, 不如先伐之.' 以秦疆折節而下與國, 臣恐其害於東周."

위나라가 약속의 증표로 태자를 진나라에 인질로 보낸다고 하고서는 보내지 않자, 진나라가 반드시 공격해올 것이라고 왕에게 경고한 것이다.

7-5 복양 사람 여불위가 한단에서 장사를 하다【濮陽人呂不韋賈於邯鄲】

(1)

복양(濮陽) 사람 여불위(呂不韋)가 [조나라 도읍인] 한단(邯鄲)에서 장사를 하고 있다가, 진나라에서 인질로 온 이인(異人)[9]을 보고서는 돌아와 아버지에게 일러주며 말했다.

"밭을 가는 이익은 몇 배입니까?"

(여불위의 아버지가) 말했다.

"열 배다."

"주옥으로 이익[贏]을 남기면 몇 배입니까?"

말했다.

---

9 요굉 주: 이인은 진나라 장양왕의 손자이자 효문왕의 아들이다. 소왕 때에 조나라에 인질로 와 있었는데, 이때 여불위가 한단에서 장사를 하다가 만나보았다. 포표 주: 이인은 자초의 첫 이름으로, 효문왕의 아들이다.(姚本, 異人, 秦莊襄王之孫, 孝文之子, 昭王時質於趙, 時不韋賈邯鄲而見也. 鮑本, 異人, 子楚初名, 孝文王子.)

"백 배다."

"나라와 집안의 주인을 세우면 이익은 몇 배입니까?"

말했다.

"헤아릴 수 없다."

(여불위가) 말했다.

"지금 힘써 밭을 갈고 애써 물건을 만들어도 따뜻한 옷을 입고 풍족한 밥을 먹을 수가 없는데 지금 나라를 세우고 임금을 세우면 은택이 대대로 남게 할 수 있으니, 원컨대 가서 그것을 일로 삼겠습니다."

濮陽人呂不韋賈於邯鄲, 見秦質子異人, 歸而謂父曰: "耕田之利幾倍?" 曰: "十倍." "珠玉之贏幾倍?" 曰: "百倍." "立國家之主贏幾倍?" 曰: "無數." 曰: "今力田疾作, 不得煖衣餘食, 今建國立君, 澤可以遺世, 願往事之."

(2)

(이때) 진나라 공자인 이인은 조나라에서 인질로 있으면서 요성(聊城)에 살고 있었다. 그래서 가서 그를 설득하며 말했다.

"(진나라 태자) 자혜(子傒)는 나라의 대업을 잇고 또 어머니가 대궐 안에 있습니다. 지금 그대는 어머니가 대궐 안에 없고, 밖으로는 어떻게 될지 모르는 나라에 맡겨져 있습니다. 하루아침에 약속을 배반하면 몸은 (한줌의) 거름이 됩니다. 지금 그대가 내가 계획한 일을 듣고 돌아갈 것을 요구한다면 진나라를 가질 수 있습니다. 내가 그대를 위해 진나라에 사신으로 가서 틀림없이 그대를 오도록 청하겠습니다."

秦子異人質於趙, 處於聊城. 故往說之曰: "子傒有承國之業, 又有母在中. 今子無母於中, 外託於不可知之國, 一日倍約, 身爲糞土. 今子聽吾計事, 求歸, 可以有秦國. 吾爲子使秦, 必來請子."

(3)

마침내 진나라 왕후[華陽夫人]의 동생인 양천군(陽泉君)을 설득하며 말했다.

"그대의 죄가 죽음에 이른다는 것을 그대는 알고 계십니까? 그대의 문 아래에는 높고 귀한 지위의 사람이 머물지 않음이 없는데, 태자의 문 아래에는 귀한 사람이 없습니다. 그대의 집에는 진기한 구슬과 보옥들이 쌓여 있고, 그대의 좋은 말이 바깥 마구간에 가득 차 있고, 아름다운 여인들이 뒤뜰을 채우고 있습니다. 왕의 춘추가 높으니 하루아침에 산과 언덕이 무너져서 태자가 마음대로 일을 처리하게 되면, 그대는 쌓아놓은 계란 위에 있는 듯이 위태로워지고 무궁화[朝生=槿]¹⁰처럼 오래가지 못하게 될 것입니다. (그러나) 모든 것[一切]을 가질 수 있고, 그대가 부유하고 귀하기를 천년만년 할 수 있으며, 이에 태산의 네 구석(四維)¹¹보다 편안해져서 반드시 위태롭거나 망하는 근심이 없게 될 방도를 말씀드리겠습니다."

양천군이 자리에서 일어나서[避席] 그 이야기를 듣고자 청하였다.

불위가 말했다.

---

10 요굉 주: 조생은 무궁화인데, 꽃이 아침에 피었다가 저녁에 떨어진다.(姚本, 朝生, 槿也, 朝榮夕落.)

11 포표 주: 사유(四維)는 네 방향의 구석을 말하며, (태산의 네 구석이란) 옮길 수가 없음을 말한다.(鮑本, 四方之隅, 不可移也.)

"왕의 나이가 많고 왕후께서는 아들이 없는데, (태자인) 자혜(子傒)가 나라를 잇는 대업을 가지고 있고 사창(士倉)이 또한 그를 보좌하고 있습니다. 왕께서 어느 날 산과 언덕처럼 무너져서 자혜가 세워지고 사창이 일을 마음대로 하게 되면, 왕후의 문에는 반드시 쑥(蓬蒿)이 자라게 될 것입니다. 공자 이인(異人)은 뛰어난 자질이 있지만 버려져 조나라에 있고 나라 안에는 어머니도 없으니, 목을 늘어뜨려 서쪽을 바라보면서 한결같이 돌아오기만을 바라고 있습니다. 왕후께서 열렬하게 청해서 그를 세우시면, 이에 공자 이인에게는 나라가 없다가 나라가 생기게 되고 왕후께서는 아들이 없다가 아들이 생기게 됩니다."

양천군이 말했다.

"그렇소."

들어가서 왕후를 설득했고, 왕후가 마침내 조나라에 이인을 돌아오게 해달라고 청하였다.

乃說秦王后弟陽泉君曰: "君之罪至死, 君知之乎? 君之門下無不居高尊位, 太子門下無貴者. 君之府藏珍珠寶玉, 君之駿馬盈外廄, 美女充後庭. 王之春秋高, 一日山陵崩, 太子用事, 君危於累卵, 而不壽於朝生. 說有可以一切, 而使君富貴千萬歲, 其寧於太山四維, 必無危亡之患矣." 陽泉君避席, 請聞其說. 不韋曰: "王年高矣, 王后無子, 子傒有承國之業, 士倉又輔之. 王一日山陵崩, 子傒立, 士倉用事, 王后之門, 必生蓬蒿. 子異人賢材也, 棄於在趙, 無母於內, 引領西望, 而願一得歸. 王后誠請而立之, 是子異人無國而有國, 王后無子而有子也." 陽泉君曰: "然." 入說王后, 王后乃請趙而歸之.

(4)

조나라가 아직 (이인을) 보내지 않자, 불위가 조나라를 설득하며 말했다.

"공자 이인은 진나라에서 총애하는 아들인데, 어머니가 대궐에는 없지만 왕후께서 그를 얻어서 아들로 삼고자 합니다. 만일 진나라가 조나라를 도륙하고자 한다면 자식 한 명 때문에 계획을 유보하지는 않을 것이니, 이는 껍질뿐인 인질을 껴안고 있는 것입니다. 만일 공자 이인을 돌려보내서 (임금에) 세워지게 된다면 조나라는 두텁게 환송하여 보낸 것이 되니, 이에 감히 은덕을 배반하고 베풀어준 것을 어그러뜨리지 않을 것이며, 이에 스스로 덕으로서 강화를 한 것이 됩니다. 진나라 왕은 늙었으니, 돌아가시는[晏駕=崩御] 날이 되면 비록 공자 이인이 (여기에) 있더라도 진나라와 결속하기에는 충분하지 않습니다."

조나라가 마침내 그를 보냈다.

趙未之遣, 不韋說趙曰: "子異人, 秦之寵子也, 無母於中, 王后欲取而子之. 使秦而欲屠趙, 不顧一子以留計, 是抱空質也. 若使子異人歸而得立, 趙厚送遣之, 是不敢倍德畔施, 是自爲德講. 秦王老矣, 以日晏駕, 雖有子異人, 不足以結秦." 趙乃遣之.

(5)

이인이 도착하자, 불위가 초나라 옷을 입혀서[12] 뵙게 했다. 왕후가

---

12 표표 주: 왕후가 초나라 사람이었기 때문에 초나라에서 만든 옷을 입혀서 기쁘게 만들고자 했던 것이다.(鮑本, 以王后楚人, 故服楚製以說之.)

그 모습을 보고는 기뻐하며, 그 지혜를 높이 사며 말했다.

"나는 초나라 사람이다."

스스로 그를 아들로 삼았고, 곧 그 이름을 바꿔서 초(楚)라고 불렀다. 왕이 그에게 (익힌 책들을) 외워보라고 하자 자초가 말했다.

"어려서 나라 밖에 버려지고 덜어내졌기 때문에 일찍이 사부에게 학문을 배운 바가 없어서 외울 것을 익히지 못했습니다."

왕이 (외우기를) 그만두게 하고, 마침내 (궁 안에) 머물게 하였다. (자초가) 틈을 타서 말했다.

"폐하께서는 일찍이 조나라에서 수레를 멈춘 적이 있습니다. 조나라의 호걸 중에 이름을 알고 있는 자가 적지 않을 터인데, 지금 대왕께서 나라로 돌아오시자 모두 서쪽을 바라보고 있습니다. 대왕께서 심부름꾼 한 명[一介之使]을 보내어 안부를 묻지도[存=問, 問其存亡] 않으셨으니, 신은 그들 모두가 원망하는 마음을 갖고 있지 않을까 두렵습니다. 변경을 일찍 닫고 늦게 열게 하십시오."

왕이 그럴 것이라고 여기며 그 계책을 기이하게 받아들였다. 왕후가 그를 세울 것을 권하자, 왕이 마침내 재상을 불러서 영을 내려 말했다.

"과인의 아들 중에 초(楚)만한 아들이 없다."

세워져서 태자가 되었다.

異人至, 不韋使楚服而見. 王后悅其狀, 高其知, 曰: "吾楚人也." 而自子之, 乃變其名曰楚. 王使子誦, 子曰: "少棄捐在外, 嘗無師傅所敎學, 不習於誦." 王罷之, 乃留止. 間曰: "陛下嘗軔車於趙矣, 趙之豪桀, 得知名者不少. 今大王反國, 皆西面而望. 大王無一介之使以存之, 臣恐其皆有

怨心, 使邊境早閉晚開." 王以爲然, 奇其計. 王后勸立之. 王乃召相, 令之
曰: "寡人子莫若楚." 立以爲太子.

(6)

자초[莊襄王]가 세워지자 불위가 재상이 되었으니, 부르기를 문신
후(文信侯)라 했고 식읍으로 남전(藍田)의 12현이 주어졌다. 왕후는 화
양태후(華陽太后)가 되었고, 제후들이 모두 진나라 땅에 (태후에게 치하
하러) 이르렀다.

子楚立, 以不韋爲相, 號曰文信侯, 食藍田十二縣. 王后爲華陽太后, 諸
侯皆致秦邑.

**여불위가 자초의 잠재력을 보고, 진나라 왕후가 자식이 없는 것을 이용하여 자초
를 아들로 삼고 태자로 세우게 했다.**

7-6 문신후가 조나라를 공격하여 하간 땅을 넓히고 싶어 하다
【文信侯欲攻趙以廣河間】

(1)

문신후가 조나라를 공격하여 하간(河間) 땅을 넓히고 싶어서, 강
성군(剛成君) 채택(蔡澤)을 시켜 연나라를 삼 년간 섬기게 하고 연나라
태자[燕僖王의 아들, 丹]를 진나라에 인질로 데려왔다. 문신후가 이참에
장당(張唐)에게 부탁하기를, 하간의 땅을 넓히고 싶으니 연나라 재상

이 되어 연나라와 함께 조나라를 정벌해 달라고 했다. 장당(張唐)이 사양하면서 말했다.

"연나라에 가려면 반드시 조나라를 거쳐야 하는데, 조나라 사람이 저를 잡는다면 (상으로) 백 리의 땅을 받게 될 것입니다."

문신후가 물러나면서 기분이 나빴다. (甘茂의 손자인) 소서자(少庶子) 감라(甘羅)가 말했다.

"군후께서는 어째서 그렇게 기분이 안 좋으십니까?"

문신후가 말했다.

"내가 영을 내려 강성군 채택에게 삼 년간 연나라를 섬기게 했고, 그래서 연나라 태자가 이미 인질로 들어와 있다. 지금 내가 스스로 장당에게 청하여 연나라 재상이 되어 달라고 했는데, 기꺼이 가겠다고 하지 않는구나."

감라가 말했다.

"신이 가도록 해보겠습니다."

문신군[君=侯]이 꾸짖어 물러나게 하면서 말했다.

"내가 스스로 가도록 했는데도 기꺼워하지 않았는데, 네가 어찌 능히 가게 할 수 있겠느냐?"

감라가 말했다.

"무릇 항탁(項槖)은 나이 일곱 살에 공자(孔子)의 스승이 되었는데, 지금 신의 나이는 열두 살로 더욱 많습니다. 주군께서 이에 신을 시험해 보시면 될 일이지, 어찌 갑작스럽게 꾸짖으며 말씀하십니까?"

文信侯欲攻趙以廣河間, 使剛成君蔡澤事燕三年, 而燕太子質於秦. 文信侯因請張唐相燕, 欲與燕共伐趙, 以廣河間之地. 張唐辭曰: "燕者必

徑於趙, 趙人得唐者, 受百里之地." 文信侯去而不快. 少庶子甘羅曰: "君

侯何不快甚也?" 文信侯曰: "吾令剛成君蔡澤事燕三年. 而燕太子已入

質矣. 今吾自請張卿相燕, 而不肯行." 甘羅曰: "臣行之." 文信君叱去, 曰:

"我自行之而不肯, 汝安能行之也?" 甘羅曰: "夫項橐生七歲而爲孔子師,

今臣生十二歲於茲矣! 君其試臣, 奚以遽言叱也?"

12세 소년 감라가 여불위를 위해 장당을 설득하여 연나라로 보내겠다고 나섰다.

---

(2)

감라가 장당을 만나서 말했다.

"경의 공을 무안군(武安君=白起)과 비교하면 누가 더 낫습니까?"

장당이 말했다.

"무안군은 싸워서 이기고 공격하면 차지하기를 그 숫자를 알 수

없고, 성을 공격하고 마을을 떨어뜨린 것도 그 숫자를 알 수 없습니다.

신의 공이 무안군만 못하오."

감라가 말했다.

"경께서는 공이 무안군만 못한 것을 훤히 알고 계신 것입니까?"

(장당이) 말했다.

"알고 있소."

"응후(應侯=范雎)가 진나라를 마음대로 한[用] 것과 문신후를 비교

하면 누가 더 권세가 무겁습니까[專=權重]?"

(장당이) 말했다.

"응후는 문신후 권세의 무거움에 미치지 못합니다."

(감라가) 말했다.

"경께서는 (응후가) 문신후의 권세에 미치지 못한다는 것을 훤히 알고 계십니까?"

(장당이) 말했다.

"알고 있소."

감라가 말했다.

"응후는 조나라를 치고 싶어 하다가 무안군이 자신을 어렵게 만들자 그 때문에 함양에서 7리 떨어진 곳에서 목을 졸라 죽였습니다. 지금 문신후가 스스로 청하여 경을 연나라에 재상으로 삼으려 했는데도 경은 기꺼이 가려고 하지 않으니, 신은 경이 죽을 곳을 알지 못하겠습니다."

당이 말했다.

"청컨대 나이 어린 사람 때문에 가게 생겼소!"

명하여 창고에서 수레를 갖추고 마구간에서 말을 갖추며 관부에서는 폐백을 갖추게 하여 며칠 뒤에 떠났다.

甘羅見張唐曰: "卿之功, 孰與武安君?" 唐曰: "武安君戰勝攻取, 不知其數, 攻城墮邑, 不知其數. 臣之功不如武安君也." 甘羅曰: "卿明知功之不如武安君歟?" 曰: "知之." "應侯之用秦也, 孰與文信侯專?" 曰: "應侯不如文信侯專." 曰: "卿明知爲不如文信侯專歟?" 曰: "知之." 甘羅曰: "應侯欲伐趙, 武安君難之, 去咸陽七里, 絞而殺之. 今文信侯自請卿相燕, 而卿不肯行, 臣不知卿所死之處矣." 唐曰: "請因孺子而行!" 令庫具車, 廏具馬, 府具幣, 行有日矣.

감라가 장당에게 백기와 범수를 예로 들면서, 여불위에게 맞서면 죽음뿐이라고 협

박하여 떠나게 했다.

(3)

감라가 문신후에게 일러주며 말했다.

"신에게 수레 다섯 승을 빌려주시면 청컨대 장당을 위해 먼저 조나라에 보고하겠습니다."

조나라 왕[悼襄王]을 뵈러 가자 조나라 왕이 성 밖까지 마중을 나왔는데, 조나라 왕에게 일러주며 말했다.

"연나라 태자 단(單=丹)이 진나라에 들어간 것을 들으셨습니까?"

(조나라 왕이) 말했다.

"들었소."

"연나라 태자가 진나라에 들어와 있기 때문에 연나라는 진나라를 속일 수 없고, 장당이 연나라의 재상이 되면 진나라도 연나라를 속일 수 없습니다. 진나라와 연나라가 서로 속이지 않게 되면 곧 조나라를 정벌할 것이니, 위태롭습니다. 연나라와 진나라가 서로 속이지 않는 까닭은, 다른 이유는 없고 조나라를 공격해서 하간의 땅을 넓히고 싶기 때문입니다. 지금 왕께서 신에게 다섯 성을 내주어 하간 땅을 넓혀주신다면, 청하여 연나라 태자를 귀국시킨 뒤 강한 조나라와 더불어 약한 연나라를 공격하게 하겠습니다."

조나라 왕이 바로 다섯 성을 잘라서 하간 땅을 넓혀주자 (진나라가) 연나라 태자를 돌려보냈다. 조나라는 연나라를 공격하여 상곡(上谷) 36현을 얻었고, 진나라에게 11개 현을 주었다.

甘羅謂文信侯曰: "借臣車五乘, 請爲張唐先報趙." 見趙王, 趙王郊迎.

謂趙王曰:"聞燕太子單之入秦與?"曰:"聞之.""聞張唐之相燕與?"曰:
"聞之.""燕太子入秦者, 燕不欺秦也, 張唐相燕者, 秦不欺燕也. 秦·燕
不相欺, 則伐趙, 危矣. 燕·秦所以不相欺者, 無異故, 欲攻趙而廣河間
也. 今王齎臣五城以廣河間, 請歸燕太子, 與強趙攻弱燕." 趙王立割五
城以廣河間, 歸燕太子. 趙攻燕, 得上谷三十六縣, 與秦什一.

감라가 조나라 왕에게, 장당이 연나라 재상이 되어 진나라와 연나라가 합해지면 조
나라를 공격할 것이니, 하간 땅을 내놓으면 연나라와의 화의를 깨뜨려버리겠다고
제안하였다.

7-7 문신후가 나라를 나가서 달아나다【文信侯出走】

(1)

문신후가 (나라를) 나가서 달아났다. 사공마(司空馬)와 더불어 조나
라로 가니, 조나라는 (임시로 관직을 만들어) 수상(守相)으로 대우했다.
진나라가 갑병을 내려 조나라를 공격하자 사공마가 조나라 왕을 설득
하며 말했다.

"문신후가 진나라 재상을 할 때 신은 그를 섬기며 상서가 되어 진
나라 일을 익혔는데, 지금 대왕께서 신[守=臣]에게 작은 벼슬을 주어
조나라 일을 익히게 하셨습니다. 대왕을 위해 청컨대, 진나라와 조
라의 싸움이 실제로 있다고 여기시고[設]¹³ 몸소 누가 이기게 될지를

---

13 포표 주: 설(設)이란 그 일이 없지만 베풀고 펼쳐서 그런 것처럼 하는 것이다.(鮑本, 設者, 無其

살펴보십시오. 조나라와 진나라와 비교하면 누가 크겠습니까?"

(왕이) 말했다.

"진나라만 못하오."

"백성은 그와 비교하여 누가 더 많습니까?"

(왕이) 말했다.

"진나라만 못하오."

"금과 돈, 곡식은 누가 더 부유합니까?"

(왕이) 말했다.

"진나라만 못하오."

"나라는 누가 더 잘 다스립니까?"

(왕이) 말했다.

"진나라만 못하오."

"율령은 누가 더 밝습니까?"

(왕이) 말했다.

"진나라만 못하오."

사공마가 말했다.

"그렇다면 대왕의 나라는 백 가지를 들어도 진나라에 미치지 못하니, 대왕의 나라는 망하게 될 것입니다."

조나라 왕이 말했다.

"경은 조나라가 멀다 하지 않고 와서 나랏일을 모두 가르쳐주었으니, 그로 인한 계책도 원하오."

사공마가 말했다.

事, 施陳爲之.) 현대어로는 모사실험이나 시뮬레이션에 가깝다.

"대왕께서 조나라의 절반을 찢어서 진나라에 뇌물로 바치면, 진나라는 칼날을 부딪치지 않고도 조나라의 절반을 얻게 되니 반드시 기뻐할 것입니다. 안으로는 조나라가 (땅을) 지키려는[守] 것을 싫어하고 밖으로는 제후들의 구원을 근심하기 때문에, 진나라는 틀림없이 받게 될 것입니다. 진나라가 땅을 받고 병사를 물리면 조나라는 절반의 나라를 지키면서 스스로 남을 수 있게 됩니다. 진나라가 뇌물(로 준 땅)을 입에 물고 스스로 강해지면 산동은 반드시 두려워할 것이며, 조나라가 없어진다면[亡=失] 스스로 위태로워지기 때문에 제후들은 반드시 두려워할 것입니다. 두려워지면 서로 구하려고 할 것이니, 곧 합종[從事]이 이루어질 수 있습니다. 신이 청하건대 대왕께서는 합종을 약속하십시오. 합종의 일이 이루어지게 되면 이는 대왕께서 이름으로는 조나라의 절반을 잃었지만 실상은 산동이 진나라에 대적하는 것을 얻게 된 것이니, 진나라가 (조나라를) 망하게 하기에는 충분치 않을 것입니다."

조나라 왕이 말했다.

"지난날 진나라가 갑병을 내려 보내 조나라를 공격했을 때 조나라는 하간의 12현을 뇌물로 주었는데, 땅이 깎이자 병사가 약해져서 끝내 진나라의 근심을 벗어내지 못했소. 지금 또다시 조나라의 절반을 잘라서 강한 진나라에 준다면 힘을 써도 스스로 남을 수 없으니, 그로 인해 망하게 될 것이오. 원컨대 경의 계책을 고쳐주시오."

사공마가 말했다.

"신은 어려서 진나라의 관리[刀筆]가 되어 관장(官長) 덕분에 낮은 관직을 지켰기 때문에 일찍이 병사의 수장이 된 적은 없었습니다만, 청컨대 대왕을 위해 조나라 병사들을 모두 이끌고서 (진나라와) 싸우겠습니다."

조나라 왕은 사공마가 장수가 되게 할 수 없었다. 사공마가 말했다.

"신이 어리석은 계책을 바쳤지만 대왕께서 쓰지 않으시니, 이에 신은 대왕을 섬길 수 없습니다. 바라건대 스스로 (떠날 것을) 청합니다."

文信侯出走. 與司空馬之趙, 趙以爲守相. 秦下甲而攻趙. 司空馬說趙王曰: "文信侯相秦, 臣事之, 爲尙書, 習秦事. 今大王使守小官, 習趙事. 請爲大王設秦·趙之戰, 而親觀其孰勝. 趙孰與秦大?" 曰: "不如." "民孰與之衆?" 曰: "不如." "金錢粟孰與之富?" 曰: "弗如." "國孰與之治?" 曰: "不如." "律令孰與之明?" 曰: "不如." 司空馬曰: "然則大王之國, 百擧而無及秦者, 大王之國亡." 趙王曰: "卿不遠趙, 而悉敎以國事, 願於因計." 司馬空曰: "大王裂趙之半以賂秦, 秦不接刃而得趙之半, 秦必悅. 內惡趙之守, 外恐諸侯之救, 秦必受之. 秦受地而卻兵, 趙守半國以自存. 秦銜賂以自强, 山東必恐, 亡趙自危, 諸侯必懼. 懼而相救, 則從事可成. 臣請大王約從. 從事成, 則是大王名亡趙之半, 實得山東以敵秦, 秦不足亡." 趙王曰: "前日秦下甲攻趙, 趙賂以河間十二縣, 地削兵弱, 卒不免秦患. 今又割趙之半以强秦, 力不能自存, 因以亡矣. 願卿之更計." 司空馬曰: "臣少爲秦刀筆, 以官長而守小官, 未嘗爲兵首, 請爲大王悉趙兵以遇." 趙王不能將[14]. 司空馬曰: "臣效愚計, 大王不用, 是臣無以事大王, 願自請."

---

14 요굉 주: '조왕은 능히 사공마가 장군이 되게 할 수 없었다'라는 뜻이다.(姚本, 趙王不能用司空馬爲將.)

> 사공마가 조나라 왕과 두 나라의 힘을 비교한 뒤, 조나라가 살아남고 산동의 나라
> 를 결속시키기 위해서는 나라의 절반을 진나라에 주고 다른 나라들과 합종해야 한
> 다고 제안했지만 받아들여지지 않았다.

(2)

사공마가 조나라를 떠났다. 평원(平原)을 건너갈 때, 평원진령(平原
津令) 곽유(郭遺)가 위로하며 물었다.

"진나라 병사가 조나라로 내려오고 있습니다. 상객(上客)은 조나라
에서 오셨는데, 조나라의 일은 어떻게 되어 가고 있습니까?"

사공마가 말하기를, 조나라 왕을 위해 계책을 세웠지만 쓰이지 못
했으니 조나라가 반드시 망하게 될 것이라고 했다. 평원령이 말했다.

"상객께서 헤아려보건대 조나라는 언제 망하겠습니까?"

사공마가 말했다.

"조나라 장군이 무안군(武安君=李牧)이면 일 년 후에 망하고, 만일
무안군을 죽인다면 반년을 넘지 않을 것이오. 조나라 왕의 신하 중에
한창(韓倉)이란 자가 있는데, 조나라 왕에게 바르지 못한 방법[曲=不正]
으로 부합하여 그 (조나라 왕과의) 사귐이 매우 가깝습니다. 그의 사람
됨은 뛰어난 이를 미워하고 공이 있는 신하를 시샘하니, 지금 나라가
위태롭고 망하게 되었는데도 왕은 반드시 그의 말을 쓸 것이며 무안군
은 틀림없이 죽게 될 것이오."

司空馬去趙, 渡平原. 平原津令郭遺勞而問曰: "秦兵下趙, 上客從趙來,
趙事何如?" 司空馬言其爲趙王計而弗用, 趙必亡. 平原令曰: "以上客料
之, 趙何時亡?" 司空馬曰: "趙將武安君, 期年而亡, 若殺武安君, 不過半

年. 趙王之臣有韓倉者, 以曲合於趙王, 其交甚親, 其爲人疾賢妬功臣.
今國危亡, 王必用其言, 武安君必死."

사공마가 영신(佞臣) 한창에 의해 무안군 이목이 죽게 될 것을 미리 알고 이야기
했다.

---

(3)

한창이 과연 그[무안군 이목]를 미워하자 왕이 다른 사람으로 하여
금 대신하게 했다. 무안군이 이르자, 한창을 시켜 꾸짖으며[數=讓] 말
했다.

"장군이 싸워 이겨서 왕이 장군에게 술잔을 내렸을 때, 장군은 (임
금) 앞에서 장수를 빌면서 비수(匕首)를 들고[捍=捽] 있었으니 사형에
해당된다."

무안군이 말했다.

"내[繰: 李牧의 이름]가 어깨가 좁고 굽은 데다[15] 몸은 크고 팔이 짧
아서 땅에 닿지 않기 때문에, 일어나거나 앉을 때 공손하지 못하고 (임
금) 앞에서 죽을죄를 지을까 근심스럽고 두려워서, 그래서 공인을 시
켜 나무 각재를 만들어 손에 붙인 것입니다. 상께서 만일 믿지 못하시
면, 제가 청하건대 꺼내서 보여드리겠습니다."

소매 속에서 꺼내어 한창에게 보여주었는데, 그 모양이 마치 나무
팔뚝[振捆]처럼 생겼으며[16] 베[布]로 감싸고[纏] 있었다.

---

15 (오사도가) 바로잡아 말한다. '병구(病鉤)'란 곧 어깨가 좁은 것을 말한다.(正曰: 病鉤, 即所謂臂
短也.)
16 (오사도가) 바로잡아 말한다. 대개 이목의 오른쪽 어깨가 짧아서 나무 재목으로 덧붙였으니, 펼쳐

"원컨대 공께서 (궁에) 들어가셔서 밝게 알려주십시오."

한창이 말했다.

"왕에게 명을 받고 장군에게 죽음을 내리러 온 것이므로 사면할 수 없소. 신은 감히 말을 전할 수 없습니다."

무안군이 북쪽을 바라보고 두 번 절하며 죽음을 받아들였다. 칼로 찔러 스스로 죽으려 하다가, 이에 말하였다.

"남의 신하가 되어 궁 안에서 스스로 죽을 수는 없습니다."

사마문[司空馬門→司馬門]을 지나서[遇→過] 매우 급히 서둘러 극문(棘門)을 나섰다. 오른손으로 검을 들고 장차 스스로 죽으려 했지만, 팔이 짧아 미치지 못하게 되자 검을 입에 물고 (팔이 짧은 것을) 증명하며 기둥에 부딪혀 스스로 찔렀다. 무안군이 죽고 다섯 달이 지나자 조나라는 망하고 말았다.

韓倉果惡之, 王使人代. 武安君至, 使韓倉數之曰: "將軍戰勝, 王觴將軍, 將軍爲壽於前而捍匕首, 當死." 武安君曰: "繆病鉤, 身大臂短, 不能及地, 起居不敬, 恐懼死罪於前, 故使工人爲木材以接手. 上若不信, 繆請以出示." 出之袖中, 以示韓倉, 狀如振捆, 纏之以布. "願公入明知." 韓倉曰: "受命於王, 賜將軍死, 不赦. 臣不敢言." 武安君北面再拜賜死, 縮劍將自誅, 乃曰: "人臣不得自殺宮中." 遇司空馬門, 趣甚疾, 出棘門也. 右擧劍將自誅, 臂短不能及, 銜劍徵之於柱以自刺. 武安君死. 五月趙亡.

저 움직일 때는 마치 포장되어 있는 나뭇등걸을 떨치는 것 같았다. 비수는 몸 속에 가지고서 사람을 찌르는 물건이므로 이목이 왕 앞에서 장수를 빌 때는 감히 꺼낼 수 없었던 것이다. 아마도 포장된 것을 펼친 것이 마치 비수를 손에 쥔 것처럼 보였기 때문에 비수를 가지고 있는 죄가 된 것이다.(正曰: 蓋牧右臂短, 故爲木材接之, 如振動梱櫳也. 匕首挾以刺人, 牧爲壽王前, 不敢出, 其振梱有若捍匕首, 故以挾匕首罪.)

사공마의 예측대로 한창이 이목에게 죄를 주어 스스로 죽게 만들었다.

(4)

평원령(平原令)이 여러 공경 대부들을 뵙고, 오로지(必) 그에 대해 말했다.

"아아! 사공마(司空馬)여!"

또 말하였다.

"사공마가 진나라에서 쫓겨난 것은 지혜가 없어서가 아니었고, 조나라를 떠난 것은 능력이 없어서가 아니었다. 조나라는 사공마를 떠나보냈기 때문에, 그래서 나라가 망한 것이다. 나라가 망하는 것은 뛰어난 이가 없어서가 아니라 (뛰어난 이를) 능히 쓰지 못했기 때문이다."

平原令見諸公, 必爲言之曰: "嗟茲呼, 司空馬!" 又以爲, "司空馬逐於秦, 非不知也. 去趙, 非不肖也. 趙去司空馬而國亡. 國亡者, 非無賢人, 不能用也."

나라가 망하는 것은, 뛰어난 이가 없어서가 아니라 쓰지 않았기 때문이다.

7-8 네 나라가 하나가 되어 장차 진나라를 공격하려 하다
【四國爲一將以攻秦】

(1)

네 나라[燕, 趙, 吳, 楚]가 하나가 되어 장차 진나라를 공격하려 하자 진나라 왕이 뭇 신하와 빈객 60명을 불러서 물어 말했다.

"네 나라가 하나가 되어 장차 진나라를 도모하려 하는데, 과인은 안으로 재력이 다했고[屈=財力困也] 백성들은 밖에서 쓰러지고 있으니 어찌해야 하겠소?"

뭇 신하들이 대답하지 못하고 있었는데, 요가(姚賈)가 대답하여 말했다.

"제가 바라건대, 네 나라에 사신으로 나가서 반드시 그 모의를 끊고 그 병사를 그치게[安=止] 하겠습니다."

곧 수레 백승과 금 천 근을 밑천으로 해서 (왕의 전권사신에) 걸맞은 옷과 관을 쓰고 걸맞은 검을 둘렀다(舞=帶). 요가가 인사하고 떠나서 그 모의를 끊고 병사를 멈추게 하며 그들과 더불어 교분을 맺은 것을 진나라에 보고하니, 진나라 왕이 크게 기뻐하며 요가로 하여금 천호(千戶)에 봉하고 상경이 되게 하였다.

四國爲一, 將以攻秦. 秦王召群臣賓客六十人而問焉, 曰: "四國爲一, 將以圖秦, 寡人屈於內, 而百姓靡於外, 爲之奈何?" 群臣莫對. 姚賈對曰: "賈願出使四國, 必絕其謀, 而安其兵." 乃資車百乘, 金千斤, 衣以其衣冠, 舞以其劍. 姚賈辭行, 絕其謀, 止其兵, 與之爲交以報秦. 秦王大悅. 賈封千戶, 以爲上卿.

요가가 왕의 전권을 가지고 네 나라가 진을 공격하지 못하게 했다.

(2)

한비(韓非)**17**가 이를 알고 (왕에게) 말했다.

"가(賈)가 진귀한 구슬과 무거운 보배를 가지고 남쪽으로 형나라와 초나라에 사신을 가고 북쪽으로 연나라와 대나라로 사신을 간 것이 삼 년인데, 네 나라의 교류가 미처 전부 다 이루어지지[合=成] 않았는데도 안에서는 진귀한 구슬과 무거운 보배를 남김없이 다 써버렸습니다. 이는 가(賈)가 왕의 권세와 나라의 보물을 가지고 밖에서 스스로 제후들과 교류한 것이니, 원컨대 왕께서는 이를 살피십시오. 또한 (요가는) 양나라의 문을 지키는 사람[監門]의 아들인데, 일찍이 양나라에서 도둑질을 했고 조나라에서 신하로 있다가 쫓겨났습니다. 대대로 문지기의 아들로서 양나라의 큰 도둑이며 초나라의 쫓겨난 신하이니, 사직의 계책을 더불어 같이 아는 것은 뭇 신하들을 권면[厲=勸勉]하는 바가 아닙니다."

韓非知之, 曰: "賈以珍珠重寶, 南使荊·吳, 北使燕·代之間三年, 四國之交未必合也, 而珍珠重寶盡於內. 是賈以王之權·國之寶, 外自交於諸侯, 願王察之. 且梁監門子, 嘗盜於梁, 臣於趙而逐. 取世**18**監門子, 梁之大盜, 趙之逐臣, 與同知社稷之計, 非所以厲群臣也."

한비가 요가는 공을 이루지도 못했고 과거에 불순한 일이 있었다고 하여 비난하

---

17 포표 주: 한나라의 여러 공자 중 하나로, 진나라 왕이 그의 책을 보고 그를 만나보지 못한 것을 한스러워했다. 한나라를 공격하자 한나라가 진나라에 사신으로 보냈는데, 진나라 왕이 기뻐하자 요가와 이사가 그를 헐뜯어서 죽였다.(鮑本, 韓之諸公子, 秦王見其書, 恨不及見之. 攻韓, 韓遣之使秦, 秦王說之. 賈與李斯毀之死.)

18 요굉 주: 아버지가 죽으면 아들이 잇는 것을 세(世)라고 한다.(姚本, 父死子繼, 曰世.)

였다.

---

(3)

왕이 요가를 불러서 물으며 말했다.

"내가 듣기에 그대는 과인의 재물로써 제후들과 사귄다고 하는데, 그런 적이 있는가?"

대답하여 말했다.

"있습니다."

왕이 말했다.

"무슨 면목을 가지고 과인을 다시 보는가?"

대답하여 말했다.

"증삼(曾參)이 그 어버이에게 효도하니 천하가 자식으로 삼기를 원했고, 오자서가 그 임금에게 충성하니 천하가 신하로 삼기를 원했으며, 정녀(貞女)가 길쌈을 잘하자 천하가 부인으로 삼기를 원했습니다. 지금 제가 왕께 충성하고 있지만 왕께서는 알지 못하십니다. 제가 네 나라에서 돌아오지 않는다면 오히려 어디로 가겠습니까? 만일 제가 왕에게 충성하지 않는다면 네 나라의 왕은 오히려 제 몸을 어디에 쓰겠습니까? (하나라) 걸왕은 헐뜯는 소리를 듣고 자기의 훌륭한 장수를 주살하였고 은나라 주왕은 헐뜯는 소리를 듣고 자기의 충신을 죽였으니, 이 때문에 자기 몸이 죽고 나라가 망하는 데 이르게 되었습니다. 지금 왕께서 참소를 들어주신다면 충성하는 신하가 없을 것입니다.

王召姚賈而問曰: "吾聞子以寡人財交於諸侯, 有諸?" 對曰: "有." 王曰: "有何面目復見寡人?" 對曰: "曾參孝其親, 天下願以爲子; 子胥忠其君,

天下願以爲臣; 貞女工巧, 天下願以爲妃. 今賈忠王而王不知也. 賈不歸
四國, 尙焉之? 使賈不忠於君, 四國之王尙焉用賈之身? 桀聽讒而誅其
良將, 紂聞讒而殺其忠臣, 至身死國亡. 今王聽讒, 則無忠臣矣."

**요가가 자기 왕에게 충성하지 않는 자를 다른 나라 왕들이 믿어 주겠느냐며 스스로
를 변호하였다.**

---

(4)

왕이 말했다.

"그대가 문지기의 아들로서 양나라의 큰 도둑이며 조나라의 쫓겨
난 신하라고 했다."

요가가 말했다.

"태공망은 제나라의 쫓겨난 사내로 (상나라 도읍인) 조가에서 고깃
간을 접었고[廢屠]¹⁹ 자량(子良)의 쫓겨난 신하라서 극진(棘津)에서 (물
고기를) 팔려고[讎=售] 해도 써주지 않았는데, 문왕이 그를 써서 왕이
되었습니다. 관중은 변경사람으로 상인이었고 남양에서 숨어 지냈으
며[弊幽] 노나라에서 죄인을 벗어났는데²⁰, 환공이 그를 써서 패자가
되었습니다. 백리해는 우나라에서 빌어먹다가 양 가죽 다섯 장에 다
른 사람에게 팔렸는데, (秦나라) 목공이 그를 재상으로 삼아 서융(西戎)

---

19 요굉 주: 朝歌에서 고기를 팔려고 하였으나 고기에서 비린내가 나서 팔지 못했기 때문에 '고깃
간을 접었다'고 한 것이다.(姚本, 賣肉於朝歌, 肉上生臭不售, 故曰廢屠.)
20 요굉 주: 올려져 쓰이지 못해서 남양에서 가난하고 천하게 살았기 때문에 '남양에서 숨어 지냈
다'고 했고, 공자 규가 난에 죽지 않게 되자 노나라에서 붙잡혔다가 제나라로 돌려보내진 것을
'노나라에서 죄인을 벗어났다'고 하였다.(姚本, 不見升用, 貧賤于南陽, 故曰南陽之弊幽. 於公子
糾不死其難, 爲魯所束縛而歸齊, 故曰魯之免囚也.)

이 조회에 들도록 했습니다.²¹ (晉나라) 문공은 중산(中山)의 도적을 써서 성복에서 승리하였습니다.²² 이 네 선비는 모두 욕[詬=辱]을 입고 부끄러움[醜=恥]이 있어서 크게 천하의 비방을 받았지만, 눈 밝은 임금은 그를 쓰면 공을 함께 세울 수 있다는 것을 알았습니다. 그들로 하여금 변수(卞隨), 무광(務光), 신도적(申屠狄)과 같이 숨어살게 했다면²³ 다른 사람의 주인이 어찌 그 쓰임을 얻었겠습니까? 그래서 눈 밝은 임금은 그 더러움을 취하지 않고 그 비방하는 소리를 듣지 않는 채 (다만) 그가 자기를 위해 쓰이는 것만 살핍니다. 그러므로 사직을 보존할 수 있는 것은, 비록 밖에서 비방하는 사람이 있어도 들어주지 않고, 비록 높은 세상의 명성이 있어도 조그마한[咫尺] 공이라도 없으면 상을 주지 않기 때문입니다. 이렇게 하면 뭇 신하들이 감히 헛된 바람과 희망으로 임금에게 바라지 못할 것입니다."

진왕이 말했다.

"그렇구나."

마침내 요가를 다시 쓰고 한비에게 죄를 주었다.

王曰: "子監門子·梁之大盜·趙之逐臣." 姚賈曰: "太公望, 齊之逐夫·朝

---

21 요굉 주: 백리해는 우나라의 신하였으나 우나라 임금이 쓰지 않자 자신을 넘겨주는 문에서 스스로를 진나라에 팔았다. 그래서 오양대부(五羊大夫)라 불렸으니, 목공을 서쪽의 패주로 만들어 서쪽 오랑캐가 와서 조현하게 했다. 전하여 말하기를 양 가죽 다섯 장으로 진나라가 패주가 되었다는 것은 이를 이름이다.(姚本, 百里奚, 虞臣, 虞君不用, 傳之門, 自鬻於秦, 號五羊大夫. 於穆公, 伯西方, 戎來朝也. 傳曰, 五羖用而秦霸, 此之謂也.)

22 황비열의 안(案): 『신서』에 이르기를, 진나라 문공이 도둑을 썼는데, 이두수(里鳧須)라고 하니 곧 수두수(豎頭須)이다.(案, 新序, 文公用其盜, 以爲里鳧須, 即豎頭須也.)

23 포표 주: 변수, 무광은 모두 탕임금 때의 사람으로 탕임금의 부름을 사양했으며, 신도적은 주왕 때의 사람으로 스스로 연못에 빠졌다. 모두 『장자』에 보인다.(鮑本, 卞隨·務光, 並湯時人, 辭湯之聘. 申屠狄, 紂時人, 自沉于淵. 並見莊子.)

歌之廢屠·子良之逐臣·棘津之讎不庸, 文王用之而王. 管仲, 其鄙人之
買人也, 南陽之弊幽·魯之免囚, 桓公用之而伯. 百里奚, 虞之乞人, 傳賣
以五羊之皮, 穆公相之而朝西戎. 文公用盜, 而勝於城濮. 此四士者, 皆
有詬醜, 大誹天下, 明主用之, 知其可與立功. 使若卞隨·務光·申屠狄,
人主豈得其用哉! 故明主不取其汙, 不聽其非, 察其爲己用. 故可以存社
稷者, 雖有外誹者不聽, 雖有高世之名, 無咫尺之功者不賞. 是以群臣莫
敢以虛願望於上." 秦王曰: "然." 乃可復使姚賈而誅韓非.

요가가 옛날 욕된 삶을 살았던 사람들이 눈 밝은 임금을 만나서 그 임금을 패자
로 만들어준 이야기를 가지고 왕을 설득함으로써 지위를 보전하고 한비를 벌주게
했다.

戰國策

楚策　齊策　秦策　西周策　東周策

제나라는 주나라 무왕이 상나라를 없앤 뒤 동쪽에 재상인 강태공을 봉하여 세운 나라로, 도읍은 임치(臨淄)이다. 태공으로부터 32대가 지난 기원전 386년에, 진(陳)나라 공자 전완(田完)의 후손인 전화(田和)는 강공(康公)을 해변으로 쫓아내고 주나라 안왕(安王)에 의해 제후로 봉해졌다. 이후의 제나라는 강성(姜姓)인 여씨(呂氏)를 대신하여 규성(嬀姓)인 전씨(田氏)가 다스리는 나라가 되었다.

전제(田齊)의 4대 군주인 위왕(威王)은 재상 추기(鄒忌), 장군 전기(田忌), 군사(軍師) 손빈(孫臏)을 들어 씀으로써 위(魏)나라 군대를 계릉(桂陵)과 마릉(馬陵)에서 크게 꺾고 위나라 태자 신(申)을 포로로 잡았으며 방연(龐涓)을 죽였다. 이후 임치(臨淄) 직하(稷下)에 학궁(學宮)을 설치하여 각국의 학자를 초빙하였으니, 대표적인 인물로는 순우곤(淳于髡), 순자(荀子) 등이 있다. 기원전 334년 위왕은 스스로를 왕으로 불렀다.

기원전 319년 위왕의 아들 선왕(宣王)이 대를 이으면서 소진(蘇秦)을 객경으로 삼았다. 그는 연나라가 혼란한 틈을 타서 장수 광장(匡章)을 보내 연나라를 기습, 재상 자지(子之)와 태자 평(平)의 병사를 동시에 공격해서 태자 평과 자지를 죽이고, 이에 연나라 왕 쾌(噲)를 자살케 한 뒤 연나라를 복속시켰다.

선왕을 이은 민왕(湣王)은 이 시기에 전문(田文=孟嘗君)을 재상으로 삼았다. 기원전 286년 송(宋)나라 강왕(康王)의 실정을 틈타 위나라, 초나라와 함께 연합해 송나라를 공격하여 멸망시킨 뒤, 위나라와 초나라 병사를 기습하여 송나라 땅을 모두 차지하였다. 진나라 소양왕(昭襄王)과 함께 스스로 왕보다 높은 칭호인 제(帝)를 자칭해, 동제(東帝)라고 했으나, 주변 제후들의 반감을 꺼려해 호칭을 다시 왕으로 되돌렸다. 이에 기원전 284년, 연나라 소왕(昭王)이 악의(樂毅)를 시켜 제나라를 멸함으로써 부왕인 연왕 쾌(噲)의 원수를 갚으려 했다. 악의가 즉묵(卽墨)과 거읍(莒邑)을 제외한 거의 모든 읍을 함락시키자 민왕은 이를 피해 거읍으로 달아난 뒤, 회북(淮北) 땅을 모두 초나라에 주기로 하고 구원을 요청했다. 초나라 경양왕(楚 頃襄王)이 장수인 요치(淖齒)에게 상황에 따라 제나라를 구원하든지, 연나라를 도와 제나라를 멸하든지 하라고 명하자, 요치는 연나라와 내통하여 민왕을 살해하였다.

제나라는 악의에 의해 멸망 직전까지 갔지만, 공족의 후예인 전단(田單)의 활약으로 잃었던 70여 개 성을 되찾고 민왕의 아들 양왕(襄王)을 세웠다. 그 후 제나라는 힘없이 지내다가 기원전 221년에 진시황의 장군 왕비(王賁)에게 마지막 왕인 건(建)이 사로잡힘으로써 멸망하였다.

	시호(諡號)	이름	재위기간	재위 년도
4	제위왕(齊威王)	인제(因齊)	37년	기원전 356~320년
5	제선왕(齊宣王)	벽강(辟疆)	19년	기원전 319~301년
6	제민왕(齊湣王)	수(遂)	17년	기원전 300~284년
7	제양왕(齊襄王)	법장(法章)	19년	기원전 283~265년
8	제경왕(齊敬王)	건(建)	44년	기원전 264~221년

제책 1
齊策

8-1 초나라 위왕이 서주에서 싸워서 이기다【楚威王戰勝於徐州】

초나라 위왕(威王)이 (제나라 땅인) 서주(徐州)에서 싸워서 이기자, 제나라에서 영자(嬰子)¹를 쫓아내고 싶었다. 영자가 두려워하자 (제나라 신하인) 장추(張丑)가 초나라 왕에게 일러주며 말했다.

"왕께서 서주에서 싸워서 이긴 것은 반자(盼子=田盼子)를 쓰지 않아서입니다. 반자는 나라에 공이 있어서 백성들이 그를 쓰고자 했지만, 영자가 (반자를) 좋게 보지 않아서 신견(申縛=申紀)을 썼습니다. 신견이란 사람은 대신과 백성들이 (그를) 쓰고 싶어 하지 않았으니, 그래서 왕이 이기신 것입니다. 지금 영자를 쫓아내면 반자가 반드시 쓰이게 되고, (반자가) 다시 사졸들을 정비하여 왕과 싸우게[遇=敵] 되면 틀림없이 왕에게 편하지 않을 것입니다."

초나라 왕이 이로 인해 쫓아내지 않았다.

楚威王戰勝於徐州, 欲逐嬰子於齊. 嬰子恐, 張丑謂楚王曰: "王戰勝於

---

1 요굉 주: 영자는 전영(田嬰)으로, 정곽군(靖郭君)이라 불렸고 설(薛)에 봉해졌다.(姚本, 嬰子, 田嬰也, 號爲靖郭君, 而封於薛也.)

徐州也, 盼子不用也. 盼子有功於國, 百姓爲之用. 嬰子不善, 而用申縛.
申縛者, 大臣與百姓弗爲用, 故王勝之也. 今嬰子逐, 盼子必用. 復整其
士卒以與王遇, 必不便於王也." 楚王因弗逐.

초나라가 이기고 제나라에서 전영을 쫓아내려 했지만, 대신 신망 있는 자가 오게
될 것을 두려워하여 그만두었다.

8-2 제나라가 장차 전영을 설 땅에 봉하려 하다【齊將封田嬰於薛】

제나라가 장차 전영을 설(薛) 땅에 봉하려 했다가, 초나라 왕[懷王]
이 이를 듣고 크게 화를 내면서 장차 제나라를 벌하려 하자 제나라 왕
이 물리려는 뜻을 가졌다. (제나라 공족인) 공손한(公孫閈)이 (전영에게)
말했다.

"땅을 봉하는 일이 이루어지고 아니고는 제나라에 달려있지 않고,
또한 장차 초나라에 달려있습니다. 제[閈]가 초나라 왕을 설득해서 공
을 봉하고 싶어 하는 마음을 제나라보다 더욱 심하게 만들겠습니다."

영자(嬰子)가 말했다.

"원컨대 그대에게 맡기겠소."

공손한이 초나라 왕에게 일러주며 말했다.

"노나라와 송나라가 초나라를 섬기지만 제나라가 (초나라를) 섬기
지 않은 것은, 제나라는 크고 노나라와 송나라는 작기 때문입니다. 왕
께서는 단지 노나라와 송나라가 작은 것을 이롭게 여기면서도 제나라
가 큰 것을 싫어하지 않는 것은 왜 그렇습니까? 무릇 제나라가 땅을

깎아서 전영에게 봉해주면 바로 이에 약해지는 까닭이 될 것이니, 원컨대 막지 마십시오."

초나라 왕이 말했다.

"좋소."

이로 말미암아 (전영을 설 땅에 봉하는 것을) 막지 않았다.

齊將封田嬰於薛. 楚王聞之, 大怒, 將伐齊. 齊王有輟志. 公孫閈曰: "封之成與不, 非在齊也, 又將在楚. 閈說楚王, 令其欲封公也又甚於齊." 嬰子曰: "願委之於子." 公孫閈爲謂楚王曰: "魯·宋事楚而齊不事者, 齊大而魯·宋小. 王獨利魯·宋之小, 不惡齊大何也? 夫齊削地而封田嬰, 是其所以弱也. 願勿止." 楚王曰: "善." 因不止.

전영을 설 땅에 봉해주면 제나라가 스스로 땅을 깎게 되어 초나라에는 유리해질 것이라고 설득하였다.

8-3 정곽군이 장차 설 땅에 성을 쌓으려 하다 【靖郭君將城薛】

정곽군이 장차 설 땅에 성을 쌓으려고 하자 손님 중에 많은 사람들이 간언해 말하니, 정곽군이 알자(謁者)에게 일러서 손님들이 들어오지 못하게 했다. 제나라 사람 중에 (뵙기를) 청하는 사람이 있었는데, 말했다.

"신이 청하는 것은 세 마디 말뿐입니다. 한 마디라도 더하면 청컨대 삶아 죽이소서."

정곽군이 이로 말미암아 그를 만나보았다. 손님이 종종걸음으로 나와서 말했다.

"바다에 큰 물고기."

그리고는 돌아서 달아났다. 정곽군이 말했다.

"손님은 여기에 있으시오."[2]

손님이 말했다.

"천한 신은 감히 죽음을 웃음거리로 삼지 못합니다."

정곽군이 말했다.

"없을 것이니 다시 말을 해보시오."

대답하여 말했다.

"임금께서는 큰 물고기에 대하여 듣지 못하셨습니까? 그물로도 멈추지 못하고 갈고리로도 끌어올릴 수 없지만, 자기 마음대로 하다가 물을 잃게 되면 곧 땅강아지와 개미가 (물고기를 먹어치움으로써) 뜻을 얻게 됩니다. 지금 저 제나라는 진실로 임금의 물입니다. 임금께서 오랫동안 제나라의 그늘에 있을 것이라면 어째서 설에 성을 쌓습니까? 저 제나라는 비록 설나라의 성이 높아져서 하늘에 닿는다 해도 오히려 이익됨이 없을 것입니다."

정곽군이 말했다.

"좋다."

마침내 설에 성 쌓는 일을 물렀다.

靖郭君將城薛, 客多以諫. 靖郭君謂謁者, 无爲客通. 齊人有請者曰: "臣

2　요굉 주: 어차(於此)란 '멈추고, 달아나지 말라'는 뜻이다.(姚本, 於此, 止無走也.)

請三言而已矣! 益一言, 臣請烹." 靖郭君因見之. 客趨而進曰: "海大魚."
因反走. 君曰: "客有於此." 客曰: "鄙臣不敢以死爲戲." 君曰: "亡, 更言
之." 對曰: "君不聞大魚乎? 網不能止, 鉤不能牽, 蕩而失水, 則螻蟻得意
焉. 今夫齊, 亦君之水也. 君長有齊陰, 奚以薛爲? 夫齊, 雖隆薛之城到於
天, 猶之無益也." 君曰: "善." 乃輟城薛.

설 땅에 성을 쌓는 것은, 제나라로부터 홀로 선다고 알리는 일이기 때문에 위험하다
고 간언했다.

8-4 정곽군이 제나라 왕에게 일러주다【靖郭君謂齊王】

정곽군(靖郭君)이 제나라 왕[威王]에게 일러주며 말했다.

"다섯 관청³의 계책을 매일 듣지 않으면 안 되니, 자주 들여다보아
야 합니다."

왕이 말했다.

"나[五→吾]에게 이야기하는데, 그런데 그것이 지겹소."

영을 내려[今→令] 정곽군에게 (그 일을) 맡겨버렸다.

靖郭君謂齊王曰: "五官之計, 不可不日聽也而數覽." 王曰: "說五而厭
之." 今與靖郭君.

---

3 포표 주: 『예기』 「곡례(曲禮)」에 따르면 사도(司徒), 사공(司空), 사마(司馬), 사사(司士), 사구(司
寇)의 다섯 무리를 이르니, 그 일의 전부를 헤아린 것이다.(鮑本, 曲禮, 司徒·司空·司馬·司士·司
寇·典司五衆, 計其事之凡也.)

왕이 나랏일을 귀찮아하여 정곽군에게 맡겼다.

8-5 정곽군이 제모변을 잘 대해주다【靖郭君善齊貌辨】

정곽군(靖郭君)이 제모변(齊貌辨)을 잘 대해주었는데, 제모변의 사
람됨은 많은 허물이 있어서 문인(門人)들이 좋아하지 않았다. 사위(士
尉)가 이를 가지고 정곽군에게 간언을 하였으나 정곽군이 들어주지
않으니, 사위가 인사하고 떠나버렸다. (아들인) 맹상군(孟嘗君) 또한 몰
래 간언을 했지만, 정곽군이 크게 화를 내면서 말했다.

"너희 무리를 잘라내고 내 집을 깨뜨려서라도 진실로 제모변만 잘
될[慊=善] 수 있다면 내 무슨 일이든 사양하지 않을 것이다."

이에 그를 좋은 객사(上舍)에 살게 하면서 영을 내려 큰 아들[長子]
에게 시중들게[御] 하고 아침저녁으로 음식을 내도록 하였다.

몇 년이 지난 후, 위왕(威王)이 훙(薨)하고 선왕(宣王)이 세워졌다.
정곽군의 사귐이 선왕과 크게 좋지 않게 되자, 사양을 하고 설나라로
돌아가서 제모변과 함께 머물렀다. 얼마 되지 않아, 제모변이 인사를
하고 떠나서 선왕을 뵙겠다고 청하였다. 정곽군이 말했다.

"왕이 나[嬰]를 좋아하지 않는 것이 심하니, 공이 가면 반드시 죽게
될 것이오."

제모변이 말했다.

"정말로 삶을 구하지 않으니, 청컨대 꼭 가게 해주십시오."

정곽군이 막을 수 없었다. 제모변이 떠나서 제나라에 이르렀는데,
선왕이 이를 듣고 노여움을 품고서[藏=懷] 그를 기다렸다. 제모변이 선

왕을 뵈니, 선왕이 말했다.

"그대, 정곽군이 아껴서 말을 들어준다고 하던데!"

제모변이 말했다.

"아끼기 때문에 갖게는 해주지만, 들어준 바는 있은 적이 없습니다.

왕께서 바야흐로 태자였던 시절에, 제(辨)가 정곽군에게 일러 말하기를 '태자의 관상이 어질지 못하고 턱이 나왔으며 돼지 눈을 가지고 있는데, 이와 같은 자는 믿음을 배반합니다. 세자를 폐하고 다시 위희(衛姬)의 어린 아들 교사(郊師)를 세우는 것만 못합니다'라고 했습니다. 그러나 정곽군이 울면서 말하기를, '할 수 없다. 나는 차마 하지 못한다'라고 했습니다. 만일 제 말을 듣고 그렇게 했다면 틀림없이 오늘과 같은 근심은 없었을 것입니다. 이것이 하나입니다.

설 땅에 이르렀을 때, (초나라 장수) 소양(昭陽)이 몇 배의 땅으로 설과 바꿀 것을 청했습니다. 제가 또 말하기를, '반드시 들어주십시오'라고 하자 정곽군이 말했습니다. '설을 돌아가신 왕에게 받았으니, 비록 뒤를 이은 왕으로부터 미움을 받는다고 해도 내가 돌아가신 왕에게 무엇이라 말하겠는가! 또 돌아가신 왕의 무덤이 설 땅에 있는데, 내가 어찌 돌아가신 왕의 묘를 가지고 초나라에 줄 수 있겠는가!' 또다시 제 말을 기꺼이 들어주지 않았습니다. 이것이 둘입니다."

선왕이 크게 한숨을 쉬고 얼굴빛이 바뀌면서 말했다.

"정곽군의 과인에 대한 생각이 한결같이 여기까지 이르렀구나! 과인이 어려서 특히 이것을 몰랐소. 손님이 기꺼이 과인을 위해 정곽군을 오도록 하겠는가?"

제모변이 대답하여 말했다.

"삼가 허락합니다."

정곽군이 위왕이 내려준 옷을 입고 관을 쓰며 (위왕이 내려준) 그 칼을 두르고서[舞→帶] 오니, 선왕이 스스로 교외에서 정곽군을 맞이해서는 그를 바라보며 울었다. 정곽군이 이르게 되자 그참에 재상으로 삼기를 청하자, 정곽군이 사양하다가 어쩔 수 없이 받아들였다. 그러나 칠 일 뒤 병을 핑계로 강하게 사양하였으니, 정곽군은 사양했으나 얻지 못하다가 사흘이 지나서야 허락받을 수 있었다. 이때를 맞이하여 정곽군은 능히 스스로 사람을 안다고 할 수 있을 것이다! 능히 스스로 사람을 알아볼 수 있었기 때문에, 그래서 다른 사람이 비방해도 꺾이지 않았던 것이다. 제모변은 삶을 밖에 두었기[4] 때문에 환란을 즐기며 어려움으로 뛰어갔던 것이다.

靖郭君善齊貌辨. 齊貌辨之爲人也多疵, 門人弗說. 士尉以証靖郭君, 靖郭君不聽, 士尉辭而去. 孟嘗君又竊以諫, 靖郭君大怒曰: "劃而類, 破吾家. 苟可慊齊貌辨者, 吾無辭爲之." 於是舍之上舍, 令長子御, 旦暮進食. 數年, 威王薨, 宣王立. 靖郭君之交, 大不善於宣王, 辭而之薛, 與齊貌辨俱留. 無幾何, 齊貌辨辭而行, 請見宣王. 靖郭君曰: "王之不說嬰甚, 公往必得死焉." 齊貌辨曰: "固不求生也, 請必行." 靖郭君不能止. 齊貌辨行至齊, 宣王聞之, 藏怒以待之. 齊貌辨見宣王, 王曰: "子, 靖郭君之所聽愛夫[5]!" 齊貌辨曰: "愛則有之, 聽則無有. 王之方爲太子之時, 辨謂靖郭君曰: '太子相不仁, 過頤豕視, 若是者信反. 不若廢太子, 更立衛姬嬰兒

4　요굉 주: 삶을 외물로 여겨 아끼는 바가 없다는 뜻이다.(姚本, 以生爲外物, 無所愛也.)

5　요굉 주: '부(夫)'는 강조의 말이다. 포표 주: 아껴서 그 말을 들어주고 쓴다는 뜻이다.(姚本, 夫, 辭. 鮑本, 愛而聽用其言.)

郊師.' 靖郭君泣而曰: '不可, 吾不忍也.' 若聽辨而爲之, 必無今日之患也.
此爲一. 至於薛, 昭陽請以數倍之地易薛, 辨又曰: '必聽之.' 靖郭君曰:
'受薛於先王, 雖惡於後王, 吾獨謂先王何乎! 且先王之廟在薛, 吾豈可
以先王之廟與楚乎!' 又不肯聽辨. 此爲二." 宣王大息, 動於顏色, 曰: "靖
郭君之於寡人一至此乎! 寡人少, 殊不知此. 客肯爲寡人來靖郭君乎?"
齊貌辨對曰: "敬諾." 靖郭君衣威王之衣, 冠舞其劍, 宣王自迎靖郭君於
郊, 望之而泣. 靖郭君至, 因請相之. 靖郭君辭, 不得已而受. 七日, 謝病
强辭. 靖郭君辭不得, 三日而聽. 當是時, 靖郭君可謂能自知人矣! 能自
知人, 故人非之不爲沮. 此齊貌辨之所以外生樂患趣難者也.

제모변이 삶을 도외시하고 제선왕에게 정곽군의 충심을 알렸다.

8-6 한단이 어려움을 겪게 되다【邯鄲之難】

(조나라 도읍인) 한단(邯鄲)이 어려움을 겪게 되어 조나라가 제나라
에게 도와줄 것을 청했다. 전후(田侯=齊宣王)[6]가 대신을 불러들여서 모
의하며 말했다.

"조나라를 구하는 것과 구하지 않는 것 중 어느 쪽이 나은가?"

추자(鄒子=鄒忌)가 말했다.

"구하지 않는 것만 못합니다."

---

6 요굉 주: 전후(田侯)는 제나라 임금을 말한다. 전성자가 간공을 죽여서 여씨의 제사가 끊기고 전
씨가 제나라를 소유했기 때문에 전후라고 한다. 여기서는 선왕이다.(姚本, 田侯, 齊侯也. 田成子
殺簡公, 呂氏絶祀, 田氏有之, 故曰田侯. 宣王也.)

단간륜(段干綸)이 말했다.

"구하지 않으면 우리에게 이롭지 않습니다."

전후가 말했다.

"왜 그런가?"

"무릇 위나라가 한단을 아우르게 되면, 그것이 제나라에 무슨 이로움이 있겠습니까!"

전후가 말했다.

"좋은 말이오."

바로 병사를 일으키며, 말했다.

"한단의 교외에 군진을 치시오."

단간륜이 말했다.

"신이 구하는 이롭고 이롭지 않은 것은 이런 것이 아닙니다. 무릇 한단을 구원하려고 그 교외에 군진을 치면 이에 조나라가 뽑히지는 않겠지만 위나라는 (여전히) 온전합니다. 그러므로 남쪽으로 가서 양릉(襄陵)을 공격하여 위나라를 힘들게 하느니만 못합니다. 한단이 뽑히고 위나라가 힘이 빠진 것을 올라타면, 이는 조나라를 깨뜨리고서 위나라를 약하게 하는 것입니다."

전후가 말했다.

"좋은 말씀이오."

마침내 병사를 일으켜 남쪽으로 가서 양릉(襄陵)을 공격하였다. 일곱 달 뒤 한단이 뽑혔지만, 제나라는 위나라가 너덜너덜해진 틈을 타서 계릉(桂陵)에서 크게 깨뜨렸다.

邯鄲之難, 趙求救於齊. 田侯召大臣而謀曰: "救趙孰與勿救?" 鄒子曰:

"不如勿救." 段干綸曰: "弗救, 則我不利." 田侯曰: "何哉?" "夫魏氏兼邯鄲, 其於齊何利哉!" 田侯曰: "善." 乃起兵, 曰: "軍於邯鄲之郊." 段干綸曰: "臣之求利且不利者, 非此也. 夫救邯鄲, 軍於其郊, 是趙不拔而魏全也. 故不如南攻襄陵以弊魏, 邯鄲拔而承魏之弊, 是趙破而魏弱也." 田侯曰: "善." 乃起兵南攻襄陵. 七月, 邯鄲拔. 齊因承魏之弊, 大破之桂陵.

조나라를 돕는다고 하면서, 직접 돕기보다는 위나라의 배후를 쳐서 조나라와 위나라를 모두 차지하려는 계책이다.

8-7 남량이 어려움을 겪게 되다【南梁之難】

(한나라 땅인) 남량(南梁)에 어려움이 있어서 한나라가 제나라에 구원을 청했다. 전후(田侯=齊宣王)가 대신을 불러들여서 모의하며 말했다.

"빨리 구원하는 것과 늦게 구원하는 것 중에서 어느 쪽이 이로운가?"

장개(張丏)가 대답하여 말했다.

"늦게 구하면 한나라가 장차 꺾여서 위나라에 들어가게 되니, 일찍 구원하는 것만 못합니다."

전신사(田臣思)가 말했다.

"안 됩니다. 저 한나라와 위나라의 병사가 아직 힘이 빠지지 않았는데 우리가 구원하려 하면 우리는 한나라를 대신해서 위나라의 병사를 맞이하게 되어, 도리어 한나라에게 명을 듣는 처지가 될 것입니다. 또한 저 위나라는 한나라를 깨뜨리려는 뜻을 가지고 있으니, 한나라는 장차 망할 위기가 되면 틀림없이 동쪽으로 이르러 제나라에 하소연할 것입니다. 우리가 그참에 몰래 한나라와 맺어져 친해져서 나중에 위나라가 힘이 빠진 것을 이어받게 되면, 나라는 가히 무거워질 수 있고 이로움을 얻을 수 있으며 이름을 높일 수도 있을 것입니다."

전후가 말했다.

"좋다."

이에 한나라 사자에게 몰래 알리고 그를 보냈다. 한나라가 스스로 제나라를 홀로 가지고 있다고[專有] 여겨서 다섯 번 싸웠으나 다섯 번다 이기지 못했다. (이에) 동쪽으로 가서 제나라에게 하소연을 하니, 제나라가 그참에 병사를 일으켜 위나라를 쳐서 마릉(馬陵)에서 크게 깨뜨렸다. 위나라가 깨지고 한나라가 약해지자 한나라와 위나라의 임금은 전영(田嬰=靖郭君)을 북쪽으로 바라보며[7] 전후에게 조현하였다.

南梁之難, 韓氏請救於齊. 田侯召大臣而謀曰: "早救之, 孰與晚救之便?" 張丐對曰: "晚救之, 韓且折而入於魏, 不如早救之." 田臣思曰: "不可. 夫韓·魏之兵未弊, 而我救之, 我代韓而受魏之兵, 顧反聽命於韓也. 且夫魏有破韓之志, 韓見且亡, 必東愬於齊. 我因陰結韓之親, 而晚承魏之弊, 則國可重, 利可得, 名可尊矣." 田侯曰: "善." 乃陰告韓使者而遣之. 韓自以專有齊國, 五戰五不勝, 東愬於齊, 齊因起兵擊魏, 大破之馬陵. 魏破韓弱, 韓·魏之君因田嬰北面而朝田侯.

---

7 북면(北面)이란 신하가 임금을 보는 것을 말하니, 곧 두 나라 임금이 신하의 예로써 제나라 왕을 보았다는 뜻이다.

한나라를 돕는다고 하면서, 한나라와 위나라 모두가 지칠 때까지 기다린 후에 위나라를 치려는 계책이다.

8-8 성후 추기가 제나라의 재상이 되다【成侯鄒忌爲齊相】

성후(成侯) 추기(鄒忌)가 제나라의 재상이 되고 전기(田忌)가 장군이 되었는데, 서로 좋아하지 않았다. 공손한(公孫閈)이 추기에게 일러 말했다.

"공은 어찌 왕에게 위나라를 토벌할 것을 모의하지 않습니까? 이기면 곧 이는 그대가 모책을 낸 것이니 그대에게 공이 있게 될 것입니다. 싸워서 이기지 못하면 전기는 (더 이상) 나아가지 못할 것이고[8], 싸워서 죽지 않는다 해도 군대가 나아가지 않았으니[曲撓][9] 주벌을 받게 될 것입니다."

추기가 그렇다고 여기고서 마침내 왕[威王]을 설득하여 전기에게 위나라를 정벌하도록 했다. 전기가 세 번 싸워 세 번을 이겼다. 추기가 이를 공손한에게 알리자, 공손한이 이에 사람을 시켜 10금을 가지고 가서 저잣거리에서 점을 보게 하여 말했다.

"나는 전기의 사람이다. 우리가 세 번 싸워 세 번 이겨서 천하에 명성과 위엄을 떨쳤으니 큰일[大事=叛亂]을 해보려고 한다. 정말로 길하겠는가?"

---

8 나아가지 못한다[不進]는 것은 공이 없어 더 이상 등용되지 못한다는 뜻이다.

9 표포 주: 곡요(曲撓)는 군대가 곧바로 전진하지 않아서 패배함을 말한다.(鮑本, 曲撓, 言師不直前而敗.) 한(漢)나라 법에 따르면, 적군이 무서워 피하거나 적에게 굴복한 경우에는 주살하였다.

점쟁이가 떠나자, 그로 인해 사람을 시켜 점쟁이[卜者]를 붙잡아서 다시 왕 앞에서 그 말을 징험하게 했다. 전기가 마침내 달아났다.

成侯鄒忌爲齊相, 田忌爲將, 不相說. 公孫閈謂鄒忌曰: "公何不爲王謀
伐魏? 勝, 則是君之謀也, 君可以有功; 戰不勝, 田忌不進, 戰而不死, 曲
撓而誅." 鄒忌以爲然, 乃說王而使田忌伐魏. 田忌三戰三勝, 鄒忌以告
公孫閈, 公孫閈乃使人操十金而往卜於市, 曰: "我田忌之人也, 吾三戰而
三勝, 聲威天下, 欲爲大事, 亦吉否?" 卜者出, 因令人捕爲者, 亦驗其辭於
王前. 田忌遂走.

공손한이 전기를 해치기 위해 위나라와 억지로 싸우게 했고, 싸움에 공이 있자 다른 뜻이 있는 것처럼 소문을 내어 결국 쫓아내었다.

8-9 전기가 제나라 장군이 되다【田忌爲齊將】

전기(田忌)가 제나라의 장군이 되어, 양나라 태자 신(申)을 붙잡아 묶고 (위나라 장수) 방연(龐涓)을 사로잡았다. 손자(孫子=孫臏)가 전기에게 일러주며 말했다.

"장군께서는 큰 일(大事=兵事)을 하실 수 있겠습니까?"

전기가 말했다.

"어떻게 하는 것입니까?"

손자가 말했다.

"장군께서는 병사를 해산하지 말고 (그들을 이끌어) 제나라에 들어가시고, 저 늙고[先→老] 약한 이들보다도 더 피로하고 힘 빠진 병사들로 하여금 주(主) 땅을 지키게 하십시오.¹⁰ 주 땅은 수레가 차례로 지나가야 할 정도로¹¹ 좁은 길이니, 바퀴통 마개[羹→鎋=轂閣]가 부딪치고 수레끼리 비벼대면서 서로 지나야 합니다.¹² 저 늙고 약한 이들보다 더 피로하고 힘 빠진 병사들로 주 땅을 지키게 해도, 반드시 한 사람이 열을 감당할 수 있고 열이 백을 감당할 수 있으며 백이 천을 감당할 수 있습니다. 그런 다음에 태산을 등지고 왼쪽에는 제수를, 오른쪽에는 (盼子가 지키고 있는) 천당(天唐)을 두고서, 군사와 군량[重=輜重]이 고원(高宛)에 이르게[踵=至] 되면 날랜 수레[輕車]와 날카로운 기병[銳騎]으로 (제나라 서쪽 문인) 옹문(雍門)을 찌르십시오. 이와 같이 하면 제나라 임금이 바르게 되어 성후(成侯=鄒忌)를 쫓아낼 수 있습니다. 그렇지 않으면 장군은 제나라에 들어갈 수 없습니다."

전기가 들어주지 않자, 과연 제나라로 들어가지 못했다.

田忌爲齊將, 係梁太子申, 禽龐涓. 孫子謂田忌曰: "將軍可以爲大事乎?" 田忌曰: "奈何?" 孫子曰: "將軍無解兵而入齊. 使彼罷弊於先弱守於主. 主者, 循軼¹³之途也, 羹擊摩車而相過. 使彼罷弊先弱守於主, 必一而當十, 十而當百, 百而當千. 然後背太山, 左濟, 右天唐, 軍重踵高宛, 使輕車

---

10 (오사도가) 보충하여 말한다: 늙고 약한 자들보다 더 피로하고 힘 빠진 병사들로써 험한 곳을 지키게 하여 많은 무리에게 맞서고, 정예 병사로써 제나라를 공격하라는 말이다.(補曰. 以罷敝老弱守險敵衆, 而以精兵攻齊.)

11 포표 주: 험하고 좁아서 수레가 똑바로 나아갈 수 없고, 서로 번갈아 가야 할 뿐이다.(鮑本, 其險狹, 不得方軌適相循耳.)

12 포표 주: 길이 좁고 수레가 많기 때문에 서로 부딪치고 서로 비벼대며 지나가는 것이다.(鮑本, 路狹車密, 故相擊相摩.)

13 포표 주: 철(軼)은 철(轍)과 같으니, 수레의 궤적이다.(鮑本, 軼, 轍同. 車跡也.)

銳騎衝雍門. 若是, 則齊君可正, 而成侯可走. 不然, 則將軍不得入於齊
矣." 田忌不聽, 果不入齊.

**손빈이, 전기가 싸움에서 이겼지만 추기의 모함을 받고 있기 때문에 추기를 몰아내
어야 한다고 제안했다.**

8-10 전기가 제나라를 도망쳐서 초나라로 가다 【田忌亡齊而之楚】

전기(田忌)는 제나라를 도망쳐서 초나라로 갔고, 추기가 그를 대신
하여 재상이 되었다.[14] 제나라는 전기가 초나라의 권세로써 제나라로
다시 돌아오려고 할까 두려웠는데, 두혁(杜赫)이 말했다.

"신이 청하건대 (전기가) 초나라에 머무르게 하겠습니다."

초나라 왕에게 일러주며 말했다.

"추기가 초나라와 좋게 지내지 않는 까닭은, 전기가 초나라의 권세
를 가지고 제나라로 다시 복권하게 되는 것을 걱정하기 때문입니다. 왕
께서 전기를 강남 땅에 봉하시어 그럼으로써 전기가 제나라로 돌아가
지 못한다는 것을 보여주는 것만 못하니, 추기는 이로써 제나라가 두
텁게 초나라를 섬기도록 할 것입니다. 전기는 망명한 사람이라 봉토를
얻으면 반드시 임금에게 덕을 입었다 할 것이요, 만일 다시 제나라에

---

14 (오사도가) 포본을 보충하여 말한다: 앞(「제책」 1, 8-8 '성후 추기가 제나라의 재상이 되다')에서는
전기가 장군이 되고 추기가 재상이 되었다고 했는데 여기서는 전기가 달아나자 추기가 그를 대
신하여 재상이 되었다고 했으니, 아마도 착오가 있는 것 같다(鮑本補曰: 前云鄒忌爲相, 田忌爲
將. 田忌走, 此云代之相, 恐有差誤)

돌아오더라도 틀림없이 제나라로 하여금 초나라를 섬기도록 할 것입니다. 이것이 두 가지로 전기를 쓰는 길입니다."

초나라가 과연 강남에 그를 봉하였다.

田忌亡齊而之楚, 鄒忌代之相. 齊恐田忌欲以楚權復於齊, 杜赫曰: "臣請爲留楚." 謂楚王曰: "鄒忌所以不善楚者, 恐田忌之以楚權復於齊也. 王不如封田忌於江南, 以示田忌之不返齊也, 鄒忌以齊厚事楚. 田忌亡人也, 而得封, 必德王. 若復於齊, 必以齊事楚. 此用二忌之道也." 楚果封之於江南.

전기가 제나라로 복귀하는 것을 두려워하여, 초나라 왕에게 전기에게 땅을 주면 반드시 전기가 초나라를 위해 일하게 될 것이라고 설득하였다.

8-11 추기가 선왕을 섬기다【鄒忌事宣王】

추기가 선왕(宣王)을 섬겼는데, 천거하는[仕=薦] 사람이 많아서 선왕이 좋아하지 않았다. 안수(晏首)는 존귀해도 천거하는 사람이 적었기 때문에 왕이 기뻐했다. 추기가 왕에게 일러주며 말했다.

"제가 듣건대, 한 자식의 효가 있어도 다섯 자식의 효만 못하다고 합니다. 지금 안수가 벼슬로 나아가게 한 사람이 몇 사람이나 됩니까?"

선왕은 그로 인해 안수가 (인재의 등용을) 가리고 틀어막고 있다고 여겼다.

鄒忌事宣王, 仕人衆, 宣王不悅. 晏首貴而仕人寡, 王悅之. 鄒忌謂宣王曰: "忌聞以爲有一子之孝, 不如有五子之孝. 今首之所進仕者, 以幾何人?" 宣王因以晏首壅塞之.

좋은 사람을 많이 천거하고 맞게 벼슬길로 나아가게 하는 것이 중요하다고 왕에게 이야기했다.

8-12 추기는 키가 팔 척이 넘고, 용모가 뛰어나게 수려했다
【鄒忌脩八尺有餘】

추기는 키[脩=長]가 팔 척이 넘고 용모[身體=形貌]가 뛰어나게[昳] 수려했다. 조복을 입고 관을 쓰고 거울을 보고 있다가 그의 아내에게 일러주며 말했다.

"나와 더불어 성 북쪽에 사는 서공(徐公) 중에 누가 더 아름다운가?"

아내가 말했다.

"그대의 아름다움이 더 좋습니다. 서공이 어찌 공에게 미칠 수 있겠습니까?"

성 북쪽에 사는 서공은 제나라에서 아름답고 수려한 사람이었다. 추기가 스스로 믿지 못해서 다시 그 첩에게 물어보며 말했다.

"나와 서공 중에 누가 더 아름다운가?"

첩이 말했다.

"서공이 어찌 그대에게 미칠 수 있겠습니까?"

다음날 아침, 밖에서 손님이 와서 더불어 앉아 이야기를 나누던 중에 손님에게 그것을 물으면서 말했다.

"나와 서공 중에 누가 더 아름답습니까?"

손님이 말했다.

"서공은 그대의 아름다움만 못합니다."

다음날 서공이 왔다. 누가 나은지 그를 살펴보고는 스스로 그만 못하다고 여겼다가, 거울로 살피면서 스스로 보았더니 또 아주 많이 차이가 나는 것은 아닌 것 같았다. 저녁이 되어 잠자리에 들어 생각하면서 말했다.

"내 아내가 나를 더 아름답다 한 것은 나를 살갑게[私=愛, 親] 대한 것이고, 첩이 나를 더 아름답다 한 것은 나를 두려워해서이고, 손님이 나를 더 아름답다 한 것은 나에게서 얻고 싶은 것이 있어서이다."

이에 조정으로 들어가서 위왕(威王)을 뵙고 말했다.

"신은 정말로 서공의 아름다움만 못하다는 것을 알지만, 신의 아내는 신을 살갑게 대해서, 신의 첩은 신을 두려워해서, 신의 손님은 신에게 구할 것이 있어서, 모두가 그래서 서공보다 아름답다고 했습니다. 지금 제나라 땅은 사방으로 천 리이고 백이십 개의 성이 있으니, 궁궐에는 부인과 좌우(左右=近臣)들이 왕을 살갑게 대하지 않음이 없고 조정의 신하들은 왕을 무서워하지 않는 자들이 없으며 (천하의) 사방 경계 안에서 왕에게 구하고 싶어 하지 않는 자들이 없습니다. 이를 가지고 살펴보면, 왕(의 눈과 귀)을 가리고 있는 것이 심합니다."

왕이 말했다.

"좋은 말이다."

마침내 영을 내려 보냈다.

"뭇 신하들과 관리, 백성 중에서 능히 면전에서 과인의 허물을 드러내면[刺=擧] 높은 상을 받고, 글을 올려서 과인을 간하는 자는 중간의 상을 받고, 능히 저잣거리[市朝]에서 나무라는[謗] 의견을 내면 아래의 상을 받을 것이다."

　영이 처음으로 내려가자 뭇 신하들이 나아가 간언해서 조정의 문이 마치 시장바닥 같았고, 몇 개월이 지난 후에는 때때로 간혹(間=間或) 올라왔으며, 일 년이 지나고 나자 비록 말하고 싶어도 (고치고 닦아내어) 올릴 것이 없었다. 연나라, 조나라, 한나라, 위나라가 듣고서 모두 제나라에 와서 조현하였으니, 이것이 이른바 (밖에서 전쟁하지 않고) 조정에서 싸워 이긴 것이다.

鄒忌脩八尺有餘, 身體昳麗. 朝服衣冠窺鏡, 謂其妻曰: "我孰與城北徐公美?" 其妻曰: "君美甚, 徐公何能及公也!" 城北徐公, 齊國之美麗者也. 忌不自信, 而復問其妾曰: "吾孰與徐公美?" 妾曰: "徐公何能及君也!" 旦曰客從外來, 與坐談, 問之客曰: "吾與徐公孰美?" 客曰: "徐公不若君之美也!" 明日, 徐公來. 孰視之, 自以爲不如; 窺鏡而自視, 又弗如遠甚. 暮, 寢而思之曰: "吾妻之美我者, 私我也; 妾之美我者, 畏我也; 客之美我者, 欲有求於我也." 於是入朝見威王曰: "臣誠知不如徐公美, 臣之妻私臣, 臣之妾畏臣, 臣之客欲有求於臣, 皆以美於徐公. 今齊地方千里, 百二十城, 宮婦左右, 莫不私王; 朝廷之臣, 莫不畏王; 四境之內, 莫不有求於王. 由此觀之, 王之蔽甚矣!" 王曰: "善." 乃下令: "群臣吏民, 能面刺寡人之過者, 受上賞; 上書諫寡人者, 受中賞; 能謗議於市朝, 聞寡人之耳者, 受下賞." 令初下, 群臣進諫, 門庭若市. 數月之後, 時時而間進. 期年之後, 雖欲言, 無可進者. 燕‧趙‧韓‧魏聞之, 皆朝於齊. 此所謂戰勝於朝廷.

추기가 '나를 칭찬하는 이유는, 내가 살갑거나 무섭거나, 아니면 받고 싶은 바가 있기 때문'이라는 것을 알아야 한다고 간언하였다.

8-13 진나라가 한나라와 위나라에게 길을 빌려서 제나라를 공격하다
【秦假道韓魏以攻齊】

진나라가 한나라와 위나라에게 길을 빌려서 제나라를 공격하려고 하자, 제나라 위왕(威王)은 장자(章子)를 장수로 삼아 응전하게 했다. 진나라와 서로 대치하면서[交和]¹⁵ 진을 쳤는데[舍], 사자가 여러 차례 서로 오가는 것을 이용하여 장자가 자기 군사의 표식을 바꿔서 진나라 군대에 섞이게 했다. 척후병[候者]이 말하기를 장자가 제나라 군을 이끌고 진나라에 항복해서 들어간다고 했지만, 위왕은 반응하지 않았다. 얼마 후에 척후병이 다시 말하기를 장자가 제나라 병사를 이끌고 진나라에 투항했다고 했으나, 위왕은 반응하지 않았다. 이런 일이 세 번이나 있게 되자, 유사(有司)가 청하여 말했다.

"장자가 졌다고 말하는데, 사람은 달라도 말은 같습니다. 왕께서는 어찌 장수를 보내 공격하지 않으십니까?"

왕이 말했다.

---

15 표포 주: 손자(孫子)는 양쪽 군대가 서로 마주보는 것을 일러 교화(交和)라 한다고 했고, 『초기(楚記)』의 주석에서는 군문(軍門)을 일러 화(和)라고 부른다고 했다.(鮑本, 孫子, 兩軍相對曰交和. 楚記注, 軍門曰和.)

"이는 과인을 배반하지 않은 것이 분명한데, 어찌 그를 칠 수 있겠는가?"

얼마 후에 (척후병이) 제나라 병사가 크게 이기고 진나라 군대가 크게 무너졌다고 알려 왔고, 이에 진나라 왕이 서쪽 울타리를 지키는 신하라 칭하며[拜→稱] 제나라에 사죄했다.

좌우에서 말했다.

"어떻게 아셨습니까?"

(왕이) 말했다.

"장자의 어머니인 계(啟)가 그 아버지에게 죄를 짓자, 그 아버지가 죽여서 마구간 나무바닥(馬棧) 밑에 파묻어버렸다. 내가 장자를 장수로 삼으면서 그를 격려하여 말하기를 '그대의 강함으로 병사를 온전히 하여 돌아오면 꼭 다시 장군의 어머니를 장사지내 주겠노라' 하니, 대답하여 말하기를 '신이 죽은 어미(先妾)를 다시 장사지낼 수 없었던 것은 아닙니다. (다만) 신의 어미인 계는 신의 아비에게 죄를 지었는데, 신의 아비가 미처 명을 내리지(教=敎命) 않고 죽었습니다. 무릇 아비의 가르침이 없는데도 다시 어미의 장례를 치르는 것은 바로 죽은 아비를 속이는 것입니다. 그래서 감히 할 수 없었습니다'라고 했다. 무릇 다른 사람의 자식이 되어 죽은 아비를 속이지 못하는데, 어찌 다른 사람의 신하가 되어 살아있는 임금을 속이겠는가?"

秦假道韓·魏以攻齊, 齊威王使章子將而應之. 與秦交和而舍, 使者數相往來, 章子爲變其徽章, 以雜秦軍. 候者言章子以齊入秦, 威王不應. 頃之間, 候者復言章子以齊兵降秦, 威王不應. 而此者三. 有司請曰: "言章子之敗者, 異人而同辭. 王何不發將而擊之?" 王曰: "此不叛寡人明矣,

曷爲擊之!" 頃間, 言齊兵大勝, 秦軍大敗, 於是秦王拜西藩之臣而謝於
齊. 左右曰: "何以知之?" 曰: "章子之母啟得罪其父, 其父殺之而埋馬棧
之下. 吾使者章子將也, 勉之曰: '夫子之強, 全兵而還, 必更葬將軍之母.'
對曰: '臣非不能更葬先妾也. 臣之母啟得罪臣之父. 臣之父未教而死.
夫不得父之教而更葬母, 是欺死父也. 故不敢.' 夫爲人子而不欺死父,
豈爲人臣欺生君哉?"

**자식이 되어 죽은 아비도 속이지 않는데, 어찌 신하가 되어 살아있는 임금을 속이
겠는가!**

8-14 초나라가 장차 제나라를 정벌하려 하다【楚將伐齊】

초나라가 장차 제나라를 정벌하려 했는데, 노나라가 (초나라를) 가
까이하니 제나라 왕이 근심하였다. 장개(張丐)가 말했다.

"신이 청컨대 노나라가 중립에 서도록 하겠습니다."

마침내 제나라를 위해 노나라 임금을 뵈었다. 노나라 임금이 말
했다.

"제나라 왕이 두려워하고 있소?"

(장개가) 말했다.

"신이 알 바가 아닙니다. 신이 온 것은 임금을 조문하려[弔] 함입
니다."

노나라 임금이 말했다.

"무슨 조문이오?"

(장개가) 말했다.

"임금의 모책이 지나치십니다. 임금께서 이기는 나라와 함께하지 않고 이기지 못할 나라와 함께하려는 것은 무슨 까닭입니까?"

노나라 임금이 말했다.

"그대는 제나라와 초나라가 (싸우게 되면) 누가 이긴다고 여기시오?"

대답하여 말했다.

"귀신 또한 알지 못합니다."

"그렇다면 그대는 어째서 과인을 조문하시오?"

(장개가) 말했다.

"제나라와 초나라는 권세가 대등하기 때문에 노나라가 있거나 없거나 간에 쓸모가 없습니다. 어찌 임금[足下]께서 군사를 보전하여 [令→全] 두 나라가 싸운 뒤에 연합하는 것만 하겠습니까? 초나라가 제나라를 크게 이기더라도 그 좋은 병사와 잘 뽑힌 병졸은 반드시 죽어 없어질 것이니, 그 나머지 병사들만으로 천하(의 공세)를 기다려야 할 것입니다. 제나라가 이기더라도 그 좋은 병사와 잘 뽑힌 병졸은 반드시 죽어 없어질 것입니다. 임금께서 노나라 군사를 거느리고서 싸워 이긴 쪽이 나왔을 때 (진 쪽과) 연합하신다면, 이는 그 덕을 베푸는 것이 정말로 클 것이고 이에 은덕을 입는 것 또한 매우[其=甚] 클 것입니다."[16]

---

16 요굉 주: 무리를 보존하고 중립으로 있으면서 돕지 않는 채로 두 나라가 싸우고 난 뒤를 살펴서, 승자가 사졸 다스리기를 한결같이 하면 노나라가 온전한 군대로써 패자를 도와 승자를 치는 것이다. 표표 주: 합한다는 것은 패자와 합하는 것이니, 승자는 비록 합해도 은덕을 받을 수가 없다. 지금 온전한 군대로 패자와 합하면 저 승자는 이미 사졸이 많이 죽었기 때문에 가히 이길 수 있으니, 패자가 그로 인해 덕을 입게 되는 것이다.(姚本, 全衆爲中立, 無以爲助也. 觀二國交戰之

노나라 임금이 그렇다고 여겨서 몸소 군대를 물렸다.

楚將伐齊, 魯親之, 齊王患之. 張丐曰: "臣請令魯中立." 乃爲齊見魯君.
魯君曰: "齊王懼乎?" 曰: "非臣所知也, 臣來弔足下." 魯君曰: "何弔?" 曰:
"君之謀過矣. 君不與勝者而與不勝者, 何故也?" 魯君曰: "子以齊・楚爲
孰勝哉?" 對曰: "鬼且不知也." "然則子何以弔寡人?" 曰: "齊, 楚之權敵
也, 不用有魯與無魯. 足下豈如令衆而合二國之後哉! 楚大勝齊, 其良士
選卒必殲, 其餘兵足以待天下; 齊爲勝, 其良士選卒亦殲. 而君以魯衆合
戰勝後, 此其爲德也亦大矣, 其見恩德亦其大也." 魯君以爲然, 身退師.

노나라가 초나라를 편들지 못하도록, 두 나라가 싸워서 힘이 다 빠졌을 때 패한 나라와 연합하여 이긴 나라를 상대하면 덕을 크게 베푸는 셈이 된다고 설득하였다.

8-15 진나라가 위나라를 정벌하려 하다【秦伐魏】

진나라가 위나라를 정벌하려 하자, (위나라 신하인) 진진(陳軫)이 삼진을 연합시킨 뒤 동쪽으로 가서 제나라 왕에게 일러주며 말했다.

"옛날의 왕다운 왕의 토벌은 천하를 바르게 함으로써 공업과 이름을 세워 후세에 남기려는 것이었습니다. 지금 제, 초, 연, 조, 한, 양, 여섯 나라는 갈마듦[遞=更]이 심해서 공업과 이름을 세우기에 충분치 않

後, 勝者其良士選卒治一, 君以全衆助負敗者擊之. 鮑本, 合, 合敗者也. 勝者雖合之, 不必見德. 今以全衆合敗者, 彼勝者既士卒多死, 可勝也, 敗者因見德矣.)

습니다. 진나라를 강하게 하고 스스로를 약하게 하기에만 충분하니[適足], 산동의 좋은 계책이 아닙니다. 산동을 위태롭게 할 수 있는 것은 강한 진나라입니다. 강한 진나라를 걱정하지 않고 번갈아서 서로 피로하고 약해지고 나면 이 나라든 저 나라든[兩=彼我] 나라가 진나라로 돌아가게 될 것이니, 이것이 신이 산동의 근심거리로 여기는 바입니다. 세상이 진나라를 위해 서로 깎아내어도 진나라는 일찍이 힘을 내놓지 않았고, 천하가 진나라를 위해 서로를 삶아 죽여도 진나라는 일찍이 땔나무조차 내놓지 않았습니다. 어찌 진나라는 똑똑한데 산동의 나라들은 어리석습니까? 원컨대 대왕에게는 살펴보십시오.

옛날에 오제(五帝)와 삼왕(三王)과 오패(五伯)가 정벌을 할 때는 도리가 없는 자를 토벌하였습니다만, 지금 진나라가 천하를 정벌하는 것은 그렇지 않아서 반드시 (오제, 삼왕, 오패와는) 반대로 하려 하니, 제후들은 반드시 죽거나 치욕을 입고 백성들도 틀림없이 죽거나 붙잡히게 됩니다. 지금 한나라와 양나라는 일찍이 눈물이 마른 적이 없는데 제나라 백성들만 홀로 그렇지 않으니, 제나라는 (진나라와) 친하고 한나라와 양나라는 (진나라와) 소원해서가 아니라 제나라는 진나라와 멀고 한나라와 양나라는 (진나라와) 가깝기 때문이었습니다. 지금 제나라는 장차 (진나라와의 거리가) 가까워지게 될 것입니다! 지금 진나라는 양나라의 강읍(絳邑)과 안읍(安邑)을 공격하고 싶어 합니다. 진나라가 강읍과 안읍을 얻은 뒤에는 동쪽으로 가서 하수[河]에 이르게 될 것이니, 하수 앞뒤[表裏]에서 동쪽으로는 제나라를 공격해서 들어내어 바다까지 닿게 하고[屬=至] 남쪽으로 얼굴을 돌려서는 초나라, 한나라, 양나라를 외롭게 만들며 북쪽으로 가서는 연나라, 조나라를 고립시키게 될 것입니다. 이렇게 되면 제나라는 계책이 나올 바가 없습니다.

원컨대 왕께서는 깊이 생각하소서! 지금 삼진이 이미 연합하여 다시 형제가 되기로 약속하였으니, 날카로운 군대를 내어 양나라의 강읍과 안읍을 지켜주는 것이야말로 만대를 이어가는 계책입니다. 제나라가 급히 정예군대를 거느리고 삼진과 합하지 않는다면 틀림없이 뒤에 걱정거리가 있게 됩니다. 삼진이 연합하면 진나라는 반드시 감히 양나라를 공격하지 못하고 남쪽으로 가서 초나라를 공격할 것입니다. 초나라와 진나라 사이에 난이 얽히게 되었을 때, 삼진은 제나라가 자기들과 같이하지 않은 것에 화를 내며 틀림없이 동쪽으로 가서 제나라를 공격하게 될 것입니다. 이것이 신이 이른바 제나라에 반드시 큰 걱정거리가 있게 된다고 한 것이니, 급히 병사를 거느리고 삼진과 연합하는 것만 못합니다."

제나라 왕이 삼가 허락하고, 과연 병사를 거느리고 삼진과 연합하였다.

秦伐魏, 陳軫合三晉而東謂齊王曰: "古之王者之伐也, 欲以正天下而立功名, 以爲後世也. 今齊·楚·燕·趙·韓·梁六國之遞甚也, 不足以立功名, 適足以強秦而自弱也, 非山東之上計也. 能危山東者, 強秦也. 不憂強秦, 而遞相罷弱, 而兩歸其國於秦, 此臣之所以爲山東之患. 天下爲秦相割, 秦曾不出力; 天下爲秦相烹, 秦曾不出薪. 何秦之智而山東之愚耶? 願大王之察也. 古之五帝·三王·五伯之伐也, 伐不道者. 今秦之伐天下不然, 必欲反之, 主必死辱, 民必死虜. 今韓·梁之目未嘗乾, 而齊民獨不也, 非齊親而韓·梁疏也, 齊遠秦而韓·梁近. 今齊將近矣! 今秦欲攻梁絳·安邑, 秦得絳·安邑以東下河, 必表裏河而東攻齊, 舉齊屬之海, 南面而孤楚·韓·梁, 北向而孤燕·趙, 齊無所出其計矣. 願王熟慮之! 今

三晉已合矣, 復爲兄弟約, 而出銳師以戌梁絳・安邑, 此萬世之計也. 齊
非急以銳師合三晉, 必有後憂. 三晉合, 秦必不敢攻梁, 必南攻楚. 楚・秦
構難, 三晉怒齊不與己也, 必東攻齊. 此臣之所謂齊必有大憂, 不如急以
兵合於三晉." 齊王敬諾, 果以兵合於三晉.

진나라의 동진을 막기 위해서는 지금 반드시 삼진과 연합해야 하는데, 제나라가 거
리가 멀다는 이유로 수수방관하게 되면 뒷날 진나라는 물론이고 삼진에게도 원한
을 사게 된다는 말로 제나라를 설득하였다.

8-16 소진이 조나라와 합종하기 위해 제나라 선왕을 설득하다
【蘇秦爲趙合從說齊宣王】

소진이 조나라와 합종(合從)하기 위해 제나라 선왕을 설득하며 말
했다.

"제나라는 남쪽으로 태산(太山)이 있고 동쪽으로 낭야(琅邪)가 있
으며 서쪽으로 청하(淸河)가 있고 북쪽으로 발해(渤海)가 있으니, 이는
이른바 사방이 요새인 나라입니다. 제나라 땅이 사방 천 리이고 갑옷
을 두른 병사가 수십만인 데다가 곡식이 마치 언덕이나 산처럼 쌓여
있습니다. 제나라는 수레가 뛰어나고 다섯 집마다 병사가 있는데[17], 빠
르기가 마치 송곳이나 화살과 같고 싸울 때는 마치 우레나 번개와 같

---

17 오가지병(五家之兵)은 춘추시대 관중이 창시한 군제로, 그 내용은 5가(家)를 궤(軌), 10궤를 리
(里), 4리를 연(連), 10연을 향(鄕)으로 하면서, 3향에 1사(師)를 두는 것이다.

으며 흩어질 때는 마치 바람이나 비와 같습니다. 바로 전쟁[軍役]이 있게 되면 (적의 병사가) 일찍이 태산을 (넘어) 등 뒤에 이르거나 청하를 횡단하거나 발해를 건넌 적이 없었습니다. (제나라 도읍인) 임치 안에는 7만 가구가 있습니다. 신이 몰래 헤아려보건대, 가구당 남자 셋으로 치면 3과 7을 곱해 21만 명이니, 멀리 떨어진 현에서 병사를 내는 것을 기다리지 않고 임치의 병사만으로도 정말로 이미(以=已) 21만입니다. 임치는 매우 부유하고 실속이 있어서, 그 백성들 중에는 피리[竽]를 불거나 큰 거문고를 타거나[鼓瑟] 축(筑)을 치거나 거문고를 뜯거나[彈琴], 닭싸움[鬪雞]이나 개 경주[走犬], 주사위놀이[六博], 공차기[蹹踘] 등을 하지 않는 사람이 없습니다. 임치의 길은, 수레바퀴통[輇→轂]이 서로 부딪히고 사람들이 어깨로 서로 비비며 옷깃이 서로 이어져서 휘장이 만들어지고, 소매를 들면 장막이 만들어지고 땀을 훔쳐 뿌리면 비처럼 내립니다. 집안들 사이가 도탑고 부유하며 뜻이 크고 드날리고 있습니다. 무릇 대왕의 뛰어남과 제나라의 강성함을 천하가 능히 감당할 수 없습니다. (그런데도) 지금 마침내 서쪽을 바라보며 진나라를 섬기고 있으니, 남몰래 대왕을 위해 부끄럽게 생각합니다.

또 저 한나라와 위나라가 진나라를 두려워하는 까닭은 진나라와 경계가 붙어있기 때문입니다. 병사를 내어서 서로 맞붙게 되면, 열흘이 지나지 않아 싸움에서 이겨서 남게 될지 없어지게 될지 기틀이 결정되는데, 한나라와 위나라는 진나라와 싸워서 이겨도 곧 병사의 절반이 꺾여서 네 변경을 지키지 못하게 될 것이며, 싸워서 이기지 못하면 (나라가) 없어지는 일이 뒤따를 것입니다. 그래서 한나라와 위나라는 진나라와의 싸움을 무겁게 여기고 (진나라의) 신하가 되는 것을 가볍게 여기는 것입니다. 지금 진나라가 제나라를 공격하는 것은 그렇지 않습니다. 한나라와 위나라를 등진 채 위나라를 통과하여[至闈→過衛] 진양의 길로 가서 항보(亢父)의 험난함을 가야 하는데, 수레가 똑바로 나갈 수 없고 말이 나란히 갈 수 없으니 백 사람이 험난함을 지키면 천 사람도 능히 지나갈 수 없습니다. 진나라가 비록 깊이 들어오고 싶어도, 늑대가 겁이 많아 뒤를 돌아보듯이[18] 한나라와 위나라가 뒤에서 모의하는 것을 두려워할 것입니다. 이런 이유로 두려워하고 의심하면서도 헛되게 소리만 지를 뿐 높이 뛰면서도 감히 나아가지 못하니, 곧 진나라는 제나라를 해칠 수 없다는 것이 또한 이미 밝혀졌습니다.

무릇 깊이 헤아리지 않더라도 진나라가 나를 어찌할 수 없는데, 그런데도 서쪽을 바라보며 진나라를 섬기는 것은 바로 뭇 신하들의 계책이 잘못되었기 때문입니다. 지금 신하로서 진나라를 섬긴다는 이름을 없애고 강한 나라라는 실상을 있게 하려고 하니, 신은 진실로 원컨대 대왕께서 조금이나마 이 계책에 뜻을 두어[留] 주십시오."

제나라 왕이 말했다.

"과인이 똑똑하지 못한데, 지금 그대[主君=蘇秦][19]가 조나라 왕의 가르침을 가지고 말해주었으니 삼가 사직을 받들어서 따르겠소."

蘇秦爲趙合從, 說齊宣王曰: "齊南有太山, 東有琅邪, 西有淸河, 北有渤海, 此所謂四塞之國也. 齊地方二千里, 帶甲數十萬, 粟如丘山. 齊

---

18 (오사도가) 바로잡아 말한다: 늑대의 성질은 겁이 있어서, 달리면서도 늘 뒤돌아본다.(正曰. 狼性怯, 走常還顧.)

19 황비열의 안(案): '주군'이란 소진을 부르는 것이다. 예에서는 경대부를 부를 때 주(主)라 한다. 지금 소진이 제후들을 모아서 따르게 하는 것을 기리고 칭찬하며 아름답게 여겨서, 그래서 불러 말하기를 '주군'이라 했다.(札記丕烈案: 主君, 稱蘇秦也. 禮, 卿大夫稱主. 今嘉蘇子合從諸侯, 褒而美之, 故稱曰主君.)

車之良, 五家之兵, 疾如錐矢, 戰如雷電, 解如風雨, 即有軍役, 未嘗倍太山 · 絕淸河 · 涉渤海也. 臨淄之中七萬戶, 臣竊度之, 下[20]戶三男子, 三七二十一萬, 不待發於遠縣, 而臨淄之卒, 固以二十一萬矣. 臨淄甚富而實, 其民無不吹竽 · 鼓瑟 · 擊筑 · 彈琴 · 鬪雞 · 走犬 · 六博 · 蹋踘者; 臨淄之途, 車轂擊, 人肩摩, 連衽成帷, 擧袂成幕, 揮汗成雨; 家敦而富, 志高而揚. 夫以大王之賢與齊之强, 天下不能當. 今乃西面事秦, 竊爲大王羞之. 且夫韓 · 魏之所以畏秦者, 以與秦接界也. 兵出而相當, 不至十日, 而戰勝存亡之機決矣. 韓 · 魏戰而勝秦, 則兵半折, 四境不守; 戰而不勝, 以亡隨其後. 是故韓 · 魏之所以重與秦戰而輕爲之臣也. 今秦攻齊則不然, 倍韓 · 魏之地, 至闡陽晉之道, 徑亢父之險, 車不得方軌, 馬不得並行, 百人守險, 千人不能過也. 秦雖欲深入, 則狼顧, 恐韓 · 魏之議其後也. 是故恫疑虛猲, 高躍而不敢進, 則秦不能害齊, 亦已明矣. 夫不深料秦之不奈我何也, 而欲西面事秦, 是群臣之計過也. 今無臣事秦之名, 而有强國之實, 臣固願大王之少留計." 齊王曰: "寡人不敏, 今主君以趙王之敎詔之, 敬奉社稷以從."

소진이 합종을 위해, 제나라의 국부와 민력, 지리적 이점 등을 제나라 왕에게 피력하면서 진나라에게 겁먹지 말도록 설득하였다.

---

20 (오사도가) 포본을 보충하여 말한다: 『사기』에는 '하(下)'자가 없다.(鮑本補曰: 史無下.)

8-17 장의가 진나라와 연횡하기 위해 제나라 왕에게 말하다

【張儀爲秦連橫齊王】

장의가 진나라와 연횡(連橫)하기 위해 제나라 왕[齊宣王]에게 말했다.

"천하의 강한 나라도 제나라를 넘지 못하며, 대신과 부형[왕의 숙부와 형제]이 많고 많은 부를 누리는 것도 제나라를 넘지 못합니다. 그러나 대왕을 위해 계책을 세우는 자들은 모두 한 시절만을 위해 이야기할 뿐 만세로 이어지는 이로움을 돌아보지 않습니다. 합종을 말하는 사람[從人][21]이 대왕을 설득할 때는 반드시 '제나라 서쪽에는 강한 조나라가, 남쪽에는 한나라, 위나라가 있고 바다를 등에 지고 있으며 땅이 넓고 인구가 많아서 병사는 강하고 사졸은 용감하기 때문에, 비록 백 개의 진나라가 있어도 장차 나를 어찌하지 못할 것이다!'라고 할 것인데, 대왕께서 그 설을 두루 보셨겠지만 그 지극한 실정은 살피지 못하셨습니다.

무릇 합종을 쫓는 사람은 자기들끼리 편당을 짓고 두루 살피지 않기 때문에 합종을 가능하게 만들지 못합니다. 신이 듣기로 제나라와 노나라가 세 번 싸웠는데, 노나라는 세 번 이겼지만 나라가 위태로워져서 패망이 그 뒤에 쫓아왔다고 합니다. 비록 이겼다는 이름은 있어도 망해버린 실상만 있으니, 이것이 무슨 까닭이겠습니까? 제나라는 크고 노나라는 작기 때문입니다. 지금 조나라가 진나라와 더불어서

---

21 요굉 주: 합종을 말하는 사람이란 관동의 여섯 나라를 모아서 연합하자는 세객으로, 소진을 말한다.(姚本, 從人, 合關東六國爲從, 謂蘇秦也.)

하는 일은 마치 제나라와 노나라의 경우와 같습니다. 진나라와 조나라가 하수(河水)와 장수(漳水) 주변에서 싸웠는데, 두 번 싸워서 두 번 다 (조나라가) 진나라를 이겼습니다. 번오(番吾) 아래에서 싸웠는데, 두 번 싸워서 두 번 다 (조나라가) 진나라를 이겼습니다. (그러나) 네 차례 싸우고 난 뒤 조나라는 죽은 병졸이 수십만이었고 (조나라 도읍인) 한단은 겨우겨우 남아있습니다. 비록 진나라에 이긴 이름은 있으나 나라는 깨어졌으니, 이것이 무슨 까닭이겠습니까? 진나라는 강하고 조나라는 약하기 때문입니다.

지금 진나라는 자식을 시집보내고 아내를 맞이하여 초나라와 형제의 나라가 되었습니다. 한나라는 의양(宜陽)을 헌납했고, 위나라는 하수 바깥[河外=河南] 땅을 바쳤으며, 조나라는 들어와 민지(黽池)에서 조현하고 하간(河間) 땅을 갈라서 진나라를 섬기고 있습니다. 대왕께서 진나라를 섬기지 않으면 진나라는 한나라와 위나라를 몰고 와서 제나라의 남쪽 땅을 공격하고, 조나라의 군사를 남김없이 일으켜서 하관(河關)을 건너 박관(博關→博關)을 향하게 될 것이니, 그러면 임치와 즉묵(即墨)은 왕의 소유가 아니게 됩니다. 나라가 하루하루 공격을 받게 되면 (그때는) 비록 진나라를 섬기고 싶어도 얻을 수가 없습니다. 이런 까닭으로 원컨대 대왕께서는 깊게 헤아려 주십시오."

제나라 왕이 말했다.

"제나라가 궁벽하고 누추하여 숨어 지냈지만 동쪽 바닷가를 맡고 있는데, 일찍이 사직이 오래가는 이로움에 대해서는 들은 바가 없소. 지금 큰 손님이 행차해서 가르쳐주시니, 청컨대 사직을 받들어 진나라를 섬기겠습니다."

물고기와 소금이 나는 땅[魚鹽之地] 300리(里)을 진나라에 바쳤다.

張儀爲秦連橫齊王曰: "天下強國無過齊者, 大臣父兄殷衆富樂, 無過齊者. 然而爲大王計者, 皆爲一時說而不顧萬世之利. 從人說大王者, 必謂齊西有強趙, 南有韓·魏, 負海之國也, 地廣人衆, 兵強士勇, 雖有百秦, 將無奈我何! 大王覽其說, 而不察其至實. 夫從人朋黨比周[22], 莫不以從爲可. 臣聞之, 齊與魯三戰而魯三勝, 國以危, 亡隨其後, 雖有勝名而有亡之實, 是何故也? 齊大而魯小. 今趙之與秦也, 猶齊之於魯也. 秦·趙戰於河漳之上, 再戰而再勝秦; 戰於番吾之下, 再戰而再勝秦. 四戰之後, 趙亡卒數十萬, 邯鄲僅存. 雖有勝秦之名, 而國破矣! 是何故也? 秦強而趙弱也. 今秦·楚嫁子取婦, 爲昆弟之國; 韓獻宜陽, 魏效河外, 趙入朝黽池, 割河間以事秦. 大王不事秦, 秦驅韓·魏攻齊之南地, 悉趙涉河關, 指搏關, 臨淄·即墨非王之有也. 國一日被攻, 雖欲事秦, 不可得也. 是故願大王熟計之." 齊王曰: "齊僻陋隱居, 託於東海之上, 未嘗聞社稷之長利. 今大客幸而教之, 請奉社稷以事秦." 獻魚鹽之地三百於秦也.

장의가, 큰 나라와 작은 나라가 싸우면 작은 나라가 여러 번 이겨도 나라가 먼저 피폐해져서 망하게 된다는 예시를 들어 진나라와 연횡하도록 제선왕을 설득했다.

---

22 『논어』 「위정(爲政)」편에서는 비(比)와 주(周)를 이렇게 설명하고 있다. "군자는 두루 조화를 이루되 편당을 짓지 아니하며, 소인은 편당을 지을 뿐 두루 조화를 이루지 못한다.(君子周而不比, 小人比而不周.)

제책 2
齊策

9-1 한나라와 제나라가 동맹국이 되다【韓齊爲與國】

한나라와 제나라가 동맹국(與國)이 되었다. 장의가 진나라와 위나라를 이끌어 한나라를 치자, 제나라 왕(宣王)이 말했다.

"한나라와 우리는 같은 편인데, 진나라가 치려고 하니 내가 장차 구원해주겠다."

전신사(田臣思)가 말했다.

"왕의 계책이 지나치시니, 듣지 않은 것만 못합니다. (연나라의) 자쾌(子噲)가 자지(子之)에게 나라를 주었기 때문에[1] 백성들이 받들지 않고 제후들이 같이하지 않을 것입니다. 진나라가 한나라를 치면 초나라와 조나라가 반드시 구원할 것이니, 이는 하늘이 연나라를 우리 제나라에 내려주는 것입니다."

왕이 말했다.

---

1   요긍 주: 자쾌는 연나라 역왕의 아들로 소왕의 아버지이며, 자지는 그의 재상이다. 소대가 자지를 위하여 자쾌에게 설득하여 말하기를 "요임금이 천하를 허유에게 양보하려 했지만 허유가 받지 않았고, 요는 천하를 양보한 이름을 갖게 되었습니다"라고 하자, 자쾌가 이를 사모하여 자지에게 나라를 주었다.(姚本, 子噲, 燕易王子, 昭王之父也. 子之, 其相也. 蘇代爲子之說之於子噲曰, "堯以天下讓許由, 許由不受, 堯有讓天下之名." 子噲慕之, 故與子之國也.) 「연책(燕策)」1, 29-9 [燕王噲既立] 연나라 왕 쾌가 이미 세워지다'에 자세히 나와 있다.

"좋은 말이다."

마침내 한나라 사자에게 허락한 뒤 돌려보냈다(遣=還). 한나라는 스스로 제나라에서 교분을 얻었다고 여기고는 마침내 진나라와 싸웠다. 초나라와 조나라가 과연 급히 병사를 일으켜 한나라를 구원하였으니, 제나라는 이참에 병사를 일으켜 연나라를 공격해서 삼십 일 만에 연나라를 뽑아버렸다(擧=拔).

韓·齊爲與國. 張儀以秦·魏伐韓. 齊王曰: "韓, 吾與國也. 秦伐之, 吾將救之." 田臣思曰: "王之謀過矣, 不如聽之. 子噲與子之國, 百姓不戴, 諸侯弗與. 秦伐韓, 楚·趙必救之, 是天下以燕賜我也." 王曰: "善." 乃許韓使者而遣之. 韓自以得交於齊, 遂與秦戰. 楚·趙果遽起兵而救韓, 齊因起兵攻燕, 三十日而擧燕國.

맹자가 말했다. 자쾌는 왕명이 없는데도 자지에게 나라를 주었고 자지는 왕명이 없는데도 제멋대로 자쾌에게 나라를 받았으니, 그래서 제나라 선왕이 (연나라를) 토벌하여 차지한 것이다.(姚本 孟子曰, 子噲無王命而與子之國, 子之無王命擅受子噲國, 故齊宣王伐而取之也.)

9-2 장의(張儀)가 진나라 혜왕을 섬기다 【張儀事秦惠王】

장의(張儀)가 진나라 혜왕(惠王)을 섬겼는데, 혜왕이 죽고 무왕(武王)이 세워졌다. 좌우가 장의를 미워하여 말했다.

"장의는 선왕을 섬기는 데 충성스럽지 않았습니다."

말이 미처 끝나기도 전에, 제나라에서 꾸짖기 위한 사신이 다시 도착했다.[2] 장의가 듣고서 무왕에게 일러 말했다.

"제게 어리석은 계책이 있으니, 원컨대 왕에게 보여드리겠습니다."

왕이 말했다.

"어떤 것이오?"

말했다.

"사직을 위한 계책을 내자면, 동쪽 방향에 큰 변고가 있은 뒤에 왕께서는 땅을 많이 할양받을 수 있을 것입니다. 지금 제나라 왕이 저를 매우 미워하므로 제가 자리에 있으면 반드시 병사를 일으켜서 (진나라를) 칠 것입니다, 그러므로 제가 원컨대 덕이 없는 이 몸을 빌어서 양나라로 가고자 하니, 제나라는 반드시 병사를 일으켜 (양나라를) 칠 것입니다. 제나라와 양나라의 병사가 성 아래에서 이어져 서로 떨어질 수 없게 되면, 왕께서는 그 틈을 타서 한나라를 정벌하여 삼천에 들어가고 함곡관[函谷]에서 병사를 내보내십시오. 그러면 정벌하지 않고서도 주나라를 압박하게 되어 제사 기물이 틀림없이 나오게 될 것이니, 천자를 끼고서 천하의 지도와 호적(圖籍)을 어루만지게 될 것입니다. 이것이 왕업을 이루는 길입니다."

왕이 말했다.

"좋은 말이오."

이에 전투용 수레(革車=兵車) 서른 대를 갖추어서 양나라로 들여보내니, 제나라가 과연 병사를 일으켜서 양나라를 공격하였다. 양나라

---

2 요굉 주: 제나라 왕의 사신이 와서 진나라 무왕이 장의에게 맡기고 쓴 죄를 꾸짖었는데, 다시 사신이 도착한 것이다.(姚本, 齊王使赴, 責于秦武王任用張儀之罪, 又使至.)

왕[襄王]이 크게 화를 내자, 장의가 말했다.

"왕께서는 근심하지 마십시오. 청컨대 제나라 병사들을 물러나게 하겠습니다."

마침내 사인(舍人)인 풍희(馮喜)를 시켜 초나라에 가게 했는데, 초나라 사신의 이름을 빌려[藉] 제나라로 갔다. 제나라와 초나라의 (사신의) 일이 끝나고 마치게 되자 그참에 (풍희가) 제나라 왕에게 일러 말했다.

"왕께서는 매우 장의를 미워하시지만, 비록 그렇다 해도 두텁게 해서 왕께서는 장의를 진나라 왕에게 의탁하고 계십니다."

제나라 왕이 말했다.

"과인은 매우 장의를 미워하기 때문에 장의가 있는 곳이라면 반드시 병사를 일으켜서 토벌할 것인데, 어째서 장의를 의탁한다는 것이오?"

대답하여 말했다.

"이는 곧 왕께서 장의를 맡겨 놓은 것입니다. 장의가 진나라를 떠나면서, 그참에 진나라 왕과 약속하며 말하기를, '왕을 위해 계책을 내자면, 동쪽 방향에 큰 변고가 있은 연후에 왕께서는 땅을 많이 끊어 가질 수 있습니다. 지금 제나라 왕이 매우 저를 미워하므로 제가 있는 곳이라면 반드시 병사를 일으켜서 칠 것입니다, 그래서 제가 원컨대 덕이 없는 이 몸을 빌어서 양나라로 가고자 하니, 제나라는 반드시 병사를 일으켜 (양나라를) 칠 것입니다. 제나라와 양나라의 병사가 성 아래에서 이어져 떨어질 수 없게 되면, 왕께서는 그 틈을 타서 한나라를 정벌하여 삼천에 들어가고 함곡관[函谷]에서 병사를 내보내십시오. 그러면 정벌하지 않고서도 주나라를 압박하게 되어 제사 기물이 틀림없이 나오게 되니, 천자를 끼고서 천하의 지도와 호적을 어루만지게 될 것입니다. 이것이 왕업을 이루는 길입니다'라고 하자, 진나라 왕이 그렇다고 여기고는 전투용 수레 서른 대를 주어서 양나라로 들여보냈습니다. 그러므로 끝내 그를 공격하게 되면, 이는 왕께서 안으로 스스로를 피로하게 만들고 동맹국을 공격해서 많은(廣) 이웃을 적으로 삼아 스스로 맞이하는 것이니, 바로 진나라 왕에게 장의를 믿게 만드는 것입니다. 이것이 신이 이른, 장의를 의탁하고 있다는 말입니다."

왕이 말했다.

"좋은 말이오."

마침내 그만두었다.

張儀事秦惠王. 惠王死, 武王立. 左右惡張儀, 曰: "儀事先王不忠." 言未已, 齊讓又至. 張儀聞之, 謂武王曰: "儀有愚計, 願效之王." 王曰: "奈何?" 曰: "爲社稷計者, 東方有大變, 然後王可以多割地. 今齊王甚憎張儀, 儀之所在, 必舉兵而伐之. 故儀願乞不肖身而之梁, 齊必舉兵而伐之. 齊·梁之兵連於城下, 不能相去, 王以其間伐韓, 入三川, 出兵函谷而無伐, 以臨周, 祭器必出, 挾天子, 案圖籍, 此王業也." 王曰: "善." 乃具革車三十乘, 納之梁. 齊果舉兵伐之. 梁王大恐. 張儀曰: "王勿患, 請令罷齊兵." 乃使其舍人馮喜之楚, 藉使之齊. 齊·楚之事已畢, 因謂齊王: "王甚憎張儀, 雖然, 厚矣王之託儀於秦王也." 齊王曰: "寡人甚憎儀, 儀之所在, 必舉兵伐之, 何以託儀也?" 對曰: "是乃王之託儀也. 儀之出秦, 因與秦王約曰: '爲王計者, 東方有大變, 然後王可以多割地. 齊王甚憎儀, 儀之所在, 必舉兵伐之. 故儀願乞不肖身而之梁, 齊必舉兵伐梁. 梁·齊之兵連於城下不能去, 王以其間伐韓, 入三川, 出兵函谷而無伐, 以臨周, 祭器必出, 挾天子, 案圖籍, 是王業也.' 秦王以爲然, 與革車三十乘而納

儀於梁. 而果伐之, 是王內自罷而伐與國, 廣鄰敵以自臨, 而信儀於秦王
也. 此臣之所謂託儀也." 王曰: "善." 乃止.

장의가 진나라에서 쫓겨날 위기에 처하자, 제나라가 자기를 미워하는 것을 이용해
서 양나라를 끼워 넣어 진나라에 유리한 형세를 만들어냄으로써 자신의 입지를 지
켜내었다.

9-3 서수가 양나라를 거느리고 제나라와 승광 땅에서 싸웠지만 이기지 못하다【犀首以梁爲齊戰於承匡而不勝】

서수(犀首=公孫衍)가 양나라를 거느리고 제나라와 함께[爲→與]
(송나라 땅인) 승광(承匡)에서 싸웠지만 이기지 못하자, 장의가 양나라
왕에게 일러 말했다.

"신의 말을 쓰지 않아서 나라를 위태롭게 만들었습니다."

양나라 왕이 이로 인해 장의를 재상으로 삼으니, 장의는 진나라와
양나라가 제나라와 합해서 연횡하여 가까이 지내게 했다. 서수가 (장
의의 연횡을) 꺾고 싶어서 위(衛)나라 임금에게 일러 말했다.

"저는 장의에게 원한이 있는 것이 아닙니다. 마땅히 나라를 위하는
방법[所以]이 같지 않을 뿐입니다. 임금께서는 꼭 저를 (장의와) 화해시
켜 주십시오."

위나라 임금이 그를 위해 장의에게 알리자 장의가 허락했다. 그로
인해 위나라 임금의 앞에 함께 앉게 되니, 서수가 무릎걸음으로 와서
장의를 위해 장수[千秋]를 빌었다[祝]. 다음날 장자가 떠나게 되자 서

수가 그를 전송하며 제나라 국경에까지 이르렀다. 제나라 왕이 듣고는 장의에게 화를 내며 말했다.

"공손연은 나의 원수이다. 그런데 그대가 그와 함께 있으니(俱=偕), 이는 반드시 공손연과 더불어 우리나라를 팔아먹으려는 것이다."

마침내 들어주지 않았다.

犀首以梁爲齊戰於承匡而不勝, 張儀謂梁王: "不用臣言以危國." 梁王因相儀, 儀以秦·梁之齊合橫親. 犀首欲敗, 謂衛君曰: "衍非有怨於儀也, 值所以爲國者不同耳. 君必解衍." 衛君爲告儀, 儀許諾, 因與之參坐於衛君之前. 犀首跪行, 爲儀千秋之祝. 明日張子行, 犀首送之至於齊疆. 齊王聞之, 怒於儀, 曰: "衍也吾讎, 而儀與之俱, 是必與衍鬻吾國矣." 遂不聽.

공손연이 장의를 모함하고자 (자기를 원수로 여기는) 제나라 왕에게 자신과 장의가 화해하는 모습을 보여준 것이다.

9-4 소양이 초나라를 위해 위나라를 공격하다 【昭陽爲楚伐魏】

(초나라 懷王의 장수인) 소양(昭陽)이 초나라를 위해 위나라를 공격해서 (위나라의) 군대를 뒤엎고 장수를 죽이며 여덟 개 성을 얻고 나서는, 병사를 옮겨서 제나라를 공격했다. 진진(陳軫)이 제나라 왕을 위해 사신으로 가서, 소양을 만나서는 두 번 절하여 싸움에 이긴 것을 축하한 뒤 일어나서 물었다.

"초나라의 법에 군대를 뒤엎고 장수를 죽이면 그 벼슬과 작위는 무엇입니까?"

소양이 말했다.

"벼슬은 상주국(上柱國)이고 작위는 상집규(上執珪)입니다."

진진이 말했다.

"이보다 더 빼어나고 귀한 것은 무엇입니까?"

말했다.

"오직 영윤뿐입니다."

진진이 말했다.

"영윤이 귀하구려! 왕께서 두 명의 영윤을 두지는 않을 것이니, 신이 몰래 생각건대 그대를 위해 비유를 들어볼 수 있겠습니다. 초나라에 제사지내는 일을 맡은 사람이 있었는데, 그의 사인(舍人)들에게 한 잔의 술을 내려주자 사인들이 서로 일러 말하기를 '여러 사람이 마시기에는 충분치 않고, 한 사람이 마시면 남을 것 같다. 청컨대 땅에 뱀을 그려서, 먼저 이루는 자가 술을 마시자'라고 했습니다. 한 사람이 뱀을 먼저 그리고는 술을 당겨서 장차 마시려고 하다가, 곧 왼손으로 술잔을 잡고 오른손으로 뱀을 그리면서 말했습니다. '나는 능히 다리도 그려 넣을 수 있다.' 미처 그리기도 전에 한 사람이 뱀을 다 그리고는, 그 술잔을 빼앗으며 말하기를 '뱀은 원래 다리가 없는데, 너는 어째서 다리를 그리고 있는가?' 하고는 마침내 그 술을 마셔버렸습니다. 뱀에 다리를 그린 사람은 끝내 그 술을 잃고 말았습니다.

지금 그대는 초나라의 재상이 되어 위나라를 공격해서는 군사를 깨뜨리고 장수를 죽이며 여덟 성을 얻었는데, 그런데도 병사가 약해지지 않아서 (그참에) 제나라를 공격하려고 합니다. 제나라가 공을 두려

위함이 심하니, 공은 이를 명성으로 여기고서 만족해야 할 것입니다. (그런다고) 벼슬 올라가는 것이 거듭되지는 않습니다. 싸워서 이기지 못함이 없을 때 멈추는 것을 알지 못하면 몸은 장차 죽고 작위도 장차 뒤로 물려지게 되니, 마치 뱀에 다리가 있는 것[蛇足]과 같습니다."

소양이 그렇다고 여겨서 군대를 풀고 떠나갔다.

昭陽爲楚伐魏, 覆軍殺將得八城, 移兵而攻齊. 陳軫爲齊王使, 見昭陽, 再拜賀戰勝, 起而問: "楚之法, 覆軍殺將, 其官爵何也?" 昭陽曰: "官爲上柱國, 爵爲上執珪." 陳軫曰: "異貴於此者何也?" 曰: "唯令尹耳." 陳軫曰: "令尹貴矣! 王非置兩令尹也, 臣竊爲公譬可也. 楚有祠者, 賜其舍人卮酒. 舍人相謂曰: '數人飮之不足, 一人飮之有餘. 請畫地爲蛇, 先成者飮酒.' 一人蛇先成, 引酒且飮之, 乃左手持卮, 右手畫蛇, 曰: '吾能爲之足.' 未成, 一人之蛇成, 奪其卮曰: '蛇固無足, 子安能爲之足.' 遂飮其酒. 爲蛇足者, 終亡其酒. 今君相楚而攻魏, 破軍殺將得八城, 不弱兵, 欲攻齊, 齊畏公甚, 公以是爲名居足矣, 官之上非可重也. 戰無不勝而不知止者, 身且死, 爵且後歸, 猶爲蛇足也." 昭陽以爲然, 解軍而去.

이미 싸워서 공로가 있는데 실패할지도 모르는 또 다른 싸움을 한다는 것은, 마치 뱀에 다리를 그려 넣는 것과 같다.

9-5 진나라가 조나라를 공격하다【秦攻趙】

진나라가 조나라를 공격하자, 조나라는 누완(樓緩)에게 다섯 성을 가지고 진나라에게 강화(講=講和)를 구하게 하면서 함께 제나라를 치자고 했다. 제나라 왕이 두려워하며, 그참에 사람을 시켜 10개 성을 가지고 진나라와 강화하기를 구하였다. (이에) 누자(樓子)가 두려워서 상당(上黨)의 24개 현을 (줄 것을) 진나라 왕[惠文王]에게 허락했다. (趙나라의 신하인) 조족(趙足)이 제나라에 가서 제나라 왕(宣王)에게 일러 말했다.

"왕께서는 진나라와 조나라가 (강화를) 풀게 되기를 바라십니까? 조나라에 연합하여 따르느니만[合從] 못합니다. 조나라는 틀림없이 진나라를 배반할 것이니, (조나라가) 진나라를 배반하면 제나라는 걱정거리가 없습니다."

秦攻趙. 趙令樓緩以五城求講於秦, 而與之伐齊. 齊王恐, 因使人以十城求講於秦. 樓子恐, 因以上黨二十四縣許秦王. 趙足之齊, 謂齊王曰: "王欲秦·趙之解乎? 不如從合於趙, 趙必倍秦. 倍秦則齊無患矣."

진나라에게 땅을 바치기보다는 조나라와 연합하는 것이 나으니, 조나라가 진나라와 대적하게 되면 제나라는 걱정이 없어지기 때문이다.

9-6 권 땅의 병난에서 제나라와 연나라가 싸우다【權之難齊燕戰】

권(權)땅의 병난(難=兵難)에서 제나라와 연나라가 싸웠다. 진나라가 위염(魏冉)을 조나라에 가게 해서 병사를 내어 연나라를 도와서 제나라를 치게 하니, (제나라의) 설공(薛公=田嬰)이 위처(魏處)를 사신으로 조나라에 보내어 (조나라의 집권자인) 이향(李向)에게 일러주며 말했다.

"그대가 연나라를 도와 제나라를 치면 제나라는 반드시 급해질 것입니다. 급해지면 틀림없이 땅을 가지고 연나라와 화해를 하게 되어, 나는 조나라와 싸우게 될 것입니다. 그렇게 되면 이는 그대 스스로 연나라를 위해 병사를 거두어 연나라를 위해 (제나라) 땅을 빼앗는 것이 됩니다. 그러므로 그대를 위한 계책을 내어보자면, 병사를 누르고서 내보내지 않는 것만 못합니다. (그러면) 제나라는 반드시 (급한 일이) 풀릴 것이고, 풀리면 틀림없이 다시 연나라와 싸우게 될 것입니다. 싸워서 이기더라도 병사는 피곤하고 힘이 빠질 것이니 조나라는 (연나라 땅인) 당(唐)과 곡역(曲逆)을 차지할 수 있을 것이며, 싸워서 이기지 못하면 (연나라의) 목숨이 조나라에 달려있게 됩니다. 그렇게 되면 조나라[吾=吾趙]는 중립에 있다가 궁지에 몰린 제나라와 피로해진 연나라의 땅을 끊어낼 수 있으니, 두 나라의 권세가 그대에게 돌아갈 것입니다."

權之難, 齊·燕戰. 秦使魏冉之趙, 出兵助燕擊齊. 薛公使魏處之趙, 謂李向曰: "君助燕擊齊, 齊必急. 急必以地和於燕, 而身與趙戰矣. 然則是君自爲燕東[3]兵, 爲燕取地也. 故爲君計者, 不如按兵勿出. 齊必緩, 緩必復與燕戰. 戰而勝, 兵罷弊, 趙可取唐·曲逆; 戰而不勝, 命懸於趙. 然則吾中立而割窮齊與疲燕也, 兩國之權, 歸於君矣."

제나라가 연나라와 싸우는 틈을 타서 조나라가 제나라를 공격하면 제나라는 연나

---

3 표표 주: '동(東)'은 '속(束)'이 되어야 하니, 속(束)은 '렴(斂)'자와 같다.(鮑本, 東作束, 束, 猶斂.)

라와 강화를 하고 조나라를 치게 될 것이므로, 두 나라가 싸우는 것을 지켜본 후에
어부지리를 얻는 것이 좋을 것이라는 말이다.

9-7 진나라가 조나라의 장평을 공격하다【秦攻趙長平】

진나라가 조나라의 장평(長平)을 공격하자, 제나라와 초나라가 구
원하였다. 진나라의 계책을 말하자면, "제나라와 초나라가 조나라를
구원할 때, (조나라를) 내 몸처럼 여긴다면 장차 병사를 물릴 것이고 내
몸처럼 여기지 않는다면 장차 끝까지(遂) 공격한다"라는 것이었다. 조
나라가 먹을 것이 없어서 제나라에 곡식을 청하였으나 제나라는 들어
주지 않았다. 이에 소진(蘇秦)⁴이 제나라 왕에게 일러 말했다.

"들어주어 진나라 병사를 물러가게 하느니만 못합니다. 들어주지
않으면 진나라 병사는 물러나지 않을 것이니, 이는 진나라의 계책이
적중하게 되는 것이고 제나라와 연나라의 계책이 잘못되는 것입니다.

또 조나라의 연나라와 제나라에 대한 관계는 가려주고 숨겨주는
관계입니다. 이(齒)에는 입술이 있으니, 입술이 없으면 이가 시립니다
(脣亡齒寒). 오늘 조나라가 망하게 되면 바로 내일 제나라와 초나라에
미치게 될 것입니다.

또 무릇 조나라를 구하는 데 힘쓰는 것은, 그 당연함이 마치 물이

---

4 요굉 주: 『속사기(續史記)』에는 주자(周子)라고 되어 있다. 주자는 제나라의 모신(謀臣)인데, 『사
기』사서에는 나와 있지 않다. 『전국책』에는 주자가 소진으로 되고 초나라가 모두 연나라로 되어
있으나, 이때에 소진은 죽은 지가 이미 오래되었다.(姚本: 續史記, 周子, 齊之謀臣, 史失其名. 戰
國策以周子爲蘇秦, 而楚字皆作燕, 然此時蘇秦死久矣.)

새는 항아리를 틀어막는 것과 같고 달아오른 솥에 물을 붓는 것과 같습니다. 무릇 조나라를 구원하는 것은 마땅함을 높이는 것이며, 진나라 병사를 물리치는 것은 이름을 드러내는 것입니다. 마땅히 망해가는 조나라를 구원하고 위세로써 강한 진나라 병사를 물리쳐야 하는데, 이를 위해 힘쓰지 않으면서 곡식을 아끼는 데 힘쓰는 것은 나라를 위해 계획을 세운 자가 잘못한 것입니다."

秦攻趙長平, 齊·楚救之. 秦計曰: "齊·楚救趙, 親, 則將退兵; 不親, 則且遂攻之." 趙無以食, 請粟於齊, 而齊不聽. 蘇秦謂齊王曰: "不如聽之以卻秦兵, 不聽則秦兵不卻, 是秦之計中, 而齊·燕之計過矣. 且趙之於燕·齊, 隱蔽也, 齒之有脣也, 脣亡則齒寒. 今日亡趙, 則明日及齊·楚矣. 且夫救趙之務, 宜若奉漏甕, 沃焦釜. 夫救趙, 高義也; 卻秦兵, 顯名也. 義救亡趙, 威卻強秦兵, 不務爲此, 而務愛粟, 則爲國計者過矣."

진나라는 조나라가 공격받을 때 다른 나라들이 정말로 돕는다면 후퇴하고 그렇지 않으면 끝까지 몰아붙인다는 전략을 수립하였다. 이에 소진이 입술이 없으면 이가 시리다는 비유를 들면서 진나라의 공격에 다른 나라들이 모두 힘을 합쳐야 한다고 설득하였다.

9-8 누군가가 제나라 왕에게 일러 말했다【或謂齊王】

누군가가 제나라 왕에게 일러 말했다.

"주나라와 한나라는, 서쪽에는 강한 진나라가 있고 동쪽에는 조나라와 위나라가 있습니다. 진나라가 주나라와 한나라의 서쪽을 정벌하게 되면 조나라와 위나라가 (진나라를 쫓아서 주나라와 한나라를) 치지 않는다 해도 주나라와 한나라는 (조나라와 위나라에) 땅을 끊어주어야 하므로, 한나라는 물러나게 되고 주나라는 해를 입게 됩니다. 급기야 한나라가 물러나고 주나라가 땅을 끊어주게 되면, 조나라와 위나라도 또한 진나라가 근심거리가 되는 것에서 벗어날 수 없습니다. 지금 제나라와 진나라가 조나라와 위나라를 정벌하게 되면, 정말로 조나라와 위나라가 진나라에 호응해서 주나라와 한나라를 정벌하는 것과 다르지 [果→異] 않을 것입니다. 지금 제나라가 진나라에 들어가서 조나라와 위나라를 정벌하게 되면 조나라와 위나라가 망한 뒤에 진나라는 동쪽으로 얼굴을 돌려 제나라를 치게 될 것이니, 그리 되면 제나라가 어찌 천하에게 구원받을[救天下→救於天下] 수 있겠습니까?"

或謂齊王曰: "周·韓西有強秦, 東有趙·魏. 秦伐周·韓之西, 趙·魏不伐, 周·韓爲割, 韓卻周害也. 及韓卻周割之, 趙·魏亦不免與秦爲患矣. 今齊·秦伐趙·魏, 則亦不果於趙·魏之應秦而伐周·韓. 令齊入於秦而伐趙·魏, 趙·魏亡之後, 秦東面而伐齊, 齊安得救天下乎!"

합종하여 진나라를 막지 못하면 제나라도 결국 진나라에게 망하게 되므로, 제나라는 지금 진나라와 함께 조나라와 위나라를 공격해서는 안 된다는 말이다.

제책 3
齊策

10-1 초나라 왕이 죽다【楚王死】

(1)

초나라 왕[懷王]이 죽었는데, 태자[頃襄王]가 제나라에 인질로 있었다. 소진(蘇秦)이 설공(薛公)에게 일러주며 말했다.

"군께서는 어찌하여 초나라 태자를 억류하지 않습니까? 이를 가지고 그 하동국(下東國: 楚나라 東邑) 땅과 거래를 하십시오."

설공이 말했다.

"할 수 없소. 내가 태자를 머물게 하면 (초나라 도읍인) 영에 있는 사람 중에서 세워져 왕이 될 것이니, 그렇게 되면 바로 나는 껍데기 인질만 끌어안고서 행실이 마땅치 않다는 말을 천하로부터 듣게 될 것이오."

소진이 말했다.

"그렇지 않습니다. 영에 있는 사람 중에 세워져 왕이 되어도, 군께서 그참에 새로운 왕에게 일러 말하기를 '나에게 하동국 땅을 주면, 내가 왕을 위해 태자를 죽이겠소. 그렇지 않으면 내가 장차 세 나라[秦, 韓, 魏]와 함께 (태자를) 세우겠소'라고 하십시오. 그렇게 되면 하동국 땅을 틀림없이 얻을 수 있습니다."

소진의 계책(事=謀)은, (스스로) 청하여 (초나라에) 갈 수 있었고, 초나라 왕에게 빨리 하동국 땅을 들이도록 할 수 있었고, 초나라로부터 더욱 땅을 끊어낼 수 있었고, 태자에게 충성함으로써 초나라에게 더욱 땅을 들이게 할 수 있었고, 초나라 왕을 위해 (제나라에서) 태자를 쫓아낼 수 있었고, 태자에게 충성한다는 핑계로 빨리 그를 떠나게 할 수 있었고, 소진을 설공에게 미움 받게 할 수 있었고, 소진을 위해 초나라에서 봉해 줄 것을 청할 수 있었고, 다른 사람을 시켜 설공을 설득해서 소자를 잘 대해주게 할 수 있었고, 소자로 하여금 설공에게 스스로 해명할 수 있게 한 것이었다.[1]

소진이 설공에게 일러주며 말했다.

"신이 듣기에, 모의가 새어나가면 일에 공이 없고 계책을 결정하지 못하면 이름을 이룰 수 없다고 했습니다. 지금 군께서 태자를 붙잡아 두는 것은 하동국 땅과 거래하려는 까닭입니다. 빨리 하동국 땅을 얻지 못하면 초나라의 계획이 바뀌고, 바뀌게 되면 이는 군께서 껍데기 인질을 껴안고서 천하에 (나쁜) 이름만 짊어지는 것입니다."

설공이 말했다.

"좋은 말이오. 어떻게 해야 하겠소?"

대답하여 말했다.

"신이 청컨대 군을 위해 초나라로 가서 빨리 하동국 땅을 들이도록 하겠습니다. 초나라가 (거래를) 이루게 되면 곧 군께서는 질 수 없습니다."

---

1 포표 주: 이 단락은 글을 쓴 사람이 당시의 사건을 풀어서 이야기한 것이다.(鮑本, 此著書者敍說.) 뒤에 기술된 사건들은 모두 이 순서에 따라 진행되고 있다.

설공이 말했다.

"좋은 말이오."

그로 인해 (소진을) 초나라로 보내니, (소진이) 초나라 왕[2]에게 일러주며 말했다.

"제나라는 태자를 받들어 세우고 싶어 합니다. 신이 설공이 태자를 붙들고 있는 이유를 살펴보니 하동국 땅과 거래하기 위해서였습니다. 지금 왕께서 빨리 하동국 땅을 (제나라에) 들이지 않으면, 곧 태자는 장차 왕이 끊어준 땅의 두 배로써 제나라가 자신을 (왕으로) 받들어 주게 할 것입니다."

초나라 왕이 말했다.

"삼가 명을 받겠습니다."

하동국 땅을 바쳤다. 그래서 초나라에게 빠르게 (하동국) 땅을 들이도록 할 수 있었다고 말한 것이다.

楚王死, 太子在齊質. 蘇秦謂薛公曰: "君何不留楚太子, 以市其下東國." 薛公曰: "不可. 我留太子, 郢中立王, 然則是我抱空質而行不義於天下也." 蘇秦曰: "不然. 郢中立王, 君因謂其新王曰: '與我下東國, 吾爲王殺太子. 不然, 吾將與三國共立之.' 然則下東國必可得也." 蘇秦之事, 可以請行; 可以令楚王亟入下東國; 可以益割於楚; 可以忠太子而使楚益入地; 可以爲楚王走太子; 可以忠太子使之亟去; 可以惡蘇秦於薛公; 可以爲蘇秦請封於楚; 可以使人說薛公以善蘇子; 可以使蘇子自解於薛

公. 蘇秦謂薛公曰: "臣聞謀泄者事無功, 計不決者名不成. 今君留太子者, 以市下東國也. 非亟得下東國者, 則楚之計變, 變則是君抱空質而負名於天下也." 薛公曰: "善. 爲之奈何?" 對曰: "臣請爲君之楚, 使亟入下東國之地. 楚得成, 則君無敗矣." 薛公曰: "善." 因遣之. 謂楚王曰: "齊欲奉太子而立之. 臣觀薛公之留太子者, 以市下東國也. 今王不亟入下東國, 則太子且倍王之割而使齊奉己." 楚王曰: "謹受命." 因獻下東國. 故曰可以使楚亟入地也.

(2)
설공에게 일러주며 말했다.

"초나라 형세로 보아 (땅을) 많이 끊어낼 수 있습니다."

설공이 말했다.

"어찌하면 되오?"

"청컨대 태자에게 그 까닭을 알려 주고 태자로 하여금 군[薛公]에게 전해주도록 해서 태자에게 충성하는 것을 초나라 왕이 듣게 만든다면 더욱 땅을 들일 수 있을 것입니다."

그래서 더욱 많은 땅을 초나라에서 끊어내어 받을 수 있었다고 말한 것이다.

태자에게 일러주며 말했다.

"제나라가 태자를 받들어 세우게 되면 초나라 왕이 땅을 잘라주면서 태자를 붙잡아두게 청할 것이나, 제나라는 그 땅을 적다고 여길 것입니다. 태자는 어찌 초나라가 떼어주는 땅을 두 배로 하여 제나라에 대어주지 않습니까? 제나라는 반드시 태자를 받들게 될 것입니다."

태자가 말했다.

"좋습니다."

(태자가) 초나라가 떼어준 것의 두 배로 제나라 땅을 넓게 해주었다. 초나라 왕이 듣고는 두려워하며 더욱 땅을 잘라서 바쳤는데, 오히려 일이 이루어지지 않을까 걱정하였다. 그래서 초나라에서 더욱 땅을 들이게 할 수 있었다고 말한 것이다.

초나라 왕에게 일러주며 말했다.

"제나라가 감히 많이 땅을 잘라갈 수 있는 까닭은 태자를 끼고 있기 때문이고, 지금 이미 땅을 얻었는데도 구하기를 그치지 않는 것은 태자를 가지고 왕을 저울질하기 때문입니다. 태자가 떠나고 나면 제나라에서는 아무 말도 못하게 되어, 반드시 왕을 배신하지 않을 것입니다. 왕께서 그참에 강한 제나라로 달려가서 친교를 맺으면 제나라는 사양하면서 반드시 왕의 말을 들을 것입니다. 그렇게 되면 이는 왕께서 원수를 떠나보내면서 제나라와의 교분을 얻게 되는 것입니다."

초나라 왕이 크게 기뻐하며 말했다.

"청컨대 나라를 가지고서 따르겠소."

그래서 초나라 왕을 위해 태자를 빨리 떠나게 할 수 있었다고 말한 것이다.

태자에게 일러주며 말했다.

"무릇 초나라를 결단하는 사람은 왕이고, 헛된 이름을 가지고 거래하는 사람은 태자입니다. 제나라가 미처 반드시 태자의 말을 믿지는 못하고 있는데, 초나라의 (땅을 주는) 일[功]은 드러나고 있습니다. 초나라와의 친교가 이루어지면 태자는 틀림없이 위태로워질 것이니, 태자는 이에 도모하십시오."

태자가 말했다.

"삼가 명을 받겠습니다."

마침내 약속하고, 수레를 타고 밤에 떠났다. 그래서 태자를 급하게 보낼 수 있었다고 말한 것이다.

謂薛公曰: "楚之勢可多割也." 薛公曰: "奈何?" "請告太子其故, 使太子謁之君, 以忠太子, 使楚王聞之, 可以益入地." 故曰可以益割於楚. 謂太子曰: "齊奉太子而立之, 楚王請割地以留太子, 齊少其地. 太子何不倍楚之割地而資齊, 齊必奉太子." 太子曰: "善." 倍楚之割而延齊. 楚王聞之恐, 益割地而獻之, 尙恐事不成. 故曰可以使楚益入地也. 謂楚王曰: "齊之所以敢多割地者, 挾太子也. 今已得地而求不止者, 以太子權王也. 故臣能去太子. 太子去, 齊無辭, 必不倍於王也. 王因馳强齊而爲交, 齊辭, 必聽王. 然則是王去讎而得齊交也." 楚王大悅, 曰: "請以國因." 故曰可以爲楚王使太子亟去也. 謂太子曰: "夫削楚者王也, 以空名市者太子也, 齊未必信太子之言也, 而楚功見矣. 楚交成, 太子必危矣. 太子其圖之." 太子曰: "謹受命." 乃約車而暮去. 故曰可以使太子急去也.

(3)

소진이 사람을 시켜 설공에게 청하여 말했다.

"무릇 태자를 붙들어두라고 권한 사람은 소진인데, 소진이 정말로 임금을 위해서 한 일이 아니라 장차 초나라를 좋게 하려는 것입니다. 소진이 공이 알게 될까 두려워서, 그래서 초나라 땅을 많이 잘라냄으로써 그 흔적을 없앤 것입니다. 지금 태자에게 권한 사람 역시 소진입니다. 군께서 알지 못했으니, 신이 몰래 군을 위해 의심하고 있습니다."

설공이 크게 화를 소진에게 내었다. 그래서 다른 사람을 통해 소진이 설공에게 미움 받게 만들 수 있었다고 말한 것이다.

또 다른 사람을 시켜 초나라 왕에게 일러주며 말했다.

"무릇 설공에게 태자를 붙잡아두라고 말한 자는 소진이지만, 왕을 받들면서 대신 초나라 태자를 세우려고 한 자도 또한 소진이고 땅을 잘라 굳게 약속하게 한 자 역시 소진이며 왕께 충성하여 태자를 달아나게 한 자 역시 소진입니다. 지금 다른 사람이 소진을 미워하여 설공에게, 그가 제나라를 엷게 하고 초나라를 두텁게 했다 했습니다. 원컨대 왕께서는 그것을 아셔야 합니다."

초나라 왕이 말했다.

"삼가 명을 받겠소."

그참에 소진을 봉하여 무정군(武貞君)으로 삼았다. 그래서 소진을 위해 초나라에 봉해주기를 청할 수 있었다고 말한 것이다.

또 (초나라 재상인) 경리(景鯉)를 시켜 설공에게 청하며 말했다.

"군을 천하에서 무겁게 여기는 까닭은 능히 천하의 선비를 얻었고 제나라의 권세를 가졌기 때문입니다. 지금 소진이 천하의 변사인데, 세상에 견줄 만한 사람이 적습니다. 군께서 이참에 소진과 좋게 지내지 않는다면 이는 곧 천하의 선비를 둘러싸고 막는 것이어서 (변사들이) 유세하러 다니는 과정[說途]에서 이롭지가 않습니다. 무릇 군과 사이가 좋지 않으면서 또한 소진을 받드는 자는 군의 일을 위태롭게 만들 것입니다. 지금 소진이 초나라 왕과 좋게 지내는데, 임금께서 빨리 가까이하지 않게 되면 이에 그는 초나라와 함께 원수가 될 것입니다. 그래서 (이는) 군께서 이참에 그를 가까이해서 귀하고 무겁게 여기느니만 못하니, (그를 가까이하면) 군은 초나라를 가질 수 있게 될 것입니다."

설공이 이로 말미암아 소진과 잘 지냈다. 그래서 소진을 위해 설공

을 설득해서 소진과 잘 지내게 할 수 있었다고 말한 것이다.[3]

蘇秦使人請薛公曰: "夫勸留太子者蘇秦也. 蘇秦非誠以爲君也, 且以便
楚也. 蘇秦恐君之知之, 故多割楚以滅跡也. 今勸太子者又蘇秦也, 而
君弗知, 臣竊爲君疑之." 薛公大怒於蘇秦. 故曰可使人惡蘇秦於薛公
也. 又使人謂楚王曰: "夫使薛公留太子者蘇秦也, 奉王而代立楚太子者
又蘇秦也, 割地固約者又蘇秦也, 忠王而走太子者又蘇秦也. 今人惡蘇
秦於薛公, 以其爲齊薄而爲楚厚也. 願王之知之." 楚王曰: "謹受命." 因
封蘇秦爲武貞君. 故曰可以爲蘇秦請封於楚也. 又使景鯉請薛公曰: "君
之所以重於天下者, 以能得天下之士而有齊權也. 今蘇秦天下之辯士也,
世與少有. 君因不善蘇秦, 則是圍塞天下士而不利說途也. 夫不善君者
且奉蘇秦, 而於君之事殆矣. 今蘇秦善於楚王, 而君不蚤親, 則是身與楚
爲讎也. 故君不如因而親之, 貴而重之, 是君有楚也." 薛公因善蘇秦. 故
曰可以爲蘇秦說薛公以善蘇秦.

태자가 제나라 인질로 있을 때 초나라 왕이 죽자, 태자의 거취를 가지고 초나라에
서 땅을 얻어내는 다양한 방법을 알려주면서 그 과정에서 벌어질 일을 예상하고 대
처한 것이다.

---

3 (오사도가) 포본을 보충하여 말한다: 『사기』에는 초나라 회왕이 진나라에 들어오고 경양왕이 세
워졌는데 『전국책』에서만 홀로 회왕이 죽고 경양왕이 세워졌다고 여기는 것이 앞뒤에 여러 번
보인다. 몰래 일의 형세를 짐작해보면, 초나라 사람들은 회왕이 틀림없이 돌아오지 못하며 진나
라가 땅을 잘라달라고 요구할 것을 알았기 때문에 왕을 세우고 회왕을 끊은 것이다. 임금을 없
애고 새 임금을 두는 것이 나라를 바로잡는 방법이었으니, 경양왕을 세운 것은 회왕이 죽은 뒤
가 아닌 것이 분명하다.(鮑本補曰: 史稱懷王入秦, 而頃襄立; 策獨以爲懷王死, 而頃襄立, 前後
屢見. 竊以事勢言之, 楚人知懷王之必不歸, 而秦要之以割地, 故立王以絶君, 而喪君有君, 所以
靖國, 頃襄之立, 非懷王死後明矣.)

10-2 제나라 왕의 부인이 죽었다【齊王夫人死】

제나라 왕(宣王)은 부인이 죽었을 때 일곱 명의 첩[孺子=妾=幼艾美女]을 모두 가까이하고 있었다. 설공(薛公)이 왕이 세우고자 하는 사람이 누군지 알고 싶어서 마침내 일곱 귀걸이를 바쳤는데, 그 중 하나가 (더욱) 아름다웠다. 다음날 아름다운 귀걸이가 있는 곳을 보고는 왕에게 권하여 세워서 부인으로 삼게 했다.

齊王夫人死, 有七孺子皆近. 薛公欲知王所欲立, 乃獻七珥, 美其一, 明日視美珥所在, 勸王立爲夫人.

왕이 누구를 더 총애하는지를 알기 위해 유독 아름다운 귀걸이를 선물하여 그것이 어디로 돌아가는지를 살폈다.

10-3 맹상군(孟嘗君)이 장차 진나라로 들어가려 하다【孟嘗君將入秦】

맹상군(孟嘗君)[4]이 장차 진나라로 들어가려 하자 막는 사람이 천 단위로 셀 정도였는데, (맹상군이) 들어주려 하지 않았다. 소진(蘇秦)도 그를 막고 싶었지만, 맹상군이 말했다.

"사람의 일이란 것은 내가 이미 남김없이 알고 있습니다. 내가 듣지 못한 것은 단지 귀신의 일뿐입니다."

---

4 제나라 위왕(威王)의 손자이자 정곽군(靖郭君) 전영(田嬰)의 아들이다.

소진이 말했다.

"신이 온 것은, 진실로 감히 사람의 일을 말하려는 것이 아니라 정말로 장차 귀신의 일로 군을 뵙는 것입니다."

맹상군이 그를 만나니, 맹상군에게 일러주며 말했다.

"지금 신이 오다가 치수(淄水) 물가를 지나는데, 흙으로 만든 인형(土偶人)과 복숭아나무로 만든 인형(桃梗)이 서로 이야기를 하고 있었습니다. 복숭아나무 인형이 흙 인형에게 일러 말하기를, '너는 서쪽 기슭의 흙이다. 너를 뽑아내어(挺=拔) 사람같이 만들었지만, 올 팔월에 비가 와서 흘러내려 치수에 이르게 되면 곧 너는 없어질 거야'라고 하자 흙 인형이 말했습니다. '그렇지 않아. 나는 서쪽 기슭의 흙인데, 흙은 다시 서쪽 기슭으로 돌아갈 뿐이지. 지금 너는 동쪽나라의 복숭아나무로 만든 인형인데, 너를 새기고 깎아서 사람같이 만들었지만 비가 와서 흘러가 치수에 이르렀을 때 너를 흘려보내면 너는 둥둥 떠 있다가 장차 어딘가로 가게 될 뿐이지.' 지금 진나라는 사방이 막혀있는 나라로, 비유하면 마치 호랑이 입과 같습니다. 군께서 들어가시면 곧 신은 군께서 나올 바를 알지 못합니다."

맹상군이 마침내 그만두었다.

孟嘗君將入秦, 止者千數而弗聽. 蘇秦欲止之, 孟嘗曰: "人事者, 吾已盡知之矣; 吾所未聞者, 獨鬼事耳." 蘇秦曰: "臣之來也, 固不敢言人事也, 固且以鬼事見君." 孟嘗君見之. 謂孟嘗君曰: "今者臣來, 過於淄上, 有土偶人與桃梗相與語. 桃梗謂土偶人曰: '子, 西岸之土也, 挺子以爲人, 至歲八月, 降雨下, 淄水至, 則汝殘矣.' 土偶曰: '不然. 吾西岸之土也, 土則復西岸耳. 今子, 東國之桃梗也, 刻削子以爲人, 降雨下, 淄水至, 流子而

去, 則子漂漂者將何如耳.' 今秦四塞之國, 譬若虎口, 而君入之, 則臣不
知君所出矣." 孟嘗君乃止.

맹상군이 진나라로 가려 하자, 소진이 고향 땅을 떠나 진나라로 들어가게 되면 퇴로
가 없음을 비유하여 설명하였다.

10-4 맹상군이 설 땅에 있을 때【孟嘗君在薛】

맹상군이 설(薛) 땅에 있을 때, 형나라 사람들이 공격했다. 순우곤
(淳於髡=淳于髡)이 제나라를 위해 형나라에 사신으로 갔다가 되돌아
오던 중에 설 땅을 지나게 되었다. 맹상군이 일찍이 다른 사람을 시켜
예[體貌=禮容]를 갖추게 하고, 그리고 몸소 성 밖에서 맞이하며 순우
곤에게 일러 말했다.

"형나라 사람들이 설을 공격하는데도 선생께서는 근심하지 않으
시니, 제[文=田文=孟嘗君]가 다시는 모실 수 없을 것 같습니다."

순우곤이 말했다.

"삼가 명을 듣겠습니다."

제나라에 이르러, 보고가 끝나자 왕[宣王]이 말했다.

"형나라는 어떠하오?"

대답하여 말했다.

"형나라는 매우 고집스럽고, 설나라 또한 자기 힘을 헤아리지 못했
습니다."

왕이 말했다.

"무엇을 말하는 것이오?"

대답하여 말했다.

"설나라는 자기 힘을 헤아리지 못하고 돌아가신 왕[齊威王]을 위해 청묘(淸廟)를 세웠으며, 형나라는 고집스럽기 때문에 설을 공격해서 청묘를 반드시 위태롭게 만들 것입니다. 그래서 말하기를, 설나라는 힘을 헤아리지 못했고 형나라 또한 매우 고집스럽다고 한 것입니다."

제나라 왕이 얼굴빛을 부드럽게 하면서 말했다.

"아프구나(譆=痛)! 돌아가신 임금의 묘가 있다니!"

빠르게 군사를 일으켜 설을 구원했다. (그러나) 엎어지고 넘어지면서 (급하게) 요청하고 엎드려 절하면서 (간절히) 아뢰었어도, 비록 (제나라로부터 구원을) 얻었지만 그것은 얄팍한 것이었다.[5] 말을 잘하는 사람이 다른 사람의 다급한 일에 대해 그 형세를 진술하고 그 대략을 말해준다 해도, (설 땅에다 제나라 위왕의 사당을 만든 것과 같이) 스스로 험하고 군색함 속으로 빠지게 된 경우라면 어찌 억지로(强) 힘을 써주겠는가!

孟嘗君在薛, 荊人攻之. 淳于髡爲齊使於荊, 還反過薛. 而孟嘗令人體貌而親郊迎之. 謂淳于髡曰: "荊人攻薛, 夫子弗憂, 文無以復侍矣." 淳于髡曰: "敬聞命." 至於齊, 畢報. 王曰: "何見於荊?" 對曰: "荊甚固, 而薛亦不量其力." 王曰: "何謂也?" 對曰: "薛不量其力, 而爲先王立淸廟. 荊固而攻之, 淸廟必危. 故曰薛不量力, 而荊亦甚固." 齊王和其顏色曰: "譆! 先君之廟在焉!" 疾興兵救之. 顚蹶之請, 望拜之謁, 雖得則薄矣. 善說

---

5 포표 주: 남이 요청하는 것은 비록 구원을 얻는다고 해도 순우곤의 두터움만은 못하다는 것을 이른다.(鮑本, 言他人請, 謂雖有得, 不如髡之厚.)

者, 陳其勢, 言其方, 人之急也, 若自在隘窘之中, 豈用強力哉!

말을 잘하는 사람은 핵심을 찔러 이야기하니 구차함이 없다.

10-5 맹상군이 하후장을 받들다【孟嘗君奉夏侯章】

맹상군이 (제나라 사람인) 하후장(夏侯章)을 받들면서 말 네 마리(가 끄는 수레)와 백 사람의 음식을 내어 그를 만날 때마다 매우 기쁘게 했으나, 하후장은 말할 때마다 일찍이 맹상군을 헐뜯지 않는 적이 없었다. 누군가가 이를 맹상군에게 알리자 맹상군이 말했다.

"내가 하후공(夏侯公)을 모시는 바에 대해서는 말하지 말고 거두어두시오."

(제나라 사람) 번청(繁菁)이 이를 가지고 하후공(夏侯公)에게 물었더니 하후공이 말했다.

"맹상군은 제후가 아닌 사람 중에 무거운 인물로, 네 마리 말과 백사람의 음식으로 나를 받들어주었습니다. 내가 한 푼이나 한 마디의 공로[分寸之功]도 없이 이를 얻었는데, 그러나 나는 그를 헐뜯음으로써 그를 위했습니다. 군께서 덕이 있는 사람[長者]이 될 수 있었던 것은 내가 그를 헐뜯었기 때문입니다. 내가 몸소 맹상군을 위한다면서 어찌 특별한 말만 하겠습니까?"

孟嘗君奉夏侯章以四馬百人之食, 遇之甚懽. 夏侯章每言未嘗不毀孟嘗君也. 或以告孟嘗君, 孟嘗君曰: "文有以事夏侯公矣, 勿言, 董之." 繁菁以問夏侯公, 夏侯公曰: "孟嘗君重非諸侯也, 而奉我四馬百人之食. 我無分寸之功而得此, 然吾毀之以爲之也. 君所以得爲長者, 以吾毀之者也. 吾以身爲孟嘗君, 豈得持言也[6]."

맹상군의 덕이 돋보이도록 하기 위해서는 주변에서 적당히 헐뜯는 역할도 필요하다.

10-6 맹상군이 한가로이 앉아 있었다【孟嘗君讌坐】

맹상군이 한가로이 앉아 있으면서 세 명의 선생에게 일러주며 말했다.

"원컨대 선생들께 (내가) 모자라는 것을 보완할 방도에 대해 듣고자 합니다."

한 사람이 말했다.

"천하의 주인을 헐뜯고(訾), 군을 거스르는 사람이 있으면 신이 청컨대 신의 피를 그의 옷깃에 뿌리겠습니다."

전무(田瞀)가 말했다.

"수레바퀴(軼=轍)가 이를 수 있는 곳이라면, 청컨대 족하(足下)의 부족한 점을 가려주고 족하의 장점을 칭송하겠습니다. 천승의 임금과 만승의 재상들이 군을 얻고자 욕심내어[有=欲得], 마치 쓰려고 하는데 미치지 못할까 두려워하듯이 하도록 만들겠습니다."

---

6 요광 주: 유향의 책에는 '어찌 특별한 말을 하겠는가'라고 되어 있다.(姚本, 劉作"豈特言也哉".)

승둔(勝臀=勝醬)이 말했다.

"신은 원컨대 족하(足下)의 창고 속 재물을 가지고 천하의 선비를 거두어서 (그들이) 군을 위해 의심스러운 것을 결단하고 갑작스러운 일에 대응하게 하기를, 마치 위나라 문후(文侯)가 전자방(田子方), 단간목(段干木)을 가진 것처럼 만들겠습니다. 이것이 신이 군을 위해 취할 바입니다."

孟嘗君讌坐, 謂三先生曰: "願聞先生有以補之闕者." 一人曰: "訾天下之主, 有侵君者, 臣請以臣之血湔其衽." 田瞀曰: "車軼之所能至, 請掩足下之短者, 誦足下之長; 千乘之君與萬乘之相, 其欲有君也, 如使而弗及也[7]." 勝臀曰: "臣願以足下之府庫財物, 收天下之士, 能爲君決疑應卒, 若魏文侯之有田子方·段干木也. 此臣之所爲君取矣."

맹상군이 한가한 때에 여러 선비들에게 무엇으로써 자기의 부족함을 메워줄 것인지 물어보았다.

10-7 맹상군의 사인 중에 맹상군의 부인과 서로 사랑하는 자가 있었으니 【孟嘗君舍人有與君之夫人相愛者】

맹상군의 사인(舍人) 중에 맹상군의 부인과 서로 사랑하는 자가 있

---

7   표포 주: '만약 쓰게 되더라도 미치지 못할까 두려워하다'라는 뜻이다.(鮑本, 若有使之, 如恐弗及.)

었으니, 누군가가 이를 가지고 맹상군에게 물어보며 말했다.

"군의 사인 된 사람이 안으로 부인과 서로 사랑하고 있는데, 정말로 매우 마땅하지 않은 것이니 군께서는 이에 그를 죽여야 합니다."

군이 말했다.

"용모를 보고서 서로 즐거워하는 것이 사람의 참마음이니, 이에 내버려두고 말하지 마시오."

일 년이 지난 뒤, 맹상군이 부인을 사랑하는 자를 불러서 그에게 일러주며 말했다.

"그대가 나[文]와 더불어 머문 지가 오래되었는데, 큰 벼슬을 미처 얻지 못했고 작은 벼슬은 공이 또한 원하지 않았소. (돌아가신) 위(衛)나라 임금이 나와 더불어 베옷 입던[布衣] 시절부터 교분이 있었소. 청컨대 수레와 말, 가죽과 폐백을 갖추어줄 터이니 그대가 이를 가지고 위나라 임금을 좇아서 머물렀으면 하오."

(사인은) 위(衛)나라에 머물려 매우 무겁게 쓰였다. 제나라와 위나라 사이가 나빠지자 위나라 임금이 천하의 병사와 맹약하여 제나라를 매우 공격하고 싶어 했는데, 그가 위나라 임금에게 일러주며 말했다.

"맹상군은 신이 능력이 없다[不肖]는 것을 몰랐으니, 이는 신하가 임금을 속인 것입니다. 그러나 신이 듣기에, 제나라와 위(衛)나라의 돌아가신 임금께서 말과 양을 죽여[8] 맹세하기를 '제나라와 위나라는 뒷세상까지 서로 공격하거나 정벌하지 않겠습니다. 공격하거나 정벌을

---

8 요굉 주: 형마압양(刑馬壓羊)이란, 말이나 양을 죽여 그 피를 내어 입술에 바름으로써 서로 맹세하는 것이다. 압(壓)은 살(殺)과 같다.(姚本, 殺馬羊, 唶出其血, 以相盟誓也. 壓, 亦殺也.)

돕는 자가 있다면 그 목숨이 이와 같이 되게 하소서'라고 했습니다. 지금 임금께서 천하의 병사를 모아서 제나라를 공격하려 하시니, 이는 족하께서 돌아가신 임금이 맹세한 약조를 배반하고 맹상군을 속이는 것입니다. 원컨대 임금께서는 제나라를 마음에 두지 마십시오. 임금께서 신의 말을 들어 주시면 좋겠지만, 신의 말을 들어 주지 않으면 신이 능력이 없다는 것이니 신은 빨리 제 목의 피로써 족하의 옷깃을 적시겠습니다."

위(衛)나라 임금이 마침내 그치게 하였다. 제나라 사람이 듣고는 말했다.

"맹상군은 가히 일을 잘한다고 말할 수 있으니, 재앙을 돌려 공적[功]이 되게 했다."

孟嘗君舍人有與君之夫人相愛者. 或以問孟嘗君曰: "爲君舍人而內與夫人相愛, 亦甚不義矣, 君其殺之." 君曰: "睹貌而相悅者, 人之情也, 其錯之勿言也." 居期年, 君召愛夫人者而謂之曰: "子與文游久矣, 大官未可得, 小官公又弗欲. 衛君與文布衣交, 請具車馬皮幣, 願君以此從衛君遊." 於衛甚重. 齊‧衛之交惡, 衛君甚欲約天下之兵以攻齊. 是人謂衛君曰: "孟嘗君不知臣不肖, 以臣欺君. 且臣聞齊‧衛先君, 刑馬壓羊, 盟曰: '齊‧衛後世無相攻伐, 有相攻伐者, 令其命如此.' 今君約天下之兵以攻齊, 是足下倍先君盟約而欺孟嘗君也. 願君勿以齊爲心. 君聽臣則可; 不聽臣, 若臣不肖也, 臣輒以頸血湔足下衿." 衛君乃止. 齊人聞之曰: "孟嘗君可語善爲事矣, 轉禍爲功."

자신의 첩을 사랑하는 식객을 벌하지 않고 큰일을 맡겨서, 끝내 자기를 위해 죽기

를 무릅쓰고 일을 해내게 만들었다.

10-8 맹상군이 사인 가운데 좋아하지 않는 사람을 쫓아내고 싶어 하다

【孟嘗君有舍人而弗悅】

맹상군이 사인 가운데 좋아하지 않는 사람을 쫓아내고 싶어 하니, 노련(魯連)이 맹상군에게 일러주며 말했다.

"원숭이들(猿=獼=猴)이 나무를 두고 물가에 살게 되면 물고기나 자라만 못하고, 험난한 곳을 밟고 위태로운 곳에 올라가는 일은 기린(騏驥)도 여우나 이리만 못합니다. 조말(曹沫)[9]이 삼 척 길이의 칼을 휘두르면 일군(一軍)도 당해내지 못하지만[10], 조말로 하여금 삼 척의 칼을 풀어놓고 가래(銚)와 호미(鎒)를 쥐고서 농부와 더불어 밭두렁(壟畝) 사이에서 살게 하면 곧 농부만 못합니다. 그러므로 사물이 그 장점을 버리고 단점으로 나아가게 되면 요임금이라 해도 정말로 미치지 못하는 바가 있습니다. 지금 다른 사람을 시켰는데 할 수 없으면 일러서 '불초(不肖)'라고 하고, 다른 사람을 가르쳤는데 할 수 없으면 일러서 '졸(拙: 어리석다)'이라고 합니다. 어리석다고 그만두게 하고 능력이 없다고 버리시는데, 다른 사람을 버리고 쫓아내어 서로 함께 있지 못하게 한다면 와서 해치고 서로 보복하는 것이 어찌 세상에서 가르침의 으뜸으

---

9 요굉 주: 조말은 노나라 장공의 선비이다.(姚本, 曹沫, 魯莊公士也.)

10 포표 주: 장공이 제나라 환공과 더불어 가(柯) 땅에서 회동할 때, 조말이 비수를 잡고 환공을 겁박하여 노나라가 빼앗겼던 땅을 돌려받았다.(鮑本, 魯記, 莊公與齊桓公會柯, 沫執匕首劫桓公, 歸魯侵地.)

로 세워지지 않겠습니까!**11**"

맹상군이 말했다.

"좋은 말입니다."

마침내 쫓아내지 않았다.

孟嘗君有舍人而弗悅, 欲逐之. 魯連謂孟嘗君曰: "猿獼猴錯木據水, 則
不若魚鱉; 歷險乘危, 則騏驥不如狐狸. 曹沫之奮三尺之劍, 一軍不能
當; 使曹沫釋其三尺之劍, 而操銚鎒與農夫居壟畝之中, 則不若農夫. 故
物舍其所長, 之其所短, 堯亦有所不及矣. 今使人而不能, 則謂之不肖;
教人而不能, 則謂之拙. 拙則罷之, 不肖則棄之, 使人有棄逐, 不相與處,
而來害相報者, 豈非世之立教首也哉!" 孟嘗君曰: "善." 乃弗逐.

**사람은 자기에게 맞는 자리에 있을 때 잘하는 것이므로, 함부로 사람을 내쳐서는
안 된다.**

10-9 맹상군이 나가서 다른 나라로 갔다가 초나라에 도착하다
【孟嘗君出行國至楚】

맹상군이 (제나라를) 나가서 다른 나라로 (재상이 되기 위해) 갔는데,
초나라에 도착하자 상아로 만든 책상을 받게 되었다. (초나라 도읍인)
영(郢)의 등도(登徒)가 그 상을 보내는 일을 맡게 되었으나[直=當] 가

---

11 포표 주: 뒷세상 사람들이 이를 보고 경계로 삼는다는 말이다.(鮑本, 言後人視此爲戒.)

고 싶지 않았다. (등도가) 맹상군의 문인인 공손수(公孫戍)를 만나서 말했다.

"신은 영 땅의 등도로서, 상아 책상을 보내는 일을 맡았습니다. 상아 책상의 값이 천금이라, 이것이 머리카락[髮漂]만큼이라도 상하게 될 경우에는 아내와 자식을 팔아도 보상하기에 충분치 않습니다. 족하(足下)께서 능히 제가 가지 않게 해주시면 돌아가신 분이 남긴 보검이 있으니 원컨대 바치겠습니다."

공손이 말했다.

"허락하겠소."

들어가서 맹상군을 뵙고 말했다.

"군께서는 어찌 초나라의 상아 책상을 받으시겠습니까?"

맹상군이 말했다.

"그렇소."

공손수가 말했다.

"신이 바라건대, 군께서는 받지 마십시오."

맹상군이 말했다.

"왜 그렇소?"

공손수가 말했다.

"작은 나라들이 모두 재상의 인장을 군에게 이르게 한 까닭은, 듣기에 군이 제나라에서 능히 가난하여 막힌 것을 떨치어 뚫어주었고 망한 것을 보존하고 끊어진 제사를 이어준 마땅함이 있어서입니다. 작은 나라의 뛰어나고 걸출한 선비들이 모두 나랏일을 군에게 맡기려는 [累=屬] 것은 정말로 군의 마땅함을 좋아하고 군의 청렴함을 그리워하기 때문입니다. 지금 군께서 초나라에 도착해서 상아 책상을 받게 된다면, 아직 도착하지 않은 나라에서는 장차 무엇을 가지고 군을 대접하겠습니까? 신하인 제[戌]가 바라건대, 군께서는 받지 마십시오.”

맹상군이 말했다.

“그렇게 하겠소.”

공손수가 종종걸음으로 물러났다. 미처 나가지 못하고 중간 문에 도달했을 때, 맹상군이 그를 불러서 되돌아오게 하고는 말했다.

“그대가 가르치기를 내가 상아 책상을 받지 말라 한 것은 매우 좋았소. (그런데) 지금 어찌 발을 드는 것이 높고 기분(志)이 올라가 있는 것이오?”

공손수가 말했다.

“신에게는 큰 즐거움이 셋이 있고, 소중히 여기는 보검이 하나 있습니다.”

맹상군이 말했다.

“무슨 말이오?”

공손수가 말했다.

“문하에 있는 사람이 백 단위로 헤아리는데도 감히 들어와서 간쟁하지 않는데 신이 홀로 들어와 간쟁하니 신의 첫 번째 기쁨이요, 간(諫)했는데 들어주시니 신의 두 번째 기쁨이요, 간해서 군의 허물을 막았으니 신의 세 번째 기쁨입니다. 영의 등도가 상아 책상을 보내는 일을 하고 싶지 않아서 제게 돌아가신 분(先人)의 보검을 가지고 허락을 구했습니다.”

맹상군이 말했다.

“좋소. 받을 것인가?”

공손수가 말했다.

"감히 그럴 수 없습니다."

(맹상군이) 말했다.

"빨리 받으시오."

그로 인해 문 앞 널빤지[門版]에 글을 써서 말했다.

"능히 내(文) 이름을 드높이고 내 허물을 막을 수 있다면 사사로이 보물을 밖에서 얻은 자라 해도 빨리 들어와서 간(諫)하라."

孟嘗君出行國, 至楚, 獻象床. 郢之登徒, 直使送之, 不欲行. 見孟嘗君門人公孫戌曰: "臣, 郢之登徒也, 直送象床. 象床之直千金, 傷此若髮漂, 賣妻子不足償之. 足下能使僕無行, 先人有寶劍, 願得獻之." 公孫曰: "諾." 入見孟嘗君曰: "君豈受楚象床哉?" 孟嘗君曰: "然." 公孫戌曰: "臣願君勿受." 孟嘗君曰: "何哉?" 公孫戌曰: "小國所以皆致相印於君者, 聞君於齊能振達貧窮, 有存亡繼絶之義. 小國英桀之士, 皆以國事累君, 誠說君之義, 慕君之廉也. 今君到楚而受象床, 所未至之國, 將何以待君? 臣戌願君勿受." 孟嘗君曰: "諾." 公孫戌趨而去. 未出, 至中閨, 君召而返之, 曰: "子敎文無受象床, 甚善. 今何擧足之高, 志之揚也?" 公孫戌曰: "臣有大喜三, 重之寶劍一." 孟嘗君曰: "何謂也?" 公孫戌曰: "門下百數, 莫敢入諫, 臣獨入諫, 臣一喜; 諫而得聽, 臣二喜; 諫而止君之過, 臣三喜. 輸象床, 郢之登徒不欲行, 許戌以先人之寶劍." 孟嘗君曰: "善. 受之乎?" 公孫戌曰: "未敢." 曰: "急受之." 因書門版曰: "有能揚文之名, 止文之過, 私得寶於外者, 疾入諫."

맹상군이 자기의 이름을 높여주고 허물을 막아줄 수만 있다면 다른 사람의 부탁으로 간언하는 것도 허락했다.

10-10 순우곤이 어느 날 일곱 명을 선왕에게 뵙게 하다

【淳於髠一日而見七人於宣王】

순우곤(淳於髠=淳于髠)이 어느 날 일곱 명을 선왕(宣王)에게 뵙게 하니, 왕이 말했다.

"그대는 (어서) 오시오. 과인이 듣기에, 천 리를 가야 한 명의 선비가 있다 해도 이것은 (오히려) 어깨가 서로 닿게 서있는 것이고[12], 백 세대 [百世]에 한 명의 빼어난 이가 나온다 해도 이것은 (오히려) 발뒤꿈치가 이어질 정도로 지극히 많은 것이라 했소. 지금 그대가 하루아침에 일곱 선비를 보게 하니, 곧 (뛰어난) 선비가 너무 많은 것이 아니오?"

순우곤이 말했다.

"그렇지 않습니다. 무릇 새는 같은 날개를 가진 것들이 모여서 살고, 짐승도 같은 다리를 가진 것끼리 함께 갑니다. 지금 (산에서 나는) 땔나무[柴]나 마늘[葫], 질경이[桔梗]를 물기 많은 습지[沮澤]에서 구한다면 몇 대를 거쳐도 하나도 얻을 수 없지만, 역서(睪黍)나 양보(梁父)의 남쪽[陰]에 이르러서 구한다면 수레에 틈[郄]도 없이 채워서 실을 수 있을 뿐입니다. 무릇 만물은 각각 자기가 기댈 밭고랑[疇]이 있으니, 지금 저[髠]는 뛰어난 이들의 밭고랑입니다. 왕께서 제게 선비를 구하시는 것은, 비유하면 마치 강에서 물을 뜨는 것이나 부싯돌로 불을 얻는 것과 같습니다. 저는 장차 다시 뵙게 할 것인데, 어찌 단지 일곱의 선비이겠습니까."

---

12 포표 주: 비(比)란 어깨가 서로 이어진다는 말이다. 선비를 얻기 힘든 것이, 천 리에 한 명이라 하더라도 오히려 어깨를 나란히 있을 정도로 많은 것이라는 뜻이다.(鮑本, 比, 謂肩相次也. 言士難得, 千里有一, 猶爲並肩也.)

淳於髡一日而見七人於宣王. 王曰: "子來, 寡人聞之, 千里而一士, 是比肩而立; 百世而一聖, 若隨踵而至也. 今子一朝而見七士, 則士不亦衆乎?" 淳於髡曰: "不然. 夫鳥同翼者而聚居, 獸同足者而俱行. 今求柴葫·桔梗於沮澤, 則累世不得一焉. 及之睪黍·梁父之陰, 則郄車而載耳. 夫物各有疇, 今髡賢者之疇也. 王求士於髡, 譬若挹水於河, 而取火於燧也. 髡將復見之, 豈特七士也."

선비는 선비를 알아본다.

10-11 제나라가 위나라를 정벌하고 싶어하다【齊欲伐魏】

제나라가 위나라를 정벌하고 싶어 하자, 순우곤이 제나라 왕에게 일러 말했다.

"한자로(韓子盧)란 놈은 천하의 빠른 개이고, 동곽준(東郭逡)이란 놈은 세상의 교활한 토끼입니다. 한자로가 동곽준을 쫓으면서 산을 뺑뺑 돌기를 세 번 하고 산을 뛰어넘기를 다섯 번 하고 나면, 토끼는 앞에서 힘이 다하게 되고 개는 뒤에서 힘이 빠지게 됩니다. 개와 토끼가 모두 피로해져서 각각 그곳에서 죽어버리면, 사냥꾼[田父]이 이를 보고서는 힘들여 일하는 수고도 없이 그 공을 차지하게 됩니다. 지금 제나라와 위나라가 오랫동안 서로 버텨 오면서 병사는 힘들어 무너지고[頓=勞敝] 그 무리는 다 닳아버렸으니, 신은 강한 진나라와 큰 초나라가 그 뒤를 이어받아서 사냥꾼의 공이 있게 될까 걱정입니다."

제나라 왕이 두려워서 사죄하며 장차 병사를 쉬게 했다.

齊欲伐魏. 淳於髡謂齊王曰:"韓子盧者, 天下之疾犬也. 東郭逡者, 海內之狡兔也. 韓子盧逐東郭逡, 環山者三, 騰山者五, 兔極於前, 犬廢於後, 犬兔俱罷, 各死其處. 田父見之, 無勞勸之苦, 而擅其功. 今齊·魏久相持, 以頓其兵, 弊其衆, 臣恐強秦大楚承其後, 有田父之功." 齊王懼, 謝將休士也.

고만고만한 나라끼리 싸우게 된다면 힘이 빠진 연후에 큰 나라들이 수월치 않게 나라를 차지하게 될 것이다.

10-12 국자가 말했다【國子曰】

(제나라 대부인) 국자(國子)가 말했다.

"진나라가 마복군의 군대[13]를 깨뜨리고 (조나라 도읍인) 한단(邯鄲)을 에워싸자 제나라와 위나라 또한 진나라를 도와 한단을 공격해서, 제나라는 치서(淄鼠)를 차지하고 위나라는 이시(伊是)를 차지했습니다. (그런데) 공자 무기(無忌=魏나라 信陵君)가 천하를 위해 이롭고 마땅한 계책을 좇아서[循便計] (몰래 위나라 장수인) 진비(晉鄙)를 죽인 뒤 위나라 병사를 이끌고서 한단의 포위를 구원함으로써 진나라로 하여금

---

13 요굉 주: 마복군은 조괄로, 진나라 장수 백기가 조괄의 군대 사십만 명을 장평에서 묻어버리고는 나아가 한단을 에워쌌다. 조괄의 아버지는 조사인데, 장수로서 공이 있어서 마복이란 이름을 내려 받고 이로써 씨를 삼았다. 그래서 마복군의 군대라고 한 것이다.(姚本, 馬服君, 趙括也. 秦將白起阬括四十萬衆於長平, 而進圍邯鄲. 括父奢, 將有功, 賜號馬服, 因以爲氏, 故曰馬服君之師也.)

(조나라를) 갖지 못하게 해서 천하를 잃게 만들었습니다.[14] 이는 제나라가 위나라에 들어가 한단을 구원한 공로입니다.[15]

안읍은 위나라의 기둥이 되는 땅[柱國=都]이고, 진양(晉陽)은 조나라의 기둥이 되는 땅이며, 언영(鄢郢)은 초나라의 기둥이 되는 땅입니다. 그러므로 세 나라가 진나라 땅과 이웃하게[界=相接] 되면, 진나라는 위나라를 쳐서 안읍을 빼앗고 조나라를 쳐서 진양을 빼앗으며 초나라를 쳐서 언영을 빼앗게 될 것입니다. 그리하여 세 나라[魏, 趙, 楚] 임금을 핍박하고[福→偪=逼] 두 주나라의 땅을 아우르며 한나라를 들어 그 땅을 차지하면, 장차 천하의 절반을 차지하게 될 것입니다.

지금 또 조나라와 위나라를 겁박해서 중국과 멀어지게 하고[疏=離其友] 위(衛)나라의 동쪽 들판을 잘라내며[封=割, 疆之], 위나라의 하남을 아우르고 조나라의 동양(東陽)을 끊게 된다면, 조나라와 위나라는 정말로 위태해질 것입니다. 조나라와 위나라가 위태로워지는 것은 제나라의 이로움이 아닙니다. 한, 위, 조, 초나라의 뜻은, 진나라가 천하를 아우르고 난 뒤에 그 임금이 (자신들로 하여금) 신하가 되게 하는 것을 두려워하고 있어서, 그래서 병사를 오로지하고 뜻을 하나로 모아서 진나라를 거스르려고 합니다.

세 나라[魏, 趙, 楚]는 진나라 땅과 맞닿아 있어서 환란이 갑자기 생기지만, 제나라는 진나라와 땅이 붙어있지 않기 때문에 환란이 천천히 올 것입니다. 이러한 천하의 형세로써 보건대 제나라를 섬기지 않을 수 없습니다. 그래서 진나라가 제나라를 얻으면 권세가 중국에서

---

14 「위책(魏策)」 4, 25-23 '신릉군이 진비를 죽이다(信陵君殺晉鄙)' 참조.

15 포표 주: 제나라는 위나라와 가깝기 때문에, 처음에는 비록 진나라를 도왔지만 지금 위나라가 조나라를 구원하자 역시 같이 구원했다(鮑本, 齊與魏親, 初雖佐秦, 今魏救趙, 亦同救也.)

무거워지게 되고, 조나라, 위나라, 초나라가 제나라를 얻으면 진나라에 대적할 수 있게 됩니다. 그러므로 진나라, 조나라, 위나라는 제나라를 얻으면 무거워지고 제나라를 잃으면 가벼워집니다. 제나라가 이런 형세가 있는데도 천하에서 무겁게 여겨지지 못하는 것은 왜이겠습니까? 이는 쓰는 사람의 허물입니다."

國子曰: "秦破馬服君之師, 圍邯鄲. 齊·魏亦佐秦伐邯鄲, 齊取淄鼠, 魏取伊是. 公子無忌爲天下循便計, 殺晉鄙, 率魏兵以救邯鄲之圍, 使秦弗有而失天下. 是齊入於魏而救邯鄲之功也. 安邑者, 魏之柱國也; 晉陽者, 趙之柱國也; 鄢郢者, 楚之柱國也. 故三國欲¹⁶與秦壤界, 秦伐魏取安邑, 伐趙取晉陽, 伐楚取鄢郢矣. 福三國之君, 兼二周之地, 舉韓氏取其地, 且天下之半. 今又劫趙·魏, 疏中國, 封衛之東野, 兼魏之河南, 絕趙之東陽, 則趙·魏亦危矣. 趙·魏危, 則非齊之利也. 韓·魏·趙·楚之志, 恐秦兼天下而臣其君, 故專兵一志以逆秦. 三國之與秦壤界而患急, 齊不與秦壤界而患緩. 是以天下之勢, 不得不事齊也. 故秦得齊, 則權重於中國; 趙·魏·楚得齊, 則足以敵秦. 故秦·趙·魏得齊者重, 失齊者輕. 齊有此勢, 不能以重於天下者何也? 其用者過也."

세 가지 책략을 크게 요약해보면 다음과 같다. 삼진의 여러 나라가 제나라의 병풍이 되어 가려주면서 서로 의지함으로써 이와 입술이 되었다. 진나라가 여러 나라를 공격하였지만 제나라가 구원하지 않으니, (그래서) 여러 나라가 멸망하게 되자 그 형세가 반드시 제나라에 미쳤다. 제3장에서 말한 바 있듯이, 세 나라는 진나라와 경

---

16 표표 주: 욕(欲)은 연문이다.(鮑本, 衍欲字.)

계가 붙어있어서 화란이 있으면 급박하지만 제나라는 진나라와 붙어있지 않아서 화란이 나도 급하지 않았다. 진나라가 제나라를 얻으면 권세가 중해지고 조나라와 초나라가 제나라를 얻으면 진나라와 대적할 수 있다는 것은, 이야기가 더욱 명확하고 절절하다. 처음 책략은 장평을 공격할 때이고 두 번째는 한나라가 미처 망하기 전이며 세 번째는 한나라가 이미 망한 뒤이니, 시황제 18년에 한나라를 멸망시켰다. 진나라 사람이 원교근공의 술책을 행하면서부터 제나라와 좋게 지내면서 병사를 내지 않았다. (이에 제나라는) 군왕과 제후가 삼가 진나라를 섬기면서 왕이 세워지고 전쟁에 대한 대비를 하지 않았으며 다섯 나라를 돕지 않았으니, 아마도 진나라 계책 속에 떨어진 지가 오래되었다. 장평의 싸움은 왕이 세워진 지 5년에 있었고 한나라가 멸망한 것은 35년에 해당하니, 30여 년간 선비 중에 제나라를 위하는 자들은 지혜가 여기에 미치는 못함은 없었지만 끝내 쓰이지 못했다. 마땅히 이에 멸망에 이르게 된 것이다.(鮑本補曰: 三策大概略同. 謂三晉諸國爲齊之屛蔽, 相依爲脣齒. 秦攻諸國而齊不救, 諸國滅亡, 勢必及齊. 第三章謂, 三國與秦界而患急, 齊不與秦壤而患緩; 秦得齊則權重, 趙·魏·楚得齊, 則足以敵秦, 說尤明切. 初策, 攻長平時; 次策, 周·韓未亡時; 三策, 則韓旣亡後也. 始皇十八年滅韓. 自秦人行遠交近攻之術, 善齊而不加兵, 君王后謹事秦, 王建不修戰備, 不助五國, 其墮秦計中久矣. 長平之戰, 當王建五年. 滅韓, 當三十五年. 三十餘年間, 士之爲齊謀者, 其智非不及此, 而卒不用, 宜其及於亡也.)

제책 4
齊策

11-1 제나라에 풍훤이란 사람이 있었다【齊人有馮諼者】

(1)

제나라에 풍훤(馮諼)이란 사람이 있었는데, 가난하고 가진 것이 없어서 스스로 살 수 없었기에 다른 사람을 시켜 맹상군에게 의탁해서 문하에 얹혀 밥 먹기를 바랐다. 맹상군이 말했다.

"손님은 무엇을 좋아하오?"

대답했다.

"저는 좋아하는 것이 없습니다."

(맹상군이) 물었다.

"손님은 무엇을 잘하시오?"

대답하였다.

"저는 잘하는 것이 없습니다."

맹상군이 웃으면서 그를 받아들이고는 말했다.

"허락하오."

좌우에서 군이 그를 낮춰 보았기 때문에 먹을 것을 푸성귀로 갖춰서 주었다. 머문 지 얼마가 지나자, 기둥에 의지하여 칼을 튕기면서 노래하여 말했다.

"긴 칼아 돌아가자! 먹을 것에 물고기가 없구나."

좌우에서 이를 알리자, 맹상군이 말했다.

"먹게 해주어라. 문하의 (중급) 손님과 견주도록[1] 해라."

머문 지 얼마가 지나자, 다시 칼을 튕기면서 노래하여 말했다.

"긴 칼아 돌아가자! 나갈 때 수레가 없구나."

좌우에서 모두 그를 비웃으면서, 이를 알렸다. 맹상군이 말했다.

"그에게 수레를 주어서 문하의 수레 타는 손님과 견주도록 해라."

이에 수레를 타게 되자, 그 검을 높이 들고는 벗을 지나치면서 말했다.

"맹상군이 나를 손님으로 대한다."

뒤에 얼마가 지나자, 다시 칼을 튕기면서 노래하여 말했다.

"긴 칼아 돌아가자! 집을 일굴 수가 없구나."

좌우가 모두 그를 미워하며, 욕심이 많고 만족을 모른다고 여겼다. 맹상군이 물었다.

"풍공은 부모가 계신가?"

대답하여 말했다.

"늙은 어미가 있습니다."

맹상군이 다른 사람을 시켜 먹을 것과 쓸 것들을 대어주게 해서 모자라지 않게 하니, 이에 풍훤이 다시는 노래하지 않았다.

뒤에 맹상군이 장부[記]를 내놓으며, 문하 여러 손님들에게 물었다.

---

1 (오사도가) 포본을 보충하여 말한다: 맹상군의 주방은 세 곳이었는데, 상객은 고기, 중객은 물고기, 하객은 푸성귀를 대접했다. 다른 판본에는 문하의 물고기 대접하는 손님과 견주는 것으로 되어 있다.(鮑本補曰: 列士傳, 孟嘗君廚有三列, 上客食肉, 中客食魚, 下客食菜. 一本, 比門下之魚客.)

"누가 회계[2]에 익숙한가? 능히 나를 위해 설 땅에서 빚을 받아올 사람이 있는가?"

풍훤이 서명하고는 말했다.

"할 수 있습니다."

맹상군이 괴이쩍게 여겨서 말했다.

"이 사람은 누구인가?"

좌우에서 말했다.

"바로 저 긴 칼로 돌아가자고 노래하던 사람입니다."

맹상군이 웃으면 말했다.

"손님이 과연 능력이 있는데, 내가 저버리고 미처 일찍 보지 못했소."

청하여 그를 보고, 사죄하며 말했다.

"내가 일을 게을리 하고 근심으로 심란하며 본성이 나약하고 어리석은 데다가 나랏일에 빠지다 보니 선생에게 죄를 만들게 되었소. 선생이 부끄럽게 여기지 않으면, 이에 설 땅에서 빚을 받기 위한 뜻이 있으시오?"

풍훤이 말했다.

"원합니다."

이에 (풍훤이) 수레를 준비하여 떠날 차비를 하고[治裝], 증서[券契]를 싣고 떠나면서 인사하며 말했다.

"빚을 거두는 일이 끝나면 무엇을 사가지고 돌아올까요?"

---

2 (오사도가) 바로잡아 말한다: 『주례(周禮)』 「소재(小宰)·요회(要會)」의 주에 이르기를, "계(計)란 장부의 마지막 합계를 말하는데, 월마다 마감하는 것을 요(要)라 하고 한 해를 마감하는 것을 회(會)라 한다"라고 했다.(正曰: 小宰要會注, 計最之簿書, 月計曰要, 歲計曰會.)

맹상군이 말했다.

"우리 집에 있는 것 중에 부족한 바를 살펴보시오."

(말을) 달려서 설(薛)로 갔다. 아전[吏]을 시켜 모든 백성 중에 갚아야 하는 사람을 불러 모았고, 모두 와서 계약서를 맞춰보게 했다. 계약서가 두루두루 맞춰지자 일어나서 명을 고쳐 빚을 여러 백성들에게 내려주고 그참에 증서를 태워버리니, 백성들이 만세를 불렀다.

齊人有馮諼者, 貧乏不能自存, 使人屬孟嘗君, 願寄食門下. 孟嘗君曰: "客何好?" 曰: "客無好也." 曰: "客何能?" 曰: "客無能也." 孟嘗君笑而受之曰: "諾." 左右以君賤之也, 食以草具. 居有頃, 倚柱彈其劍, 歌曰: "長鋏歸來乎! 食無魚." 左右以告. 孟嘗君曰: "食之, 比門下之客." 居有頃, 復彈其鋏, 歌曰: "長鋏歸來乎! 出無車." 左右皆笑之, 以告. 孟嘗君曰: "爲之駕, 比門下之車客." 於是乘其車, 揭其劍, 過其友曰: "孟嘗君客我." 後有頃, 復彈其劍鋏, 歌曰: "長鋏歸來乎! 無以爲家." 左右皆惡之, 以爲貪而不知足. 孟嘗君問: "馮公有親乎?" 對曰: "有老母." 孟嘗君使人給其食用, 無使乏. 於是馮諼不復歌. 後孟嘗君出記, 問門下諸客: "誰習計會, 能爲文收責於薛者乎?" 馮諼署曰: "能." 孟嘗君怪之, 曰: "此誰也?" 左右曰: "乃歌夫長鋏歸來者也." 孟嘗君笑曰: "客果有能也, 吾負之, 未嘗見也." 請而見之, 謝曰: "文倦於事, 憒於憂, 而性懧愚, 沉於國家之事, 開罪於先生. 先生不羞, 乃有意欲爲收責於薛乎?" 馮諼曰: "願之." 於是約車治裝, 載券契而行, 辭曰: "責畢收, 以何市而反?" 孟嘗君曰: "視吾家所寡有者." 驅而之薛, 使吏召諸民當償者, 悉來合券. 券遍合, 起矯命以責賜諸民, 因燒其券, 民稱萬歲.

(2)

(풍훤이) 오랫동안 달려서 제나라에 도착하여 새벽에 뵙기를 구했다. 맹상군이 그가 일찍 온 것을 괴이쩍게 생각하면서, 의관을 차리고 그를 만나서 말했다.

"빚을 거두는 것이 끝났소? 온 것이 어찌 이리 빠르오!"

말했다.

"거두는 것을 끝냈습니다."

"그것으로 무엇을 사가지고 돌아왔소?"

풍훤이 말했다.

"군께서 말씀하시기를 '우리 집에 있는 것 중에 부족한 바를 살펴보시오'라고 했습니다. 신이 몰래 살펴보니, 군의 궁 안에는 진귀한 보물이 쌓여 있고 개와 말이 바깥 마구간을 채우고 있으며 아름다운 여자들이 아래채를 채우고 있었습니다. 군의 집에는 부족한 것이 마땅함을 행하는 것뿐이었기에, 몰래 군을 위해 마땅함을 사왔습니다."

맹상군이 말했다.

"마땅함을 사왔다는 것이 무슨 말이오?"

말했다.

"지금 군께는 이러저러한 일이 설(薛)에 있지만, 그 백성들을 자식같이 어루만지거나 아끼지 않으면서 그로 인해 그들에게서 이익을 얻고 있습니다. 신이 몰래 군의 명령을 고쳐서 백성들에게 빚을 사면해주고 그참에 증권을 태우니, 백성들이 만세를 불렀습니다. 곧 신이 군을 위해 마땅함을 사온 것입니다."

맹상군이 좋아하지 않으면서, 말했다.

"허락하오, 선생은 쉬시오."

뒤에 일 년이 지나, 제나라 왕이 맹상군에게 일러주며 말했다.

"과인은 감히 돌아가신 왕의 신하를 신하로 삼지 못하겠소."

(이에) 맹상군이 설에 있는 봉국으로 나아갔는데, 미처 백 리도 이르기 전에 백성들이 늙은이는 부축하고 어린애는 끌고서 길 가운데서 군을 맞이했다. 맹상군이 돌아보며 풍훤에게 말했다.

"선생이 나를 위해 마땅함을 사온 바를 마침내 오늘 보게 되었소."

풍훤이 말했다.

"교활한 토끼는 세 개의 굴을 가지고 있어야 겨우 그 죽음에서 벗어날 수 있습니다. 지금 군께는 오직 굴 하나만 있으니, 아직 베개를 높이고 누울 수가 없습니다. 청컨대 군을 위해 다시 두 개의 굴을 뚫겠습니다."

맹상군이 수레 오십 승과 금 오백 근을 주니, 서쪽으로 가서 양나라에 머물면서 혜왕에게 일러주며 말했다.

"제나라가 대신인 맹상군을 제후들에게 풀어놓았으니, 제후 중에 먼저 그를 맞이하는 곳이 (나라가) 부유해지고 병사가 강해질 것입니다."

이에 양나라 왕이 윗자리[上位]를 비워둔 채 옛 재상을 상장군으로 삼고서 사자를 보내어 황금 천 근과 수레 백 승으로 맹상군을 빙문(聘)하게 했다. 풍훤이 먼저 달려와서 맹상군을 일깨우며 말했다.

"천금은 많은 폐백이고, 백 승은 드러나게 보낸 것입니다. 제나라가 아마도 들었을 것입니다."

양나라 사신이 (권하기를) 세 번 반복했으나 맹상군은 굳게 사양하며 가지 않았다. 제나라 왕이 이를 듣고는 임금과 신하가 두렵고 무서워하다가, 태부(太傅) 편으로 황금 천 근과, 잘 꾸민[文] 네 마리 말이

끄는 수레[駟] 두 대와, 왕이 차던 보검 하나를 (같이) 싸서 보내면서 봉서에서 맹상군에게 사죄하여 말했다.

"과인이 상서롭지 못하여 종묘에 (재앙의) 빌미를 끼쳤고 아첨하는 신하들에게 빠져서 그대에게 죄를 열었으니, 과인이 부족하여 한 것이오. 원컨대 그대가 돌아가신 왕의 종묘를 돌아보고 잠시라도 나라로 돌아와서 만 사람을 통솔해 주시겠소?"

풍훤이 일깨우며 맹상군에게 말했다.

"원컨대 먼저 왕의 제사 도구를 청하시어 설 땅에 종묘를 세우소서."

종묘가 세워지자, 돌아가서 맹상군에게 보고하였다.

"굴 세 개가 이미 이루어졌으니 군께서는 잠시라도 베개를 높이고 즐거워하십시오."

맹상군이 재상이 되어 몇 십 년 동안 실오라기만한 재앙도 없었던 것은 풍훤의 계책 덕분이었다.

長驅到齊, 晨而求見. 孟嘗君怪其疾也, 衣冠而見之, 曰: "責畢收乎? 來何疾也!" 曰: "收畢矣." "以何市而反?" 馮諼曰: "君云, '視吾家所寡有者.' 臣竊計, 君宮中積珍寶, 狗馬實外廄, 美人充下陳. 君家所寡有者以義耳! 竊以爲君市義." 孟嘗君曰: "市義奈何?" 曰: "今君有區區之薛, 不拊愛子其民, 因而賈利之. 臣竊矯君命, 以責賜諸民, 因燒其券, 民稱萬歲. 乃臣所以爲君市義也." 孟嘗君不說, 曰: "諾, 先生休矣!" 後期年, 齊王謂孟嘗君曰: "寡人不敢以先王之臣爲臣." 孟嘗君就國於薛, 未至百里, 民扶老攜幼, 迎君道中. 孟嘗君顧謂馮諼: "先生所爲文市義者, 乃今日見之." 馮諼曰: "狡兔有三窟, 僅得免其死耳. 今君有一窟, 未得高枕而臥也.

請爲君復鑿二窟." 孟嘗君予車五十乘, 金五百斤, 西遊於梁, 謂惠王曰:
"齊放其大臣孟嘗君於諸侯, 諸侯先迎之者, 富而兵強." 於是, 梁王虛上
位, 以故相爲上將軍, 遣使者, 黃金千斤, 車百乘, 往聘孟嘗君. 馮諼先驅
誠孟嘗君曰: "千金, 重幣也; 百乘, 顯使也. 齊其聞之矣." 梁使三反, 孟
嘗君固辭不往也. 齊王聞之, 君臣恐懼, 遣太傅齎黃金千斤, 文車二, 服
劍一, 封書謝孟嘗君曰: "寡人不祥, 被於宗廟之祟, 沉於諂諛之臣, 開罪
於君, 寡人不足爲也. 願君顧先王之宗廟, 姑反國統萬人乎?" 馮諼誠孟
嘗君曰: "願請先王之祭器, 立宗廟於薛." 廟成, 還報孟嘗君曰: "三窟已
就, 君姑高枕爲樂矣." 孟嘗君爲相數十年, 無纖介之禍者, 馮諼之計也.

**풍훤이 맹상군을 위해 설나라 백성들에게 은덕을 베풂으로써 세상의 제후들에게
명성을 사고 제나라가 버리지 못하게 했으며, 설 땅에 제나라의 종묘를 세워서 설
땅이 다른 제후들에게 침범당하지 않게 했다.**

11-2 맹상군이 합종을 하려 하다【孟嘗君爲從】

맹상군이 합종(從)을 하려 하자, (제나라 사람인) 공손홍(公孫弘)이
맹상군에게 일러주며 말했다.

"군께서는 사람을 시켜 먼저 진나라 왕을 살피지 않으시겠습니까?
생각건대 진나라 왕이 제왕다운 군주라면 군께서는 신하가 되지 못할
것을 근심해야 하는데, 어찌 한가롭게 합종하여 (진나라 왕을) 어렵게
만드십니까? 생각건대 진나라 왕이 덕이 없는 군주라면 군께서 합종
하여 어렵게 만들어도 늦지 않습니다."

맹상군이 말했다.

"좋은 말이오. 원컨대 이참에 공께서 가주시기를 청합니다."

공손홍이 삼가 허락하고, 수레 십 승을 가지고 진나라로 갔다. (진나라) 소왕(昭王)이 듣고는 그를 말로써 부끄럽게[媿→愧] 만들고 싶어 했다. 공손홍이 알현하자, 소왕이 말했다.

"설공의 땅은 크기가 얼마 정도인가?"

공손홍이 대답하여 말했다.

"백 리입니다."

소왕이 웃으며 말했다.

"과인의 땅이 수천 리이지만 오히려 감히 (다른 사람을) 어려움이 있게 하지 않소. 지금 맹상군의 땅이 사방 백 리인데도 이를 가지고 과인을 힘들게 하려 하니, 오히려 가능하겠소?"

공손홍이 대답하여 말했다.

"맹상군은 사람을 좋아 합니다만 대왕은 사람을 좋아하지 않습니다."

소왕이 말했다.

"맹상군이 사람을 좋아한다 했으니, 어떤 사람들이오?"

공손홍이 말했다.

"마땅함 때문에 천자에게서도 신하 노릇 하지 않고 제후에게서도 벗하지 않으며, 뜻을 얻으면 다른 사람의 주인이 되어도 부끄러워하지 않고 뜻을 얻지 못하면 다른 사람의 신하가 되는 것을 기꺼워하지 않는, 이와 같은 이가 세 명이 있습니다. 다스림으로는 관중(管仲)이나 상앙(商鞅)의 스승이 될 수 있고 마땅함을 말하고 듣고 행하니, 능히 여기에 이른 사람이 다섯 명이 있습니다. 만승의 위엄 있는 군주가 그 사자를 욕되게 하면 물러나서 스스로 목을 찔러 반드시 피로써 (군주의) 옷을 더럽히는, 신과 같은 자가 열 명이 있습니다."

소왕이 웃으면서 그에게 사과하고, 말했다.

"손님은 어찌 그같이 하려 하오? 과인은 바로 손님과 더불어 이야기하고 싶었을 뿐이오. 과인은 맹상군과 잘 지내고 싶으니, 손님이 반드시 과인의 뜻을 깨닫기를 바라오."

공손홍이 말했다.

"삼가 받아들이겠습니다."

공손홍은 이른바 넘볼 수 없는 사람이라 할 것이다. (진나라) 소왕은 (만승의) 대국이고 맹상군은 천승(의 소국)이나, 천승의 마땅함을 세워서 능멸하지 못하게 했으니 충분히 사신이라 말할 수 있을 것이다.

孟嘗君爲從. 公孫弘謂孟嘗君曰: "君不以使人先觀秦王? 意者秦王帝王之主也, 君恐不得爲臣, 奚暇從以難之? 意者秦王不肖之主也, 君從以難之, 未晚." 孟嘗君曰: "善, 願因請公往矣." 公孫弘敬諾, 以車十乘之秦. 昭王聞之, 而欲媿之以辭. 公孫弘見, 昭王曰: "薛公之地, 大小幾何?" 公孫弘對曰: "百里." 昭王笑而曰: "寡人地數千里, 猶未敢以有難也. 今孟嘗君之地方百里, 而因欲難寡人, 猶可乎?" 公孫弘對曰: "孟嘗君好人, 大王不好人." 昭王曰: "孟嘗君之好人也, 奚如?" 公孫弘曰: "義不臣乎天子, 不友乎諸侯, 得志不慚爲人主, 不得志不肯爲人臣, 如此者三人; 而治可爲管·商之師, 說義聽行, 能致其如此者五人; 萬乘之嚴主也; 辱其使者, 退而自刎, 必以其血洿其衣, 如臣者十人." 昭王笑而謝之, 曰: "客胡爲若此, 寡人直與客論耳! 寡人善孟嘗君, 欲客之必諭寡人之志也!" 公孫弘曰: "敬諾." 公孫弘可謂不侵矣. 昭王, 大國也. 孟嘗, 千乘也. 立千乘之義而不可陵, 可謂足使矣.

---

① 공손홍이, 설이 작은 나라이지만 맹상군에게는 뛰어난 인재가 많이 모여 있고 임금을 위해 죽을 자도 많다고 진나라 소왕에게 이야기했다.

② 시 300편을 외우지만 정사에 쓰이는 것에 미치지 못하고 여러 나라에 사신으로 가서 '전대(專對)'하지 못한다면, 비록 많이 안다 해도 정말로 무엇을 위한 것이겠는가?(子曰 誦詩三百 授之以政 不達 使於四方 不能專對 雖多 亦奚以爲;『論語』「子路」)

11-3 노중련이 맹상군에게 일러주다【魯仲連謂孟嘗】

노중련(魯仲連)³이 맹상군에게 일러주며 말했다.

"군께서는 선비를 좋아하시는지요! 옹문자(雍門子)가 (제자인) 초역(椒亦)을 기르고 양득자(陽得子)가 (선비를) 기를 때는 음식과 옷을 그들과 더불어 똑같이 했으므로, (선비들이) 모두 걸맞은 죽음을 맞이했습니다. 지금 군의 집안은 두 사람[雍門子, 陽得子]보다 부유한데도 선

---

3 전국시대 제(齊)나라 사람으로, 노련(魯連)으로도 불린다. 높은 절개를 지닌 선비로, 어려운 일을 풀고 분규를 해소하기를 좋아했다. 조나라 효성왕(孝成王) 7년에 조나라로 갔다가 진(秦)나라가 한단(邯鄲)을 포위하는 위기를 만났다. 위(魏)나라 사신 신원연(新垣衍)이 진나라 소왕(昭王)에게 황제가 될 것을 주청하자 그 이해관계를 따져볼 때 진(秦)나라는 결코 황제가 안 될 것이라고 역설하면서, 그렇게 된다면 차라리 동해 바다에 빠져 죽겠다는 말로 조(趙)나라 평원군(平原君)을 설득했다. 마침 위나라 구원병이 오자 진(秦)나라 군대가 철수했다. 그 후 제(齊)나라 장군 전단(田單)이 제나라 땅을 회복하려고 요성(聊城)을 공격했지만 함락시키지 못했는데, 그가 연(燕)나라 수장(守將)에게 이해관계로 설득하여 항복을 받아냈다. 전단이 제나라 왕에게 말해서 작위를 주려고 했지만 바닷가로 달아나 여생을 마쳤다. 저서에 『노중련자(魯仲連子)』가 있었지만 없어졌고, 지금은 편집본만 전한다.

비 중에 군을 끝까지 벗하는[游=友] 사람이 있은 적이 없습니다."

맹상군이 말했다.

"내가 이 두 사람[초역과 이름 없는 선비]을 얻지 못했기 때문이니, 나로 하여금 이 두 사람을 얻게만 해주었다면 어찌 다만 끝까지 갈 수 없었겠소?"

대답하여 말했다.

"군의 마구간에 말이 백 승인데, 수놓은 옷을 입고 콩[菽]과 조[粟]를 먹지 않는 놈이 없는 것이 어찌 기린(騏麟)이나 녹이(騄耳) 같은 준마가 있어서입니까? 후궁에 열 명의 비첩이 있는데, 모두 비단[縞]과 모시[紵]를 입고 기름진 쌀과 고기[粱肉]를 먹고 있는 것이 어찌 모장(毛嬙)이나 서시(西施) 같은 미인이 있어서입니까? (군께서는) 여색과 말을 지금 세상에서 차지하면서 선비는 어찌 반드시 옛날 사람을 기다리고 있습니까? 그래서 말하기를 군이 선비를 좋아하는 않는다고 하는 것입니다."

魯仲連謂孟嘗: "君好士也! 雍門養椒亦, 陽得子養, 飲食·衣裘與之同之, 皆得其死. 今君之家富於二公, 而士未有爲君盡游者也." 君曰: "文不得是二人故也. 使文得二人者, 豈獨不得盡?" 對曰: "君之廐馬百乘, 無不被繡衣而食菽粟者, 豈有騏麟騄耳哉? 後宮十妃, 皆衣縞紵, 食粱肉, 豈有毛嬙·西施哉? 色與馬取於今之世, 士何必待古哉? 故曰君之好士未也."

선비가 주인을 위해 목숨을 내거는 것은 주인이 선비를 걸맞게 대우했기 때문이다.

11-4 맹상군이 제나라에서 쫓겨났다가 다시 돌아가다

【孟嘗君逐於齊而復反】

맹상군이 제나라에서 쫓겨났다가 다시 돌아가니, 담습자(譚拾子)가 그를 국경에서 맞이하면서 맹상군에게 일러 말했다.

"군께서는 제나라 선비와 대부를 원망하는 바가 있지 않습니까?"

맹상군이 말했다.

"있소."

"군께서는 그들을 죽일 뜻이 많습니까?"

맹상군이 말했다.

"그렇소."

담습자가 말했다.

"일에는 반드시 이르는 곳이 있고 이치는 정말로 그러한 것이 있는데, 군께서는 그것을 아십니까?"

맹상군이 말했다.

"알지 못하오."

담습자가 말했다.

"일이 반드시 이르는 곳이라는 말은 죽음을 뜻하고, 이치가 정말로 그러한 것이라는 말은 부유하고 높으면 나아오고 가난하고 낮으면 떠나간다는 것입니다. 이것이 일이 반드시 이르고 이치가 정말로 그러한 것입니다. 청컨대 시장을 가지고 깨우쳐 드리면, 시장이 아침에는 가득 차고 저녁에는 텅 비게 되는 것은 아침에는 시장을 사랑하였다가 저녁이면 미워하는 것이 아니라, 구하는 것이 있기 때문에 오고 없기 때문에 떠나는 것입니다. 원컨대 군께서는 원망하지 마십시오."

맹상군이 마침내 원망하여 써두었던 오백 장의 글[牒=札]을 가져
와서 없애버렸다.

孟嘗君逐於齊而復反. 譚拾子迎之於境, 謂孟嘗君曰: "君得無有所怨
齊士大夫?" 孟嘗君曰: "有." "君滿意殺之乎?" 孟嘗君曰: "然." 譚拾子曰:
"事有必至, 理有固然, 君知之乎?" 孟嘗君曰: "不知." 譚拾子曰: "事之必
至者, 死也; 理之固然者, 富貴則就之, 貧賤則去之. 此事之必至, 理之固
然者. 請以市諭. 市, 朝則滿, 夕則虛, 非朝愛市而夕憎之也, 求存故往,
亡故去. 願君勿怨." 孟嘗君乃取所怨五百牒削去之, 不敢以爲言.

맹상군이 다시 정권을 잡고 보복하려는 마음이 있을 때, 원하는 바가 있으면 사람
이 몰리는 것이 인지상정이니 허물치 말라고 간언하였다.

11-5 제나라 선왕(宣王)이 안촉을 만나다【齊宣王見顔斶】

(1)
제나라 선왕(宣王)이 (숨어 지내는 사람인) 안촉(顔斶)을 만나보면서
말했다.
"촉(斶)은 앞으로 오라!"
촉 역시 말했다.
"왕께서 앞으로 오시오."
선왕이 즐거워하지 않으니, 좌우에서 말했다.
"왕은 다른 사람의 임금이요, 촉은 다른 사람의 신하입니다. 왕께

서 '촉은 앞으로 오라' 하시자 또한 말하기를 '왕께서 앞으로 오시오'
라고 했는데, 이럴 수가 있습니까?"

촉이 대답하여 말했다.

"무릇 제가 앞으로 나가는 것은 권세를 사모하기 때문이고, 왕께
서 앞으로 나오시는 것은 선비에게 빨리 가려고 함입니다. 제게 권세
를 쫓게 하는 것이 왕께 선비를 쫓게 하는 것만 못합니다."

왕이 화를 내며, 얼굴빛을 바꾸며 말했다.

"왕된 사람이 귀한가, 선비가 귀한가?"

대답하여 말했다.

"선비가 귀할 뿐이고, 왕된 사람은 귀하지 않습니다."

왕이 말했다.

"말해줄 수 있겠소?"

"있습니다. 옛날에 진나라가 제나라를 공격했을 때, 영을 내려 말
하기를 '감히 유하계(柳下季=柳下惠: 魯나라 사람 展禽으로 字가 季, 채읍이
柳下에 있다)의 무덤[壟=冢] 오십 보 거리에서 나무를 하거나 풀을 뜯는
자가 있으면 죽이고 용서하지 않겠다'라고 했고, 영을 내려 말하기를
'능히 제나라 왕의 머리를 얻는 자가 있으면 만호후에 봉하고 금 천 일
을 내리겠다'라고 했습니다. 이로 말미암아 살펴보건대, 살아있는 왕의
머리가 어찌 죽은 선비의 무덤만도 못한 것입니까?"

선왕이 입을 다물고 기뻐하지 않으니, 좌우에서 모두 말했다.

"촉은 나오시오, 촉은 나오시오! 대왕께서 천승의 땅에 의거해서
천석의 종과 만석의 종틀[虡→虞]을 만드시니, (이곳은) 천하의 선비
들 중에 어짊과 마땅함이 있는 사람들이 모두 와서 힘쓰며 머무는 곳
이오. 변론하고 지혜가 있는 자들이 나란히 나아가, 와서 말하지 않

는 바가 없으며 동서남북 어디서나 감히 복종하지 않는 자가 없소. 만물을 구하려고 하면 모두 갖추지 못하는 것이 없고[求→無求], 백성들 [百→百姓] 중에 가까이 붙어있지 않는 사람이 없소. 지금 저 선비들이라 해도 높은 사람은 마침내 한 명의 사내[匹夫]라 불리면서 맨발로 밭이랑 사이에 있고, 아래에 있는 사람은 변방의 들판 혹은 문을 지키거나 민간 마을에 있으니, 선비의 천함이란 정말로 심한 것이오!"

齊宣王見顔斶, 曰: "斶前!" 斶亦曰: "王前!" 宣王不悅. 左右曰: "王, 人君也. 斶, 人臣也. 王曰, '斶前', 亦曰, '王前', 可乎?" 斶對曰: "夫斶前爲慕勢, 王前爲趨士. 與使斶爲趨勢, 不如使王爲趨士." 王忿然作色曰: "王者貴乎? 士貴乎?" 對曰: "士貴耳, 王者不貴." 王曰: "有說乎?" 斶曰: "有. 昔者秦攻齊, 令曰: '有敢去柳下季壟五十步而樵采者, 死不赦.' 令曰: '有能得齊王頭者, 封萬戶侯, 賜金千鎰.' 由是觀之, 生王之頭, 曾不若死士之壟也." 宣王默然不悅. 左右皆曰: "斶來, 斶來! 大王據千乘之地, 而建千石鐘, 萬石簴. 天下之士, 仁義皆來役處; 辯知並進, 莫不來語; 東西南北, 莫敢不服. 求萬物不備具, 而百無不親附. 今夫士之高者, 乃稱匹夫, 徒步而處農畝, 下則鄙野·監門·閭里, 士之賤也, 亦甚矣!"

(2)

촉이 대답하여 말했다.

"그렇지 않습니다. 제가 듣기에 옛날 위대하신 우임금(大禹) 시절에 제후의 나라[國]가 만 개였는데, 어떻게 그럴 수 있었겠습니까? 덕을 두텁게 하는 도리로 귀한 선비의 힘을 얻었기 때문입니다. 그래서 순임금은 농사짓던 밭고랑에서 일어나, 들판 끄트머리[鄙]에서 나와 그래서 천자가 되었습니다. 탕임금의 시대에 이르러서는 제후가 삼천이 었다가, 지금 세상에서는 남면(南面)하며 과인이라 부르는 자가 마침내 스물넷입니다. 이로써 살펴보건대, (선비의) 계책을 얻거나 잃었기 때문이 아니겠습니까?[4] 점점 벌을 받아 없어지고, 없어지고 망하여 온 집안(族)이 없어지려는 때에, (왕이라도) 문지기나 민간마을(의 벼슬)에 있으려 한들 어찌 얻을 수 있겠습니까?

그렇기 때문에 『역전(易傳)』에서 말하지 않았습니까? '위에 있으면서 그 실상을 얻지 못하고 그 이름나는 것만 기뻐하는 사람은 반드시 교만하고 사치한 것을 행실로 삼는다. 오만하고 교만과 사치에 의지하게 되면 흉악한 것이 쫓아온다. 그래서 실상이 없이 이름만을 좋아하는 자는 깎여 나가고, 덕이 없으면서 복을 바라는 자는 오그라들며[約], 공이 없으면서 그 녹을 받는 자는 욕을 당하여 화를 반드시 손에 쥐게 된다[握].' 그래서 말하기를 '공을 자랑하면 세워질 수 없고, 헛된 바람은 오지 않는다'라고 했으니, 이는 모두 그 이름만 요행으로 여겨서 즐기고, 화려하지만 실상과 다움이 없는 사람입니다.

이에 요임금에게 아홉 보좌[5]가 있었고, 순임금에게 일곱 벗[6]이 있

---

4 포표 주: 옛날에 제후가 많았던 것은 선비의 꾀를 얻었기 때문인데, 지금 꾀를 얻지 못하게 되자 벌을 받아 없어져서 적어졌다. 선비의 꾀를 얻으려면 선비를 귀하게 여겨야 한다.(鮑本, 昔諸侯多, 由得策也, 今失策, 故誅滅而寡, 得策, 貴士也.)

5 포표 주: 아홉 관직을 말한다.(鮑本, 九官也.)아홉 보좌란 순(舜), 설(契), 우(禹), 후직(后稷), 기(夔), 수(倕), 백이(伯夷), 고요(皐陶), 익(益)을 말한다.

6 요굉 주: 『속사기(續史記)』에 따르면, 도원량(陶元亮)이 집성한 『성현군보록(聖賢群輔錄)』에서는 『전국책』을 인용하여 순임금에게는 웅요(雄陶), 방회(方回), 속아(續牙), 백양(伯陽), 동부자(東不訾), 진불허(秦不虛), 영보(靈甫)의 일곱 벗이 있다고 말했다.(姚本, 續云: 陶元亮集聖賢群輔錄引戰國策, 舜有七友, 雄陶·方回·續牙·伯陽·東不訾·秦不虛·靈甫.)

었고, 우임금에게 다섯 정승[7]이 있었고, 탕임금에게 세 명의 보필[8]이 있었으니, 옛날부터 지금에 이르기까지 능히 빈 것으로써 천하에 이름을 이룬 자는 있은 적이 없습니다. 그렇기 때문에 군왕은 부끄러움 없이 자주[亟=數] 물어보고 아랫사람에게 배우는 것을 창피해하지 않습니다. 그러므로 도리와 다움을 이루고 후세에 공로와 이름을 높이 올렸던 사람은 요임금, 순임금, 우임금, 탕임금과 주문왕이 바로 그런 사람입니다.

그래서 말하기를, '모양[形]이 없는 것은 모양[形]을 가진 것들의 임금이고, 끄트머리[端]가 없는 것은 일의 뿌리이다'라고 했습니다. 무릇 위로 그 근원을 보고 아래로 그 흐름을 통하게 하면 빼어난 이의 밝은 배움에 이르게 되니, 어찌 길하지 않은 바가 있겠습니까? 노자가 말하기를, '비록 귀하다 해도 반드시 낮은 것을 뿌리로 삼고, 비록 높다고 해도 반드시 아래에 있는 것을 기틀로 삼는다'라고 했으니, 이 때문에 제후나 왕은 (스스로를) 부르기를 '의지할 곳 없는 사람[孤]'이나 '부족한 사람[寡]' 또는 '곡식도 기르지 못하는 사람[不穀]'이라고 합니다. 이는 아마도 천한 것을 뿌리로 한 것이 아니겠습니까? 무릇 고(孤)나 과(寡)란 것이 다른 사람의 지치고 천한 아랫자리가 아니라 제후나 왕이 스스로를 부르는 바이니, 어찌 다른 사람에게 (자기를) 낮추어서 선비를 높이고 귀하게 하는 것이 아니겠습니까?

무릇 (선비를 얻어서 그 왕위를) 요임금은 순임금에게 전하셨고 순임

---

7 포표 주: 『초사』에 따르면, 팔사(八師)와 삼후(三后) 외에 익(益), 직(稷), 고요(皐陶), 수(垂), 설(契)이 있었다.(鮑本, 楚辭, 八師三后外, 有益·稷·皐陶·垂·契.)

8 포표 주: 『상서(商書)』에 따르면, 이(伊), 훼(虺)의 두 재상 외에 의백(誼伯)·중백(仲伯)·구단(咎單)이 있었다.(鮑本, 商書, 伊·虺二相外, 有誼伯·仲伯·咎單.)

금은 우임금에게 전하셨으며 주나라 성왕은 주공 단에게 맡기셨으니,
그래서 대대로 밝은 임금이라 칭해졌습니다. 이 때문에 선비가 귀하다
는 것은 분명합니다."

閭對曰: "不然. 閭聞古大禹之時, 諸侯萬國. 何則? 德厚之道, 得貴士之
力也. 故舜起農畝, 出於野鄙, 而爲天子. 及湯之時, 諸侯三千. 當今之世,
南面稱寡者, 乃二十四. 由此觀之, 非得失之策與? 稍稍誅滅, 滅亡無族
之時, 欲爲監門·閭里, 安可得而有乎哉? 是故易傳不云乎: '居上位, 未
得其實, 以喜其爲名者, 必以驕奢爲行. 据慢驕奢, 則凶從之. 是故無其
實而喜其名者削, 無德而望其福者約, 無功而受其祿者辱, 禍必握.' 故
曰: '矜功不立, 虛願不至.' 此皆幸樂其名, 華而無其實德者也. 是以堯
有九佐, 舜有七友, 禹有五丞, 湯有三輔, 自古及今而能虛成名於天下者,
無有. 是以君王無羞亟問, 不媿下學; 是故成其道德而揚功名於後世者,
堯·舜·禹·湯·周文王是也. 故曰: '無形者, 形之君也. 無端者, 事之本
也.' 夫上見其原, 下通其流, 至聖人明學, 何不吉之有哉! 老子曰: '雖貴,
必以賤爲本; 雖高, 必以下爲基.' 是以侯王稱孤寡不穀. 是其賤之本與?
非夫孤寡者, 人之困賤下位也, 而侯王以自謂, 豈非下人而尊貴士與? 夫
堯傳舜, 舜傳禹, 周成王任周公旦, 而世世稱曰明主, 是以明乎士之貴
也."

(3)
선왕이 말했다.
"아! 군자를 어찌 업신여길 수 있겠소. 과인이 스스로 가져온 병

일 뿐이오! 지금에 와서 군자의 말을 듣고, 마침내 지금 세인(細人)[9]의 행실을 들었소. 원컨대 제자가 되려 하니 받아주기를 청합니다. 장차 안 선생이 과인과 더불어 머물게 되면, 밥을 먹을 때는 반드시 태뢰(太牢)[10]로 할 것이요 나갈 때는 반드시 수레를 탈 것이며 아내와 자식들의 옷은 곱고[麗] 우아할[都] 것이오."

안촉이 사양하고 물러나면서 말했다.

"무릇 옥이 산에서 생기지만 마름질하려면[制=裁斷] 깨뜨려야 하는데, (마름질된) 보물이 귀하지 않은 것은 아니지만 저 옥덩어리만큼 완전하지는 못합니다. 선비는 변방의 들판에서 태어났다가 추천되어 뽑히면 녹을 받는데, 높아지고[尊] 현달함[遂=達]을 얻지 못하는 것은 아니지만 몸과 마음이 온전하지는 못합니다. 저는 바라건대 돌아가고자 하니, 배고프면 밥 먹는 것[晩食=飢而食]을 마땅히 고기반찬으로 삼고, 편안히 걷는 것을 마땅히 수레로 삼고, 죄가 없는 것을 마땅히 귀함으로 삼고, 깨끗하고 조용하고 굳세고 바른 것을 스스로 (닿지 못할까 하는) 근심거리로 삼겠습니다. 말[言]을 마름질하는 사람은 왕이요, 충심을 다하여 곧게 말하는 사람은 저[觸]입니다. 요체가 되는 도리를 말한 것이 이미 갖추어졌으니, 바라건대 돌아갈 수 있도록 베풀어 주시면 편히 가서 신의 마을 집으로 돌아가겠습니다."

곧 두 번 절하고 인사하며 떠났다. (군자가 말한다.) 촉은 만족을 알았기에 돌아가서 원래의 옥덩어리[撲→璞]로 되돌아갔으니[11], 곧 죽을

---

9 표포 주: 세인(細人)이란 왕이 스스로를 칭한(王自稱) 말이다. (오사도가) 바로잡아 말한다: 앞에서 말한 '실상과 다움이 없는 사람'으로, 선비를 귀하게 여기지 않는 자이다.(鮑本, 細人, 王自稱. 正曰: 細人, 前所謂無實德不貴士者.)

10 표포 주: 소, 양, 돼지를 모두 갖추는 것을 태뢰라 한다.(鮑本, 牛·羊·豕具爲太牢.)

11 표포 주: '귀(歸)'자 다음에 '진(眞)'자가 있고, '박(撲)'자가 '박(璞)'자로 되어 있다.(鮑本, 歸下有眞

때까지 욕을 당하지 않았다.

宣王曰: "嗟乎! 君子焉可侮哉, 寡人自取病耳! 及今聞君子之言, 乃今聞
細人之行, 願請受爲弟子. 且顔先生與寡人游, 食必太牢, 出必乘車, 妻子
衣服麗都." 顔斶辭去曰: "夫玉生於山, 制則破焉, 非弗寶貴矣, 然夫璞
不完. 士生乎鄙野, 推選則祿焉, 非不得尊遂也, 然而形神不全. 斶願得
歸, 晩食以當肉, 安步以當車, 無罪以當貴, 淸靜貞正以自虞. 制言者王
也, 盡忠直言者斶也. 言要道已備矣, 願得賜歸, 安行而反臣之邑屋." 則
再拜而辭去也. 斶知足矣, 歸反璞, 則終身不辱也.

**은자(隱者)가 왕은 선비를 뿌리로 하여 귀하게 되는 사람이므로 선비를 귀히 여기
고 스스로를 낮춰야 한다고 말했다.**

11-6 선생 왕두가 방문하여 제나라 선왕을 뵙고자 하다
【先生王斗造門而欲見齊宣王】

선생 왕두(王斗)가 방문하여 제나라 선왕(宣王)을 뵙고자 하니, 선
왕이 불러서[延=引] 들이고자 심부름꾼[謁者]을 보냈다. 왕두가 말
했다.

"제가 종종걸음으로 왕을 뵈려는 것은 권세를 좋아하기 때문이고,
왕이 종종걸음으로 저를 보려는 것은 선비를 좋아하기 때문인데, 왕께

字. 撲作璞.) 즉 '참모습으로 돌아가고 원래의 옥덩어리로 되돌아간다'는 뜻이다.

서는 어떻습니까?"

사자가 다시 돌아와서 보고하니, 왕이 말했다.

"선생이 천천히 오시면, 청컨대 과인이 따르겠소."

선왕이 마침내 그참에 종종걸음으로 나와서 문에서 맞이하여 함께 들어오며, 말했다.

"과인이 돌아가신 임금의 종묘를 받들고 사직을 지키고 있는데, 선생은 곧은 말과 바른 간언으로 꺼리는 바가 없다고 들었습니다."

왕두가 대답하여 말했다.

"왕께서 들은 바가 지나치십니다. 제가 어지러운 세상에서 태어나 어지러운 임금을 섬겼는데, 어찌 감히 곧은 말과 바른 간언을 했겠습니까?"

선왕이 화가 나서 얼굴빛이 바뀌며 좋아하지 않았는데, 잠시 틈이 있은 뒤 왕두가 말했다.

"옛날 돌아가신 임금이신 환공(桓公)¹²이 좋아한 바는, 아홉 번 제후를 모아 한 번에 천하를 바로잡아서 천자가 (천하 백성의) 호적을 내려주심에[受→授] 세워져 위대한 패자[大伯]가 되는 것이었습니다. 지금 왕께서는 네 가지를 가지고 있습니다."

선왕이 기뻐하며 말했다.

"어리석고 천한 과인이 제나라를 지키는데 오직 잃거나 떨어뜨릴 것을 두려워하고 있으니, 어찌 능히 네 가지가 있겠습니까?"

왕두가 말했다.

"아닙니다. 돌아가신 임금은 말을 좋아했는데 왕 또한 말을 좋아하

---

12 전제(田齊)의 임금으로, 위왕(威王)의 아버지이자 선왕(宣王)의 할아버지이다.

고, 돌아가신 임금은 개를 좋아했는데 왕 또한 개를 좋아하며, 돌아가신 임금은 술을 좋아했는데 왕 또한 술을 좋아하고, 돌아가신 임금은 여색을 좋아했는데 왕 또한 여색을 좋아합니다. 돌아가신 임금은 선비를 좋아했지만, 지금 왕께서는 선비를 좋아하지 않습니다."

선왕이 말했다.

"지금 세상을 맞이하여 선비가 없는데, 과인이 어떻게 좋아할 수 있습니까?"

왕두가 말했다.

"세상에 (천하의 뛰어난 말인) 기린(騏驎)이나 녹이(騄耳)가 없어도 왕의 마차를 끄는 네 마리 말은 이미 갖춰져 있습니다. 세상에 동곽준(東郭俊)이나 노씨의 개[盧氏之狗=韓盧]는 없어도 왕의 사냥개는 이미 갖춰져 있습니다. 세상에는 모장(毛嬙)이나 서시(西施)가 없어도 왕궁에는 미인이 이미 가득 차 있습니다. 왕께서는 진실로 선비를 좋아하지 않을 뿐입니다. 어찌 선비가 없음을 근심하십니까?"

왕이 말했다.

"과인이 나라를 걱정하고 백성을 아끼는데, 정말로 바라건대 선비를 얻어서 다스리고 싶소."

왕두가 말했다.

"왕께서 나라를 걱정하고 백성을 아끼는 것은, 왕께서 한 자[尺]의 고운 비단[縠]을 아끼는 것만 못합니다."

왕이 말했다.

"무엇을 이른 것입니까?"

왕두가 말했다.

"왕께서 다른 사람을 시켜 갓[冠]을 만들 때 좌우의 아첨하는 사람

[便辟]에게 시키지 않고 공인에게 시키는 것은 어째서입니까? 능숙하기 때문입니다. 지금 왕께서 제나라를 다스릴 때는 좌우의 아첨하는 사람이 아니면 쓰지 않으니, 신이 그래서 말하기를 한 자의 고운 비단을 아끼는 것만 못하다고 한 것입니다."

선왕이 사죄하며 말했다.

"과인이 나라와 집안에 죄를 지었구려."

이에 선비 다섯을 들어 벼슬을 맡기니, 제나라가 크게 다스려졌다.

先生王斗造門而欲見齊宣王, 宣王使謁者延入. 王斗曰: "斗趨見王爲好勢, 王趨見斗爲好士, 於王何如?" 使者復還報. 王曰: "先生徐之, 寡人請從." 宣王因趨而迎之於門, 與入, 曰: "寡人奉先君之宗廟, 守社稷, 聞先生直言正諫不諱." 王斗對曰: "王聞之過. 斗生於亂世, 事亂君, 焉敢直言正諫." 宣王忿然作色, 不說. 有間, 王斗曰: "昔先君桓公所好者, 九合諸侯, 一匡天下, 天子受籍, 立爲大伯. 今王有四焉." 宣王說, 曰: "寡人愚陋, 守齊國, 唯恐失抎之, 焉能有四焉?" 王斗曰: "否. 先君好馬, 王亦好馬. 先君好狗, 王亦好狗. 先君好酒, 王亦好酒. 先君好色, 王亦好色. 先君好士, 是王不好士." 宣王曰: "當今之世無士, 寡人何好?" 王斗曰: "世無騏驎騄耳, 王駟已備矣. 世無東郭俊·盧氏之狗, 王之走狗已具矣. 世無毛嬙·西施, 王宮已充矣. 王亦不好士也. 何患無士?" 王曰: "寡人憂國愛民, 固願得士以治之." 王斗曰: "王之憂國愛民, 不若王愛尺縠也." 王曰: "何謂也?" 王斗曰: "王使人爲冠, 不使左右便辟而使工者何也? 爲能之也. 今王治齊, 非左右便辟無使也, 臣故曰不如愛尺縠也." 宣王謝曰: "寡人有罪國家." 於是擧士五人任官, 齊國大治.

선비가 없다고 탓하는 것은 쓸 마음이 없기 때문이다.

11-7 제나라 왕이 사자를 시켜 조나라 위후에게 문안을 하다
【齊王使使者問趙威后】

제나라 왕이 사자를 시켜 조나라 위후(威后)[13]에게 문안을 했는데, 편지[書]을 미처 펴기도 전에 위후가 사자에게 물었다.

"올해 작황은 또한 근심이 없었는가? 백성들은 또한 근심이 없었는가? 왕 또한 아무 일이 없었는가?"

사자가 즐거워하지 않으며 말했다.

"신이 사명을 받들어 위후에게 사신으로 왔는데 지금 왕의 안부를 묻지 않고 먼저 한 해의 작황과 백성에 대해 물으시니, 어찌 천한 것을 앞세우고 높고 귀한 사람을 뒤로 돌리십니까?"

위후가 말했다.

"그렇지 않다. 정말로 흉년이 들면 어떻게 백성이 (남아)있을 것이며, 정말로 백성이 없으면 어떻게 임금이 있겠는가? 문안을 할 때 뿌리를 버리고 곁가지를 물어야 하겠는가?"

마침내 나아가서 그에게 물으며 말했다.

"제나라 처사 중에 종리자(鍾離子)라 불리는 사람은 별 탈이 없는가? 이는 그 사람됨이 곡식이 있는 사람도 또한 먹이고 곡식이 없는 사람도 또한 먹이며, 옷이 있는 사람도 또한 입히고 옷이 없는 사람도 또

---

13 조나라 혜문왕(惠文王)의 부인으로, 효성왕(孝成王)이 즉위하자 수렴청정하였다.

한 입힌다네. 이는 왕을 도와 그 백성을 기르는 것인데, 어찌 지금까지 (그 자리를 얻지 못해) 일을 못하고 있는가? 섭양자(葉陽子)는 무탈한가? 바로 이 사람의 사람됨은, 홀아비와 과부를 애달파하고, 고아와 홀로 된 노인을 돌보고, 어렵고 궁핍한 사람들을 진휼하고, 모자란 것을 채워주고 있네. 이는 왕을 도와서 그 백성들을 살리는(息) 것인데, 어찌 지금까지 (그 자리를 얻지 못해) 일을 못하고 있는가? 북궁(北宮)의 딸 영아자(嬰兒子)는 별 탈이 없는가? 반지와 귀거리[環瑱]를 떼어낸 후, 늙도록 시집가지 않고서 부모를 봉양하였네. 이는 모두 백성을 이끌어 효심의 실상을 나오게 한 것인데, 어찌 지금까지도 조정에 있지 않는 것인가? 여기 두 선비는 일이 없고 한 여인은 조정에 들지 못하니, 어떻게 제나라 왕 노릇을 하고 만백성을 자식같이 한단 말인가?

오릉자중(於陵子仲)은 아직 있는가? 바로 그 사람됨이, 위로 임금에게 신하 노릇을 못하고, 아래로 그 집안을 다스리지 못하며 가운데로 제후들과 교제를 요청[索交]하지도 못하네. 이는 백성을 이끌면서 쓸모없는 곳으로 나아가게 하는 것인데, 어찌 지금까지 죽이지 않고 있는가?"

齊王使使者問趙威后. 書未發, 威后問使者曰: "歲亦無恙耶? 民亦無恙耶? 王亦無恙耶?" 使者不說, 曰: "臣奉使使威后, 今不問王, 而先問歲與民, 豈先賤而後尊貴者乎?" 威后曰: "不然. 苟無歲, 何以有民? 苟無民, 何以有君? 故有問舍本而問末者耶?" 乃進而問之曰: "齊有處士曰鍾離子, 無恙耶? 是其爲人也, 有糧者亦食, 無糧者亦食; 有衣者亦衣, 無衣者亦衣. 是助王養其民也, 何以至今不業也? 葉陽子無恙乎? 是其爲人, 哀鰥寡, 卹孤獨, 振困窮, 補不足. 是助王息其民者也, 何以至今不業也? 北

宮之女嬰兒子無恙耶? 徹其環瑱, 至老不嫁, 以養父母. 是皆率民而出

於孝情者也, 胡爲至今不朝也? 此二士弗業, 一女不朝, 何以王齊國, 子

萬民乎? 於陵子仲尙存乎? 是其爲人也, 上不臣於王, 下不治其家, 中不

索交諸侯. 此率民而出於無用者, 何爲至今不殺乎?"

조나라 위후가, 백성을 먹이고 무탈하게 하는 것이 왕의 안부보다 중요한데 제나라

는 백성을 위하는 자를 천대하고 있다고 말하였다.

11-8 제나라 사람이 전변을 만나다【齊人見田駢】

제나라 사람이 (稷下學士인) 전변(田駢)을 만나서 말했다.

"선생의 높은 주장을 들으면, 겉으로는[設][14] 벼슬을 하지 않겠다고

하지만 부림을 당하길 원하는 것 같습니다."

전병이 말했다.

"그대는 무엇을 들었습니까?"

대답하여 말했다.

"제가 이웃집 여인에게 들었습니다."

전변이 말했다.

"뭐라고 말했습니까?"

대답하여 말했다.

"신의 이웃집 여인은 겉으로는 시집가지 않겠다고 하고서는 나이

---

14 포표 주: 설(設)이란 미더움이 없는 말이다.(鮑本. 設者, 虛假之辭.)

서른에 아들 일곱을 두었는데, 시집가지 않았으니 시집가지 않은 것이 겠지만 이미 시집간 것을 넘어섰습니다. 지금 선생이 겉으로는 벼슬을 하지 않겠다고 하지만 봉양 받는 밑천이 천종(千鍾)[15]이고 따르는 무리가 백 명입니다. 벼슬하지 않겠다면서도 그러하니, 그래서 부유함이 이미 넘어섰습니다."

전자가 사죄하였다[辭=謝之].

齊人見田騈, 曰: "聞先生高議, 設爲不宦, 而願爲役." 田騈曰: "子何聞之?" 對曰: "臣聞之鄰人之女." 田騈曰: "何謂也?" 對曰: "臣鄰人之女, 設爲不嫁, 行年三十而有七子, 不嫁則不嫁, 然嫁過畢矣. 今先生設爲不宦, 訾養千鍾, 徒百人, 不宦則然矣, 而富過畢也」. 田子辭.

벼슬에 뜻을 두지 않는다면서 녹을 받는 것은 도리가 아니다.

11-9 관연이 제나라 왕에게 죄를 짓다【管燕得罪齊王】

관연(管燕)이 제나라 왕에게 죄를 지어, 그 좌우에게 일러주며 말했다.

"너희들 중 누가 나와 더불어 제후에게 (죄를 빌러) 가겠는가?"

좌우가 입을 다물고 대답하지 못했다. 관연이 잇달아 눈물을 줄줄

---

15 많은 양(量)으로, 높은 관직의 녹봉(祿俸)을 나타낸다. 종(鍾)은 말[斗]의 단위로, 1종은 6곡(斛) 4두(斗)나 8곡 또는 10곡이며, 1곡은 열 말 곧 한 섬[石]이다.

흘리며[連然流涕] 말했다.

"슬프도다! 선비는 어찌 얻기는 쉬운데 쓰기가 어려운가?"

전수(田需)가 대답하여 말했다.

"선비는 세 끼 밥도 실컷 먹지 못하는데 그대의 거위[鵝]와 오리[鶩]는 먹을 것이 남아돌고, (그대의) 아래 첩실들은 여러 색이 섞인 흰 비단옷을 입고 비단주름을 땅에 끌고 다니는데 선비들은 옷 가장자리 테두리(에 쓸 천 쪼가리조차) 얻지 못하고 있습니다. 또 재물이란 그대가 가벼이 여길 바이고 죽음이란 선비가 무겁게 여기는 바입니다. 그대가 기꺼이 가벼운 바도 선비에게 주지 않으면서 선비가 무겁게 여기는 바를 가지고 그대를 섬기지 않았다고 꾸짖으니, (그대가 말한) 선비를 쉽게 얻어서 어렵게 쓰는 것이 아닙니다."

管燕得罪齊王, 謂其左右曰: "子孰而與我赴諸侯乎?" 左右嘿然莫對. 管燕連然流涕曰: "悲夫! 士何其易得而難用也!" 田需對曰: "士三食不得饜, 而君鵝鶩有餘食; 下宮糅羅紈, 曳綺縠, 而士不得以爲緣. 且財者君之所輕, 死者士之所重, 君不肯以所輕與士, 而責士以所重事君, 非士易得而難用也."

선비를 선비답게 대접하지 않으면서 그 이상을 요구하는 것은 도리가 아니다.

11-10 소진이 연나라에서 제나라로 가다【蘇秦自燕之齊】

소진(蘇秦)이 연나라에서 제나라로 가서 화장(華章)의 남쪽 문에서 (제나라 왕을) 뵈었다. 제나라 왕[湣王]이 말했다.

"아아! 그대 오셨구려. 진나라에서 위염(魏冉=穰侯)을 사신으로 보내 (서로 함께) 제(帝)로 부르자고 하는데, 그대는 어떻다고 여기시오?"

대답하여 말했다.

"왕께서 신에게 묻는 것이 갑작스러운데, 근심이 생겨난 까닭은 분명치 않습니다[微]. 지금 (함께 稱帝하는 일을 제나라가) 들어주지 않으면 이는 진나라를 한스럽게 하는 것이고, 들어주면 이는 천하를 한스럽게 하는 것입니다. (들어주지 않는 것은) 들어주어서 진나라의 일을 잘 끝내는 것만 못합니다. (다만 당장은) 칭호를 쓰지 않음으로써 천하를 위하다가, 진나라가 그렇게 부르고 천하가 들어주면 왕께서도 그렇게 부르면 됩니다. 누가 먼저고 누가 나중인지가 분명하기 때문에 제(帝)라는 이름이 해(傷)가 되지 않을 것입니다. 진나라가 그렇게 불렀는데도 천하가 들어주지 않는다면 왕께서는 그참에 (스스로 제라고) 부르지 않으면 됩니다. 아마도 이로써 천하를 거두게 될 것이며, 이것이 큰 밑천이 될 것입니다."

蘇秦自燕之齊, 見於華章南門. 齊王曰: "嘻! 子之來也. 秦使魏冉致帝, 子以爲何如?" 對曰: "王之問臣也卒, 而患之所從生者微. 今不聽, 是恨秦也; 聽之, 是恨天下也. 不如聽之以卒秦, 勿庸稱也以爲天下. 秦稱之, 天下聽之, 王亦稱之, 先後之事, 帝名爲無傷也. 秦稱之, 而天下不聽, 王因勿稱, 其於以收天下, 此大資也."

칭제해도 천하가 불러주지 않으면 소용이 없으니, 먼저 나서지 말고 진나라가 하는 것을 지켜만 보고 있으라고 권했다.

11-11 소진이 제나라 왕에게 일러주다【蘇秦謂齊王】

소진이 제나라 왕에게 일러주어 말했다.

"제나라와 진나라가 세워서 두 명의 제(帝)가 된다면, 왕께서는 천하가 진나라를 높일 것이라고 여깁니까, 아니면 제나라를 높일 것이라고 여깁니까?"

왕이 말했다.

"진나라를 높일 것이오."

"제(帝)라는 칭호를 풀어버리면 천하가 제나라를 아끼겠습니까, 아니면 진나라를 아끼겠습니까?"

왕이 말했다.

"제나라를 아껴주고 진나라를 미워할 것이오."

"두 제(帝)가 세워져서 약속대로 조나라를 정벌하는 것과, 송나라를 정벌하는 것은 어느 쪽이 이롭습니까?"

[왕이 말했다.

"송나라를 정벌하는 것이 이롭소."]

(소진이) 대답하여 말했다.

"저 약속으로 진나라와 더불어 제(帝)가 된다면 천하는 홀로 진나라를 높이고 제나라를 가볍게 여기게 되지만 제나라가 제(帝)의 칭호를 풀어버린다면 곧 천하가 제나라를 아껴주고 진나라를 미워하게 될 것이며, 조나라를 정벌하는 것이 차라리 송나라를 정벌하는 이로움만 못할 것입니다. 그래서 신이 바라건대, 왕께서 밝게 제(帝)의 칭호를 풀어 버리시고 천하로 나아가십시오. 약속을 파기하고 진나라를 물리쳐서[償] (진나라가) 무거움을 다투지 못하게 하십시오. 왕께서는 그 틈에 송나라를 들어내면 됩니다. 무릇 송나라를 가지면 위나라의 양성(陽城)이 위태로워지고, 회수 북쪽을 가지면 초나라의 동쪽나라가 위태로워지고, 제수 서쪽을 가지면 조나라의 하동이 위태로워지고, 음(陰) 땅과 평륙(平陸)을 가지면 (위나라 도읍인) 양(梁)의 문을 열지 못하게 됩니다. 그러므로 제의 칭호를 풀어버리고 (진나라와) 다른 마음을 먹고서 [貳] 송나라를 정벌하게 되면, 나라가 무거워지고 이름이 높아져서 연나라와 초나라가 위세(形=刑=威) 때문에 복종해오고 천하가 감히 듣지 않을 수 없게 됩니다. 이는 탕왕이나 무왕이 일어난 것과 같습니다. 진나라를 공경한다는 명분[名]으로 뒤에 천하로 하여금 진나라를 미워하게 만드는 것, 이것이 이른바 낮은 것을 높은 것으로 바꾸는 것입니다. 원컨대 대왕께서는 깊게 헤아리십시오."

蘇秦謂齊王曰: "齊 · 秦立爲兩帝, 王以天下爲尊秦乎? 且尊齊乎?" 王曰: "尊秦." "釋帝則天下愛齊乎? 且愛秦乎?" 王曰: "愛齊而憎秦." "兩帝立, 約伐趙, 孰與伐宋之利也?" [王曰: "伐桀宋利."]**16** 對曰: "夫約然與秦爲帝, 而天下獨尊秦而輕齊; 齊釋帝, 則天下愛齊而憎秦; 伐趙不如伐宋之利. 故臣願王明釋帝, 以就天下; 倍約儐秦, 勿使爭重; 而王以其間擧宋. 夫有宋則衛之陽城危; 有淮北則楚之東國危; 有濟西則趙之河東危; 有陰 · 平陸則梁門不啟. 故釋帝而貳之以伐宋之事, 則國重而名尊, 燕 · 楚以形服, 天下不敢不聽, 此湯 · 武之擧也. 敬秦以爲名, 而後使天下憎之, 此所謂以卑易尊者也! 願王之熟慮之也!"

---

16 황비열의 안(案): 『사기』에는 "왕이 말했다. 걸송(桀宋)을 정벌하는 것이 이롭소"라는 문장이 들어있다.(札記조烈案: 史記有"王曰, 伐桀宋利.") 『사기』, 「세가(권46) · 전경중완세가(田敬仲完世家)」 참조.

帝라는 허울 좋은 명칭을 풀어버리고 송나라를 침으로써 실리도 얻고 진나라가 천

하에게 미움을 받게 하는 편이 좋을 것이다.

제책 5
齊策

12-1 소진이 제나라 민왕을 설득하다 【蘇秦說齊閔王】

(1)

소진(蘇秦)이 제나라 민왕(閔王)을 설득하며 말했다.

"신이 듣기로 병사를 쓰면서 천하에 앞서기를 좋아하는 자는 근심하게 되고, 맹약을 맺고서 (남들에게) 원망 사는 일을 주도하기를 좋아하는 자는 외로워진다고 하였습니다. 무릇 뒤에 일어선 자는 (남의) 도움을 받을 수 있고[藉], 원한을 멀리하는 자는 때를 탈 수 있습니다. 그래서 빼어난 이가 일을 쫓을 때는, 반드시 권세를 빌리고 힘써 때에 맞게 일어나야 합니다. 무릇 권세에 의지하는 것은 만물을 거느리는 것이며, 때에 맞게 세력을 얻는 것은 백 가지 일의 으뜸입니다. 그래서 권세에 의지하지 않고 때의 추세를 거스르고서도 능히 일을 이룬 자는 적습니다. 지금 비록 간장(干將)이나 막야(莫邪) 같은 천하의 날카로운 칼이라도 사람의 힘을 얻지 못하면 베거나 상처 줄 수 없고, 단단한 화살과 날카로운 촉도 활시위를 당기는 기계의 이로움을 얻지 못하면 능히 멀리서 죽일 수가 없습니다. 화살이 날카롭지[銛] 않은 것도 아니고 칼이 날카롭지 않은 것도 아니니, 왜 그렇겠습니까? 권세에 의지하고 있지 않아서입니다. 어떻게 그런 줄 알겠습니까?

옛날에 조나라[趙氏]가 위(衛)나라를 습격해서 수레를 모는 자들이 쉬지 않고 번갈아 공격하니[傳→傅=驛遞], 위(衛)나라 성이 쪼개져서 평평해질 지경이 되었으며 위나라 성의 여덟 개 문을 흙으로 막았지만 두 개 문이 떨어져 나갔습니다. 이런 나라를 잃을 형세를 맞게 되자 위(衛)나라 임금이 맨발로 뛰어가서 위(魏)나라에 알리고 하소연했습니다[遡=愬]. 위(魏)나라 왕[武侯]이 몸소 갑옷을 입고 칼을 갈고서[底→砥=礪] 조나라를 도발하여 싸움을 요구하여, (조나라 도읍인) 한단의 가운데를 달리면서 강이나 산 사이를 어지럽게 했습니다. 위(衛)나라는 이런 의지할 곳을 얻었기 때문에 다시 나머지 갑사들을 거두어 북쪽으로 향해서, 강평(剛平)을 쓸어버리고 중모(中牟)의 성곽을 떨어뜨렸습니다. 위(衛)나라가 조나라보다 강한 것이 아니었지만 비유하자면 위(衛)나라는 화살이고 위(魏)나라는 활시위를 당기는 기계와 같아서, 위(衛)나라는 위(魏)나라의 힘을 빌렸기 때문에 하동(河東)의 땅을 유지할 수 있었습니다. 조나라가 두려워하자, 초나라가 조나라를 구원하기 위해 위(魏)나라를 쳐서 주서(州西)에서 싸웠습니다. (초나라의) 군대가 양문(梁門)을 나서서 임중(林中)에 머무르면서 말에게 황하의 물을 마시게 했을 때, 조나라는 이런 의지할 곳을 얻었기 때문에 또한 위(魏)나라의 하북(河北)을 습격하여 극구(棘溝=棘浦)를 불태우고 황성(黃城)을 떨어뜨렸습니다. 결국 (조나라의) 강평이 쓸려나가고 중모가 떨어졌으며 (위나라의) 극구가 불태워졌지만, 이는 모두 조나라와 위(魏)나라가 욕심냈던 바는 아니었습니다. 그러나 두 나라가 힘써 행한 것은 왜이겠습니까? 위(衛)나라가 때 맞춰 권세에 기댄 것이 현명했기 때문입니다.

지금 세상에서 나라를 다스리는 사람들은 그렇지 않습니다. 병사가 약하면서 강한 자를 상대하기를 좋아하고, 나라는 피로한데 많은 사람의 원한 받기를 좋아하고, 일은 어그러졌는데 추궁하기를 좋아하고, 병사가 약한데도 다른 사람에게 낮추는 것을 미워하고, 땅이 좁은 데도 큰 나라와 대적하기를 좋아하고, 일이 어그러졌는데도 거짓을 조장하기를 좋아합니다. 이 여섯 가지를 행하면서 패자가 되려고 하니, 너무나 동떨어진 이야기입니다.

蘇秦說齊閔王曰: "臣聞用兵而喜先天下者憂, 約結而喜主怨者孤. 夫後起者藉也, 而遠怨者時也. 是以聖人從事, 必藉於權而務興於時. 夫權藉者, 萬物之率也; 而時勢者, 百事之長也. 故無權籍, 倍時勢, 而能事成者寡矣. 今雖干將·莫邪, 非得人力, 則不能割劌矣. 堅箭利金, 不得弦機之利, 則不能遠殺矣. 矢非不銛, 而劍非不利也, 何則? 權藉不在焉. 何以知其然也? 昔者趙氏襲衛, 車舍人不休傳, 衛國城割平, 衛八門土而二門墮矣, 此亡國之形也. 衛君跣行, 告溯於魏. 魏王身被甲底劍, 挑趙索戰. 邯鄲之中鶩, 河·山之間亂. 衛得是藉也, 亦收餘甲而北面, 殘剛平, 墮中牟之郭. 衛非強於趙也, 譬之衛矢而魏弦機也, 藉力魏而有河東之地. 趙氏懼, 楚人救趙而伐魏, 戰於州西, 出梁門, 軍舍林中, 馬飲於大河. 趙得是藉也, 亦襲魏之河北燒棘溝, 墜黃城. 故剛平之殘也, 中牟之墮也, 黃城之墜也, 棘溝之燒也, 此皆非趙·魏之欲也. 然二國勸行之者, 何也? 衛明於時權之藉也. 今世之爲國者不然矣. 兵弱而好敵強, 國罷而好衆怨, 事敗而好鞫之, 兵弱而憎下人也, 地狹而好敵大, 事敗而好長詐. 行此六者而求伯, 則遠矣.

앞장서서 천하와 대적하지 말고 다른 나라의 원한을 사지 말며 남의 힘을 잘 빌리

고 때를 잘 타는 것이 바로 패자가 되는 길이다.

---

(2)

신이 듣기에, 나라를 잘 다스리는 사람은 백성의 뜻을 잘 따르고 병사의 능력을 잘 헤아려서 그런 뒤에 천하(의 형세)를 따른다고 했습니다. 그러므로 약속을 해도 다른 사람을 위해 원한을 사지 않고, 정벌을 해도 다른 사람을 위해 강한 자를 꺾으려 하지 않습니다. 이와 같이 한다면 병력을 낭비하지 않고 권세가 가벼워지지 않으면서도 땅을 넓힐 수 있고 정벌을 성공할 수 있습니다.

옛날에 제나라가 한나라, 위(魏)나라와 함께 진나라와 초나라를 정벌했을 때, 싸움이 아주 심했던 것도 아니고 땅을 나눈 것 또한 한나라와 위나라보다 많지도 않았는데, 그런데도 천하가 홀로 허물을 제나라에 돌리게 된 것은 왜이겠습니까? 제나라가 한나라와 위(魏)나라를 위해 원한을 주도했기 때문입니다. 또 천하가 두루[遍] 병사를 쓰고 있었으니, 제나라는 연나라와 싸우고, 조나라는 중산(中山)을 아울렀으며, 진나라와 초나라는 한나라와 위(魏)나라와 싸우기를 쉬지 않았고, 송나라와 월나라는 오로지 자기 병사를 써야만 했습니다. 이 열 나라는 모두 서로 대적하는 것을 뜻으로 삼았는데, 그런데도 단지 제나라에게만 (미워하는) 마음을 일으킨 것은 왜이겠습니까? 맹약을 맺고서 원한을 주도하기를 좋아하고, 정벌하여 강한 자를 꺾는 것을 좋아했기 때문입니다.

또 무릇 강하고 큰 나라의 화근은 늘 다른 사람의 왕 노릇 하려는 뜻이 있어서이고, 무릇 약하고 작은 나라의 재앙은 늘 다른 사람을 꾀어서 이익을 얻으려 하기 때문입니다. 이렇게 되면 큰 나라는 위태로워지고 작은 나라는 멸망하게 됩니다.

큰 나라의 계책은 나중에 일어나서 마땅하지 못함을 무겁게 정벌하는 일만한 것이 없습니다. 무릇 뒤에 일어나서 많은 사람들과 함께 함에 의지하여 병사가 군세게 되면, 이는[事→是] 강한 무리로써 피로한 소수를 대적하는[適→敵] 것이어서 군대의 일[兵=兵事]이 반드시 세워질 것입니다. 일이 천하의 마음을 막지 않는다면 이로움이 반드시 붙게 될 것입니다. 큰 나라가 이렇게 행하면, 명성[名號]을 빼앗으려[攘=取] 하지 않아도 오게 되고 패왕(伯王)의 자리는 억지로 하지 않아도 세워지게 됩니다.

작은 나라의 도리[情=道理/情理]는, 삼가하며[僅→謹] 가만히[靜] 있으면서 제후들을 덜 믿는 것보다 큰 것이 없습니다. 삼가면서 가만히 있게 되면 이웃 나라들이 배반[反]하지 않게 되고, 제후들을 덜 믿게 되면 천하가 꾸짖지 않을 것입니다. 밖에서 꾸짖지 않고 안에서 배반하지 않으면, 쌓아놓은 것들[檳禍→稸積]이 낡거나 썩어서 쓰지 못할 정도가 되고 비단이 바스러지고 좀먹어서 입지 못할 정도가 됩니다. 작은 나라가 이 길로 가면, 곧 제사를 지내지 않아도 복을 받고 빌리지 않아도 충분해집니다. 그러므로 말하기를, 어짊을 근본으로 하는 사람은 왕이 되고 마땅함을 세운 사람은 패자가 되며 병사를 부리는 사람은 망한다고 했습니다.

어떻게 그런 것을 알겠습니까? 옛날 오나라 왕 부차가 강하고 커서 천하의 맨 앞이 되어 (초나라 도읍인) 영(郢)을 억지로 습격하고 월나라를 (회계산에) 깃들게 하자, 몸은 제후들이 따르는 임금이 되었지만 끝내 몸이 죽고 나라가 망하여 천하에게 주륙을 당했습니다. 왜 그렇겠습니까? 이는 부차가 편안히 있으면서 왕을 도모했고, 강하고 크면서

도 천하의 재앙(을 만드는 일)에 앞장서기를 좋아했기 때문입니다. 옛날 내(萊)나라와 거(莒)나라는 도모하기를 좋아했고 진(陳)나라와 채(蔡)나라는 속이기를 좋아했는데, 거나라는 월나라를 믿다가 멸망했고 채나라는 진(晉)나라를 믿다가 없어졌습니다. 이는 모두 안으로 속이는 것을 조장하고 밖으로 제후들을 믿어서 생긴 재앙입니다. 이로 말미암아 살펴보건대, 강한 나라나 약한 나라, 큰 나라나 작은 나라의 재앙은 가히 앞의 일에서 볼 수 있습니다.

臣聞善爲國者, 順民之意, 而料兵之能, 然後從於天下. 故約不爲人主怨, 伐不爲人挫強. 如此, 則兵不費, 權不輕, 地可廣, 欲可成也. 昔者, 齊之與韓 · 魏伐秦 · 楚也, 戰非甚疾也, 分地又非多韓 · 魏也, 然而天下獨歸咎於齊者, 何也? 以其爲韓 · 魏主怨也. 且天下遍用兵矣, 齊 · 燕戰, 而趙氏兼中山, 秦 · 楚戰韓 · 魏不休, 而宋 · 越專用其兵. 此十國者, 皆以相敵爲意, 而獨舉心於齊者, 何也? 約而好主怨, 伐而好挫強也. 且夫強大之禍, 常以王人爲意也; 夫弱小之殃, 常以謀人爲利也. 是以大國危, 小國滅也. 大國之計, 莫若後起而重伐不義. 夫後起之籍與多而兵勁, 則事以衆強適罷寡也, 兵必立也. 事不塞天下之心, 則利必附矣. 大國行此, 則名號不攘而至, 伯王不爲而立矣. 小國之情, 莫如僅靜而寡信諸侯. 僅靜, 則四鄰不反; 寡信諸侯, 則天下不賣. 外不賣, 內不反, 則檳禍朽腐而不用, 幣帛矯蠹而不服矣. 小國道此, 則不祠而福矣, 不貸而見足矣. 故曰: 祖仁者王, 立義者伯, 用兵窮者亡. 何以知其然也? 昔吳王夫差以強大爲天下先, 強襲郢而棲越, 身從諸侯之[1]君, 而卒身死國亡, 爲天下戮

---

1 포표 주: "從諸侯之"는 "諸侯從之"가 되어야 한다.(鮑本, 諸侯從之.)

者, 何也? 此夫差平居而謀王, 強大而喜先天下之禍也. 昔者萊·莒好謀, 陳·蔡好詐, 莒恃越而滅, 蔡恃晉而亡, 此皆內長詐, 外信諸侯之殃也. 由此觀之, 則強弱大小之禍, 可見於前事矣.

강대국의 문제는 다른 나라에 군림하려는 것 때문이고, 약소국의 문제는 다른 나라를 믿으면서 그를 이용하여 이익을 챙기려 하기 때문이다.

---

(3)

속담에서 말하기를, '(천하의 준마인) 기기(麒驥)가 노쇠해지면 둔한 말이라도 그를 앞서고, (천하의 용사인) 맹분(孟賁)이 고달파지면 여자라도 그를 이긴다'라고 했습니다. 무릇 둔한 말이나 여자는 근육과 뼈가 아무리 굳세어도 기기나 맹분보다 뛰어날 수 없습니다. 그런데도 그런 것은 왜이겠습니까? 뒤에 일어난 것에 의지했기 때문입니다.

지금 천하는 서로 기대야[與=恃] 아울러 멸망하지 않습니다. 병사를 능히[而→能] 잘 어루만지면서 뒤에 일어나서 (천하의) 원한에 기대어 곧지 못한 이들을 벌하며 병사 쓰는 것을 감추고서 마땅함을 빌리게 되면, 천하의 으뜸[亡→霸]이 되는 것은 발을 치켜들고 기다리기만 하면 됩니다. 제후들의 일에 밝고 땅 모양에 대한 이치를 살피게 되면 친교를 맺지 않거나 서로 인질을 두지 않고서도 (관계가) 단단해져서, 재촉하지 않아도 빠르게 되고 무리지어 일을 해도 반대가 없으며 땅을 잘라 바꾸어도 서로 미워하지 않게 되니, 모두가 강해지면 더욱 가까워집니다. 왜 그렇겠습니까? 형세를 같이 걱정하면서 전쟁의 계책[兵=兵略]에서 (같은) 이익을 쫓기 때문입니다.

어떻게 그런 것을 알겠습니까? 옛날에 제나라와 연나라가 환산의 구석진 곳[桓之曲]에서 싸웠는데, 연나라가 이기지 못하여 십만의 무리가 남김없이 없어지게 되자 오랑캐[胡人]가 연나라 누번(樓煩)의 여러 현을 습격해서 그 소와 말을 가져갔습니다. 무릇 오랑캐는 제나라와 평소 가깝지도 않았으며 병사를 쓴 것 또한 인질을 약속하고 연나라를 도모한 것이 아니었는데, 그런데도 서로 힘을 다한 것[相趨]보다도 (이익이) 심대한 것은 왜이겠습니까? 형세를 같이 걱정하고 전쟁의 계책[兵=兵略]에서 (같은) 이익을 쫓았기 때문입니다. 이로 말미암아 살펴보건대, 같은 형세에서 약속을 하면 이익이 자라나게 되고 뒤에 일어나면 제후들을 가히 빨리 부릴 수 있습니다.[2]

語曰: '麒驥之衰也, 駑馬先之; 孟賁之倦也, 女子勝之.' 夫駑馬·女子, 筋骨力勁, 非賢於騏驥·孟賁也. 何則? 後起之藉也. 今天下之相與也不並滅, 有而案兵而後起, 寄怨而誅不直, 微用兵而寄於義, 則亡天下可蹻足而須也. 明於諸侯之故, 察於地形之理者, 不約親, 不相質而固, 不趨而疾, 衆事而不反, 交割而不相憎, 俱彊而加以親. 何則? 形同憂而兵趨利也. 何以知其然也? 昔者齊·燕戰於桓之曲, 燕不勝, 十萬之衆盡. 胡人襲燕樓煩數縣, 取其牛馬. 夫胡之與齊非素親也, 而用兵又非約質而謀燕也, 然而甚於相趨者, 何也? 何則形同憂而兵趨利也. 由此觀之, 約於同形則利長, 後起則諸侯可趨役也.

형세를 같이하고 병략(兵略)이 일치하면 나라 사이에 친교가 없더라도 같이할 수

---

2 포표 주: "가히 빨리 부릴 수 있다(可趨役)"는 것은, 나를 쫓게 해서 나를 위해 일하게 할 수 있다는 뜻이다.(鮑本, 可使趨我, 而爲我役.)

있다.

---

(4)

그래서 눈 밝은 임금과 잘 살피는 재상[察相]이 정말로 패왕(伯王)
이 되려는 뜻을 가지게 되면 싸움의 공로를 앞세우지 않습니다. 싸움
이라는 것은 나라를 해치고 큰 마을과 현을 자원으로 낭비해버리는
것입니다. 이미 먼저 나라를 상하게 하고 큰 마을과 현을 낭비해 버리
고서도 능히 제후들을 거느릴 수 있는 자는 적습니다.

저 싸움이라는 것은 (나라를) 상하게 하는 것입니다. 벼슬에 있는
사람[士]들은 싸움에 대한 말을 들으면 곧 사사로운 재물을 보내어 군
비[軍市]을 풍부하게 해주며 먹고 마실 것을 보내어 병사들이 죽기만
을 기다릴 뿐이니, 수레 끌채[轅]를 쪼개서 불을 때게 하고 소를 죽여
서 병사를 먹이게 하지만 이는 군사를 고달프게 하는 길입니다. 나라
안의 사람들은 빌고 기도하고, 임금은 삿된 것을 물리치고 액을 없애
는 기도를 드리며[蹇禳]³, 큰 마을이나 작은 현에서는 사당을 세우고,
시장이 있는 마을에서는 일을 멈추고 왕을 받들지 않으면 안 되니, 이
는 나라 안을 텅 비게 만드는 계책입니다. 무릇 싸우고 난 다음날이면
죽은 자를 염[尸=殮]하고 다친 자를 부축하니, 비록 공이 있다 해도 군
으로는 비용이 나가게 되고 나라 안에는 곡소리와 눈물이 흐르게 되
어 임금의 마음을 상하게 합니다. 죽은 자는 집안(의 재물)을 깨뜨려 장
사를 지내고 다친 자는 재물을 없애어 약을 대는데, 온전한 자 또한 안
으로 (축하의) 술자리를 베풀어 화려하게 즐겨서 그 비용이 죽거나 다

---

3 옛날에, 삿된 것을 없애고 액을 없애는[去邪消災] 기도를 드리는 행위를 말한다.

친 사람과 비교해 비슷했습니다[鈞]. 그래서 백성들이 쓴 비용은 십 년 동안 농사를 지어도 갚을 수 없게 됩니다. 군대가 (전쟁터에) 나서게 되면 세모창[矛]과 갈래창[戟]이 부러지고 칼 고리와 활시위가 끊어지며, 쇠뇌[弩]가 망가지고 수레가 부서지며 말이 피로해져서, 없어지고 잃어버리는 것이 전체의 절반입니다. 갑옷 입은 병사가 갖추는 것은 궁궐[官→宮]에서 사사로이 나오는 것인데도 벼슬아치들이 숨겨버리고 병사를 봉양하는 하인들이 훔쳐가 버려서 십 년 동안 농사를 지어도 갚을 수 없습니다. 천하에 이처럼 두 번 비용을 쓰면서 능히 제후들을 거느릴 수 있는 자는 적습니다.

성을 공격하는 데 쓰이는 것을 보면, 백성들은 화살과 돌을 막는 가리개[檐蔽]를 고치고 충차(衝車)나 노거[櫓=高巢車]를 만들기 위해 온 집안이 섞여서 일을 해야 하고⁴, 몸은 토굴 속에 있으면서 병기[刀金=兵器](를 만드는 일)에 피폐해집니다. 병사는 땅 파는 일에 지치고 장수는 갑옷을 벗지 못하니, 일 년 안에 성을 뽑아버릴 수 있으면 아주 빠른 것입니다. 윗사람은 가르침에 게으르고 병사는 군대의 일[兵]를 (제멋대로) 판단하니, 그래서 세 번 성을 떨어뜨리고도 능히 대적하여 이긴 자가 적은 것입니다.

옛말에 이르기를 싸움에서 공격하려면 앞서서는 안 된다고 했습니다. 어떻게 그런 것을 알겠습니까? 옛날에 지백(智伯) 요(瑤)가 범씨(范氏)와 중항씨(中行氏)를 공격해서 그 임금을 죽이고 나라를 멸망시켰으며 또 서쪽으로 가서 진양을 에워쌈으로써 두 나라를 아울러 삼키려고 하고 또 한 명의 군주[趙襄子]를 근심하게 했으니, 이는 (지백

---

4 표포 주: "家雜總"은 '온 집안이 아울러서 만든다'는 뜻이다.(鮑本, 全家倂作)

이) 군사를 부리는 것이 성대했기 때문입니다. 그런데 지백이 끝내 몸은 죽고 나라는 망해서 천하의 웃음거리가 되었던 것은 무엇이라 말하겠습니까? 병사를 먼저 내어 전쟁을 일으켜서 두 사람[范氏와 中行氏]을 없앤 것이 화근이었습니다. 지난날에 중산(中山)국이 모든 병사를 일으켜 연나라와 조나라를 맞이해서, 남쪽으로 내려와서는 장자(長子)에서 싸워 조나라를 패배시켰고 북쪽으로 올라가서는 중산에서 싸워 연나라 군대를 이기고 그 장수를 죽였습니다. 무릇 중산국은 천승의 나라인데도 만승의 나라 둘을 대적하였고 다시 싸워서 차례로[北→比=相次] 이겼으니, 이렇게 군사를 쓰는 것은 그 등급이 높다[上絕=上等] 할 것입니다. 그런데 나라가 마침내 망하고 임금은 신하가 되어 제나라에 있게 되었으니, 왜 그랬겠습니까? 싸움을 일으키는 것을 아끼지 않아서 생긴 환난이었습니다. 이를 가지고 살펴보건대, 싸움을 일으키면 패망한다는 것을 앞에서 생긴 일들로 알 수 있습니다.

故明主察相, 誠欲以伯王也爲志, 則戰攻非所先. 戰者, 國之殘也, 而都縣之費也. 殘費已先, 而能從諸侯者寡矣. 彼戰者之爲殘也, 士聞戰則輸私財而富軍市, 輸飮食而待死士, 令折轅而炊之, 殺牛而觴士, 則是路君[5]之道也. 中人禱祝, 君翳釀, 通都小縣置社, 有市之邑莫不止事而奉王, 則此虛中之計也. 夫戰之明日, 尸死扶傷, 雖若有功也, 軍出費, 中哭泣, 則傷主心矣. 死者破家而葬, 夷傷者空財而共藥, 完者內酺而華樂, 故其費與死傷者鈞. 故民之所費也, 十年之田而不償也. 軍之所出, 矛

---

5 포표 주: 로(路)는 로(露)가 되어야 할 듯하다. 황비열의 안(案): 군(君)은 군(軍)의 오자이니, 그래야 아래 허중지계(虛中之計)와 뜻이 통하게 된다.(鮑本. 路疑作露. 札記丕烈案: 君是軍字之誤. 下文是'虛中之計也', 二句文相對.)

戟折, 鐶弦絕, 傷弩, 破車, 罷馬, 亡失之大半. 甲兵之具, 官之所私出也, 士大夫之所匿, 廝養士之所竊, 十年之田而不償也. 天下有此再費者, 而能從諸侯寡矣. 攻城之費, 百姓理襜蔽, 舉衝櫓, 家雜總, 身窟穴中, 罷於刀金⁶. 而士困於土功, 將不釋甲, 期數而能拔城者爲亟耳. 上倦於敎, 士斷於兵, 故三下城而能勝敵者寡矣. 故曰: 彼戰攻者, 非所先也. 何以知其然也? 昔智伯瑤攻范・中行氏, 殺其君, 滅其國, 又西圍晉陽, 吞兼二國, 而憂一主, 此用兵之盛也. 然而智伯卒身死國亡, 爲天下笑者, 何謂也? 兵先戰攻, 而滅二子患也. 日者, 中山悉起而迎燕・趙, 南戰於長子, 敗趙氏; 北戰於中山, 克燕軍, 殺其將. 夫中山千乘之國也, 而敵萬乘之國二, 再戰北勝, 此用兵之上節也. 然而國遂亡, 君臣於齊者, 何也? 不嗇於戰攻之患也. 由此觀之, 則戰攻之敗, 可見於前事.

전쟁에서 쓰이는 자원은 백성과 나라를 힘들고 피로하게 만들기 때문에 먼저 나서서 공격하는 것은 실익이 없다.

---

(5)

지금의 세상에서 이른바 병사를 잘 쓰는 자는 싸움이 다할 때까지, 싸우면 계속해서 이기고 (성을) 지키면 뽑아낼 수 없게 만들어 천하가 잘한다고 칭찬하는데, 한 나라는 보존될 수 있지만 곧 나라의 이로움은 아닙니다. 신이 듣기로, 싸움에서 크게 이긴 자는 그 병사가 많이 죽어서 군사의 힘이 더욱 약해지고, 지키면 뽑아내지 못하게 하는

---

6 "身窟穴中, 罷於刀金"의 주석에 '中'자에 대한 풀이는 없으며 刀金은 병기로 나와 있으나 이를 보아도 해석이 정확하지 않기 때문에 의역을 했다.

사람은 그 백성들이 피로해져서 성곽이 드러나게 됩니다. 무릇 병사가 밖에서 죽고 백성이 안에서 죽으며 성곽이 변경에서 허물어지고 나면 왕의 즐거움이 아니게 될 것입니다.

지금 저 과녁[鵠的]은 다른 사람에게 허물이나 죄를 지은 것이 아닌데도 활을 교묘히 잡고 쇠뇌를 당겨서, 쏴서 맞으면 잘했다 하고 맞지 않으면 부끄러워합니다. 어리거나 나이가 많거나, 귀하거나 천하거나 간에 모두 같은 마음으로 (과녁을) 꿰뚫으려고 합니다. 이는 왜 그렇겠습니까? 과녁[其]이 (자신을 맞추기) 어렵다는 것을 보여주어서 (사람들이) 미워하기 때문입니다.[7] 지금 힘을 다할 때까지 싸워서 차례로[比] 이기고 지키면 반드시 뽑아내지 못하게 한다면, 곧 이는 단지 (이 나라를 치는 것이) 힘들다는 것을 다른 사람에게 보여줄 뿐만 아니라 또 장차 다른 사람을 해치는 것이 됩니다. 그렇게 되면 천하가 그를 원수로 여길 것이 분명합니다.

무릇 병사를 피로하게 하고 나라를 드러내게 하며 많은 나라들이 천하(의 제후)와 함께 원수로 여기게 하면 눈 밝은 임금도 머물 곳이 없게 되며, 평소에 강한 병사를 쓰다가 약해지면 (천하를) 잘 살피는 재상[察相]도 일을 할 수 없습니다. 저 눈 밝은 임금과 일을 잘 살피는 재상은 곧 다섯 가지 병기[8]를 움직이지 않고도 제후들을 따르게 하고, 사양하더라도 무거운 선물[重賂]이 오도록 합니다. 그래서 눈 밝은 임금이 싸움을 일으키는 것은, 갑옷 입은 병사를 군에서 내보내지 않고도

---

7 포표 주: 과녁이 맞추기 어려운데도 사람들이 꿰뚫고 싶어 다투는 것이, 마치 미워하는 것 같다. 사람이 마치 과녁과 같다면 미움 받는 사람이다.(鮑本, 的以難中, 人爭欲貫之, 如惡之然. 人如的者, 人所惡也.)

8 칼[刀], 검(劍), 세모 창[矛], 갈래 창[戟], 활[矢]의 다섯으로, 혹은 활[弓矢], 몽둥이[殳], 세모 창[矛], 갈고리 창[戈], 갈래 창[戟]의 다섯으로 구분되나 정설은 없다.

적국을 이기고, 성을 공격하는 장비[衝櫓]를 내놓지 않고도 변경의 성을 떨어뜨리며, 병사와 백성이 알지 못하는데도 왕업이 이루어지게 합니다. 저 눈 밝은 임금이 일하는 것은, 재물 쓰는 것이 적고 헛되이 날을 보내는 것[曠日] 같지만 멀리 보면 이로움을 키우는 것이 됩니다. 그래서 말하기를, 군사를 뒤에 일으키면 제후들이 쫓아와서 힘쓰게 할 수 있다고 한 것입니다.

今世之所謂善用兵者, 終戰比勝, 而守不可拔, 天下稱爲善, 一國得而保之, 則非國之利也. 臣聞戰大勝者, 其士多死而兵益弱; 守而不可拔者, 其百姓罷而城郭露. 夫士死於外, 民殘於內, 而城郭露於境, 則非王之樂也. 今夫鵠的非咎罪於人也, 便弓引弩而射之, 中者則善, 不中則愧, 少長貴賤, 則同心於貫之者, 何也? 惡其示人以難也. 今窮戰比勝, 而守必不拔, 則是非徒示人以難也, 又且害人者也, 然則天下仇之必矣. 夫罷士露國, 而多與天下爲仇, 則明君不居也; 素用強兵而弱之, 則察相不事. 彼明君察相者, 則五兵不動而諸侯從, 辭讓而重賂至矣. 故明君之攻戰也, 甲兵不出於軍而敵國勝, 衝櫓不施而邊城降, 士民不知而王業至矣. 彼明君之從事也, 用財少, 曠日遠而爲利長者. 故曰: 兵後起則諸侯可趨役也.

군사 행동을 일으키지 말고, 안으로 힘을 비축하여 형세가 이루어질 때까지 기다리면 제후들이 알아서 쫓게 된다.

---

(6)

신이 들은 바로는, 공격하여 싸우는 방법이 군대[師=旅]만이 아닌 까닭은, 비록 백만의 군사가 오더라도 묘당에서 (계획하여) 패배[比→北]시킬 수 있으며, 비록 (오나라 왕) 합려(闔閭)와 오기(吳起)가 이끌더라도 집안에서 (계획하여) 그들을 잡을 수 있으며, 천 길 높이의 성이라도 술과 안주를 베풀면서 뽑아버릴 수 있으며, 백 척 높이의 충차라도 이부자리 위에서 꺾을 수 있기 때문이라고 했습니다. 그래서 종과 북, 피리와 거문고 소리가 끊이지 않는데도 땅을 넓혀서 원하는 바[欲]를 이룰 수 있고, 화평하게 배우와 광대를 즐기는 웃음이 끊어지지 않는데도 제후들을 같은 날에 이르게 할 수 있습니다. 그러므로 이름이 천지와 짝을 이룬다 해도 높다 할 수 없고, 이로움이 천하[海內]를 제압한다 해도 두텁다고 할 수 없습니다.

그래서 무릇 왕의 일을 잘하는 것은 천하를 힘들게 하면서도 스스로 편안하고 천하를 어지럽게 하면서도 스스로는 안녕한 데 있으니, 제후들이 계책을 이루지 못하게 한다면 자신의 나라에는 근심이 (하룻밤도) 머무르지[宿=留] 않습니다. 어떻게 그렇다는 것을 알겠습니까? 편안하게 다스리는 것은 내게 있고 힘들고 어지러운 것은 천하에 있게 하는 것이 왕의 길입니다. 날카로운 병기가 오면 막아내고 근심이 이르면 쫓아내며 제후들로 하여금 계책을 이루지 못하게 하면 그 나라에는 근심이 머물 수가 없습니다. 어떻게 그렇다는 것을 알겠습니까?

옛날에 위(魏)나라 왕[惠王]이 천 리의 땅을 끼고 갑병 36만 명을 띠처럼 두르고는 그 강함을 가지고 (조나라 도읍인) 한단(邯鄲)을 뽑아내었고, 서쪽으로 가서 정양(定陽)을 에워싸면서 열두 제후를 데리고 천자를 조현[朝]하였으며, 이로써 서쪽으로 가서 진(秦)나라를 도모하려고 하였습니다. 진나라 왕이 두려워서, 잠을 자도 자리가 편안치 않고 먹어도 맛을 모를 정도였습니다. 이에 나라 안에 영을 내어 성가퀴[堞

中=城堞]마다 남김없이 싸움 도구를 갖추게 해서 국경 안을 지키기 위한 준비를 하였고, 죽을 각오가 되어 있는 용사를 장수로 배치하여 위나라를 기다렸습니다. 위앙(衛鞅)이 진나라 왕에게 계책을 내어 말하기를, '저 위나라의 공(功)이 커서, 영이 천하에 행해지고 열두 제후를 데리고 천자에게 조현했으니 아마도 같이하는 자들이 반드시 많을 것입니다. 그래서 진나라 하나로 큰 위나라를 대적하는 것을 하지 못하게 될까 두렵습니다. 왕께서는 어찌 신을 위나라 왕에게 사신으로 보내지 않으십니까? 신이 청컨대 반드시 위나라를 패배시키겠습니다'라고 하자, 진나라 왕이 허락했습니다.

위앙이 위나라 왕을 뵙고 말하기를, '대왕의 공이 커서 영이 천하에 행해지고 있습니다. 지금 대왕을 따르는 열두 제후는 송나라나 위(衛)나라 아니면 바로 추(鄒), 노(魯), 진(陳), 채(蔡)인데, 이는 정말로 대왕께서 채찍질[鞭箠]로 시킨 바이니 천하의 왕 노릇하기에는 충분치 않습니다. 대왕께서 북쪽으로 가서 연나라를 차지하고 동쪽으로 가서 제나라를 정벌하게 되면 곧 조나라가 반드시 따를 것이며, 서쪽으로 가서 진나라를 차지하고 남쪽으로 가서 초나라를 정벌하면 곧 한나라가 반드시 따를 것입니다. 대왕께서 제나라와 초나라를 정벌할 마음과 천하를 따르게 할 뜻을 가지시면 바로 왕업이 보이게 되겠지만, 대왕께서 먼저 왕의 복식을 갖추시고 나서 그런 뒤에 제나라와 초나라를 도모하는 것만 못합니다'라고 했습니다. 위나라 왕이 위앙의 말에 설득되어, 스스로 궁전을 넓히고, 붉은 비단으로 기둥을 감싸고, 구유(九斿)[9]를 만들어 세우고, 북두칠성의 깃발[旟]을 따르게 했습니다. 이

---

9 유(斿)란 깃발 가장자리에 붙여 늘어뜨린 헝겊 조각인데, 공(公)은 구유(九斿), 후백(侯伯)은 칠유

는 천자의 자리를 나타내는 것이었는데, 위나라 왕이 그것을 누린 것입니다. 이에 제나라와 초나라는 화가 났고, 제후들은 제나라로 달려가서 합세하였습니다. 제나라 사람들이 위(魏)나라를 정벌하여 그 태자를 죽이고 십만 대군을 엎어버리자, 위나라 임금이 크게 두려워하며 맨발로 뛰어가서 나라의 병사를 어루만지고는 동쪽으로 가서 제나라에 주둔(하며 화해를 청)했습니다. 그런 후에야 천하가 마침내 위나라를 놓아주었습니다. 이때를 맞아, 진나라 왕은 옷소매를 늘어뜨리고 팔짱을 낀 채[垂拱]로 (위나라로부터) 하수 서쪽 바깥 땅을 받고서도 위나라 왕에게 은덕을 베풀지 않았습니다.

그러므로 말하기를, 위앙이 처음에 진나라 왕과 더불어 계책을 낼 때에는 약속을 모의하면서도 자리에서 내려오지 않았고 술과 안주를 먹는 동안에 말이 이루어졌으니, 계책이 당 위에서 이루어졌는데도 위나라 장수가 제나라에게 붙잡히게 되었고 충차(衝車)나 노거[櫓=高巢車]를 쓰지 않았는데도 하수 서쪽 바깥 땅이 진나라로 들어왔습니다. 이것이 바로 신이 말한, 묘당에서 적군을 패배시키고 집안에서 장수를 사로잡으며 술과 안주를 베풀면서 성을 뽑아내고 이부자리 위에서 적을 꺾는다는 것입니다."

臣之所聞, 攻戰之道非師者, 雖有百萬之軍, 比之堂上; 雖有闔閭·吳起之將, 禽之戶內; 千丈之城, 拔之尊俎[10]之間; 百尺之衝, 折之衽席之上. 故鍾鼓竽瑟之音不絶, 地可廣而欲可成; 和樂倡優侏儒之笑不之, 諸侯

(七斿), 자남(子男)은 오유(五斿)이다. 『주례』, 「추관(秋官)·사구(司寇)」, '대행인(大行人)' 참조.

10 '준조절충(樽俎折衝)'으로, '술통과 안주를 놓은 상에서 적(敵)의 창끝을 꺾는다'는 뜻이다. 공식 연회에서 유리한 외교활동을 벌이는 것을 일컫는다.

可同日而致也. 故名配天地不爲尊, 利制海內不爲厚. 故夫善爲王業者, 在勞天下而自佚, 亂天下而自安, 諸侯無成謀, 則其國無宿憂也. 何以知其然? 佚治在我, 勞亂在天下, 則王之道也. 銳兵來則拒之, 患至則趨之, 使諸侯無成謀, 則其國無宿憂矣. 何以知其然矣? 昔者魏王擁土千里, 帶甲三十六萬, 其強而拔邯鄲, 西圍定陽, 又從十二諸侯朝天子, 以西謀秦. 秦王恐之, 寢不安席, 食不甘味, 令於境內, 盡壄中爲戰具, 竟爲守備, 爲死士置將, 以待魏氏. 衛鞅謀於秦王曰: '夫魏氏其功大, 而令行於天下, 有十二諸侯而朝天子, 其與必衆. 故以一秦而敵大魏, 恐不如. 王何不使臣見魏王, 則臣請必北魏矣.' 秦王許諾. 衛鞅見魏王曰: '大王之功大矣, 令行於天下矣. 今大王之所從十二諸侯, 非宋·衛也, 則鄒·魯·陳·蔡, 此固大王之所以鞭笪使也, 不足以王天下. 大王不若北取燕, 東伐齊, 則趙必從矣; 西取秦, 南伐楚, 則韓必從矣. 大王有伐齊·楚心, 而從天下之志, 則王業見矣. 大王不如先行王服, 然後圖齊·楚.' 魏王說於衛鞅之言也, 故身廣公宮, 制丹衣柱, 建九斿, 從七星之旗. 此天子之位也, 而魏王處之. 於是齊·楚怒, 諸侯奔齊, 齊人伐魏, 殺其太子, 覆其十萬之軍. 魏王大恐, 跣行按兵於國, 而東次於齊, 然後天下乃舍之. 當是時, 秦王垂拱受西河之外, 而不以德魏王. 故曰衛鞅之始與秦王計也, 謀約不下席, 言於尊俎之間, 謀成於堂上, 而魏將以禽於齊矣; 衝櫓未施, 而西河之外入於秦矣. 此臣之所謂比之堂上, 禽將戶內, 拔城於尊俎之間, 折衝席上者也."

싸움은 군사를 내기 전에 여러 계책을 통해 미리 이기고 시작하는 것이 좋다.

제책 6
齊策

13-1 제나라 성곽 밖에 붙어사는 백성들 중에 호훤이란 사람이 있었는데
【齊負郭之民有孤狐咺者】

제나라 성곽 밖에 붙어사는[負=背] 백성들 중에 호훤(狐咺. 원문의
孤는 狐의 衍文이다)이란 사람이 있었는데, 민왕(閔王)에게 바른 의견을
내었다가 단구(檀衢)에서 베어죽임(斷=斬)을 당하니 (그 후로) 백성들이
따르지 않게 되었다. 제나라 종실의 자손[孫室子]인 진거(陳擧)가 곧게
말하자 동려(東閭)에서 그를 죽였고, 종족들의 마음도 멀어졌다. 사마
양저(司馬穰苴)가 정사를 맡고 있었는데, 그를 죽이자 대신들이 가까
이하지 않았다. 이런 까닭으로 (민심이 흩어지자) 연나라가 병사를 일으
켜서 창국군(昌國君=樂毅)을 장수로 삼아 공격하게 했다. 제나라가 상
자(向子)를 장수로 삼아 맞서게 하였으나, 제나라 군사는 깨어지고 상
자는 수레 하나를 타고 도망갔다.

달자(達子)가 병사들을 거두어 다시 떨쳐 일어나서 연나라와 싸웠
는데, (달자가) 상(償→賞)을 요구하였으나 민왕(閔王)이 기꺼이 주려 하
지 않자 군대가 깨어져 달아나버렸다. 왕이 거(莒) 땅으로 달아났는데,
(구원하러 온 초나라 장수) 요치(淖齒)가 질책하며[數=責] 물었다.

"저 천승(千乘)과 박창(博昌) 사이의 사방 수백 리에 비가 피처럼 뿌

려져 옷을 적셨는데, 왕은 알고 계십니까?"

왕이 말했다.

"알지 못하오."

요치가 말했다.

"영(嬴)과 박(博) 사이에 땅이 갈라져서[坼] 황천[泉]에까지 이르렀는데, 왕은 알고 계십니까?"

왕이 말했다.

"알지 못하오."

"사람들 중에 망루[闕=門觀] 앞에서 곡을 하는 자가 있는데, 찾으려 해도 얻지 못하고 물러서면 그 소리가 들리는 까닭을 왕은 알고 계십니까?"

왕이 말했다.

"알지 못하오."

요치가 말했다.

"하늘에서 내리는 비가 피처럼 뿌려져 옷을 적시는 것은 하늘이 알려주는 것이요, 땅이 갈라져 깊은 샘까지 이르게 하는 것은 땅이 알려주는 것이며, 사람들 중에 망루[闕=門觀] 앞에서 곡을 하는 자가 있다는 것은 사람이 알려 주는 것입니다. 하늘과 땅과 사람이 모두 알려 주는데도 왕께서는 경계로 삼아야 할 것을 알지 못하니, 어찌 주살되지 않을 수 있겠습니까?"

이에 고리(鼓里)에서 민왕을 죽였다. 태자[襄王]가 마침내 옷을 벗고, 상복도 입지 않고[免服] 태사의 집으로 도망가서 (숨어) 정원에 물을 주는 사람 행세를 했다. 군왕후(君王后)는 태사의 딸이었는데, 그가 귀한 사람인 것을 알아보고는 그를 잘 섬겼다.

전단(田單)이 즉묵(即墨)의 성을 이끌고 깨져서 달아났던 군졸들을 모아서 연나라 병사를 깨뜨리는 한편 (연나라 장수인) 기겁(騎劫)을 속여서[紿] 마침내 이를 가지고 다시 제나라를 일으켰고, 급히 거(莒) 땅에서 태자를 맞이하여 그를 세워 왕이 되게 하였다. 양왕(襄王)이 자리에 나아갔고, 군왕후를 왕비로 삼아 제나라 왕 건(建)을 낳았다.

齊負郭之民有狐咺者, 正議閔王, 斮之檀衢, 百姓不附. 齊孫室子陳舉直言, 殺之東閭, 宗族離心. 司馬穰苴爲政者也, 殺之, 大臣不親. 以故燕舉兵, 使昌國君將而擊之. 齊使向子將而應之. 齊軍破, 向子以輿一乘亡. 達子收餘卒, 復振, 與燕戰, 求所以償者, 閔王不肯與, 軍破走. 王奔莒, 淖齒數之曰: "夫千乘·博昌之間, 方數百里, 雨血沾衣, 王知之乎?" 王曰: "不知." "嬴·博之間, 地坼至泉, 王知之乎?" 王曰: "不知." "人有當闕而哭者, 求之則不得, 去之則聞其聲, 王知之乎?" 王曰: "不知." 淖齒曰: "天雨血沾衣者, 天以告也; 地坼至泉者, 地以告也; 人有當闕而哭者, 人以告也. 天地人皆以告矣, 而王不知戒焉, 何得無誅乎?" 於是殺閔王於鼓里. 太子乃解衣免服, 逃太史之家爲溉園. 君王后, 太史氏女, 知其貴人, 善事之. 田單以即墨之城, 破亡餘卒, 破燕兵, 紿騎劫, 遂以復齊, 遽迎太子於莒, 立之以爲王. 襄王即位, 君王后以爲后, 生齊王建.

민왕이 백성과 종실, 대신의 마음을 잃었는데, 나라가 깨어지고 몸이 죽을 지경이 되었지만 끝내 이유를 알지 못했다.

13-2 왕손가가 나이 열다섯에 민왕을 섬기다【王孫賈年十五事閔王】

왕손가(王孫賈)가 나이 열다섯에 민왕(閔王)을 섬겼는데, 왕이 나가서 달아나자 왕이 있는 곳을 놓치고 말았다. 그 어머니가 말했다.

"네가 아침에 나가서 늦게 오면 나는 집 문에 기대어 바라보고, 네가 저녁에 나가서 돌아오지 않으면 나는 마을 문에 기대어 바라보았다. 네가 지금 임금을 섬기고 있는데, 왕이 나가서 달아났는데도 너는 그 장소를 알지도 못하고 있다. 너는 오히려 어찌 돌아왔느냐?"

왕손가가 마침내 저잣거리 가운데로 들어가서 말했다.

"요치(淖齒)가 제나라를 어지럽히고 민왕을 죽였으니, 나와 함께 주벌하겠다는 사람은 오른쪽 어깨를 드러내라!"

시장사람 중에 따르는 자가 400명이었으니, 그들과 더불어 요치를 주벌하여 찔러 죽였다.

王孫賈年十五, 事閔王. 王出走, 失王之處. 其母曰: "女朝出而晚來, 則吾倚門而望; 女暮出而不還, 則吾倚閭而望. 女今事王, 王出走, 女不知其處, 女尙何歸?" 王孫賈乃入市中, 曰: "淖齒亂齊國, 殺閔王, 欲與我誅者, 袒右!" 市人從者四百人, 與之誅淖齒, 刺而殺之.

자식이 집을 나서면 걱정하는 것이 부모의 마음인데, 남을 섬기는 자가 주인의 행방을 모를 수는 없다.

13-3 연나라가 제나라를 공격하여 70여개 성을 차지하다

【燕攻齊取七十餘城】

연나라가 제나라를 공격하여 70여개 성을 차지하였는데, 오직 거(莒)와 즉묵(即墨)만이 떨어지지 않았다. 제나라 전단(田單)이 즉묵을 이끌고서 연나라를 깨뜨리고 기겁(騎劫)을 죽였다.

애초에 연나라 장수가 공격하여 요성(聊城)을 떨어뜨렸는데, 어떤 사람이 그를 헐뜯었다. 연나라 장수가 벌을 받을 것을 두려워하여, 마침내 요성(聊城)을 보존하여 지키면서 감히 돌아가지 못했다. 전단이 그를 공격한지 일 년이 넘자 사졸(士卒)들이 많이 죽었는데도 요성이 떨어지지 않았다. 노련(魯連=魯仲連)이 마침내 글을 써서, 화살에 매어 성 가운데로 쏴서 연나라 장수에게 말을 남겼다.

"내가 듣기에, 지혜로운 사람은 때를 등져서[倍=背] 이로움을 버리지 않고, 용사는 죽음을 무서워하여 이름을 없애지 않으며, 충신은 자기를 앞세우고 임금을 뒤에 두지 않는다고 했습니다. 지금 공이 하는 것은 하루아침의 분노 때문에 연나라 왕[惠王]에게서 신하가 없어지는 일을 돌아보지 못하고 있으니, 충성이 아닙니다. 몸이 죽고 요성을 잃어서 (연나라의) 위세를 제나라에게 믿지 못하게 했으니, 용감한 것이 아닙니다. 공업[功]이 없어지고 이름이 사라지고 나면 뒷세상에서 (무엇을 했다고) 부를 바가 없으니, 지혜로운 것이 아닙니다. 그래서 지혜로운 사람은 (처음부터 계책을 잘 세우기 때문에) 다시 계책을 세우지 않고, 용감한 선비는 죽음을 두려워 않습니다. 지금의 죽고 사는 것, 영예와 욕됨, 높고 낮음, 귀하고 천함이, 이는 아마도 한순간일 것입니다. 바라건대 공은 상세하게 헤아려서 일반 사람들과 같지 않도록 하십시오.

또 초나라가 남양(南陽)을 공격하고 위나라가 평륙(平陸)을 공격했지만 제나라는 남쪽으로 향하려는 마음이 없으니, 남양을 잃는 해로움이 제수 북쪽을 얻는 이로움만 못하다고 여기고 있어서 계획을 정해 굳게 지키고 있는 것입니다. 지금 진나라가 (제나라를 위해) 병사를 내려 보내기 때문에 위(魏)나라는 감히 동쪽으로 향하지 못하고 있고, 진나라와 연횡하는 세력이 모이게 되면 초나라의 형세가 위태롭습니다. 또 남양을 버리고 오른쪽 땅[平陸]을 끊어버린 뒤 제수 북쪽을 보존한다면 계책은 반드시 이루어지게 됩니다. 지금 초나라와 위나라가 차례로 (제나라에서) 물러나고 있고 연나라의 구원은 이르지 못하고 있는데, 제나라는 천하가 도모하려는[規=謀] 바가 없습니다. 그러므로 요성과 더불어 서로 버틴[共據=相持] 일 년 동안 힘이 빠졌다고 해도, 이에 제가 볼 때 공이 얻을 수는 없을 것입니다. 제나라는 반드시 요성에서 결판을 내게 될 것이니, 공에게는 다시 헤아릴 바가 없습니다. 저 연나라가 크게 어지러워져서 임금과 신하가 계책을 잃고 위아래가 어지럽도록 홀렸기 때문에, (연나라 장수인) 율복(栗腹)이 100만의 무리를 거느리고도 바깥에서 다섯 번이나 꺾였으며 만승의 나라가 조나라에게 에워싸여 땅이 깎이고 임금이 곤궁하게 되어 천하에게 모욕을 당했는데, 공은 이를 들으셨습니까?

지금 연나라 왕은 바야흐로 가엾고 딱하게도[寒心] 홀로 서있고, 대신들은 기대기에 충분하지 않으며, 나라의 힘이 떨어지고 재앙이 많아서 백성의 마음은 돌아갈 곳이 없습니다. (그런데) 지금 공은 또한 힘이 다한 요성의 백성을 이끌고서 온전한 제나라 병사들을 막는 것이 일 년 동안 풀어지지 않고 있으니, 이는 바로 묵적(墨翟=墨子)이 지키는 것과 같습니다. 사람을 잡아먹고 뼈로 (장작 삼아) 불을 때면서도 병사들이 도리어 배반하려는 마음이 없는 것은 바로 손빈(孫臏)이나 오기 (吳起)의 병법[兵]과도 같습니다. 능력을 천하에 이미[以→已] 드러내 보였으니, 그래서 공을 위해 계책을 세운다면, 병졸들을 해산하고 병사를 쉬게 하는 것만 못합니다. 수레와 갑병을 온전히 하고 돌아가서 연나라 왕에게 보고하면 연나라 왕은 틀림없이 기뻐할 것입니다. 선비와 백성이 공을 보기를 마치 어버이 보듯이 할 것이니, 사귀려고 팔로 밀치면서 세상에 떠들어댐으로서 공업이 밝혀질 수 있을 것입니다. 위로는 외로운 주인을 보필하여 뭇 신하들을 바로잡고, 아래로는 백성을 길러서 이를 (이야기) 밑천으로 말 많은 선비들[說士=辯說之士]에게 주십시오. 나라를 바로잡고 풍속을 혁신하여 천하로 나아가면[於] 공로와 명성이 세워질 수 있을 것입니다.

생각건대, 정말로 연나라를 덜어내고 세상을 버리려 하신다면 동쪽으로 와서 제나라에 머무는 것은 어떻습니까? 땅을 찢어 봉토를 정해 주기를 청하신다면 부유하기가 도[陶朱公]나 위[衛公子荊]에 견줄 수 있게 될 것이며, 대대로 고(孤)나 과(寡)라 부르면서 제나라와 더불어 오랫동안 남을 수 있을 것입니다. 이 또한 하나의 계책입니다.

이 두 가지는 이름을 드러내고 실상을 두텁게 하는 것이니, 원컨대 공께서는 깊이 헤아리고 살펴서 하나를 택하십시오.

또 제가 듣건대, 작은 절개를 본받으면 큰 위엄을 능히 행할 수 없고 작은 부끄러움을 미워하면 영예로운 이름[榮名]을 세울 수 없다고 했습니다.

옛날 관중(管仲)은 환공의 허리띠 걸쇠를 쏘았으니 (임금 자리를 빼앗으려고) 반역[簒=簒逆]한 것이고, 공자 규를 보내고도 능히 죽지 못했으니 겁먹은 것이며, 밧줄에 묶이고 차꼬에 매였으니 몸을 욕되게 한 것입니다. 이렇게 세 가지를 당한 사람은 시골 마을에서도 돌아다닐 수 없고 세상의 임금들도 신하로 삼으려 하지 않을 것입니다. 그런즉 관중은 끝내 막히고 억눌려서 유폐되고 갇힌 곳에서 나오지도 못한 채 참담하고 부끄러워서 (세상을) 볼 수 없게 되고, 꽉 막힌 채로 해를 보내며 수명이 다하도록 사람을 욕되게 하고 행실이 천박했다는[辱人賤行] 비난에서 벗어나지 못했을 수 있습니다. 그러나 관자는 세 가지 행실의 허물을 아우르면서 제나라의 정사를 움켜쥐고서[據] 한 번에 천하를 바로잡고 아홉 차례 제후들을 모음으로써 (제나라를) 오패의 맨 윗자리가 되게 하고 (제나라의) 이름을 천하에 높이 올렸으며 이웃나라들을 환히 비추었습니다.

　　조말(曹沫)이 노나라 임금[莊公]의 장수가 되었을 때 세 번 싸워서 세 번 패배하여 잃은 땅이 천 리였습니다. 이때 조자(曹子)의 발을 진영[陳=陣營]에서 벗어나지 못하게 함으로써 계책으로 뒷날을 돌아보지 않게 하고 나가면 반드시 죽어서 살아 돌아오지 못하게 했다면, 싸움에 진 군대와 사로잡힌 장수라는 이름에서 벗어날 수 없었을 것입니다. 조자는 싸움에 진 군대와 사로잡힌 장수가 되는 것은 용기가 아니라고 여겼고, 공업이 무너지고 이름이 없어져서 뒷세상에서 불리지 않게 되는 것은 지혜가 아니라고 여겼습니다. 그래서 세 번 패배한 부끄러움을 버리고서 물러나 노나라 임금과 함께 계책을 내었으니, 조자는 (패전을) 우연히 만난 것으로 여겼습니다[遭]. 제나라 환공이 천하를 소유하여 제후들의 조현을 받게 되었을 때 조자는 칼 한 자루의 일[1]을 맡게 되었는데, 단위(壇位)의 위에서 환공을 겁박하면서도 얼굴빛

1　'칼 한 자루의 일[一劍之任]'이란 '한 번 칼을 휘두름으로써 수행하는 임무'라는 뜻으로, 자객의

이 변하지 않고 말하는 기세도 어그러뜨리지 않았습니다. 세 번 싸워서 잃어버린 바를 하루아침에 되돌렸으니, 천하가 우레처럼 움직이며 몹시 놀랐고 위엄이 오나라와 초나라에 펼쳐졌으며[信=伸] 이름이 후세에 전해졌습니다.

이 두 분과 같은 경우는 작은 절개를 행하거나 작은 부끄러움으로 죽는 것을 실천하지 못한 것이 아니라, 몸을 죽여 후손이 끊어지고 공(功)과 이름이 세워지지 않게 되는 것은 지혜롭지 못한 일이라고 여겼습니다. 그래서 분하고 성내는 마음을 버림으로써 제대로 몸을 끝마쳤다[終身]는 이름을 이루었고, 한스럽고 분한 부끄러움을 없앰으로써 여러 대에 걸친 공을 이루었습니다. 그리하여 업적은 삼왕(三王: 夏禹, 商湯, 周文·武王)과 더불어 다투며 (후세까지) 흘러가고, 이름은 하늘과 땅이 서로 닳아 없어질 때[天壤相敝]까지 같이하는 것입니다. 공께서는 이에 헤아려 주십시오."

연나라 장수가 말했다.

"삼가 명을 듣겠습니다!"

그 참에 병사를 풀고 활집[讀=韣]을 거꾸로 해서 떠나갔다. 그래서 제나라는 에워싸인 것이 풀려 백성의 목숨을 구원할 수 있었으니, 중련(仲連)의 설득 때문이었다.

燕攻齊, 取七十餘城, 唯莒·即墨不下. 齊田單以即墨破燕, 殺騎劫. 初, 燕將攻下聊城, 人或讒之. 燕將懼誅, 遂保守聊城, 不敢歸. 田單攻之歲餘, 士卒多死, 而聊城不下. 魯連乃書, 約之矢以射城中, 遺燕將曰: "吾聞

임무를 가리킨다.

之, 智者不倍時而棄利, 勇士不怯死而滅名, 忠臣不先身而後君. 今公行一朝之忿, 不顧燕王之無臣, 非忠也; 殺身亡聊城, 而威不信於齊, 非勇也; 功廢名滅, 後世無稱, 非知也. 故知者不再計, 勇士不怯死. 今死生榮辱, 尊卑貴賤, 此其一時也. 願公之詳計而無與俗同也. 且楚攻南陽, 魏攻平陸, 齊無南面之心, 以爲亡南陽之害, 不若得濟北之利, 故定計而堅守之. 今秦人下兵, 魏不敢東面, 橫秦之勢合, 則楚國之形危. 且棄南陽, 斷右壤, 存濟北, 計必爲之. 今楚·魏交退, 燕救不至, 齊無天下之規, 與聊城共據期年之弊, 即臣見公之不能得也. 齊必決之於聊城, 公無再計. 彼燕國大亂, 君臣過計, 上下迷惑, 栗腹以百萬之衆, 五折於外, 萬乘之國, 被圍於趙, 壤削主困, 爲天下戮, 公聞之乎? 今燕王方寒心獨立, 大臣不足恃, 國弊禍多, 民心無所歸. 今公又以弊聊之民, 距全齊之兵, 期年不解, 是墨翟之守也; 食人炊骨, 士無反北之心, 是孫臏·吳起之兵也. 能以見於天下矣! 故爲公計者, 不如罷兵休士, 全車甲, 歸報燕王, 燕王必喜. 士民見公, 如見父母, 交游攘臂而議於世, 功業可明矣. 上輔孤主, 以制群臣; 下養百姓, 以資說士. 矯國革俗於天下, 功名可立也. 意者, 亦捐燕棄世, 東游於齊乎? 請裂地定封, 富比陶·衛, 世世稱孤寡, 與齊久存, 此亦一計也. 二者顯名厚實也, 願公熟計而審處一也. 且吾聞, 儌小節者不能行大威, 惡小恥者不能立榮名. 昔管仲射桓公中鉤, 篡也; 遺公子糾而不能死, 怯也; 束縛桎梏, 辱身也. 此三行者, 鄉里不通也, 世主不臣也. 使管仲終窮抑, 幽囚而不出, 慚恥而不見, 窮年沒壽, 不免爲辱人賤行矣. 然而管子并三行之過, 據齊國之政, 一匡天下, 九合諸侯, 爲五伯首, 名高天下, 光照鄰國. 曹沬爲魯君將, 三戰三北, 而喪地千里. 使曹子之足不離陳, 計不顧後, 出必死而不生, 則不免爲敗軍禽將. 曹子以敗軍禽將, 非勇也; 功廢名滅, 後世無稱, 非知也. 故去三北之恥, 退而與魯君計也, 曹子以爲遭. 齊桓公有天下, 朝諸侯. 曹子以一劍之任, 劫桓公於壇位之上, 顏色不變, 而辭氣不悖. 三戰之所喪, 一朝而反之, 天下震動驚駭, 威信吳·楚, 傳名後世. 若此二公者, 非不能行小節, 死小恥也, 以爲殺身絶世, 功名不立, 非知也. 故去忿恚之心, 而成終身之名; 除感忿之恥, 而立累世之功. 故業與三王爭流, 名與天壤相敝也. 公其圖之!" 燕將曰: "敬聞命矣!" 因罷兵到讀而去. 故解齊國之圍, 救百姓之死, 仲連之說也.

연나라 장수가 참소 때문에 돌아가지 못하고 농성하는 것을 알고는 노중련이, 지금 온전히 떠나야 혼란에 빠진 연나라 임금을 도울 수 있다고 하면서 작은 부끄러움을 무릅쓰고 큰 일을 이룬 관중과 조말의 옛이야기를 가지고 설득하였다.

13-4 연나라가 제나라를 공격하여, 제나라가 깨어지다【燕攻齊齊破】

연나라가 제나라를 공격하여 제나라가 깨어지자 민왕(閔王)이 거(莒) 땅으로 달아났는데, 요치(淖齒)가 민왕을 죽였다. 전단이 즉묵(卽墨)의 성을 지키면서 연나라 병사를 깨뜨리고 제나라의 옛터를 회복했으며, 양왕(襄王)이 (숨어 지내던) 태자인 것을 믿게 만들었다[徵=信].[2] (사람들은) 제나라가 연나라를 깨뜨림으로써 전단이 세워질 거라고 의심하였고 제나라의 백성들도 모두 전단이 스스로 세울 것으로 생각했

---

2   포표 주: 태자가 애초에 성과 이름을 바꿔 보통사람이 되었기에 사람들이 의심했는데, 이때에 이르러 비로소 상황을 믿을 수 있게 되었다.(鮑本, 太子初易姓名爲庸, 人疑之, 至是始有狀可信也.)

으나, 양왕이 세워지고 전단은 재상이 되었다.

　(전단이) 치수(菑水)를 지나가는데, 한 늙은이가 치수를 건너고는 추워서 (물 밖으로) 나왔지만 갈 수가 없어서 모래밭에 앉아있었다. 전단은 그가 추워하는 것을 보고는 뒤따르는 수레에서 옷을 가져와서 나눠주려 했지만, 나눠줄 것이 없자 자신의 갖옷을 벗어서 입혀주었다. 양왕이 미워하면서 말했다.

　"전단이 베푼 것은 장차 욕심을 가지고 내 나라를 차지하려는 것인가? 일찍 도모하지 않으면 뒤따를 일이 걱정된다."

　좌우를 돌아보니 사람이 없었고, 바위 아래에 구슬을 꿰고 있는 자가 있었다. 양왕이 그를 불러서 물으며 말했다.

　"너는 내가 한 말을 들었느냐?"

　대답하였다.

　"들었습니다."

　왕이 말했다.

　"너는 어떻다고 여기느냐?"

　대답하였다.

　"왕께서는 이참에 (전단이 영왕) 자신을 위해 잘했다고 여기는 것만 못합니다. 왕께서는 전단의 잘한 것을 아름답게 여기시어, 영을 내려 말하기를 '과인이 백성들의 굶주림을 근심하자 전단이 거두어서 먹여주었고, 과인이 백성들이 추운 것을 걱정하자 전단이 갖옷을 벗어 입혀주었다. 과인이 백성들을 힘들게 하는 것을 근심하면 전단 또한 걱정하고 있으니, 과인의 뜻이라 일컬을 만하다'라고 하십시오. 전단에게 이런 잘한 일이 있으면 왕께서 아름답게 여기시어, 전단의 잘한 것을 잘했다고 하시면 진실로 왕의 잘한 일이 될 뿐입니다."

왕이 말했다.

"좋은 말이다."

이에 전단에게 소고기와 술을 내려주며 그 행실이 아름답다고 칭찬했다. 며칠이 지난 후, 구슬을 꿰는 자가 다시 왕을 뵙고 말했다.

"왕께서 조회에 이르는 날, 마땅히 전단을 불러 뜰에서 손을 모아 인사하면서[揖] 그의 노고를 칭찬해주십시오. 이에 영을 펴서 백성들에게 요구하기를 '굶주리고 추위에 떠는 자들에게는 거두어서 곡식을 주라'고 하십시오."

이에 사람을 시켜 마을에서 (실상을) 살피게 하니, 사내[丈夫]들이 서로 이야기하며 거론한 말을 보고했다[聞].

"전단이 백성들을 아끼는구나! 아아! 이는 왕이 가르친 은택이다."

燕攻齊, 齊破, 閔王奔莒, 淖齒殺閔王. 田單守卽墨之城, 破燕兵, 復齊墟. 襄王爲太子徵. 齊以破燕, 田單之立疑, 齊國之衆, 皆以田單爲自立也. 襄王立, 田單相之. 過菑水, 有老人涉菑而寒, 出不能行, 坐於沙中. 田單見其寒, 欲使後車分衣, 無可以分者, 單解裘而衣之. 襄王惡之, 曰: "田單之施, 將欲以取我國乎? 不早圖, 恐後之." 左右顧無人, 巖下有貫珠者, 襄王呼而問之曰: "女聞吾言乎?" 對曰: "聞之." 王曰: "女以爲何若?" 對曰: "王不如因以爲己善. 王嘉單之善, 下令曰: '寡人憂民之饑也, 單收而食之; 寡人憂民之寒也, 單解裘而衣之; 寡人憂勞百姓, 而單亦憂之, 稱寡人之意.' 單有是善而王嘉之, 善單之善, 亦王之善已." 王曰: "善!" 乃賜單牛酒, 嘉其行. 後數日, 貫珠者復見王曰: "王至朝日, 宜召田單而揖之於庭, 口勞之. 乃布令求百姓之, '饑寒者, 收穀之.'" 乃使人聽於閭里, 聞丈夫之相與語, 擧曰: "田單之愛人! 嗟, 乃王之敎澤也!"

제나라 양왕이 자기를 세워준 전단을 시기(猜忌)하자, 전단을 칭찬하면 전단의 공이 다 왕의 것이 될 것이라고 알려주었다.

13-5 초발이 늘 전단을 미워했다【貂勃常惡田單】

(1)
초발(貂勃)이 늘 전단(田單)을 미워하면서 말했다.

"안평군(安平君=田單)은 소인(小人)이다."

안평군이 이를 듣고, 그래서 술자리를 만들어 초발을 불러 말했다.

"제[單]가 어떻게 해서 선생에게 죄를 지었는데, 그렇게 언제나 조정에서 욕[譽→辱, 毁]을 보이십니까?"

초발이 말했다.

"도척[跖]의 개가 요임금을 보고도 짖는 것은, 도척을 높이고 요임금을 낮추기 때문이 아니라 개는 진실로 그 주인이 아니면 짖기[吠] 때문입니다. 또 지금 가령 공손자(公孫子)가 뛰어나고 서자(徐子)가 능력이 없다고 칩시다. 그러나 공손자에게 서자와 싸우도록 시키면, 서자의 개는 오히려 때맞춰 공손자의 장딴지[腓]를 잡아채어서는[攫] 물어뜯을[噬] 것입니다. 만일 곧 능력 없는 사람을 떠나보낼 수 있고 뛰어난 자를 위해 주는 개가 있다면, 어찌 단지 그 장딴지를 잡아채어 물어뜯을 뿐이겠습니까?"

안평군이 말했다.

"삼가 명을 듣겠습니다."

다음날 아침, 왕에게 그를 맡겨 쓰도록 하였다.

왕에게는 총애 받는 신하 아홉 명의 무리가 있었는데, 안평군을 해치고 싶어서 서로 말을 맞추어 왕에게 말했다.

"연나라가 제나라를 벌하던 때에 초나라 왕이 장군[淖齒]에게 만 명을 이끌고 가서 제나라를 돕게 하였습니다. 지금 나라가 이미 안정되고 사직도 이미 편안해졌으니, 어찌 사자를 보내 초나라 왕에게 감사를 하지 않으십니까?"

왕이 말했다.

"가까이에서 누가 할 수 있겠소?"

아홉 명의 무리들이 말했다.

"초발이 할 수 있습니다."

초발이 사자로 초나라에 갔다. 초나라 왕이 받아들여 잔을 내려 주고 며칠 동안 돌려 보내지 않았다. 아홉 명의 무리들이 서로 말을 맞추어 왕에게 말했다.

"무릇 (안평군은) 한사람의 몸으로써 만승의 임금을 끌고 머무르고 있으니, 어찌 세력에 의탁하지 않았겠습니까? 또 안평군이 왕에게 하는 짓을 보면 임금과 신하 사이의 예가 없어서 위아래의 분별이 없습니다. 장차 그 뜻은 좋지 못한 일을 욕심낼 것입니다. 안으로는 백성들을 다스리는 데 있어 차례로 그 마음을 어루만지면서 막힌 것을 떨어내고 부족한 것을 보완해줌으로써 백성들에게 은덕을 베풀고 있고, 밖으로는 융적(戎翟=戎狄)과 천하의 선비들을 품어 주면서 몰래 제후 중의 영웅호걸(雄俊豪英)들과 맺고 있으니, 그 뜻이 (억지로) 이루기를 욕심내는 것 같습니다. 원컨대 왕께서 살피십시오."

다른 날에 왕이 말했다.

"재상 단을 불러서 오게 하시오."

전단이 관(冠)을 벗고 맨발로 걸으면서 웃통을 벗은 채 나아갔고, 물러서면서는 죽을죄를 청했다. 닷새 후 왕이 말했다.

"그대는 과인에게 죄가 없소. 그대는 그대의 신하된 예를 하고, 나는 나의 왕된 예를 할 뿐이오."

貂勃常惡田單, 曰: "安平君, 小人也." 安平君聞之, 故爲酒而召貂勃, 曰: "單何以得罪於先生, 故常見譽於朝?" 貂勃曰: "跖之狗吠堯, 非貴跖而賤堯也, 狗固吠非其主也. 且今使公孫子賢, 而徐子不肖. 然而使公孫子與徐子鬥, 徐子之狗, 猶時攫公孫子之腓而噬之也. 若乃得去不肖者, 而爲賢者狗, 豈特攫其腓而噬之耳哉?" 安平君曰: "敬聞命." 明日, 任之於王. 王有所幸臣九人之屬, 欲傷安平君, 相與語於王曰: "燕之伐齊之時, 楚王使將軍將萬人而佐齊. 今國已定, 而社稷已安矣, 何不使使者謝於楚王?" 王曰: "左右孰可?" 九人之屬曰: "貂勃可." 貂勃使楚. 楚王受而觴之, 數日不反. 九人之屬相與語於王曰: "夫一人身, 而牽留萬乘者, 豈不以據勢也哉? 且安平君之與王也, 君臣無禮, 而上下無別. 且其志欲爲不善. 內牧百姓, 循撫其心, 振窮補不足, 布德於民; 外懷戎翟‧天下之賢士, 陰結諸侯之雄俊豪英. 其志欲有爲也. 願王之察之." 異日, 而王曰: "召相單來." 田單免冠徒跣肉袒而進, 退而請死罪. 五日, 而王曰: "子無罪於寡人, 子爲子之臣禮, 吾爲吾之王禮而已矣."

개는 자기 주인을 위해 물 뿐, 주인이 어떤 사람인지는 가리지 않는다.

---

(2)

초발(貂勃)이 초나라에서 돌아오자 왕이 앞에서 (잔을) 내려주었는데, 술자리가 익어가자 왕이 말했다.

"재상 단을 불러서 오게 하시오."

초발이 자리에서 일어나 머리를 조아리고 말했다.

"왕께서 어찌 이와 같이 나라가 망하게 할 이야기를 하십니까? 왕께서는 윗대 사람 중에서 주나라 문왕과 비교하면 누가 낫습니까?"

왕이 말했다.

"내가 미치지 못합니다."

초발이 말했다.

"그렇습니다. 신은 정말로 왕이 미치지 못함을 알고 있습니다. 아랫대 사람 중에서 제나라 환공과 비교하면 누가 낫습니까?"

왕이 말했다.

"내가 미치지 못합니다."

초발이 말했다.

"그렇습니다. 신은 정말로 왕이 미치지 못함을 알고 있습니다. 그런데 주나라 문왕은 여상(呂尙)을 얻어서 태공(太公)이라 하였고 제나라 환공은 관이오(管夷吾)를 얻어서 중부(仲父)라고 하였는데, 지금 왕께서는 안평군을 얻고도 단지 부르기를 '단(單)'이라고 합니다. 또 하늘과 땅이 열리고 백성들을 다스린 이래로 다른 사람의 신하로서 공을 세운 사람 중에서 안평군보다 두터운 사람이 누가 있습니까? 그런데도 왕께서 말하기를 '단(單), 단(單)' 하십니다. 어찌 이런 나라를 망하게 하는 말을 얻겠습니까?

또 왕께서 능히 선왕의 사직을 지킬 수 없었을 때, 연나라가 병사를 일으켜 제나라의 터전을 습격하자 (당시) 왕께서는 달아나 성양(城陽)의 산속으로 갔습니다. 안평군은 두려워서 벌벌 떨고[惴惴] 있는 즉묵(卽墨)을 이끌고서 3리(里)의 성과 5리(里)의 바깥 성과 힘 빠진 병졸 7천으로써 그 사마(司馬: 군사를 담당하는 관리로, 당시에는 騎劫이었음)를 붙잡고 천 리의 제나라를 돌이켰으니, 안평군의 공입니다. 그때를 맞아 성양(城陽)의 문을 닫고서 (전단이) 왕이 되려 했으면 성양이나 천하도 능히 막을 수 없었습니다. 그러나 도리로 헤아려보고 마땅함으로 돌이켜보니 할 수 없다고 여겨서, 그래서 험한 산에 길을 내고[棧道] 나무로 집을 지어 왕과 왕후를 성양 산속에서 맞아들임으로써 왕께서 마침내 돌아올 수 있었고 그대[子]께서 백성들에게 군림할 수 있었습니다.

지금 나라가 이미 안정되고 백성들이 이미 편안해졌는데도 왕께서는 도리어[乃] 말하기를 '단(單)'이라 하십니다. 장차 어린아이의 계책으로도 이렇게 하지 않습니다. 왕께서 빨리 이 아홉 사람을 죽여서 안평군에게 사과하지 않으면 나라가 위태롭습니다."

왕이 마침내 아홉 사람을 죽이고 그 집안을 쫓아내었으며, 안평군에게는 야읍(夜邑) 만호를 더욱 봉해주었다.

貂勃從楚來, 王賜諸前, 酒酣, 王曰: "召相田單而來." 貂勃避席稽首曰: "王惡得此亡國之言乎? 王上者孰與周文王?" 王曰: "吾不若也." 貂勃曰: "然, 臣固知王不若也. 下者孰與齊桓公?" 王曰: "吾不若也." 貂勃曰: "然, 臣固知王不若也. 然則周文王得呂尚以爲太公, 齊桓公得管夷吾以爲仲父, 今王得安平君而獨曰『單』. 且自天地之闢, 民人之治, 爲人臣之功者, 誰有厚於安平君者哉? 而王曰, '單, 單.' 惡得此亡國之言乎? 且王不能守先王之社稷, 燕人興師而襲齊墟, 王走而之城陽之山中. 安平君以惴惴之卽墨, 三里之城, 五里之郭, 敝卒七千, 禽其司馬, 而反千里之齊, 安平

418

君之功也. 當是時也, 闔城陽而王, 城陽·天下莫之能止. 然而計之於道, 歸之於義, 以爲不可, 故爲棧道木閣, 而迎王與后於城陽山中, 王乃得反, 子臨百姓. 今國已定, 民已安矣, 王乃曰, '單.' 且嬰兒之計不爲此. 王不亟殺此九子者以謝安平君, 不然, 國危矣!" 王乃殺九子而逐其家, 益封安平君以夜邑萬戶.

초발이 왕에게 나라를 다시 일으킨 공신에 대한 예우가 부족하다고 간언하였다.

13-6 전단이 장차 오랑캐를 공격하려 하다【田單將攻狄】

전단(田單)이 장차 오랑캐[狄=北狄, 翟]를 공격하려고 찾아가서 노중자(魯仲子=魯仲連)를 만났다. 중자가 말했다.

"장군이 오랑캐를 공격해도 떨어뜨릴 수 없습니다."

전단이 말했다.

"신은 5리의 성과 7리의 바깥 성과 깨어져 사라지고 남은 병졸을 이끌고서 만승의 연나라를 깨뜨리고 제나라 옛터를 회복했습니다. 오랑캐를 공격하여 떨어뜨리지 못한다는 것이 무슨 말입니까?"

수레에 올라 인사도 하지 않고 떠났다. 마침내 오랑캐[狄]를 공격하였는데, 석 달이 되도록 이기지 못했다. 제나라 어린 아이들이 노래하며 말했다.

"큰 모자는 마치 키[箕]를 쓴 것 같구나, 검을 닦으며 턱을 괴고 있네. 오랑캐를 공격했지만 이기지 못하고, 보루를 떨어뜨리려 하지만 해

골이 언덕을 이루었네."³

　전단이 이에 두려워, 노중자에게 물어보며 말했다.

　"선생께서는 제가 오랑캐를 떨어뜨릴 수 없다고 말했는데, 청컨대
그 이야기를 듣고 싶습니다."

　노중자가 말했다.

　"장군이 즉묵(即墨)에 있을 때에는, 앉아서는 삼태기[簣]를 만들고
서면 삽을 짚고서 사졸들과 노래하며 말하기를, '어디로[可→何] 갈
것인가, 종묘가 없어졌다! 누군가 말하기를[云曰] 여전하다[尙] 하지만,
어느 마을로 돌아가야 할까!'⁴라고 했다고 합니다. 이런 때를 맞아서
장군은 죽겠다는 마음을 가졌고 사졸들도 살려는 기운이 없었으니,
이런 노래를 들으면 눈물을 뿌리고 소매를 떨치면서 싸우고 싶어 하지
않음이 없었으니, 이것이 연나라를 깨뜨린 까닭입니다. 지금을 맞이하
여 장군은 동쪽으로 가면 (봉토인) 야읍(夜邑)에서 받들어주고 있으며
서쪽으로 가면 치수[菑] 물가의 즐거움이 있습니다. 황금을 옆으로 두
르고 치수와 민상 사이를 치달리게 되면 살아있는 즐거움만 있고 죽
을 마음은 없어지니, 이것이 이기지 못하는 까닭입니다."

　전단이 말했다.

　"제가 마음먹은 게 있으니, 선생이 그것을 기억해주십시오."

　다음날, 이에 기운을 날카롭게 하여 성을 돌면서 화살과 돌이 쏟
아지는 자리에 (우뚝) 서서 드디어 북채를 잡고 북을 치니, 오랑캐가 마

3　마지막 두 구의 해석이 분분한데, 아래 『설원(說苑)』(「指武」 8)의 문장이 참조가 된다. "큰 모자는
　마치 키(箕)를 쓴 것 같구나, 긴 검으로 턱만 괴고 있네. 적(翟)을 공격하나 이기지 못하여 오구
　(梧丘)에 군사의 시체만 쌓이네.(大冠如箕, 長劍拄頤, 攻翟不能下, 壘於梧丘)"

4　요광 주: 『설원』에 "종묘도 없어지고 혼백도 사라졌으니 어느 마을로 돌아갈까"라는 구절이 있
　다.(姚本: 說苑, "宗廟亡矣, 魂魄喪矣, 歸何黨矣.")

침내 떨어졌다.

田單將攻狄, 往見魯仲子. 仲子曰: "將軍攻狄, 不能下也." 田單曰: "臣以
五里之城, 七里之郭, 破亡餘卒, 破萬乘之燕, 復齊墟. 攻狄而不下, 何
也?" 上車弗謝而去. 遂攻狄, 三月而不克之也. 齊嬰兒謠曰: "大冠若箕,
脩劍挂頤, 攻狄不能, 下壘枯丘." 田單乃懼, 問魯仲子曰: "先生謂單不能
下狄, 請聞其說." 魯仲子曰: "將軍之在即墨, 坐而織蕢, 立則丈插, 爲士
卒倡曰: '可往矣! 宗廟亡矣! 云曰尙矣! 歸於何黨矣!' 當此之時, 將軍有
死之心, 而士卒無生之氣, 聞若言, 莫不揮泣奮臂而欲戰, 此所以破燕
也. 當今將軍東有夜邑之奉, 西有菑上之虞, 黃金橫帶, 而馳乎淄·澠之
間, 有生之樂, 無死之心, 所以不勝者也." 田單曰: "單有心, 先生志之矣."
明日, 乃厲氣循城, 立於矢石之所, 乃援枹鼓之, 狄人乃下.

장수가 죽고자 하는 마음도 없이 싸움을 하게 되면 이길 수가 없다.

13-7 복수 물가의 일【濮上之事】

복수(濮水) 물가의 일[5]로 췌자(贅子)가 죽고 장자(章子=匡章)가 달
아나자, 반자(盼子=田盼)가 제나라 왕[宣王]에게 일러 말했다.

"남은 식량을 송나라에 넘겨주는[易=移與之] 것만 못할 것이니, 송

---

5 제나라와 초나라가 함께 진나라, 한나라, 위(魏)나라와 맞서 싸우다가 복수에서 패한 사건을 말
한다.

나라 왕[辟公]은 틀림없이 기뻐할 것이며 양(梁=魏)나라는 감히 송나라를 넘어 제나라를 치지 못할 것입니다. 제나라가 정말 약해졌기 때문에 남은 식량으로써 송나라를 거둬드리는 것입니다. 제나라가 다시 강해지게 되면, 비록 다시 송나라에게 받아낸다 해도 가하고 갚지 않으면 그참에 구실로 삼아서[爲辭] 공격하는 것도 또한 가합니다."

濮上之事, 贅子死, 章子走, 盼子謂齊王曰: "不如易餘糧於宋, 宋王必說, 梁氏不敢過宋伐齊. 齊固弱, 是以餘糧收宋也. 齊國復強, 雖復責之宋, 可; 不償, 因以爲辭而攻之, 亦可."

남는 식량을 송나라에 넘겨줌으로써 송나라를 위나라의 공격을 막는 버팀목으로 쓰는 것이 좋다.

13-8 제나라 민왕이 죽음을 맞다【齊閔王之遇殺】

제나라 민왕(閔王)이 죽음을 맞자, 그 아들 법장(法章)은 성과 이름을 바꾸고서 거(莒) 땅에 사는 태사(太史) 집안의 일꾼이 되었다. 태사 요(敫)의 딸이 법장의 모습을 기이하게 보고서는 보통사람이 아니라 여기고, 불쌍히 생각하여 늘 몰래 옷과 음식을 주고 사사로이 지내게 되었다. 거 땅 사람들과 제나라에서 도망친 신하들은 서로 모이기만 하면 민왕의 아들을 찾아서 그를 세우고 싶어 했다. 법장이 마침내 스스로 거 땅에 있다고 말하니, 모두 법장을 세워서 양왕(襄王)으로 삼았다. 양왕이 세워지자 태사의 딸을 왕후로 삼았고 아들 건(建)을 낳았다. 태사 요가 말했다.

"딸이 중매쟁이[謀→媒]도 없이 시집을 갔으니 내 새끼가 아니다. 내 세상을 더럽혔구나."

죽을 때까지 쳐다보지 않았다. 군왕후(君王后)는 뛰어났기 때문에, (아버지가) 쳐다보지 않는다고 해서 다른 사람의 자식된 예절을 잃지 않았다.

양왕이 죽고 아들 건이 세워져서 제나라 왕이 되었다. 군왕후가 진나라 섬기기를 조심스럽게 하면서 제후들에게 믿음을 주었기 때문에 (제나라는) 건이 세워지고 사십여 년 동안 공격을 받지[受兵] 않았다. 진시황이 일찍이 사자를 시켜 군왕후에게 옥으로 이어진 고리 장신구[玉連環]를 보내며, 말했다.

"제나라에 지혜로운 자가 많다 들었다. 그런데 이 고리를 풀지 못하는가?"

군왕후가 이를 뭇 신하들에게 보였는데, 뭇 신하들은 푸는 법을 알지 못했다. 군왕후가 쇠몽치[椎]로 쳐서 (고리를) 깨뜨리고, 진나라 사자에게 인사하며 말했다.

"삼가 이를 풀어내었습니다."

군왕후가 병이 들게 되어 장차 죽게 되었을 때, 건에게 경계시키며 말했다.

"뭇 신하들 중에 쓸 수 있는 사람은 누구누구다."

건이 말했다.

"바라건대 글로 적겠습니다."

군왕후가 말했다.

"좋다."

붓과 서판[牘]을 잡고 말을 받아 적으려는데, 군왕후가 말했다.

"늙은 여인네라 이미 잊어버렸다."**⁶**

군왕후가 죽고 난 뒤에 후승(後后)이 제나라의 재상이 되었는데, 진나라 간자[秦間]에게 금과 옥을 많이 받고는 빈객을 보내어 진나라에 들어가게 했다. (그러자 빈객들이) 모두 말을 바꾸어 왕에게 진나라에 조현하도록 권했고, 이때부터 (제나라는) 싸움에 대한 대비를 하지 않게 되었다.

齊閔王之遇殺, 其子法章變姓名, 爲莒太史家庸夫. 太史敫女, 奇法章之狀貌, 以爲非常人, 憐而常竊衣食之, 與私焉. 莒中及齊亡臣相聚, 求閔王子, 欲立之. 法章乃自言於莒. 共立法章爲襄王. 襄王立, 以太史氏女爲王后, 生子建. 太史敫曰: "女無謀而嫁者, 非吾種也, 汙吾世矣." 終身不睹. 君王后賢, 不以不睹之故, 失人子之禮也. 襄王卒, 子建立爲齊王. 君王后事秦謹, 與諸侯信, 以故建立四十有餘年不受兵. 秦始皇嘗使使者遺君王后玉連環, 曰: "齊多知, 而解此環不?" 君王后以示群臣, 群臣不知解. 君王后引椎椎破之, 謝秦使曰: "謹以解矣." 及君王后病且卒, 誡建曰: "群臣之可用者某." 建曰: "請書之." 君王后曰: "善." 取筆牘受言. 君王后曰: "老婦已亡矣!" 君王后死, 後后勝相齊, 多受秦間金玉, 使賓客入秦, 皆爲變辭, 勸王朝秦, 不脩攻戰之備.

군왕후는 뛰어나고 지혜로운 부인인데, 애석하게도 시작을 바르게 하지 못했다. 이

---

6 포표 주: 이는 대개 건이 (뜻을) 이어받을 마음이 없는 것에 화가 나서 병으로 혼미한 것을 핑계 댄 것일 뿐이다.(鮑本, 蓋怒建之不心受, 託以病昏耳.)

에 그 아버지는 바르고 굳센 남자로써 마땅하기에 부끄러워하지 않고 이로움을 돌아보지 않았으니, 아마도 이런 사람이 아니겠는가? (鮑本彪謂: 君王后, 賢智婦人也, 惜其不能正始. 乃其父, 正烈男子也, 義不能疚, 利不能回, 其斯人乎?)

13-9 제나라 왕 건이 진나라에 들어가 조현하려 하다【齊王建入朝於秦】

제나라 왕 건(建)이 진나라에 들어가 조현하려 했는데, 옹문(雍門)을 지키는 사마(司馬)가 앞으로 나와 말했다.

"이른바 왕을 세운다는 것은 사직을 위해서입니까, 왕을 위해 왕을 세우는 것입니까?"

왕이 말했다.

"사직을 위해서이다."

사마가 말했다.

"사직을 주관하기 위해 왕이 되었는데, 왕께서는 어찌하여 사직을 버리고 진나라로 들어가십니까?"

제나라 왕이 수레를 돌려 돌아왔다. 즉묵(卽墨)의 대부는 옹문의 사마가 간언을 하자 들어주었다[聽]는 말을 듣고서는[與→聞] 가히 더불어 계책을 만들[爲謀→與謀] 수 있다고 여겨, 바로 들어가서 제나라 왕을 뵙고 말했다.

"제나라 땅이 사방 수천 리이고 갑주를 두른 병사가 수백만입니다. 무릇 삼진(三晉=韓, 魏, 趙)의 대부들은 모두 진나라를 불편해하고 아(阿)와 견(鄄) 땅 사이에 있는 사람들은 백(百) 단위로 헤아릴 수 있으니, 왕께서 거두어 함께해서 백만의 무리로써 삼진의 옛 땅을 거두게 하시고 임진(臨晉)의 관문으로 나아가면 들어갈 수 있을 것입니다. 언(鄢)과 영(郢)의 (초나라) 대부는 진나라를 위하고 싶어 하지 않고 성남(城南) 아래에 있는 사람들은 백(百) 단위로 헤아릴 수 있으니, 왕께서 거두어 함께해서 백만의 군대로써 초나라의 옛 땅을 거두게 하시고 무관(武關)으로 나아가면 들어갈 수 있을 것입니다. 이와 같이 하면, 제나라의 위엄이 서고 진나라는 망하게 될 것입니다. 무릇 남쪽을 바라보며 제(制→帝)를 칭할 기회를 버리고 마침내 서쪽을 바라보며 진나라를 섬기고 있으니, 대왕을 위해 가져가야 할 바가 아닙니다."

제나라 왕이 들어 주지 않았다.

진나라가 진치(陳馳)를 사신으로 보내어 제나라 왕을 꾀어서 (진나라) 안으로 들어오게 하고, 약속하기를 오백 리 땅을 주겠다고 했다. 제나라 왕은 즉묵의 대부 말은 들어주지 않고 진치의 말은 들어주어, 마침내 진나라로 들어갔다. 공(共) 땅의 소나무와 잣나무 사이에 머물다가 굶어죽었는데, 이에 앞서 제나라에서 노래 불러 말했다.

"소나무야, 잣나무야! 건(建=齊王)을 공 땅에 살게 한 사람은 손님[客=陳馳]이다."

齊王建入朝於秦, 雍門司馬前曰: "所爲立王者, 爲社稷耶? 爲王立王耶?" 王曰: "爲社稷." 司馬曰: "爲社稷主王, 王何以去社稷而入秦?" 齊王還車而反. 即墨大夫與雍門司馬諫而聽之, 則以爲可爲謀, 即入見齊王曰: "齊地方數千里, 帶甲數百萬. 夫三晉大夫, 皆不便秦, 而在阿·鄄之間者百數, 王收而與之百萬之衆, 使收三晉之故地, 即臨晉之關可以入矣; 鄢·郢大夫, 不欲爲秦, 而在下者百數, 王收而與之百萬之師, 使收楚故地, 即武關可以入矣. 如此, 則齊威可立, 秦國可亡. 夫舍南面之稱

制, 乃西面而事秦, 爲大王不取也." 齊王不聽. 秦使陳馳誘齊王內之, 約
與五百里之地. 齊王不聽卽墨大夫而聽陳馳, 遂入秦. 處之共松柏之間,
餓而死. 先是齊爲之歌曰: "松邪! 柏邪! 住建共者, 客耶!"

제나라 왕 건이 옹문에서 들어준 것은 그럴듯했지만, 즉묵에서 죽지 못한 것은 오
로지 눈 밝지 못한 때문이다. 눈 밝지 못해서 나라를 잃었으니, 나라와 집안을 가진
사람은 마음을 바로하고 뜻을 열렬히 하는 것을 먼저하지 않을 수 있겠는가? (鮑謂,
建之聽雍門似矣, 而不卒於卽墨, 惟不明故也. 不明以亡國, 有國家者, 可不以正心誠
意爲先乎?)

13-10 제나라가 요군의 난 때문에 진나라를 섬기려 하다【齊以淖君之亂】

제나라가 요군(淖君=淖齒)의 난[7] 때문에 진나라를 섬기려 하니, 후
에 진나라는 제나라를 얻고 싶어서 그 때문에 소연(蘇涓)을 시켜 초나
라에 가게 하고 임고(任固)를 시켜 제나라에 가게 했다. (초나라 說客인)
제명(齊明)이 초나라 왕에게 일러 말했다.

"진나라 왕[昭王]이 초나라를 욕심내는 것은 아마도 제나라를 욕
심내는 것보다는 심하지 않을 것입니다. 이에 사신으로 소연이 오는
것은, 제나라에 (진나라가) 초나라와 친하다는 것을 보여주고, 이로써
제나라에 보낸 임고를 돕기 위해서입니다. 제나라는 초나라(와 진나라
의 친분을)를 보면 반드시 임고의 말을 받아들일 것입니다. 이에 왕께서

---

7 초나라 장수 요치가 제나라 민왕을 죽인 일을 가리킨다.

소연의 말을 들어주는 것은, 마땅히 임고를 위해 제나라와 진나라가 합치도록 몰고 가는 것이 됩니다. 제나라와 진나라의 연합은 초나라에 이롭지 않습니다. 또한 저 소연이 와서 하는 말은 틀림없이 임고가 제나라에 가서 하는 말과 다를 것입니다.[8] 왕께서 사람을 시켜 소연이 와서 한 말을 가지고 임고가 제나라에서 한 말이 거짓임을 알려 제나라와 진나라가 틀림없이 연합하지 못하게 하는 것만 못합니다.

제나라와 진나라가 뭉치지 못하면 왕께서 무거워질 것입니다. 왕께서 제나라를 거두어 진나라를 공격하고 싶으시면 한중 땅을 가히 얻을 수 있고, 왕께서 바로 진나라가 제나라를 공격하게 하고 싶으시면 회수(淮水)와 사수(泗水) 사이의 땅 또한 가히 얻을 수 있습니다."

齊以淖君之亂秦. 其後秦欲取齊, 故使蘇涓之楚, 令任固之齊. 齊明謂楚王曰: "秦王欲楚, 不若其欲齊之甚也. 其使涓來, 以示齊之有楚, 以資固於齊. 齊見楚, 必受固. 是王之聽涓也, 適爲固驅以合齊·秦也. 齊·秦合, 非楚之利也. 且夫涓來之辭, 必非固之所以之齊之辭也. 王不如令人以涓來之辭謾固於齊, 齊·秦必不合. 齊·秦不合, 則王重矣. 王欲收齊以攻秦, 漢中可得也. 王即欲以秦攻齊, 淮·泗之間亦可得也."

진나라가 제나라와 연합하기 위해 초나라를 디딤돌로 삼으려 하자, 초나라가 역으로 이익을 얻기 위한 계책을 낸 것이다.

---

8 표포 주: 소연의 말은 반드시 초를 두텁게 하고 제나라를 엷게 할 것이고, 임고의 말은 반드시 제를 두텁게 하고 초나라를 엷게 할 것이다.(鮑本, 涓之辭必厚楚而薄齊, 固之辭必厚齊而薄楚.)

戰國策

초(楚)나라는 형(荊)나라로도 불리며, 삼황오제의 하나인 전욱고양씨(顓頊高陽氏)의 후손이 세운 나라라고 한다. 후손 중에 육웅(鬻熊)이 주나라 문왕을 섬겼는데, 이 사람이 바로 초나라 웅(熊)씨들의 시조이다. 주나라 성왕(成王)은 주나라 건국 시에 주 문왕과 주 무왕을 도운 공신들의 후손들을 찾아서 논공행상을 했는데, 이때 육웅의 증손자인 웅역(熊繹)을 찾아 자작(子爵)의 작위를 수여하고 형만(荊蠻) 땅에 봉했다. 그래서 국성이 미성웅씨(芈姓熊氏)인 이 제후국 군주의 처음 작위는 자작이었으나, 기원전 704년 무왕(武王)이 스스로를 왕으로 부른 이후로 왕으로 불리게 되었다.

선왕(宣王) 30년(기원전 340년)에 진나라가 남쪽으로 내려와 초나라를 쳤는데, 이때 선왕이 죽고 그 아들 웅상(熊商)이 세워져 위왕(威王)이 되었다. 위왕은 월(越)나라를 멸망시키고, 제나라 전영(田嬰)이 월나라를 시켜 초나라를 공격한 일 때문에 제나라를 공격하여 서주(徐州)에서 제나라를 꺾었다.

회왕(懷王)은 기원전 329년 초나라 왕의 자리에 나아갔는데, 위왕이 죽은 틈을 타서 위나라가 초나라 형산(陘山)을 차지했다. 진나라 장의(張儀)가 회왕에게 진나라와 합하고 제나라와 끊으면 땅 600리를 주겠다고 설득하자 회왕은 이를 믿었다가 배신을 당했다. 이듬해 진나라가 땅을 주지 않자 공격했지만 대패하고 한중(漢中)의 땅까지 잃은 데다 병사 8만 명이 전사했다. 회왕 30년, 굴원(屈原)의 만류를 뿌리치고 진(秦)나라에 들어갔다가 억류된 뒤 그곳에서 죽었다

경양왕(頃襄王)은 제38대 군주로 회왕의 아들이며 생모는 정수(鄭袖)이다. 기원전 299년에 부왕 회왕이 진나라의 계략과 조나라의 배신으로 진나라에 끌려가자, 선위를 받는 형식으로 초나라 임금이 되었다. 기원전 278년 진나라 백기(白起)에게 도읍인 영(郢) 땅과 언(鄢) 땅을 빼앗기면서 이릉에 있는 초나라 선왕의 무덤이 불타버리게 되자 도읍을 진성(陳城)으로 옮겼다. 경양왕 27년(기원전 272년), 3만의 병력으로

삼진(三晉)을 도와서 연나라를 토벌하고, 태자 원(元)을 인질로 보내어 다시 진나라와 강화했다.

기원전 263년에 경양왕이 병들어 죽자 태자가 도망쳐 돌아와서 자리를 이으니 바로 고열왕(考烈王)으로, 춘신군(春申君) 황헐(黃歇)을 영윤으로 삼았다. 기원전 241년, 제후들과 함께 진나라를 쳤으나 이롭지 못하여 물러났다. 동쪽으로 옮겨 수춘(壽春)을 도읍으로 삼고 영(郢)이라 불렀다.

고열왕 25년(기원전 238년), 고열왕이 죽고 아들 유왕(幽王) 한(悍)이 자리에 나아갔다. 이원(李園)이 춘신군(春申君)을 죽였고, 유왕 3년(기원전 235년)에 진나라와 위(魏)나라가 초나라를 공격했다.

유왕 10년(기원전 228년), 유왕이 죽고 같은 어머니에게서 난 동생 유(猶)가 뒤를 이으니 바로 애왕(哀王)이다. 애왕이 자리에 나아간 지 두 달여 만에 애왕의 배다른 형 부추(負芻)의 무리가 애왕을 죽이고 부추를 왕으로 세웠다. 부추 4년에 진(秦)나라 장군 왕전(王翦)이 초나라 군대를 격파하고 항연(項燕)을 살해했다. 다음해인 기원전 223년, 부추가 진나라에 포로로 잡혀갔고 초나라는 멸망했다.

	시호(諡號)	이름	재위 기간	재위 년도
35	초선왕(楚宣王)	양부(良夫)	30년	기원전 369~340년
36	초위왕(楚威王)	상(商)	11년	기원전 339~329년
37	초회왕(楚懷王)	괴(槐)	30년	기원전 328~299년
38	초경양왕(楚頃襄王)	횡(橫)	36년	기원전 298~263년
39	초고열왕(楚考烈王)	원(元)	25년	기원전 262~238년
40	초유왕(楚幽王)	한(悍)	10년	기원전 237~228년 정월
41	초애왕(楚哀王)	유(猶)	3월	기원전 228 정월~228년 3월
42	초왕부추(楚王負芻)	부추(負芻)	5년	기원전 227~223년

초책 1
楚策

14-1 제나라와 초나라가 병난에 얽히다【齊楚構難】

　　제나라와 초나라가 병난(兵難)에 얽히게 되었는데(構), 송나라가 중립(中立)을 청하였다. 제나라가 송나라를 재촉하니 송나라가 (제나라 편에 서는 것을) 허락했다. (楚나라 신하인) 자상(子象)이 초나라를 위해 송나라 왕[康王]에게 일러 말했다.

　　"초나라는 늦춰주다 송나라를 잃었으니, 장차 제나라가 재촉하는 것을 모범으로 삼을 것입니다. 제나라는 재촉하여 송나라를 얻었으니, 뒤에는 장차 늘 재촉할 것입니다. 이에 (송나라는) 제나라를 따라 초나라를 공격해도 틀림없이 이로움이 없을 것입니다. 제나라가 싸워서 초나라를 이기면 형세는 반드시 송나라를 위태롭게 할 것이며, 이기지 못하면 이는 약한 송나라가 강한 초나라에 맞서는 꼴입니다. 그런데도 두 만승의 나라로 하여금 늘 재촉하여 원하는 바를 구하도록 하고 있으니, 나라가 반드시 위태로워질 것입니다."

　　齊·楚構難, 宋請中立. 齊急宋, 宋許之. 子象爲楚謂宋王曰: "楚以緩失宋, 將法齊之急也. 齊以急得宋, 後將常急矣. 是從齊而攻楚, 未必利也. 齊戰勝楚, 勢必危宋; 不勝, 是以弱宋干強楚也. 而令兩萬乘之國, 常以急求所欲, 國必危矣."

중립을 선언했다가 강박을 받아 한쪽 편을 들게 되면 반드시 선례가 되어 두고두고
힘들게 될 것이다.

14-2 다섯 나라가 약속을 맺고 제나라를 치다【五國約以伐齊】

다섯 나라[燕, 趙, 魏, 韓, 秦]가 약속을 맺고 제나라를 벌하였다.[1] (楚
나라 令尹인) 소양(昭陽)이 초나라 왕[頃襄王]에게 일러 말했다.

"다섯 나라는 제나라[와 진나라]를[2] 깨뜨리고 나면 틀림없이 남쪽
으로 와서 초나라를 도모할 것입니다."

왕이 말했다.

"그렇다면 어떻게 해야 하오?"

대답하여 말했다.

"한나라가 초나라에 도움이 되는 것은, 이익을 좋아하고 어려움을
싫어하기 때문입니다. 이익을 좋아하면 홀려낼 수 있으며, 어려움을 싫
어하면 두렵게 만들 수 있습니다. 우리가 이로움을 가지고 두텁게 뇌
물을 주면 그 마음이 반드시 홀릴 것이고, 우리가 모든 병사를 이끌고
압박하면(臨) 그 마음은 반드시 두려워할 것입니다. 저들이 우리 군사
를 두려워하면서도 우리의 이익에 홀려 있으면, 다섯 나라의 일은 틀

---

1 연나라 장수 악의가 연합하여 제나라를 친 일을 말한다.
2 제나라와 진나라를 친다는 말 중 진나라는 잘못 들어간 것으로 보인다.

림없이 무너질 수 있습니다. 약속이 끊어진 뒤에는 비록 땅을 주지 않아도 좋을 것입니다."

초나라 왕이 말했다.

"좋은 말이오."

곧 명을 내려 (초나라 사람인) 태공 사(事)에게 한나라로 가게 하니, (韓나라 재상인) 공중[公仲侈]을 만나서 말했다.

"무릇 우란(牛蘭)의 일, (제나라가 위나라를 깨뜨렸던) 마릉(馬陵)의 싸움은 몸소 왕께서 보신 것입니다. 왕께서 진실로 다섯 나라를 이끌고 병사를 쓰지 않으시겠다면, 청컨대 늘어선 성 다섯을 드리고 청컨대 초나라 군대를 모조리 이끌고서 제나라를 도모해[廬→圖] 보겠습니다."

제나라[한나라의 誤記인 듯]가 조나라와 위나라를 배반한 뒤에 초나라는 과연 (한나라에게) 땅을 주지 않았지만, 곧 다섯 나라의 일은 막히게[困] 되었다.

五國約以伐齊. 昭陽謂楚王曰: "五國以破齊秦, 必南圖楚." 王曰: "然則奈何?" 對曰: "韓氏輔國也, 好利而惡難. 好利, 可營也; 惡難, 可懼也. 我厚賂之以利, 其心必營. 我悉兵以臨之, 其心必懼我. 彼懼吾兵而營我利, 五國之事必可敗也. 約絕之後, 雖勿與地可." 楚王曰: "善." 乃命大公事之韓, 見公仲曰: "夫牛蘭之事, 馬陵之難, 親王之所見也. 王苟無以五國用兵, 請效列城五, 請悉楚國之衆也, 以廬於齊." 齊之反趙·魏之後, 而楚果弗與地, 則五國之事困也.

한나라가 이익은 탐하지만 위험을 무릅쓰지는 않음을 알고, 땅을 주겠다고 속여서

위험을 벗어났다.

14-3 형나라 선왕이 뭇 신하에게 묻다【荊宣王問群臣】

형(荊)나라 선왕(宣王)이 뭇 신하에게 물어보며 말했다.

"내가 듣기에 북방에서는 소해휼(昭奚恤)을 무서워한다고 하던데, 과연 정말로 어떠한가?"

뭇 신하들이 대답하지 못했는데, 강일(江一)이 대답하여 말했다.

"호랑이는 여러 짐승을 찾아서 잡아먹습니다. 여우를 잡았는데, 여우가 말하기를 '그대는 감히 나를 먹지 못한다. 하느님[天帝]께서 나에게 뭇 짐승의 우두머리가 되게 하셨으니, 지금 네가 나를 잡아먹으면 이는 하느님의 명을 거스르는 것이다. 네가 나를 믿지 못하면, 내가 너를 위해 앞서 갈 터이니 너는 내 뒤를 따르면서 뭇 짐승들이 나를 보고도 감히 달아나지 않을 것인지 보겠는가?'라고 했습니다. 호랑이가 그렇다고 여기고는, 그래서 마침내 그와 더불어 갔습니다. 짐승들이 그들을 보자 모두 달아났습니다. 호랑이는 짐승들이 자기를 무서워해서 달아난 것을 모르고, 여우를 무서워한 것으로 여겼습니다.

지금 왕의 땅이 사방으로 5천 리이고 갑주를 두른 병사가 100만인데, 오로지 소해휼에게 맡기고 있습니다. 그러므로 북방에서 해휼을 무서워하는 까닭, 그 실상은 왕의 갑병(甲兵)을 무서워하는 것입니다. 뭇 짐승들이 호랑이를 두려워하는 것과 같습니다."

荊宣王問群臣曰: "吾聞北方之畏昭奚恤也, 果誠何如?" 群臣莫對. 江一

對曰: "虎求百獸而食之, 得狐. 狐曰: '子無敢食我也. 天帝使我長百獸,

今子食我, 是逆天帝命也. 子以我爲不信, 吾爲子先行, 子隨我後, 觀百

獸之見我而敢不走乎?' 虎以爲然, 故遂與之行. 獸見之皆走. 虎不知獸

畏己而走也, 以爲畏狐也. 今王之地方五千里, 帶甲百萬, 而專屬之昭奚

恤; 故北方之畏昭奚恤也, 其實畏王之甲兵也, 猶百獸之畏虎也."

狐假虎威: 다른 나라에서 소해휼을 두려워하는 것은 초나라 왕이 그를 믿고 병권

을 맡기고 있기 때문이다.

14-4 소해휼이 팽성군과 함께 왕 앞에서 의견을 내다

【昭奚恤與彭城君議於王前】

소해휼(昭奚恤)이 팽성군(彭城君)과 함께 왕 앞에서 의견을 내었는

데, 왕이 (나중에 따로 위나라 사람인) 강을(江乙)을 불러 물었다. 강을이

말했다.

"두 사람 말이 모두 좋으니 신이 감히 그 뒤에 말할 수 없습니다. 이

를 일러 뛰어난 사람을 의심(慮=疑)한다고 합니다."

昭奚恤與彭城君議於王前, 王召江乙而問焉. 江乙曰: "二人之言皆善也,

臣不敢言其後. 此謂慮賢也."

뛰어난 사람이 좋은 말을 했는데 자기가 다시 그 일을 말하는 것은, 장차 왕으로 하

여금 그 사람이 생각하고 염려한 것을 의심하게 만드는 것이다. (鮑彪 賢者言善, 己

復言之, 將使王疑彼思慮之也)

14-5 한단이 어려움을 겪다【邯鄲之難】

한단(邯鄲)이 어려움을 겪자, 소해휼이 초나라 왕에게 일러 말했다.

"왕께서 조나라를 구원하지 않음으로써 위나라를 강하게 만드는 것만 못합니다. 위나라가 강해지면 조나라 땅을 끊어내는 것이 반드시 심해져서, 조나라는 (위나라 말을) 들어주지 않으려면 반드시 단단히 지켜야만 합니다. 이렇게 되면 둘 다 힘이 떨어질 것입니다."

(楚나라 장수인) 경사(景舍)가 말했다.

"그렇지 않습니다. 소해휼이 알지 못합니다. 무릇 위나라는 조나라를 공격하면서 초나라가 자기 뒤를 공격하게 될 것을 무서워하고 있습니다. 지금 조나라를 구하지 않으면 조나라는 망한 형세가 되고 위나라는 초나라를 근심하지 않게 되는데, 이는 초나라와 위나라가 함께 조나라를 같이 (공격하는) 일이 되어 해로움이 반드시 깊을 것입니다. 어찌 둘 다 힘이 빠지겠습니까? 장차 위나라가 영을 내려 군대로 하여금 심하게 조나라 땅을 끊어내게 되면 조나라는 망한 형세가 되는데, 초나라가 자기를 구원하지 않았기 때문이라고 여겨 틀림없이 위나라와 힘을 모아 초나라를 도모할 것입니다. 그러므로 왕께서 적게라도 군대를 내보내어 조나라를 구원하느니만 못합니다. 조나라는 초나라의 군셈에 기대어 반드시 위나라와 싸울 것입니다. 위나라가 조나라의 군센 모습에 화를 내겠지만, 초나라의 구원이 (그 숫자가 적어서) 두렵게 하기에 충분치 않음을 보면 틀림없이 조나라를 풀어주지 않을 것입니다. 그러면 조나라와 위나라가 서로 힘이 빠지게 되고, 제나라와 진나라가 초나라에 호응하면 위나라를 깨뜨릴 수 있습니다."

초나라가 이참에 경사에게 군대를 일으켜 조나라를 구원하게 했다. (끝내 위나라에 의해) 한단이 뽑혔지만, 초나라는 수(睢) 땅과 예(濊) 땅 사이를 차지했다.

邯鄲之難, 昭奚恤謂楚王曰: "王不如無救趙, 而以強魏. 魏強, 其割趙必深矣. 趙不能聽, 則必堅守, 是兩弊也." 景舍曰: "不然. 昭奚恤不知也. 夫魏之攻趙也, 恐楚之攻其後. 今不救趙, 趙有亡形, 而魏無楚憂, 是楚·魏共趙也, 害必深矣! 何以兩弊也? 且魏令兵以深割趙, 趙見亡形, 而有楚之不救己也, 必與魏合而以謀楚. 故王不如少出兵, 以爲趙援. 趙恃楚勁, 必與魏戰. 魏怒於趙之勁, 而見楚救之不足畏也, 必不釋趙. 趙·魏相弊, 而齊·秦應楚, 則魏可破也." 楚因使景舍起兵救趙. 邯鄲拔, 楚取睢·濊之間.

조나라가 위나라의 공격을 받아 위태로울 때 적은 병력으로 조나라를 도와줌으로써 두 나라가 싸움을 계속 이어가게 만들고, 두 나라가 힘이 빠지면 초나라가 그때 이익을 취하는 것이 낫다.

14-6 강윤이 초나라 왕에게 소해휼을 나쁘게 말하고 싶어 하다
【江尹欲惡昭奚恤於楚王】

강윤(江尹=江乙)이 초나라 왕에게 소해휼을 나쁘게 말하고 싶었으나 힘이 부족했기에, 양(梁=魏)나라의 산양군(山陽君)을 초나라에서 봉할 것을 청했다. 초나라 왕이 말했다.

"허락하오."

소해휼이 말했다.

"산양군은 초나라에 공로가 없으니, 마땅히 봉할 수 없습니다."

강윤이 이로 인하여 산양군을 (같은 편으로) 얻어서 함께 소해율을 미워하게 되었다.

> 江尹欲惡昭奚恤於楚王, 而力不能, 故爲梁山陽君請封於楚. 楚王曰: "諾." 昭奚恤曰: "山陽君無功於楚國, 不當封." 江尹因得山陽君與之共 惡昭奚恤.

소해휼을 밀어내기 위해, 다른 사람이 소해휼을 미워하게 만들 만한 일을 만들어서 자기편을 늘린 것이다.

14-7 위나라가 초나라 왕에게 소해휼을 나쁘게 말하다
【魏氏惡昭奚恤於楚王】

위나라가 (산양군의 일로) 초나라 왕에게 소해휼을 나쁘게 말하자, 초나라 왕이 소자에게 알려주었다. 소자가 말했다.

"신이 아침저녁으로 임금의 말씀[聽命]을 섬기고 있습니다. 그런데 위나라가 우리의 임금과 신하 사이에 끼어드니 신은 크게 두렵습니다. 신은 위나라가 무서운 것이 아닙니다! 무릇 우리의 임금과 신하가 교류하는 것을 흘러나가게 해서 천하가 그것을 믿으니, 이는 그 사람됨이 악[苦=惡]에 가깝습니다. 무릇 정말로 밖[3]에서 하는 것도 어려워하지 않는데 어찌 안에서 하는 것을 잊겠습니까? 신이 죄를 받을 날이 얼마 남지 않았습니다."

왕이 말했다.

"과인이 알고 있는데 대부가 무슨 걱정이오?"

魏氏惡昭奚恤於楚王, 楚王告昭子. 昭子曰: "臣朝夕以事聽命, 而魏入吾君臣之間, 臣大懼. 臣非畏魏也! 夫泄吾君臣之交, 而天下信之, 是其爲人也近苦矣. 夫苟不難爲之外, 豈忘爲之內乎? 臣之得罪無日矣." 王曰: "寡人知之, 大夫何患?"

밖에서 자국의 임금과 신하 사이에 끼어들게 할 정도면, 그 안에서는 얼마나 많이 끼어들고 모함하고 있겠는가!

14-8 강을이 소해휼을 미워하다【江乙惡昭奚恤】

강을(江乙)이 소해휼을 미워하여, 초나라 왕에게 일러 말했다.

"어떤 사람이 자기 개가 잘 지킨다고[執→善守] 여겨서 아꼈는데, 그 개가 일찍이 우물에 오줌을 누었습니다[溺=尿]. 그 이웃사람이 개가 우물에 오줌 싸는 것을 보고는 들어가서 말하려 했는데, 개가 그것

을 싫어하여 대문에 이르자 물어버렸습니다. 이웃사람이 두려워 마침
내 들어가서 말하지를 못했습니다. 한단(邯鄲)이 어려움을 겪었을 때
초나라는 (위나라 도읍인) 대량(大梁)으로 군대를 보내어 차지했습니다.
(이때) 소해휼이 위나라의 보배로운 기물을 차지하였는데, 신이 위나라
에 머물고 있어서[以居→以臣居] 그것을 알고 있습니다. 그래서 소해휼
이 늘 신이 왕을 뵙는 것을 싫어합니다."

> 江乙惡昭奚恤, 謂楚王曰: "人有以其狗爲有執而愛之. 其狗嘗溺井. 其
> 鄰人見狗之溺井也, 欲入言之. 狗惡之, 當門而噬之. 鄰人憚之, 遂不得
> 入言. 邯鄲之難, 楚進兵大梁, 取矣. 昭奚恤取魏之寶器, 以居魏知之, 故
> 昭奚恤常惡臣之見王."

주인에게 신하의 잘못을 알리려 해도 그가 문고리를 잡고 있어서 알릴 수가 없다.

14-9 강을이 소해휼을 초나라에 욕하고 싶어하다 【江乙欲惡昭奚恤於楚】

강을이 소해휼을 초나라에 욕하고 싶어서, 초나라 왕에게 일러 말
했다.

"아래에서 파당을 지으면[比周] 곧 위가 위태롭고, 아래에서 나뉘
어 다투면 곧 위가 편안하다 했습니다. 왕께서는 정말로 알고 계십니
까? 바라건대 왕께서는 잊지 마십시오. 또 사람 중에 다른 사람의 잘
한 것을 들어서 올리기를 좋아하는 자가 있다면 왕에게는 어떠하겠습
니까?"

왕이 말했다.

"이는 군자이니 가까이하겠소."

강을이 말했다.

"다른 사람의 나쁜 점을 들어서 올리기를 좋아하는 사람이 있다면 왕에게는 어떠하겠습니까?"

왕이 말했다.

"이는 소인이니 멀리하겠소."

강을이 말했다.

"그렇다면 또 자식 중에 그 아비를 죽이고 신하가 그 주인을 시해했는데, 왕이 끝끝내[終已] 알지 못하는 것은 왜 그랬겠습니까? 왕이 다른 사람의 아름다움을 듣는 것을 좋아하고 다른 사람의 나쁜 것을 듣는 것을 싫어해서입니다."

왕이 말했다.

"좋은 말이오. 과인은 양쪽에게 듣기를 바라오.⁴"

江乙欲惡昭奚恤於楚, 謂楚王曰: "下比周, 則上危; 下分爭, 則上安. 王亦知之乎? 願王勿忘也. 且人有好揚人之善者, 於王何如?" 王曰: "此君子也, 近之." 江乙曰: "有人好揚人之惡者, 於王何如?" 王曰: "此小人也, 遠之." 江乙曰: "然則且有子殺其父, 臣弑其主者, 而王終已不知者, 何也? 以王好聞人之美而惡聞人之惡也." 王曰: "善. 寡人願兩聞之."

4　포본에서 표포 주: 양쪽 말을 듣는 것이 옳지만, 반드시 눈 밝아야 한다. 구차하고 눈 밝지 못하면 강을이 참소하는 입에 보태줄 뿐이다.(鮑本彪謂: 兩聞之, 是也, 然必以明. 夫苟不明, 則適爲江乙讒口之資耳.)

아래에서는 왕이 좋아하는 것을 올리고 싫어하는 것을 감춘다.

14-10 강을이 안릉군을 설득하다【江乙說於安陵君】

강을(江乙)이 (楚나라의 幸臣인) 안릉군(安陵君)을 설득하여 말했다.

"군께서는 한 치 한 자의 땅이나 골육의 가까움도 없으면서 높은 지위에 있으면서 두터운 녹을 받고 있으니, 한 나라의 많은 사람들이 군을 뵈면 옷섶[袵]을 여미고[斂] 절을 한 뒤 허리를 구부리고[撫=傴, 委=曲] 물러나지[服] 않는 사람이 없습니다. 어째서입니까?"

말했다.

"왕이 지나치게 들어 썼을 뿐입니다. 그렇지 않다면 여기까지 이르지 못했습니다."

강을이 말했다.

"재물로써 사귄 사람은 그 재물이 다하면 사귐이 끊어지며, 미색으로 사귄 사람은 그 화려함이 떨어지면 사랑이 바뀝니다. 그렇기 때문에 사랑하는[嬖] 여인도 자리가 해어지지 않은 것[5]일 뿐이고 총애하는 신하도 수레가 망가지지[獘=盡] 않은 것일 뿐[6]입니다. 지금 군이 초나라의 권세를 마음대로 하시지만, 깊이 스스로 왕과 맺지 못하게 되면 몰래 군을 위해 생각해 볼 때 위태롭습니다."

---

5 포표 주: 자리가 해어지는 데에는 미치지 않았으나 사랑함이 느슨하다는 말이다.(鮑本, 席不及 敝而愛弛.)

6 포표 주: 수레가 해어지면 물러나야 되지만 지금은 거기까지 미치지 않았다는 말이다.(鮑本, 車 敝則退去, 今不及然.)

안릉군이 말했다.

"그렇다면 어찌해야 합니까?"

"원컨대 군께서 반드시 따라죽겠다고 청하시어, 몸으로 순장[殉]하겠다 하십시오. 이와 같이 하면 반드시 길게 초나라에서 무거움을 얻을 수 있습니다."

(안릉군이) 말했다.

"삼가 영을 받겠습니다."

(그러나 안릉군이) 삼 년 동안 (왕에게) 말을 하지 않으니, 강을이 다시 만나 말했다.

"신이 군을 위해 말한 것이 지금까지 드러나지 않고 있습니다. 군이 신의 계책을 쓰지 않으시겠다면 신은 청컨대 감히 다시 보지 않겠습니다."

안릉군이 말했다.

"감히 선생의 말을 잊지 못하나, 미처 틈을 얻지 못했습니다."

이에 초나라 왕이 운몽(雲夢)으로 사냥을 떠나는데, 네 마리 말[駟]을 묶은 수레가 천승이었고, 깃발이 해를 가렸으며, 들판에 놓은 불[野火]이 일어난 것이 마치 구름이나 무지개 같았고, 외뿔소[兕]나 호랑이가 울부짖는 소리가 마치 우레와 천둥 같았다. 그런 중에 흥분한 외뿔소가 수레 쪽으로 밀려와서[洚=瀧] 바퀴에 기댈[依] 정도로 다가왔는데, 왕이 직접 활을 당겨 쏘아서 쓰러뜨렸다[殪]. 왕이 전모(旃旄)를 뽑아들고 외뿔소의 머리를 찍어 누르면서, 하늘을 쳐다보고 웃으며 말했다.

"즐겁구나. 오늘 사냥이! 과인이 죽고 천년이 지난 후에는 누가 이 즐거움을 같이하겠는가?"

안릉군이 울기를 몇 차례 하고는 나아가 말했다.

"신이 (대궐에) 들어가면 곧 옆자리에 앉고[編席] 나서면 수레에 같이 타고[陪乘] 있습니다. 대왕이 돌아가시고 천년이 지난 후에도, 바라건대 제 한 몸을 얻어 황천을 쓸고 닦으며[試=式] 땅강아지[螻]와 개미[蟻]를 막는 깔개가 되고자 하니, 다시 이런 즐거움을 얻어서 그것을 누리는 것이 어떻습니까?"

왕이 크게 기뻐하며, 마침내 안평군을 단(壇) 땅에 봉해주었다. 군자가 이를 듣고 말했다.

"강을은 가히 계책을 잘 짠다고 이를 수 있고, 안릉군은 가히 때를 안다고 이를 수 있다."

江乙說於安陵君曰: "君無咫尺之地, 骨肉之親, 處尊位, 受厚祿, 一國之衆, 見君莫不斂袵而拜, 撫委而服, 何以也?" 曰: "王過舉而已. 不然, 無以至此." 江乙曰: "以財交者, 財盡而交絕; 以色交者, 華落而愛渝. 是以嬖女不敝席, 寵臣不避軒. 今君擅楚國之勢, 而無以深自結於王, 竊爲君危之." 安陵君曰: "然則奈何?" "願君必請從死, 以身爲殉, 如是必長得重於楚國." 曰: "謹受令." 三年而弗言. 江乙復見曰: "臣所爲君道, 至今未效. 君不用臣之計, 臣請不敢復見矣." 安陵君曰: "不敢忘先生之言, 未得間也." 於是, 楚王游於雲夢, 結駟千乘, 旌旗蔽日, 野火之起也若雲蜺, 兕虎嗥之聲若雷霆, 有狂兕牂車依輪而至, 王親引弓而射, 壹發而殪. 王抽旃旄而抑兕首, 仰天而笑曰: "樂矣, 今日之游也. 寡人萬歲千秋之後, 誰與樂此矣?" 安陵君泣數行而進曰: "臣入則編席, 出則陪乘. 大王萬歲千秋之後, 願得以身試黃泉, 蓐螻蟻, 又何如得此樂而樂之." 王大說, 乃封壇爲安陵君. 君子聞之曰: "江乙可謂善謀, 安陵君可謂知時矣."

계획을 잘 세워도 때를 잘 맞추어 움직이는 것이 중요하다.

14-11 강을이 위나라의 사신이 되어 초나라에 오다【江乙爲魏使於楚】

(魏나라 사람인) 강을(江乙)이 위나라의 사신이 되어 초나라에 와서, 초나라 왕에게 일러 말했다.

"신이 국경에 들어와 초나라의 풍속을 들으니, 다른 사람의 잘한 점을 숨기지 않고 다른 사람의 나쁜 점을 말하지 않는다는데, 정말로 그런 것이 있습니까?"

왕이 말했다.

"정말로 있소."

강을이 말했다.

"그렇다면 백공의 난⁷은 이루어지지 못했습니까? 정말로 이와 같다면 신하들의 죄를 벗어주어야[免] 합니다."

초나라 왕이 말했다.

"왜 그렇소?"

강을이 말했다.

"주후(州侯)가 초나라의 재상이 되어 귀하기가 아주 높고 결단을 주관하는데, 좌우에서 모두가 말하기를 '있은 적이 없다'라고 하는 것

7　포표 주: 백공은 초평왕의 태자 건의 아들인 승을 가리킨다. 애공 16년, 건이 참소를 받아 정나라로 도망갔다가 정나라에 의해 죽임을 당했다. 이 일로 승이 정나라를 칠 것을 청했지만 자서가 따르지 않자, 승이 자서를 죽이고 혜왕을 겁박했다.(鮑本, 白公. 太子建子勝. 哀十六年, 建以讒奔鄭, 鄭殺之. 勝請伐鄭, 子西不從. 勝殺子西, 劫惠王.)

이 마치 한 입에서 나온 것 같습니다."

爲魏使於楚, 謂楚王曰: "臣入竟, 聞楚之俗, 不蔽人之善, 不言人之惡,
誠有之乎?" 王曰: "誠有之." 江乙曰: "然則白公之亂, 得無遂乎? 誠如是,
臣等之罪免矣." 楚王曰: "何也?" 江乙曰: "州侯相楚, 貴甚矣而主斷, 左
右俱曰, '無有', 如出一口矣."

나쁜 점을 말하지 않는 풍속이 왕에게는 독이 될 수도 있다.

14-12 영 땅의 사람 중에 옥사가 있었는데【郢人有獄三年不決】

(초나라 도읍인) 영(郢) 땅의 사람 중에 옥사[獄]가 있었는데, 삼 년
동안 판결이 나지 않았다. 그래서 그는 (다른 사람을) 시켜 그 집을 (달라
고) 청해서 그 죄를 헤아려보게[卜] 하였다. 손님이 그 때문에 소해휼에
게 일러주며 말했다.

"영의 사람 모씨(某氏)의 집을 신이 (갖기를) 바랍니다."

소해휼이 말했다.

"영 땅 사람 모씨는 죄를 받은 것에 해당되지 않아서 그 집은 얻을
수 없습니다."

손님이 인사하고 물러났다. 소해휼이 얼마 있다 후회하면서, 그로
인해 손님에게 일러 말했다.

"제[奚恤]가 그대를 모셨는데, 그대는 어째서 저를 일부러 시험하

십니까[故]8?"

손님이 말했다.

"계획한 것이 아닙니다."

(소해휼이) 말했다.

"말해서 얻지 못하고도 즐거운 빛이 있었으니, 일부러 그런 것이
아니면 무엇입니까?"

郢人有獄三年不決者, 故令請其宅, 以卜其罪. 客因爲之謂昭奚恤曰: "郢
人某氏之宅, 臣願之." 昭奚恤曰: "郢人, 不當服罪, 故其宅不得." 客辭而
去. 昭奚恤已而悔之, 因謂客曰: "奚恤得事公, 公何爲以故與奚恤?" 客
曰: "非用故也." 曰: "謂而不得, 有說色, 非故如何也?"

죄가 있는지 없는지를 알아보기 위해 소해휼에게 계책을 쓴 것이다.

14-13 성혼이 주나라를 나오다【城渾出周】

(주나라 사람) 성혼(城渾)이 주나라를 나와서 세 사람이 짝[偶=耦]9
을 이뤄 떠났는데, 남쪽으로 초나라를 떠돌다가 신성(新城)에 이르렀
다. 성혼이 그 현령[令]을 설득하며 말했다.

"정나라와 위나라는 초나라에게는 나약한[奕=懦] 나라이지만 진

---

8 표포 주: 고(故)란, 일을 만들어서 자기의 뜻을 살펴보았다는 말이다.(鮑本, 故, 謂設事以探己意.)
9 표포 주: 두 사람을 일러 우(耦=偶)라고 하므로 둘이어야 하니, 이는 대개 한 사람이 앞서고 두
사람이 뒤따랐다는 말이다.(鮑本, 二人曰耦, 兩也. 此蓋一人先, 二人後.)

(秦)나라는 초나라의 강적입니다. 정나라와 위나라는 약하기 때문에 초나라가 상량(上梁)으로 대응할 수 있지만, (진나라의) 의양(宜陽)이 큰 데도 불구하고 초나라는 약한 신성을 가지고 (방어를) 도모[圍=圖]하고 있습니다. 포반(蒲反)과 평양(平陽)의 거리가 백 리여서 진나라 사람들 이 하룻밤 사이에 습격해왔을 때 안읍(安邑)에서는 알 수 없었으니, 신 성과 상량의 거리는 오백 리여서 진나라 사람들이 하룻밤 사이에 습 격해오면 상량에서는 역시 알 수 없습니다. 지금 변방 마을이 믿고 있 는 것은 강남이나 사상(泗上)이 아닙니다. 그러므로 초나라 왕이 어찌 신성으로 하여금 군(郡)을 주관하도록 하지 않겠습니까? 변방의 읍은 매우 이롭게 될 것입니다."

신성의 현령이 매우 기뻐하며, 마침내 말 네 마리가 끄는 수레와 오 백 금을 갖추어 초나라로 보냈다. 성혼이 그것을 얻어 마침내 남쪽으 로 내려와서 초나라와 교섭하니, 초나라 왕이 과연 신성으로 하여금 군(郡)을 주관하도록 하였다.

城渾出周, 三人偶行, 南游於楚, 至於新城. 城渾說其令曰: "鄭·魏者, 楚 之奰國; 而秦, 楚之強敵也. 鄭·魏之弱, 而楚以上梁應之; 宜陽之大也, 楚以弱新城圍之. 蒲反·平陽相去百里, 秦人一夜而襲之, 安邑不知; 新 城·上梁相去五百里, 秦人一夜而襲之, 上梁亦不知也. 今邊邑之所恃 者, 非江南泗上也. 故楚王何不以新城爲主郡也, 邊邑甚利之." 新城公 大說, 乃爲具駟馬乘車五百金之楚. 城渾得之, 遂南交於楚, 楚王果以 新城爲主郡.

진나라의 의양에 대한 대비책으로 신성을 강화해야 한다는 계책을 내놓았다.

14-14 한나라 공숙이 제나라와 위나라의 도움을 받다【韓公叔有齊魏】

한나라 공숙(韓公叔)이 (공자 咎를 위해) 제나라와 위나라의 도움을 받고 태자[10]는 초나라와 진나라의 도움을 받아서 (서로) 나라를 두고 다투었는데, (楚나라 신하인) 정신(鄭申)이 초나라를 위해 한나라로 사신을 가면서 (초나라 왕의 명을) 고쳐서 신성(新城)과 양인(陽人)을 태자에게 준다고 하였다. 초나라 왕이 화가 나서 장차 그를 죄주려 하자, (정신이) 대답하여 말했다.

"신이 고쳐서 준 것은 나라를 위해서였습니다. 신이 태자를 위해 신성과 양인을 얻어 주었는데, 그것으로써 공숙과 더불어 나라를 두고 다투게 되면 (태자는 나라를) 얻게 될 것입니다. (그렇게 되면 공숙을 지지하던) 제나라와 위나라는 반드시 한나라를 정벌할 것이니, 한나라가 급해지면 반드시 초나라에게 명운이 달려있는데 또한 어찌 신성과 양인을 감히 요구하겠습니까? 태자가 이기지 못하고서 죽지도 않았다면 지금 장차 갓을 거꾸로 쓰고 (급히) 오게 될 것이니, 또한 어찌 감히 (땅에 대해) 말하겠습니까?"

초나라 왕이 말했다.

"좋은 말이오."

마침내 죄주지 않았다.

韓公叔有齊·魏, 而太子有楚·秦以爭國. 鄭申爲楚使於韓, 矯以新城·

---

10 포표 주: 태자는 기슬이다. 한나라 양왕 12년에 소대가 말하기를, 공숙과 백영이 진나라와 초나라가 기슬을 들일까 걱정하였다고 했다.(鮑本, 太子幾瑟也. 韓襄十二年蘇代曰, 公叔·伯嬰恐秦·楚之納幾瑟是也.)

陽人予太子. 楚王怒, 將罪之. 對曰: "臣矯予之, 以爲國也. 臣爲太子得新
城·陽人, 以與公叔爭國而得之. 齊·魏必伐韓. 韓氏急, 必懸命於楚, 又
何新城·陽人之敢求? 太子不勝, 然而不死, 今將倒冠而至, 又安敢言
地?" 楚王曰: "善." 乃不罪也.

**한나라에서 정권 다툼이 있자, 초나라 신하가 왕에게 미처 보고도 하기 전에 먼저
스스로 개입하여 한나라가 초나라에 매달릴 수밖에 없는 상황을 만들어내었다.**

14-15 초나라 두혁이 초나라 왕을 설득하다【楚杜赫說楚王以取趙】

초나라 두혁(杜赫)이 초나라 왕을 설득하여 조나라(의 友誼)를 가질
수 있다고 하자, 왕이 장차 (초나라 관직인) 오대부(五大夫) 자리를 주고
영을 내려서 사사로이 가도록 했다. (策士인) 진진(陳軫)이 초나라 왕에
게 일러주며 말했다.

"두혁이 조나라를 능히 얻지 못해도 오대부의 자리를 거두어들일
수 없으니, 이는 공이 없는데도 상을 주는 것입니다. 조나라를 얻는다
해도 왕께서는 더해줄 것이 없으니, 이 또한 좋을 것이 없습니다. 왕께
서 10대의 수레(에 해당하는 벼슬)로 가게 했다가, 일이 이루어지고 나면
오대부 자리를 주느니만 못합니다."

왕이 말했다.

"좋은 말이오."

마침내 수레 10대로 가게 하였다. 두혁이 화가 나서 가지 않았다.
진진이 왕에게 일러 말했다.

"바로 조나라를 얻을 수가 없었기 때문입니다."

楚杜赫說楚王以取趙. 王且予之五大夫, 而令私行. 陳軫謂楚王曰: "赫
不能得趙, 五大夫不可收也, 得賞無功也. 得趙而王無加焉, 是無善也.
王不如以十乘行之, 事成, 予之五大夫." 王曰: "善." 乃以十乘行之. 杜赫
怒而不行. 陳軫謂王曰: "是不能得趙也."

사사롭게 일을 시키면서 미리 상을 주게 되면 일이 성사되지 못해도 어찌할 수 없
고 일이 성사되어도 더 보태줄 수 없으니, 공식적으로 하는 편이 낫다.

14-16 초나라 왕이 범환에게 물어보다【楚王問於范環】

초나라 왕[懷王]이 범환(范環)에게 물어보며 말했다.
"과인이 진나라에 재상을 두고자 원하는데, 누가 가능한가?"[11]
대답하여 말했다.
"신이 충분히 알지 못합니다."
왕이 말했다.
"내 재상 감무(甘茂)면 가능하겠는가?"
범환이 대답하여 말했다.

---

11 〈오사도가〉 포본을 보충하여 말한다: 초회왕이 새로이 진나라와 혼인을 맺고 즐거워하였는데, 진
나라는 감무가 초나라에 있다는 것을 듣고는 사람을 시켜 초왕에게 말하기를, 감무가 진나라에
서 뽑히게 되기를 원한다 운운하였다.(鮑本補曰: 史, 楚懷王新與秦婚而懼. 秦聞甘茂在楚, 使人
謂楚王曰, 願選甘茂於秦云云.)

"안 됩니다."

왕이 말했다.

"왜 그런가?"

말했다.

"저 (감무의 스승인) 사거(史擧)는 상채(上蔡)의 문을 감독하고 있었는데, 크게는 임금을 섬기는 것을 알지[如→知] 못했고 작게는 집안을 처리하는 것을 알지[如→知] 못했으며 까다롭고[苛] 깐깐하다고[廉] 세상에 소문이 났습니다. 그런데도 감무가 그를 고분고분하게 섬겼습니다. 또 혜왕이 눈 밝게 보고 무왕이 잘 살피며 장의는 참소하기를 좋아했지만, 감무는 (그들을) 섬기면서 열 개의 벼슬을 차지하고도 죄를 짓지 않았습니다. 감무는 정말로 뛰어난 사람이기 때문에 진나라 재상이 되게 할 수 없습니다. 초나라의 이익이 아닙니다.

또 왕께서는 일찍이 월나라에 소활(召滑)을 기용하게 해서 (월나라 땅인) 구장(句章)을 받아들였으며, (초나라 장수였던) 당매(唐昧)의 병난(兵難)으로 월나라를 어지럽게 했습니다. 그리하여 초나라는 남쪽으로 뇌호(瀨胡=瀨湖)를 다스리고[察=治] 강동 땅을 (우리 초나라의) 들판으로 삼게 되었으니, 헤아려보면 왕의 공업이 능히 이와 같았던 까닭은 월나라가 어지러운데 초나라는 다스려졌기 때문입니다. 지금 왕께서 월나라에 썼던 방법을 가지고 있으면서도 진나라에 그 방법을 쓰는 것을 잊으셨다면, 신은 왕께서 너무 빨리 잊어버린다고 여길 것입니다.

왕께서 이에[若] 진나라에 재상을 두고 싶습니까? 공손학(公孫郝) 같은 자라면 가능합니다. 저 공손학은 진나라 왕과 가깝습니다. 어려서 함께 같은 옷을 입었고 자라서는 더불어 같은 수레에 있었으며 왕의 옷을 입고서 일을 다스렸으니, 정말로 대왕이 (원하는) 재상일 뿐입니다. 왕이 재상으로 삼으신다면 초나라의 큰 이로움이 될 것입니다."

楚王問於范環曰: "寡人欲置相於秦, 孰可?" 對曰: "臣不足以知之." 王曰: "吾相甘茂可乎?" 范環對曰: "不可." 王曰: "何也?" 曰: "夫史擧, 上蔡之監門也. 大不如事君, 小不如處室, 以苟廉聞於世, 甘茂事之順焉. 故惠王之明, 武王之察, 張儀之好譖, 甘茂事之, 取十官而無罪, 茂誠賢者也, 然而不可相秦. 秦之有賢相也, 非楚國之利也. 且王嘗用滑於越而納句章, 昧之難, 越亂, 故楚南察瀨胡而野江東. 計王之功所以能如此者, 越亂而楚治也. 今王以用之於越矣, 而忘之於秦, 臣以爲王鉅速忘矣. 王若欲置相於秦乎? 若公孫郝者可. 夫公孫郝之於秦王, 親也. 少與之同衣, 長與之同車, 被王衣以聽事, 眞大王之相已. 王相之, 楚國之大利也."

소활을 월나라에 보내어 나라를 어지럽게 했는데, 감무는 뛰어난 자라 진나라를 정말로 도울 것이다. 차라리 공손학과 같이 진왕과 사이좋은 사람을 보내 혼란을 만드는 것이 좋다.

14-17 소진이 조나라와의 합종을 위해 초나라 위왕을 설득하다
【蘇秦爲趙合從說楚威王】

(1)
소진(蘇秦)이 조나라와의 합종(合從)을 위해 초나라 위왕(威王)을 설득하여 말했다.

"초나라는 천하의 강국이요, 대왕께서는 천하의 뛰어난 왕입니다. 초나라 땅은 서쪽으로는 검중(黔中), 무군(巫郡)이 있고, 동쪽으로는 하주(夏州)과 해양(海陽)이 있으며, 남쪽으로는 동정(洞庭)과 창오(蒼梧)가 있고, 북쪽으로는 분수[汾]와 경수[陘]의 요새와 순양(郇陽)이 있습니다. 땅이 사방 오천 리이고 갑주를 두른 병사가 백만에 수레가 천 승이요 기마가 만 필이며 곡식이 십 년을 지탱하니, 이는 패왕의 밑천입니다. 무릇 초나라의 강함과 대왕의 뛰어남으로 이끌면 천하는 능히 감당할 수 없습니다. 지금 마침내 서쪽을 바라보며 진나라를 섬기고 싶어 하시면 제후들도 서쪽[南→西]을 바라보며 (나라 함양의) 장대(章臺) 아래에서 조현하지 않음이 없게 될 것입니다.

진나라에게 해를 입힐 곳[所害]으로는 천하에서 초나라만한 나라가 없습니다. 초나라가 강해지면 진나라는 약해지고 초나라가 약해지면 진나라가 강해지니, 이는 그 세력이 둘 다 설 수 없는 것입니다. 그래서 왕실을 위해 계책을 내자면 합종을 가까이하여 진나라를 외롭게 만드는 것만한 바가 없습니다. 대왕께서 합종을 가까이하지 않으면 진나라는 반드시 2개의 군대를 일으켜서, 1개 군은 무관(武關)을 나서고 (다른) 1개 군은 검중(黔中)을 떨어뜨릴 것입니다. 만일 이렇게 되면 언(鄢)과 영(郢)이 흔들리게 됩니다. 신이 듣기로 그 일[其]이 미처 어지러워지기 전에 다스리고 그 일이 미처 생기기 전에 행하라고 했으니, 환란이 이른 뒤에 걱정하면 이미 미칠 바가 없습니다. 그러므로 바라건대 대왕께서는 일찍 계책을 세우십시오.

대왕이 정말로 능히 신의 말을 들어주신다면, 신은 청컨대 영을 내려 산동(山東)의 나라들로 하여금 네 계절[四時]마다 헌상물[獻]을 바쳐서 그로써 대왕의 밝은 명령[制=詔]를 받들게[承=奉] 하고 사직과 종묘를 맡기게 하며 병사를 단련하고 병기를 날카롭게 갈아두게 하겠습니다. 그리하면 (반드시) 대왕에게 쓰일 바가 있을 것입니다. 대왕께서 정말로 능히 신의 어리석은 계책을 들어 주신다면 곧 한, 위(魏), 제, 연, 조, 위(衛)의 아름다운 음악과 미녀들이 틀림없이 후궁을 가득 채우게 되고, 조나라와 대(代)나라의 좋은 말과 낙타[橐他→橐駝]들이 반드시 바깥 마구간에 가득하게 될 것입니다. 그러므로 위아래[從]로 모으면 초나라가 왕이 되고, 가로[橫]가 이루어지면 진나라가 제왕이 됩니다. 지금 패왕의 업을 풀어버리면 다른 사람을 섬긴다는 이름을 갖게 될 뿐이니, 신이 대왕을 위해 몰래 생각건대 (대왕께서는) 취하지 마십시오.

무릇 진나라는 호랑이나 이리 같은 나라로 천하를 삼키려는 마음이 있으니 진나라는 천하의 원수입니다. 연횡(連衡)을 주장하는 사람[橫人]들은 모두 제후들의 땅을 잘라서 진나라를 섬기고 싶어 하니, 이는 이른바 원수를 길러주고 원수를 봉양하는 것입니다. 무릇 다른 사람의 신하가 되어 그 주인의 땅을 잘라내고, 그럼으로써 밖으로 강한 호랑이나 이리 같은 진나라와 교류하여 천하를 침탈하려 합니다. 그러나 끝내는 진나라(로부터)의 근심이 있게 될 터인데, 그 화란[禍=禍亂]을 돌아보지 않습니다. 무릇 밖에서 강한 진나라의 위세를 끼고서 안으로 그 주인을 겁박하여 땅을 가르자고 요구하니, 크게 (임금을) 거스르고 충성하지 않는 것으로는 이것을 넘는 것이 없습니다.

그러므로 합종을 가까이하면 곧 제후들이 땅을 쪼개어 초나라를 섬길 것이고, 연횡(橫)으로 모이게 되면 곧 초나라가 땅을 쪼개어 진나라를 섬겨야 할 것입니다. 이 두 가지 책략은 그 거리가 서로 멀리 떨어져 있는 것이 억(億)이나 조(兆)로 헤아려야 합니다. 두 가지 중에서 대왕께서는 어디에 머물겠습니까? 그래서 저희 나라[弊邑]의 조나라 왕이 신을 사신으로 보내서 어리석은 계책을 보여 밝게 약속[約]을 받들게 했으니, (이 일은) 대왕이 명하는 바에 달렸습니다."

蘇秦爲趙合從, 說楚威王曰: "楚, 天下之強國也. 大王, 天下之賢王也. 楚地西有黔中·巫郡, 東有夏州·海陽, 南有洞庭·蒼梧, 北有汾陘之塞·郇陽. 地方五千里, 帶甲百萬, 車千乘, 騎萬匹, 粟支十年, 此霸王之資也. 夫以楚之強與大王之賢, 天下莫能當也. 今乃欲西面而事秦, 則諸侯莫不南面而朝於章臺之下矣. 秦之所害於天下莫如楚, 楚強則秦弱, 楚弱則秦強, 此其勢不兩立. 故爲王室計, 莫如從親以孤秦. 大王不從親, 秦必起兩軍: 一軍出武關; 一軍下黔中. 若此, 則鄢·郢動矣. 臣聞治之其未亂, 爲之其未有也; 患至而後憂之, 則無及已. 故願大王之早計之. 大王誠能聽臣, 臣請令山東之國, 奉四時之獻, 以承大王之明制, 委社稷宗廟, 練士厲兵, 在大王之所用之. 大王誠能聽臣之愚計, 則韓·魏·齊·燕·趙·衛之妙音美人, 必充後宮矣. 趙·代良馬橐他, 必實於外廏. 故從合則楚王, 橫成則秦帝. 今釋霸王之業, 而有事人之名, 臣竊爲大王不取也. 夫秦, 虎狼之國也, 有吞天下之心. 秦, 天下之仇讎也, 橫人皆欲割諸侯之地以事秦, 此所謂養仇而奉讎者也. 夫爲人臣而割其主之地, 以外交強虎狼之秦, 以侵天下, 卒有秦患, 不顧其禍. 夫外挾強秦之威, 以內劫其主, 以求割地, 大逆不忠, 無過此者. 故從親, 則諸侯割地以事楚; 橫合, 則楚割地以事秦. 此兩策者, 相去遠矣, 有億之數. 兩者大王何居焉? 故弊邑趙王, 使臣效愚計, 奉明約, 在大王命之."

(2)

초나라 왕이 말했다.

"과인의 나라는 서쪽으로 진나라와 더불어 경계를 붙이고 있는데, 진나라는 파촉 땅을 들어내고 한중의 가운데를 아우르려 하고 있소. 진나라는 호랑이나 이리와 같은 나라이기 때문에 가까이할 수 없소. 그런데 한나라와 위나라는 근심덩어리 진나라[秦患]로부터 압박을 받고 있기에 더불어 깊게 모의할 수 없었으니, 반대하는 사람이 이를 가지고 진나라로 들어갈까 걱정했기 때문이었소. 그래서 모책을 미처 드러내지도 못했는데 나라가 이미 위태롭게 되었소. 과인이 스스로 헤아려 보았더니 초나라로써 진나라를 감당하려 해도 아직 이기는 방법이 보이지 않았고, 안으로 뭇 신하들과 더불어 모책을 세워 봐도 기댈 곳이 충분치 않았소. 과인이 누워도 자리가 편안치 않고 먹어도 맛을 모르겠으니, 마음이 흔들흔들하는 것이 마치 깃발에 매달린 것 같아서 끝내 머물[薄=泊] 곳이 없소. 지금 그대가 천하를 하나로 해서 제후를 편안히 하고 위태로운 나라를 보존할 수 있게 해준다 하니, 과인이 삼가 사직을 받들어서 따르겠소."

楚王曰: "寡人之國, 西與秦接境, 秦有擧巴蜀·幷漢中之心. 秦, 虎狼之國, 不可親也. 而韓·魏迫於秦患, 不可與深謀, 恐反人以入於秦, 故謀未發而國已危矣. 寡人自料, 以楚當秦, 未見勝焉. 內與群臣謀, 不足恃也. 寡人臥不安席, 食不甘味, 心搖搖如懸旌, 而無所終薄. 今君欲一天下, 安諸侯, 存危國, 寡人謹奉社稷以從."

소진이 초나라에게, 진나라를 따르기보다는 합종하여 초나라가 패자가 되는 길을

가자고 설득하였다.

14-18 장의가 진나라를 위해 종을 깨뜨리고 횡으로 잇고자 하다
【張儀爲秦破從連橫】

(1)

장의(張儀)가 진나라를 위해 합종(從)을 깨뜨리고 횡(橫)으로 잇고자 해서, 초나라 왕을 설득하며 말했다.

"진나라는 땅이 천하의 절반이고 병사들은 사방 나라들을 대적할 수 있으며, 산으로 둘러싸여 있고 강을 띠처럼 두르고 있어서 사방이 견고하게 막혀 있습니다. 호랑이처럼 날랜[虎賁] 병사가 백여 만이고 수레가 천 승, 기마가 만 필(疋)이며 곡식이 마치 언덕이나 산같이 있습니다. 법령은 이미 밝고, 군관과 병졸[士卒]은 어려움을 편안히 여기고 죽음을 즐거워합니다. 임금은 엄하면서 눈 밝고, 장수는 지혜로우면서 무용[武=武勇]이 있습니다. 비록 병기와 갑주를 내지 않더라도 돗자리를 말듯 쉽게[席卷] 상산(常山)의 험준함을 넘어 천하의 등뼈[脊]를 꺾을 수 있으니, 천하에 뒤에 굴복하는 자는 먼저 망하게 됩니다. 장차 저 합종을 따르는 자는 양떼를 몰고 가서 사나운 호랑이를 공격하게 하는 것과 다르지 않습니다. 무릇 호랑이에게 양(羊)이 상대가 되지 않는 것은 명백합니다. 지금 대왕께서 용맹한 호랑이와 함께하지 않고 양떼들과 같이하려 하시니, 몰래 생각하건대 대왕의 계책은 잘못[過]이라 여겨집니다.

무릇 천하의 강한 나라는 진나라가 아니면 초나라이고, 초나라가 아니면 진나라입니다. 두 나라가 대적함이 비슷해서[敵俸] 서로 다투는 것은, 그 세력이 둘 모두 설 수가 없기 때문입니다. 그런데 대왕께서 진나라와 함께하지 않으시면, 진나라는 갑주 입은 병사를 내려 보내 (한나라 땅인) 의양(宜陽)을 점거함으로써 한나라 위쪽 땅[上地]을 통하지 못하게 한 뒤, 하수 동쪽으로 내려와 성고(成皐)를 차지하게 될 것입니다. 그러면 한나라는 반드시 들어가서 진나라의 신하가 되고 말 것입니다. 한나라가 들어가서 신하가 되면 위나라는 바람을 쫓아 흔들리게 될 것이니, 진나라가 초나라의 서쪽을 공격하고 한나라와 위나라가 그 (초나라의) 북쪽을 공격하면 사직이 어찌 위태롭지 않을 수 있겠습니까?

또 무릇 합종을 맺는 것이란 여러 약한 것들을 모아서 지극히 강한 것을 공격하는 것입니다. 저 약한 것으로써 강한 것을 공격하면서 적을 헤아리지 않고 가벼이 싸우고 나라가 가난하면서도 자주[驟] 병사를 일으키니, 이는 위태롭고 망하는 방법입니다. 신이 듣건대, 병사(의 수)가 같지 않으면 더불어 싸울 수 없으며 곡식이 같지 않으면 더불어 오래 지탱할 수 없습니다. 무릇 합종하려는 사람[從人]은 말을 꾸미고 빈말을 해서, 임금의 꿋꿋한 행실[節行]을 높이고 이익만 말할 뿐 그 해로움은 말하지 않습니다. 끝내 초나라에 재앙이 있게 하지만 그치게 하기에는 미치지 못하니, 그런 까닭으로 바라건대 대왕께서 깊이 헤아려주십시오.

진나라 서쪽에 파(巴) 땅과 촉(蜀) 땅이 있는데, (배 두 척을 옆으로 연결한[橫梁]) 방선(方船)에 곡식을 쌓고 문산에서 출발하여 강수를 따라 내려 와서 (초나라 도읍인) 영(郢)에 이르면 삼천 리가 됩니다. (네모지고 밑이 평평한) 방선(舫船)에 병졸을 태우면 배 하나에 50명을 싣고 석 달

식량을 함께해서 물로 내려 보내어 둥둥 떠가면 하루에 300여 리를 가는데, 거리[里數]가 비록 많아도 말이 땀 흘리는 수고로움을 낭비하지 않은 채로 열흘이 되지 않아서 한관(扞關)에 이르게[距] 됩니다. 한관이 놀라게 되면 곧 경릉(竟陵)으로부터 동쪽으로[已東→以東] 온 힘을 다해 성을 지켜야 하겠지만, 검중(黔中)과 무군(巫郡)은 이미 왕이 소유한 것이 아니게 됩니다. 진나라가 갑병[甲]을 일으켜 무관(武關)을 나가 남쪽을 바라보며 공격하면 곧 북쪽의 땅은 끊어지게 됩니다. 진나라 병사가 초나라를 공격하면 위태롭고 어려운 일이 석 달 안에 있게 되는데, 초나라가 제후들의 구원에 기대려 해도 반년[半歲]도 더 걸리는[外] 곳에 있어서 그 세력이 서로 미치지 못합니다. 무릇 약한 나라의 구원을 의지하여 강한 진나라의 재앙(禍)을 잊어버리니, 이것이 신이 대왕의 근심이라 여기는 바입니다.

또 대왕께서는 일찍이 오나라 사람들과 다섯 번 싸워서 세 번을 이겨 (오나라를) 망하게 했지만 진(陳=陣) 속에 있던 병졸들이 남김없이 다 죽고 말았으며, 신성(新城)만 편중하여 지키는 바가 있어서 살던 백성만 괴롭게 했습니다. 신이 듣건대, 큰 것을 공격하면 쉽게 위태로워지고 백성을 피폐하게 하면 원망이 윗사람에게 간다고 했습니다. 무릇 쉽게 위태로워지는 일을 지키려고 해서 강한 진나라의 마음을 거스른다면, 신이 몰래 생각하건대 대왕은 위태로울 것입니다.

또 저 진나라가 15년 동안 함곡관(函谷關)에서 갑병[甲]을 내어 제후를 공격하지 않은 까닭은, 몰래 꾀를 내어 천하를 삼키려 하는 마음이 있었기 때문입니다. 초나라는 일찍이 진나라와 병난[難=兵難]을 만들어서 한중(漢中)에서 싸웠으나 초나라 사람이 이기지 못했고, 통후(通侯=徹侯)와 집규(執珪) 중에 죽은 자가 70여 명이었으며 마침내 한중을 잃고 말았습니다. 초나라 왕이 크게 화가 나서, 군대를 일으켜 진나라를 습격해서 남전(藍田)에서 싸웠지만 다시 퇴각하였습니다. 이는 이른바 두 호랑이가 서로 치고받는[相搏] 것입니다. 저 진나라와 초나라가 서로 피폐해지는 사이에 한나라와 위나라가 온전히 그 뒤를 제압할 것이니, 계책 중에 이보다 큰 잘못[過]이 없습니다. 이렇기 때문에 바라건대 대왕께서는 깊이 헤아려 주십시오. 진나라가 병사를 내려 위나라 양진(陽晉)을 공격하면 반드시 빗장을 열듯 천하의 가슴을 열게 될 것이니, (이때) 대왕이 모든 병사를 일으켜 송나라를 공격하면 몇 달이 되지 않아서 송나라를 가히 들어낼 수 있습니다. 송나라를 들어내고 나면 사수(泗水)가의 12제후들을 남김없이 왕이 소유하게 될 뿐입니다.

무릇 천하에서 믿음으로 합종[從]을 맺고 내 몸같이 하여 단단하게[親堅] 한 사람은 소진입니다. (그는) 무안군(武安君)에 봉해져서 연나라에서 재상이 되었는데, 나아가서 몰래 연나라 왕과 함께 모의하기를 제나라를 깨뜨려 그 땅을 같이 나누기로 하였습니다. 마침내 거짓으로 죄가 있다 하고는 달아나 제나라로 들어가니, 제나라 왕이 그참에 받아들이고 그를 재상으로 삼았습니다. 이 년이 지난 후에 발각되어, 제나라 임금이 크게 화가 나서 저잣거리[市]에서 소진을 수레로 찢어 죽였습니다[車裂]. (왕께서는) 저 한결같이 속이고 거짓을 꾸미대기를 반복하는 소진의 계책으로 천하를 경영하고자 하고 제후들을 섞어서 하나로 만들고자 하니, 아마도 이루어지지 못할 것이 분명합니다.

지금 진나라와 초나라의 관계는 국경[境]이나 땅의 지경[壤界]이 붙어있으니, 정말로 지형[形=地形]상 가까운 나라입니다. 대왕께서 정말로 능히 제 말을 들어주신다면, 신이 청하건대 진나라 태자를 초나라에 인질로 들이게 하여 초나라 태자를 진나라에 인질로 들이며, 청하건대 진나라 공주[秦女]를 대왕의 청소나 하는 첩[箕帚之妾]으로 받아들이게 하고 만 가구의 도움을 드려서[效=授與] (사사롭게 사용되는 封邑인) 탕목읍[湯沐之邑]으로 삼게 하겠으니, 길게는 형제의 나라가 되어 죽을 때까지 서로 공격하지 않을 것입니다. 신은 계책 중에 이보다 더 좋은 것이 없다고 여깁니다. 그래서 저희 나라 진나라 왕[惠文王]이 신을 사신으로 보내어 글을 바치게 해서, 대왕의 수레를 쫓아 아래에서 바람을 맞으며[從車下風] 일이 결정되기를 기다리고[須] 있습니다."

張儀爲秦破從連橫, 說楚王曰: "秦地半天下, 兵敵四國, 被山帶河, 四塞以爲固. 虎賁之士百餘萬, 車千乘, 騎萬疋, 粟如丘山. 法令既明, 士卒安難樂死. 主嚴以明, 將知以武. 雖無出兵甲, 席卷常山之險, 折天下之脊, 天下後服者先亡. 且夫爲從者, 無以異於驅群羊而攻猛虎也. 夫虎之與羊, 不格明矣. 今大王不與猛虎而與群羊, 竊以爲大王之計過矣. 凡天下強國, 非秦而楚, 非楚而秦. 兩國敵侔交爭, 其勢不兩立. 而大王不與秦, 秦下甲兵, 據宜陽, 韓之上地不通; 下河東, 取成皋, 韓必入臣於秦. 韓入臣, 魏則從風而動. 秦攻楚之西, 韓·魏攻其北, 社稷豈得無危哉? 且夫約從者, 聚群弱而攻至強也. 夫以弱攻強, 不料敵而輕戰, 國貧而驟舉兵, 此危亡之術也. 臣聞之, 兵不如者, 勿與挑戰; 粟不如者, 勿與持久. 夫從人者, 飾辯虛辭, 高主之節行, 言其利而不言其害, 卒有楚禍, 無及爲已, 是故願大王之熟計之也. 秦西有巴蜀, 方船積粟, 起於汶山, 循江而下, 至郢三千餘里. 舫船載卒, 一舫載五十人, 與三月之糧, 下水而浮, 一日行三百餘里; 里數雖多, 不費馬汗之勞, 不至十日而距扞關; 扞關驚, 則從竟陵已東, 盡城守矣, 黔中·巫郡非王之有已. 秦舉甲出之武關, 南面而攻, 則北地絕. 秦兵之攻楚也, 危難在三月之內. 而楚恃諸侯之救, 在半歲之外, 此其勢不相及也. 夫恃弱國之救, 而忘強秦之禍, 此臣之所以爲大王之患也. 且大王嘗與吳人五戰三勝而亡之, 陳卒盡矣; 有偏守新城而居民苦矣. 臣聞之, 攻大者易危, 而民弊者怨於上. 夫守易危之功, 而逆強秦之心, 臣竊爲大王危之. 且夫秦之所以不出甲於函谷關十五年以攻諸侯者, 陰謀有呑天下之心也. 楚嘗與秦構難, 戰於漢中. 楚人不勝, 通侯·執珪死者七十餘人, 遂亡漢中. 楚王大怒, 興師襲秦, 戰於藍田, 又郤. 此所謂兩虎相搏者也. 夫秦·楚相弊, 而韓·魏以全制其後, 計無過於此者矣, 是故願大王熟計之也. 秦下兵攻衛·陽晉, 必開扃天下之匈, 大王悉起兵以攻宋, 不至數月而宋可擧. 擧宋而東指, 則泗上十二諸侯, 盡王之有已. 凡天下所信約從親堅者蘇秦, 封爲武安君而相燕, 即陰與燕王謀破齊共分其地. 乃佯有罪, 出走入齊, 齊王因受而相之. 居二年而覺, 齊王大怒, 車裂蘇秦於市. 夫以一詐僞反覆之蘇秦, 而欲經營天下, 混一諸侯, 其不可成也亦明矣. 今秦之與楚也, 接境壤界, 固形親之國也. 大王誠能聽臣, 臣請秦太子入質於楚, 楚太子入質於秦, 請以秦女爲大王箕帚之妾, 效萬家之都, 以爲湯沐之邑, 長爲昆弟之國, 終身無相攻擊. 臣以爲計無便於此者. 故敝邑秦王, 使使臣獻書大王之從車下風, 須以決事."

(2)

초나라 왕이 말했다.

"초나라는 외지고 누추한 곳으로 동쪽 바닷가를 의지하고 있습니다. 과인이 나이가 어려서 나라와 집안의 긴 계책을 익히지 못했는데, 지금 상객(上客)께서 행차[幸]하시어 밝은 말로써 가르쳐 주셨습니다.

464

과인이 듣고서, 삼가 나라를 이끌고 따르겠소."

마침내 사신에게 수레 백 승을 보내고 계해의 뿔[雞駭之犀][12]과 밤에 빛나는 벽옥[夜光之璧]을 진나라 왕에게 바쳤다.

楚王曰: "楚國僻陋, 託東海之上. 寡人年幼, 不習國家之長計. 今上客幸教以明制, 寡人聞之, 敬以國從." 乃遣使車百乘, 獻雞駭之犀·夜光之璧於秦王.

초나라는 진나라와 붙어 있고 국력이 비슷하기 때문에, 두 나라가 싸우면 서로 피폐해지고 한나라와 위나라가 뒤를 노리는 형세가 되므로 연횡하는 것이 이롭다고 설득하였다.

14-19 장의가 진나라의 재상이 되다【張儀相秦】

장의가 진나라의 재상이 되어, (초나라 신하인) 소저(昭雎)에게 일러주며 말했다.

"초나라는 언(鄢), 영(郢), 한중(漢中)이 없어졌는데, 다시 얻을 바가 있습니까?"

(소저가) 말했다.

"있지 않습니다."

---

12 표포 주: 『포박자』에 이르기를, 무소의 뿔 중에 하나로서 하얗게 갈면 마치 실 꾸러미와 같은데, 쌀을 그 위에 두고 먹이로 주면 닭들이 보고 놀란다고 해서 '해계서(駭雞犀)'라 이름하였다.(鮑本, 抱朴子, 通天犀中有一白理如綖, 置米其上以飼, 雞見之驚, 故名駭雞犀.)

(장의가) 말했다.

"소과(昭雎→昭過)와 진진(陳軫)이 없으면 (그런 사람을) 다시 얻을 수 있습니까?"

(소저가) 말했다.

"다시 얻을 바가 없습니다."

장의가 말했다.

"저(儀)를 위해 초나라에게 이르기를, 소과와 진진을 쫓아내면 청컨대 언(鄢), 영(郢), 한중(漢中)을 회복해주겠다고 말씀드리십시오."

소저가 돌아가 초나라 왕에게 보고하자, 초나라 왕이 기뻐했다. 어떤 사람이 소과에게 일러주며 말했다.

"심합니다. 초나라 왕은 (천하에) 이름을 다투는 자를 살피지 못하는 사람입니다. 한나라가 재상으로 공진적(工陳籍=工師籍)을 삼으려고 요청했지만 주나라는 들어주지 않았으며, 위나라가 재상으로 기모회(綦母恢)를 삼으려고 요청했지만 주나라는 들어주지 않았으니, 왜 그랬겠습니까? 주나라는 (한나라와 위나라를) 나를 키워주는 여러 현 정도로 여겼기[13] 때문입니다. 지금 초나라는 만승의 강한 나라이며 대왕은 천하의 뛰어난 임금이십니다. 지금 장의[儀]가 그대와 진진을 축출하라고 말하자 왕이 들어주었으니, 이는 초나라가 스스로 행하는 것을 주나라보다 못하게 해서 장의를 한나라나 위나라 왕보다 무겁게 만든 것입니다.

또 장의가 행한 바는, 공업과 이름을 진나라에서 얻고 귀함과 부유

---

13 포표 주: 나를 대하는 것이 마치 현의 벼슬아치와 같았다는 말이다.(鮑本, 待我如縣吏.)

함을 위나라에서 얻으려는 것입니다.[14] 위나라를 위해 공격하고 싶어
서, 틀림없이 남쪽으로 가서 초나라를 칠 것입니다. 그런데 공격을 하
는 데는 도리가 있으니, 밖으로는 그 교류를 끊고 안으로는 그 계책을
내는 신하를 쫓아내는 것입니다. 진진은 중국[夏=中國] 사람으로 삼진
(三晉: 韓, 魏, 趙)의 일에 익숙하므로, 그를 쫓아내고 나면 초나라에는
계책을 내는 신하가 없게 됩니다. 지금은 그대가 능히 초나라의 많은
사람들을 쓰고 있지만, 또한 쫓겨나고 나면 곧 초나라 사람들을 쓸 수
가 없게 됩니다. 이는 이른바 안에서 공격하는 것인데, 그런데도 왕은
살필 줄을 모릅니다.

지금 그대는 왜 왕에게 저[臣]을 보여주지 않으십니까? 청컨대 왕
을 위해 제나라와 교류가 끊어지지 않게 하겠습니다. 제나라와 교류가
끊어지지 않은 것을 장의가 들으면, 이에 언, 영 땅과 한중 땅을 주는
것을 반드시 늦추게[緩] 될 것입니다. 이에 소저가 (소과와 진진을 쫓아내
면 張儀가 땅을 줄 것이라고) 한 말을 믿지 못하게 되어 왕께서는 반드시
(소저를) 엷게 대우할 것입니다."

張儀相秦, 謂昭雎曰: "楚無鄢·郢·漢中, 有所更得乎?" 曰: "無有." 曰:
"無昭雎·陳軫, 有所更得乎?" 曰: "無所更得." 張儀曰: "爲儀謂楚王逐昭
雎·陳軫, 請復鄢·郢·漢中." 昭雎歸報楚王, 楚王說之. 有人謂昭雎曰:
"甚矣, 楚王不察於爭名者也. 韓求相工陳籍而周不聽; 魏求相綦母恢
而周不聽, 何以也? 周是列縣畜我也. 今楚, 萬乘之强國也; 大王, 天下之

賢主也. 今儀曰逐君與陳軫而王聽之, 是楚自行不如周, 而儀重於韓·魏之王也. 且儀之所行, 有功名者秦也, 所欲貴富者魏也. 欲爲攻於魏, 必南伐楚. 故攻有道, 外絶其交, 內逐其謀臣. 陳軫, 夏人也, 習於三晉之事, 故逐之, 則楚無謀臣矣. 今君能用楚之衆, 故亦逐之, 則楚衆不用矣. 此所謂內攻之者也, 而王不知察. 今君何不見臣於王, 請爲王使齊交不絶. 齊交不絶, 儀聞之, 其效鄢·郢·漢中必緩矣. 是昭雎之言不信也, 王必薄之."

---

① 나라를 공격하기 위한 방법은 밖으로 그 교류를 끊고 안으로 그 계책을 내는 신하를 쫓아내어 약하게 만드는 것부터이다.

② 제나라와 초나라는 큰 나라여서, 장의는 그들이 힘을 합치는 것을 싫어하였다. 지금 제나라와 힘을 모으는데, 진나라가 땅을 주면 초나라는 더욱 굳세어지니 장의는 반드시 하지 않을 것이다.(鮑本: 齊·楚, 大國也, 儀惡其合. 今合而與之地, 則楚盆勁, 儀必不爲也)

14-20 위왕이 막오 자리에 있는 자화에게 물어보다 【威王問於莫敖子華】

(1)

위왕(威王)이 (초나라 벼슬로 영윤 다음인) 막오(莫敖) 자리에 있는 자화(子華)에게 물어보며 말했다.

"돌아가신 임금 문왕(文王)을 따른 이후로 내[不穀之身=寡人=孤]게 이르기까지, 정말로 억지로 벼슬을 위해 애쓰지 않고 억지로 녹봉을 위해 힘쓰지 않으면서 (오직) 사직을 근심하는 사람이 있었소?"

막오 자화가 대답하여 말했다.

"저(華)로서는 부족하여(不足=不足以) 그것을 알지 못합니다."

왕이 말했다.

"대부가 아니라면 들은 곳이 없소."

막오 자화가 대답하여 말했다.

"임금[君王]께서는 장차 무엇을 묻고자 하십니까? 저기에는 벼슬 자리에서 깔끔하고 그 몸을 청빈하게 하면서 사직을 걱정하는 사람도 있으며, 그 벼슬자리를 높이보고 그 봉록을 풍성하게 하면서 사직을 근심하는 사람도 있습니다. 목[脰=項]이 끊어지고 배가 갈라져서 한 번 눈을 감게 되더라도[瞑=不視=死] 만 세대[萬世]를 걸쳐 알아주지 않아서(不視) 이로운 바를 알지도 못하면서 사직을 염려하는 사람도 있습니다. 그 몸을 수고롭게 하고 그 뜻을 근심하면서 이로써 사직을 근심하는 사람도 있습니다. 또한 억지로 벼슬을 위해 애쓰지 않고 억지로 녹봉을 위해 힘쓰지 않으면서 사직을 근심하는 사람도 있습니다."

왕이 말했다.

"대부의 이 말은 장차 무엇을 일컫는 것이오?"

威王問於莫敖子華曰: "自從先君文王以至不穀之身, 亦有不爲爵勸, 不爲祿勉, 以憂社稷者乎?" 莫敖子華對曰: "如華不足知之矣." 王曰: "不於大夫, 無所聞之?" 莫敖子華對曰: "君王將何問者也? 彼有廉其爵, 貪其身, 以憂社稷者; 有崇其爵, 豐其祿, 以憂社稷者; 有斷脰決腹, 壹瞑而萬世不視, 不知所益, 以憂社稷者; 有勞其身, 愁其志, 以憂社稷者; 亦有不爲爵勸, 不爲祿勉, 以憂社稷者." 王曰: "大夫此言, 將何謂也?"

(2)

막오 자화가 대답하여 말했다.

"옛날 영윤(令尹) 자문(子文)은 검은 베옷[帛→布]을 입고서 조회를 하였고, 사슴가죽 옷을 입고 집에 있었습니다. 밝기 전에 나와서 조정에 서 있었고, 해가 지면 돌아가 밥을 먹었습니다. 아침에는 저녁 일을 걱정하지 않았고, 하루 일을 쌓아 두지 않았습니다. 그러므로 저 벼슬살이를 깔끔히 하고 그 몸을 청빈하게 하면서 사직을 걱정한 사람은 영윤 자문이 바로 그렇습니다.

옛날 섭공(葉公) 자고(子高)는 몸소 들판[表=野外]과 수풀[薄=林]에서 (먹을거리를) 얻다가[獲] (높은 벼슬인) 주국(柱國)으로서 재물을 모았으며, 백공(白公)의 재앙을 안정시켜서 초나라의 일을 편안케 하였습니다. 돌아가신 임금으로 하여금 (초나라 요새인) 방성 바깥을 엎어버리고 차지해서[揜=覆取] 땅을 넓히게[恢=大] 했으며 사방을 견고히[封] 하여 침범 받지 않게 함으로써 이름이 제후들에 꺾이지 않았습니다. 이때를 맞아서, 천하에 누구도 감히 병사를 이끌고 남쪽으로 향하지 못했습니다. 섭공 자고는 소출로 먹고사는 땅[食田]이 육백 지경[畛]이었으니, 그러므로 그 벼슬자리를 높이보고 그 봉록을 풍성하게 하면서 사직을 근심하는 사람은 섭공 자고가 바로 그렇습니다.

옛날 오나라와 초나라가 백거(柏擧)에서 싸워서 양쪽 군[御→軍] 사이에서 장교[夫]와 졸병들이 교전하였습니다. 그때 막오인 대심(大心)이 그의 마부 손을 어루만지다가, 돌아보며 크게 탄식하여 말하기를, '아! 초나라가 망하는 날이 왔구나! 내가 장차 오나라 군대에 깊이 들어갈 것이니, 너희[若]가 한 사람을 치고[扑] 너희가 한 사람의 (머리채를) 휘어잡는다면(捽) 이로써 나와 더불어 하는 것이다. 그리하면 아마도 사직을 바랄 수[庶幾] 있으리라'라고 했습니다. 목이 끊어지고 배가 갈라져서 한 번 눈을 감게 되더라도 만 세대(萬世)를 걸쳐 알아주지 않아서 이로운 바를 알지도 못하면서 사직을 염려하는 사람은 막오대심이 바로 그렇습니다.

옛날 오나라가 초나라와 백거에서 싸웠을 때 세 번 싸워서 (초나라도읍인) 영에 들어갔습니다. 임금[昭王]은 몸만 빠져 나왔고 대부는 모두 쫓아갔으며, 백성들은 헤어지고 흩어졌습니다. 분모발소(棼冒勃蘇=申包胥)가 말하기를, '내가 단단한 갑주를 입고 날카로운 병기를 들고서 강한 적에게 가서 죽는다면 이는 일개 졸개와 같은 것이니, 제후에게 도망가는 것만 못하다'라고 하고, 이에 남은 식량[嬴糧]을 가지고 몰래 떠났습니다. 가파른[崢] 산을 오르고, 깊은 계곡을 뛰어 넘고, 발바닥이 찔리고 무릎이 드러나면서, 칠일이 되어 진나라 왕[襄公]의 조정에 도달하였습니다[薄]. 참새처럼 서서 몸도 돌리지도 않은 채 낮에는 울고 밤에는 통곡을 하였으나 이레가 지나도록 알릴 수가 없었습니다. 물도 국물도[水漿] 입에 넣지 못했으니, 괴로워서 쓰러지도록 답답해지고 눈도 흐려져서(旄=眊) 사람을 알아보지 못했습니다. 진나라 왕이 이를 듣고 갓과 띠가 서로 맞지도 않은 채로 뛰어와서는 왼손으로 (발소의) 머리를 받치고 오른손으로 그 입을 적셔주자, 발소가 마침내 깨어났습니다[蘇]. 진나라 왕이 몸소 묻기를 '그대는 누구[孰誰]인가?'라고 하자, 분모발소가 대답하여 말했습니다. '신은 다른 사람이 아니라, 초나라에서 사신이 되어 처음으로[新] 험난함[礄]을 만난[造] 분모발소입니다. 오나라와 초나라가 백거에서 싸웠는데, 세 번 싸우고 (오나라가) 영에 들어갔습니다. 임금은 몸만 빠져 나왔고 대부는 모두 쫓아 갔으며 백성은 헤어지고 흩어졌습니다. 미천한 신[下臣]이 사신으로 와서 망한 것을 알려드리고 장차 구원을 요청합니다.' 진나라 왕이 돌아보면 영을 내려 일어나지 말라고 하면서, '과인이 듣건대, 만승의 임금이 한 명의 선비에게 죄를 지으면 사직이 위태로워진다고 했는데, 오늘 이것을 말한 것이다'라고 하였습니다. 마침내 가죽을 댄 수레 천 승과 병졸 만 명을 내어 자만(子滿)과 자호(子虎)에게 맡겨서 요새 동쪽으로 내려가게 하니, 오나라 사람들과 탁수(濁水)에서 싸워 크게 깨뜨렸고, 또한 소문이 수포(遂浦)에까지 이르렀습니다. 그 몸을 수고롭게 하고 그 뜻을 근심하면서 이로써 사직을 근심하는 사람이 있으니, 분모발소가 바로 그렇습니다.

　오나라와 초나라가 백거에서 싸웠는데, 세 번 싸워서 (오나라가 초나라 도읍인) 영에 들어섰습니다. 임금은 몸만 빠져나왔고 대부는 모두 쫓아갔으며 백성은 헤어지고 흩어졌습니다. (초나라 장수) 몽곡(蒙穀)이 궁당(宮唐) 주변(上)에서 얽혀[給=結, 交] 싸우다가, 싸움을 팽개치고 영(郢)으로 달아나며 말했습니다. '만약 (초나라 소왕이 죽었다면 그 자식들인) 고아[孤]라도 있어야 초나라 사직이 이어지길 바랄[庶幾] 수 있을 것이 아닌가?' 마침내 큰 궁에 들어가서 (초나라의 중요한 법전인) 계차(雞次=離次)의 전적을 짊어지고 강에 배를 띄워서 운몽(雲夢)이라는 호수 속으로 도망갔습니다. 소왕이 영 땅에 돌아왔지만 오관(五官)이 법을 잃어 버려서 백성들이 혼란스러워했는데, 몽곡이 법전을 바침으로써 오관이 법을 얻어 백성을 크게 다스릴 수 있었습니다. 이에 몽곡의 공이 많음이 마치 나라를 보존한 것과 서로 비슷하다 하여 집규(執圭)에 봉하고 밭 육백 지경을 주었는데, 몽곡이 화를 내면서 말하기를 '내가 다른 사람의 신하가 아니라 사직의 신하인데, 정말로 사직이 혈식(血食)을 이어간다면 내[餘→余]가 어찌 임금이 없는 것을 근심[悉→患]하겠는가?' 하고는 마침내 스스로 버리고 마산(磨山) 속으로 들어갔는데, 지금까지 법을 범하지[冒=犯法] 않았습니다. 그러므로 정말로 억지로 벼슬을 위해 애쓰지 않고 억지로 녹봉을 위해 힘쓰지 않으면서 사직을 근심하는 사람이 있으니, 몽곡이 바로 그렇습니다."

莫敖子華對曰: "昔令尹子文, 緇帛之衣以朝, 鹿裘以處; 未明而立於朝, 日晦而歸食; 朝不謀夕, 無一月之積. 故彼廉其爵, 貧其身, 以憂社稷者, 令尹子文是也. 昔者葉公子高, 身獲於表薄, 而財於柱國; 定白公之禍, 寧楚國之事; 恢先君以揜方城之外, 四封不侵, 名不挫於諸侯. 當此之時也, 天下莫敢以兵南鄉. 葉公子高, 食田六百畛, 故彼崇其爵, 豐其祿, 以憂社稷者, 葉公子高是也. 昔者吳與楚戰於柏舉, 兩御之間夫卒交. 莫敖大心撫其御之手, 顧而大息曰: '嗟乎子乎, 楚國亡之月至矣! 吾將深入吳軍, 若扑一人, 若捽一人, 以與大心者也, 社稷其爲庶幾乎?' 故斷脰決腹, 壹瞑而萬世不視, 不知所益, 以憂社稷者, 莫敖大心是也. 昔吳與楚戰於柏舉, 三戰入郢. 寡君身出, 大夫悉屬, 百姓離散. 棼冒勃蘇曰: '吾被堅執銳, 赴強敵而死, 此猶一卒也, 不若奔諸侯.' 於是贏糧潛行, 上峥山, 踰深谿, 蹠穿膝暴, 七日而薄秦王之朝. 雀立不轉, 晝吟宵哭. 七日不得告. 水漿無入口, 瘨而殫悶, 旄不知人. 秦王聞而走之, 冠帶不相及, 左奉其首, 右濡其口, 勃蘇乃蘇. 秦王身問之: '子孰誰也?' 棼冒勃蘇對曰: '臣非異, 楚使新造礛棼冒勃蘇. 吳與楚人戰於柏舉, 三戰入郢, 寡君身出, 大夫悉屬, 百姓離散. 使下臣來告亡, 且求救.' 秦王顧令不起: '寡人聞之, 萬乘之君, 得罪一士, 社稷其危, 今此之謂也.' 遂出革車千乘, 卒萬人, 屬之子滿與子虎, 下塞以東, 與吳人戰於濁水而大敗之, 亦聞於逐浦. 故勞其身, 愁其思, 以憂社稷者, 棼冒勃蘇是也. 吳與楚戰於柏舉, 三戰入郢. 君王身出, 大夫悉屬, 百姓離散. 蒙穀給鬥於宮唐之上, 舍鬥奔郢曰: '若有孤, 楚國社稷其庶幾乎?' 遂入大宮, 負離次之典以浮於江, 逃於雲夢之中. 昭王反郢, 五官失法, 百姓昏亂; 蒙穀獻典, 五官得法, 而百姓大治. 此蒙穀之功, 多與存國相若, 封之執圭, 田六百畛. 蒙穀怒曰: '穀非人臣, 社稷之臣, 苟社稷血食, 餘豈悉無君乎?' 遂自棄於磨山之中, 至今無冒. 故不爲爵勸, 不爲祿勉, 以憂社稷者, 蒙穀是也.'

(3)

왕이 마침내 크게 한숨을 쉬면서 말했다.

"이는 옛날 사람들입니다. 지금은 (그런) 사람이 어찌 능히 있겠소?"

막오 자화가 대답하여 말했다.

"옛날 돌아가신 임금인 영왕께서 가는 허리[要=腰]를 좋아하자 초나라 선비들이 밥을 적게 먹어서, 기대어야[馮] 설 수 있고 수레 가로장을 짚어야 일어설 수 있었습니다. 먹는 것이 욕심이 나지만 참고서 들이지 않았으며, (굶어)죽는 것은 가히 싫었지만 그러나 피할 수는 없었습니다. 제[章=華]가 듣기에, 그 임금이 활쏘기를 좋아하면 그 신하들은 (오른손에) 활깍지[抉=鉤弦]를 끼고 (왼팔에) 활팔찌(拾)를 차고 다닙니다. (지금 사람이 없는 까닭은) 바로 임금께서 좋아하지 않으셔서이지, 만약 임금께서 정말로 뛰어난 이를 좋아하신다면 이 다섯 신하를 모두 얻어서 이르게 할 수 있습니다."

王乃大息曰: "此古之人也. 今之人, 焉能有之耶?" 莫敖子華對曰: "昔者先君靈王好小要, 楚士約食, 馮而能立, 式而能起. 食之可欲, 忍而不入; 死之可惡, 然而不避. 章聞之, 其君好發者, 其臣抉拾. 君王直不好, 若君王誠好賢, 此五臣者, 皆可得而致之."

임금이 좋아하는 것을 신하들이 모두 따라서 좋아하므로, 정말로 임금이 뛰어난 이를 좋아하면 뛰어난 이들이 오게 된다는 것이다.

초책 2
楚策

15-1 위나라 재상 적강이 죽었다【魏相翟強死】

　위나라 재상 적강(翟強)이 죽었다. (누군가가) 감무(甘茂)를 위해 초
나라 임금에게 일러주며 말했다.

　"위나라에서 아마도 재상이 되고자 하는 사람은 (진나라 사람인) 공
자경(公子勁)일 것입니다. 경이 위나라 재상이 되면 위나라와 진나라
의 교분은 (진나라 사람이 위나라 재상이 되기 때문에) 반드시 좋을 것이고,
진나라와 위나라의 교분이 완성되면 곧 초나라는 가볍게 될 것입니다.
그러므로 왕께서는 더불어 제나라와 약속을 맺고 감무를 위나라의
재상이 되게 하는 것만 못합니다. 제나라 왕[閔王]은 이름이 다른 사람
보다 높기를 좋아하니, 지금 그 행인(行人)¹을 위나라의 재상으로 청하
면 제나라는 반드시 기뻐할 것입니다. 위나라가 들어 주지 않으면 제
나라와 교분이 나빠지게 되고, 제나라와 위나라의 교분이 나빠지면
반드시 다투어 초나라를 섬기게 될 것입니다. 위나라가 들어주면, (위
나라 재상이 될) 감무와 (진나라 재상인) 저리질(樗里疾)은 서로 목을 바꾸

1　표포 주: 초나라가 제나라를 위해 사신을 보내어 청하라는 말이다. 예에, 행인이 사방으로 사신
　　을 다녔다.(鮑本, 楚爲齊請如其使者. 禮, 行人使適四方.) 여기서는 감무(甘茂)를 말하니, 이 당시
　　진나라에서 달아나 제나라에 머물고 있었다.

어 팔아먹을[貿首] 정도로 원수이기 때문에 위나라와 진나라의 교분이 반드시 나빠질 것이니, 또한 교분을 맺고자 초나라를 무겁게 여길 것입니다.

> 魏相翟强死. 爲甘茂謂楚王曰: "魏之幾相者, 公子勁也. 勁也相魏, 魏·秦之交必善. 秦·魏之交完, 則楚輕矣. 故王不如與齊約, 相甘茂於魏. 齊王好高人以名, 今爲其行人請魏之相, 齊必喜. 魏氏不聽, 交惡於齊; 齊·魏之交惡, 必爭事楚. 魏氏聽, 甘茂與樗里疾, 貿首之讎也; 而魏·秦之交必惡, 又交重楚也."

초나라가 무겁게 되려면 위나라가 진나라와 가까워지는 것을 막아야 하므로, 진나라 재상과 원수인 감무를 제나라와 약속하여 위나라 재상으로 삼도록 권하였다.

15-2 제나라와 진나라가 약속을 맺고서 초나라를 공격하다【齊秦約攻楚】

제나라와 진나라가 약속을 맺고서 초나라를 공격하자, 초나라가 영을 내려 (초나라 장수인) 경취(景翠)를 시켜 여섯 성을 제나라에 바치고 태자[太子橫]를 인질로 주도록 했다. (초나라 신하) 소저(昭雎)가 경취에게 일러주며 말했다.

"진나라는 장차 (초나라 신하인) 경리(景鯉)와 소려(蘇厲)로 말미암아 초나라에서 (제나라에) 땅을 바치는[效] 일을 두려워합니다. 공께서는 땅을 내어 제나라를 (초나라 편으로) 거두려 하지만[取=收], 경리와 소려는 장차 (제나라에 바치려는) 땅을 거두어 (진나라에 줌으로써) 진나라를 얻자고[取=得] 할 것이니 공의 일은 반드시 어그러집니다. 공이 왕에게 경리와 소려에게 무거운 선물을 주어 진나라에 들어가게 하느니만 못하니, 제[秦→齊]나라는 두려워서 반드시 땅을 요구하지도 못한 채 초나라와 화합[合]하려고 할 것입니다. 만일 제나라가 요구하지 않으면, 이에 공은 더불어 약속을 맺을 수 있습니다."

齊·秦約攻楚, 楚令景翠以六城略齊, 太子爲質. 昭雎謂景翠曰:"秦恐且因景鯉·蘇厲而效地於楚. 公出地以取齊, 鯉與厲且以收地取秦, 公事必敗. 公不如令王重略景鯉·蘇厲, 使入秦, 秦恐, 必不求地而合於楚. 若齊不求, 是公與約也."

초나라가 진나라와 제나라의 공격을 막기 위해 제나라에 땅을 떼어주는 계책은 진나라에 주자는 계책과 충돌할 것이니, 진나라에게 주는 척하여 제나라로 하여금 땅을 달라는 말을 못하게 하자는 말이다.

15-3 술시가 초나라를 정벌하다【術視伐楚】

(진나라 사람) 술시(術視)가 초나라를 정벌하자 초나라가 영을 내려 소서(昭鼠)에게 십만의 군사를 이끌고 한중(漢中)으로 가게 했는데, 소저(昭雎)가 중구(重丘)에서 진나라를 이겼다. 소려(蘇厲)가 완공(宛公)인 소서에게 일러주며 말했다.

"왕께서는 소저가 진나라에 (이긴 틈을) 올라타기를 바라고 있으니, 반드시 공의 병사를 나눠서 (소저에게) 더해줄 것입니다. 진나라는 공

478

의 병사가 나뉜 것을 알게 되면 반드시 한중으로 나올 것이니, 청컨대 공을 위해 영을 내려 (진나라 宣太后의 동생인) 신융(辛戎=芈戎=華陽君)으로 하여금 (초나라) 왕께 일러 '진나라 군대가 장차 한중으로 나설 것입니다'라고 말하게 하면 공의 병사는 온전할 것입니다."

術視伐楚, 楚令昭鼠以十萬軍漢中, 昭睢勝秦於重丘, 蘇厲謂宛公昭鼠曰: "王欲昭睢之乘秦也, 必分公之兵以益之. 秦知公兵之分也, 必出漢中. 請爲公令辛戎謂王曰: 『秦兵且出漢中.』則公之兵全矣."

소려가 소저를 견제하기 위해 소서의 병사를 나눠주지 못하도록 하는 계책을 내었다.

15-4 네 나라가 초나라를 정벌하려 하다【四國伐楚】

네 나라[秦, 齊, 韓, 魏]가 초나라를 정벌하려 하자, 초나라가 영을 내려 소저(昭睢)로 하여금 장수가 되어 진나라에 맞서게 하였다. 초나라 왕이 진나라를 치고 싶어 했지만 소저[昭侯→昭睢]가 원하지 않았다. 환장(桓臧)이 소저를 위해 초나라 왕에게 일러주며 말했다.

"소저가 싸워서 이기면, 세 나라가 초나라의 강함을 미워하면서 진나라가 (입장을) 바꿔 초나라 말을 들을까 두려워하고 있으니, 반드시 깊숙이 초나라를 공격함으로써 진나라를 굳세게 만들 것입니다. 진나라 왕은 싸움에서 이기지 못한 것에 화를 내어, 틀림없이 (병사를) 모두 일으켜서 초나라를 공격하게 될 것입니다. 이에 왕께서는 진나라와 함께 피로해지고, 그럼으로써 세 나라에는 이득이 됩니다. 싸워서 진나라를 이기지 못하면 진나라는 병사를 나아가게 하여 공격할 것입니다. 소저(昭雎)에게 병사를 더해주어 영을 내려서 진나라를 보면 반드시 싸우게 하는 것만 못합니다. 진나라 왕이 초나라와 함께 피폐해져서 천하에 이익을 주는 것이 싫어서, 진나라는 가히 (초나라에게) 땅을 조금 떼어주고 해로움을 거두어들일 것입니다. 진나라와 초나라가 힘을 합치면 연나라, 조나라, 위나라는 감히 듣지 않을 수 없으니, 세 나라를 평정할 수 있을 것입니다."

四國伐楚, 楚令昭雎將以距秦. 楚王欲擊秦, 昭侯不欲. 桓臧爲昭雎謂楚王曰: "雎戰勝, 三國惡楚之强也, 恐秦之變而聽楚也, 必深攻楚以勁秦. 秦王怒於戰不勝, 必悉起而擊楚, 是王與秦相罷, 而以利三國也. 戰不勝秦, 秦進兵而攻. 不如益昭雎之兵, 令之示秦必戰. 秦王惡與楚相弊而令天下², 秦可以少割而收害也. 秦·楚之合, 而燕·趙·魏不敢不聽, 三國可定也."

네 나라가 초나라를 쳐들어 왔지만, 강한 진나라에게 군사를 집중하면 진나라는 자신의 군세가 약해져서 나머지 세 나라가 어부지리를 얻게 될 것을 걱정하여 반드시 초나라와 강화할 것이라는 말이다.

---

2 포표 주: "令天下" 다음에 '리(利)'자가 보완되어야 한다.(鮑本, 下下補利字.)

15-5 초나라 회왕이 장의를 붙잡아두다【楚懷王拘張儀】

초나라 회왕(懷王)이 장의(張儀)를 붙잡아두고, 장차 죽이려 했다. (초나라 上官大夫인) 근상(靳尙)이 장의를 위해 초나라 왕에게 일러주며 말했다.

"장의를 붙잡아 두면 진나라 왕[惠王]이 반드시 화를 내게 되고, 천하 제후들이 초나라에 진나라(의 지지)가 없는 것을 보게 되면 초나라는 반드시 가벼워질 것입니다."

또 왕에게 총애 받는 부인인 정수(鄭袖)에게 일러주며 말했다.

"그대는 정말로 스스로 장차 왕에게 천대받을 것을 알고 있습니까?"

정수가 말했다.

"무슨 말입니까?"

상이 말했다.

"장의라는 사람은 진나라 왕의 충성스럽고 믿음이 있으며 공훈이 있는 신하입니다. 지금 초나라에서 그를 붙잡아두고 있는데, 진나라 왕은 그를 빼내고 싶어 합니다. 진나라 왕에게는 아끼는 딸이 있는데 아름답습니다. 또 궁중에서 아리따운 기생[媙]과 곱고 호감이 가는 기생[媙]과 음악을 익힌 사람들을 가려 뽑아서[簡擇] (진나라 왕의 딸을) 기쁘게 따르게 하고, 밑천으로 금과 옥 그리고 보배로운 기물을 보내며, 상용(上庸)에 있는 여섯 현을 탕목읍(湯沐邑)으로 받들게 해서, 장의를 위해 초나라 왕에게 들이고자[內=納, 入] 하고 있습니다. 초나라 왕이 반드시 아끼실[愛] 것이니, 진나라 공주[秦女]는 강한 진나라에 기대어 무겁게 여겨지며 옆에 끼고 있는 보물과 땅을 밑천으로 해서 그 위세는 왕의 아내[妻]로서 초나라에 군림하게 될 것입니다. 왕께서 재미있는 즐거움[虞樂=娛樂]에 빠지셨지만[惑] 틀림없이 두텁게 (진나라 공주를) 높이 받들고 삼가며 내 몸같이 가까이하고 아끼셔서 그대를 잊게 될 것이니, 그대는 더욱 천대받고 나날이 멀어져갈 것입니다."

정수가 말했다.

"바라건대 공에게 맡기겠으니, 어찌해야 합니까?"

말했다.

"그대는 어찌 빨리 왕께 말해서 장자(張子=張儀)를 내보내지 않습니까? 장자가 떠날 수 있게 되면 은덕이 그대에게 세월이 가도 그치지 않을[無已時] 것이니, 진나라 공주는 틀림없이 오지 않게 되어 진나라는 반드시 그대를 무겁게 여길 것입니다. 그대가 안에서는 초나라의 귀한 사람들을 마음대로 하면서 밖으로는 진나라와 교분을 맺고 장자(張子)를 길러서(畜) 쓰게 되면, 그대의 아들이나 손자가 틀림없이 초나라 태자가 될 것입니다. 이는 베옷 입은 사람의 (별 볼 일 없는 그런) 이로움이 아닙니다."

정수가 급히 초나라 왕을 설득하여 장자를 내보냈다.[3]

楚懷王拘張儀, 將欲殺之. 靳尙爲儀謂楚王曰: "拘張儀, 秦王必怒. 天下見楚之無秦也, 楚必輕矣." 又謂王之幸夫人鄭袖曰: "子亦自知且賤於

---

3 (오사도가) 보충해서 말한다: 『사기』에 따르면, 초나라는 장의를 얻으면 검중을 바치겠다고 해서 진나라 왕이 보내고 싶었지만 차마 말할 수 없었는데, 장의가 가기를 청하면서 말하기를 "제가 근상과 잘 지내는데, 근상은 정수를 섬기고 있고 정수가 하는 말은 모두가 따릅니다"라고 했다. 드디어 사신으로 초나라에 갔으니, 장의는 정말로 이미 이 모책이 반드시 적중할 것임을 헤아렸던 것이다.(補曰. 史. 楚願得張儀而獻黔中, 秦王欲遣之, 口弗忍言. 儀請行, 曰, "臣善靳尙, 尙得事鄭袖, 袖所言皆從." 遂使楚. 儀固已料是謀之必中矣.)

王乎?" 鄭袖曰: "何也?" 尙曰: "張儀者, 秦王之忠信有功臣也. 今楚拘之,
秦王欲出之. 秦王有愛女而美, 又簡擇宮中佳茹麗好茹習音者, 以懽從
之; 資之金玉寶器, 奉以上庸六縣爲湯沐邑, 欲因張儀內之楚王. 楚王
必愛, 秦女依強秦以爲重, 挾寶地以爲資, 勢爲王妻以臨於楚. 王惑於虞
樂, 必厚尊敬親愛之而忘子, 子益賤而日疏矣." 鄭袖曰: "願委之於公, 爲
之奈何?" 曰: "子何不急言王, 出張子. 張子得出, 德子無已時, 秦女必不
來, 而秦必重子. 子內擅楚之貴, 外結秦之交, 畜張子以爲用, 子之子孫
必爲楚太子矣, 此非布衣之利也." 鄭袖遽說楚王出張子.

장의를 풀어내기 위해 초나라 왕의 애첩에게 베갯머리송사를 하게 하였다.

15-6 초나라 왕이 장차 장자를 내보내려 하다【楚王將出張子】

초나라 왕이 장차 장자(張子=張儀)를 내보내려고 했지만, 그가 자
기를 어그러뜨릴까 두려웠다. 근상(靳尙)이 초나라 왕에게 일러주며
말했다.

"신이 청하건대, 그를 쫓아가겠습니다. 장의가 왕을 섬기기를 잘하
지 못하였으니, 신이 청하건대 그를 죽이겠습니다."

초나라에 낮은 벼슬아치 중에 근상의 원수가 있었는데, (魏나라 大
臣인) 장모(張旄)에게 일러주며 말했다.

"장의의 지모를 가지고 진나라와 초나라가 쓰고 있으니, 그대는 반
드시 막히게 될 것입니다. 그대가 사람을 시켜 몰래 근상을 찔러 죽이
는 것만 못하니, 초나라 왕이 반드시 장의에게 크게 화를 낼 것입니다.

저 장의가 막히게 되면 곧 그대는 무겁게 될 것입니다. 초나라와 진나라가 서로 어렵게 되면 위나라는 근심이 없게 됩니다."

장모가 과연 사람을 시켜서 숨어 있다가[要] 근상을 찔러 죽이게 했다. 초나라 왕이 크게 화를 내자, 진나라가 병사를 갖춰서 싸우게 되었다. 진나라와 초나라가 다투어 위나라를 섬기려 하자, 장모는 과연 크게 무거워졌다.

楚王將出張子, 恐其敗己也, 靳尙謂楚王曰: "臣請隨之. 儀事王不善, 臣請殺之." 楚小臣, 靳尙之仇也, 謂張旄曰: "以張儀之知, 而有秦·楚之用, 君必窮矣. 君不如使人微要靳尙而刺之, 楚王必大怒儀也. 彼儀窮, 則子重矣. 楚·秦相難, 則魏無患矣." 張旄果令人要靳尙刺之. 楚王大怒, 秦構兵而戰. 秦·楚爭事魏, 張旄果大重.

장의를 돕고자 초나라 사람 근상을 암살하여, 그참에 초나라와 진나라 사이를 험악하게 만들어 위나라가 이득을 보게 만들었다.

15-7 진나라가 초나라를 한중에서 깨뜨리다【秦敗楚漢中】

진나라가 초나라를 한중에서 깨뜨렸다. 초나라 왕[懷王]이 진나라에 들어오자 진나라 왕[昭王]이 그를 억류하니, 유등(游騰)이 초나라를 위해 진나라 왕에게 일러주며 말했다.

"왕이 초나라 왕을 옆에 끼고 있으니, 천하와 더불어 초나라를 공격하면 곧 (왕이) 행하신 바[行]를 해치게 되고 천하와 함께 공격하지 않으면 이로움을 잃게 됩니다. 왕께서 더불어 (초나라 왕과) 맹약을 맺고 돌아가게 하는 것만 못합니다. 초나라 왕이 두려워서 반드시 감히 맹약을 배신하지 못할 것입니다. 왕께서는 (초나라가 배신하면) 그참에 세 나라[齊, 韓, 魏]와 더불어 공격하시게 되더라도 (그것은) 마땅한 일입니다."

秦敗楚漢中. 楚王入秦, 秦王留之. 游騰爲楚謂秦王曰: "王挾楚王, 而與天下攻楚, 則傷行矣. 不與天下共攻之, 則失利矣. 王不如與之盟而歸之. 楚王畏, 必不敢倍盟. 王因與三國攻之, 義也."

초나라 왕을 억류하기보다는 맹약을 맺고 놓아주는 것이 나으니, 만일 배신한다 해도 다른 나라들과 함께 공격할 수 있는 명분이 된다.

15-8 초나라 양왕이 태자였던 시절【楚襄王爲太子之時】

(1)

초나라 양왕(襄王)이 태자였던 시절, 제나라에 인질로 있었다. 회왕(懷王)이 돌아가시자 태자는 제나라 왕[閔王]에게 인사하고 돌아가려 했는데, 제나라 왕이 그를 막았다[隘=阻]. (그리고 말했다.)

"내게 동쪽 땅 오백 리를 주면 곧 그대를 돌려보내겠소. 그대가 나에게 주지 않으면 돌아갈 수 없소."

태자가 말했다.

"신에게 사부가 있는데, 청컨대 쫓아가서 사부에게 물어보겠습

니다."

사부 신자(愼子)가 말했다.

"땅을 바치는 것은 몸을 위하는 까닭입니다. 땅을 아끼면 돌아가신 아버지를 보내드리지 못하게 되니, 마땅하지 않습니다. 신이 그런 이유로 말하는 것인데, 주는 쪽이 이롭습니다."

태자가 들어와서 (돌아가라는) 명을 이르게 하고자 제나라 왕에게 말했다.

"삼가 땅 오백 리를 바치겠습니다."

제나라 왕이 태자를 돌려보냈다.

태자가 돌아와서 자리에 나아가서 왕이 되었다. 수레 오십 승 벼슬의 제나라 사신이 와서 초나라 동쪽 땅을 가져가려 하자, 초나라 왕이 신자에게 알려주며 말했다.

"제나라 사신이 와서 동쪽 땅을 요구하는데, 어찌해야 합니까?"

신자가 말했다.

"왕께서 내일 아침 여러 신하의 조현을 받을 때, 모두가 이에 대한 계책을 바치도록 하십시오."

(영윤 다음의 벼슬인) 상주국(上柱國) 자량(子良)이 들어와 알현하였다. 왕이 말했다.

"과인이 돌아오기를 구해서 왕의 묘소를 만들고 여러 신하를 다시 만나며 사직에 돌아가려고 했는데, 이 때문에 동쪽 땅 오백 리를 제나라에게 허락하였소. 제나라가 사신에게 영을 내려서 땅을 요구하게 했으니, 어찌해야 하겠소?"

자량이 말했다.

"왕께서는 주지 않을 수 없습니다. 왕의 몸에서 옥 같은 소리를 내어서 강한 만승의 제나라에 허락하고도 주지 않으면, 곧 믿지 못하게 되어 뒤에 가서는 제후들과 맺는 약속을 할 수 없게 됩니다. 청하건대 주고 나서 다시 공격해야 합니다. 주는 것은 믿음이고, 공격하는 것은 굳센 것[武]입니다. 신은 그런 까닭에 주자고 말씀드립니다."

楚襄王爲太子之時, 質於齊. 懷王薨, 太子辭於齊王而歸. 齊王隘之: "予我東地五百里, 乃歸子. 子不予我, 不得歸." 太子曰: "臣有傅, 請追而問傅." 傅愼子曰: "獻之地, 所以爲身也. 愛地不送死父, 不義. 臣故曰, 獻之便." 太子入, 致命齊王曰: "敬獻地五百里." 齊王歸楚太子. 太子歸, 卽位爲王. 齊使車五十乘, 來取東地於楚. 楚王告愼子曰: "齊使來求東地, 爲之奈何?" 愼子曰: "王明日朝群臣, 皆令獻其計." 上柱國子良入見. 王曰: "寡人之得求反, 王墳墓·復群臣·歸社稷也, 以東地五百里許齊. 齊令使來求地, 爲之奈何?" 子良曰: "王不可不與也. 王身出玉聲, 許强萬乘之齊而不與, 則不信, 後不可以約結諸侯. 請與而復攻之. 與之信, 攻之武. 臣故曰與之."

제나라가 초나라의 국상을 틈타 초나라 태자를 겁박하며 땅을 요구하였다.

---

(2)

자량(子良)이 나가고, 소상(昭常)이 들어와서 뵈자 왕이 말했다.

"제나라 사신이 와서 동쪽 땅 오백 리를 요구하는데, 어찌하면 좋겠소?"

소상이 말했다.

"줘서는 안 됩니다. 만승이란 말은 땅이 커서 만승이 된 것입니다.

지금 동쪽 땅 오백 리를 보내면 이는 싸워야 하는 나라[戰國=楚國]의 절반을 보내는 것인데, 만승이라는 이름은 있어도 천승의 쓸모도 없으니 안 됩니다. 신은 이런 까닭으로 주면 안 된다고 말씀드립니다. 제[常]가 청컨대 지켜내겠습니다."

소상이 나가자, 경리(景鯉)가 들어와서 뵈었다. 왕이 말했다.

"제나라 사신이 와서 동쪽 땅 오백 리를 요구하는데, 어찌하면 좋겠소?"

경리가 말했다.

"줘서는 안 되지만, 비록 그렇다 해도 초나라가 홀로 지킬 수는 없습니다. 왕의 몸에서 옥 같은 소리를 내어서 만승의 강한 제나라에 허락했는데, 그런데도 주지 않으면 천하에서 마땅하지 못하다는 이름을 짊어지게 됩니다. (그렇다고) 초나라가 정말로 홀로 지킬 수도 없으니, 신이 청하건대 서쪽으로 가서 진나라에게 구원을 찾아보겠습니다."

경리가 나가고, 신자(慎子)가 들어왔다. 왕이 세 대부의 계책을 신자에게 알려주고 말했다.

"자량이 과인을 만나서 말하기를 '주지 않을 수 없으니, 주고 나서 다시 공격하자'라고 했고, 상이 과인을 보고 말하기를 '주면 안 되니, 제가 지키겠다'라고 했고, 경리가 과인을 보고 말하기를 '줄 수는 없지만 비록 그렇다 해도 초나라 홀로 지킬 수 없으니, 신이 진나라에서 구원을 모색하겠다'라고 했소. 과인은 세 사람의 계책 중에서 어느 것을 써야 하오?"

신자가 대답하여 말했다.

"왕께서는 모두 쓰십시오."

왕이 못마땅한 얼굴로 얼굴빛을 바꾸고는 말했다.

"무슨 말이오?"

신자가 말했다.

"신이 청하건대 그 말의 효험을 보여드리면[效], 왕께서는 또한 그 말이 정말로 그렇다는 것을 알 수 있을 것입니다. 왕께서 상주국 자량에게 수레 오십 승의 벼슬로 떠나게 해서, 북쪽으로 가서 오백 리 땅을 제나라에게 바치십시오. 자량이 떠난 다음날, 소상을 대사마(大司馬)가 되게 해서 보내어 영을 내려 동쪽 땅을 지키게 하십시오. 소상이 떠난 다음날, 경리에게 수레 오십 승의 벼슬로 서쪽으로 가서 진나라에게 구원을 모색하게 하십시오."

왕이 말했다.

"좋은 말이오."

마침내 자량을 보내어 북쪽으로 가서 제나라에게 땅을 바치게 하고, 자량이 떠난 다음날 소상을 대사마로 세워서 동쪽 땅을 지키게 했으며, 또한 경리를 보내어 서쪽으로 가서 진나라에게 구원을 찾도록 했다.

子良出, 昭常入見. 王曰: "齊使來求東地五百里, 爲之奈何?" 昭常曰: "不可與也. 萬乘者, 以地大爲萬乘. 今去東地五百里, 是去戰國之半也, 有萬乘之號而無千乘之用也, 不可. 臣故曰勿與. 常請守之." 昭常出, 景鯉入見. 王曰: "齊使來求東地五百里, 爲之奈何?" 景鯉曰: "不可與也. 雖然, 楚不能獨守. 王身出玉聲, 許萬乘之强齊也而不與, 負不義於天下. 楚亦不能獨守. 臣請西索救於秦." 景鯉出, 慎子入, 王以三大夫計告慎子曰: "子良見寡人曰: '不可不與也, 與而復攻之.' 常見寡人曰: '不可與也, 常請守之.' 鯉見寡人曰: '不可與也, 雖然楚不能獨守也, 臣請索救於

秦: 寡人誰用於三子之計?" 愼子對曰: "王皆用之." 王怫然作色曰: "何謂
也?" 愼子曰: "臣請效其說, 而王且見其誠然也. 王發上柱國子良車五十
乘, 而北獻地五百里於齊. 發子良之明日, 遣昭常爲大司馬, 令往守東地.
遣昭常之明日, 遣景鯉車五十乘, 西索救於秦." 王曰: "善." 乃遣子良北
獻地於齊. 遣子良之明日, 立昭常爲大司馬, 使守東地. 又遣景鯉西索救
於秦.

세 명의 신하에게 해결 방안을 물어본 뒤 세 사람의 계책을 모두 쓰기로 하였다.

---

(3)

자량이 제나라에 이르자, 제나라가 사람을 시켜 갑병을 이끌고 동
쪽 땅을 받게 하였다. 소상이 제나라 사신을 응대하며 말했다.

"내가 동쪽 땅을 맡아서 주관하고 있으니, 장차 더불어 죽고 살겠
습니다. 전부 오척동자[五尺]에서부터 육십 노인까지이고 30여 만의
낡은 갑주와 무디어진 병기를 가지고 있지만, 원컨대 아래에서 흙먼지
로[4] 뜻을 잇겠습니다."

제나라 왕이 자량에게 일러주면서 말했다.

"대부께서 와서 땅을 바쳤는데, 지금 소상이 지키고 있는 것은 왜
그렇습니까?"

자량이 말했다.

"신은 몸소 저희 나라의 왕에게서 명을 받았으니, 이는 소상이 명

---

4 표교 주: 무릇 사람이 서로 쫓으면 흙먼지가 가고, 싸움 역시 흙먼지가 난다. 감히 제나라와 겨
루겠다고 할 수 없기 때문에 '아래'라고만 말한 것이다.(鮑本, 凡人相趨則有塵. 戰亦有塵. 不敢
與齊抗, 故言下.)

을 고친 것입니다. 왕께서는 공격하십시오."

제나라 왕이 크게 병사를 일으켜서 동쪽 땅을 공격하여 소상을 토벌하려 했는데, 미처 강역에 들어서기도 전에 진나라가 50만을 이끌고 제나라 오른쪽 땅에 이르렀다. (진나라가) 말했다.

"무릇 초나라 태자를 막아서 나가지 못하게 한 것은 어질지 못한 일이며, 또한 욕심을 내어 동쪽 땅 오백 리를 뺏으려는 것은 마땅하지 못한 일이오. 이에 갑병을 물리는 것(縮=蹙)이 옳으니, 그렇지 않겠다면 곧 원컨대 싸움을 기다리겠소."

제나라 왕이 두려워서, 마침내 자량에게 청하여 남쪽으로 가서 초나라에 말을 하고 서쪽으로 진나라에 사신을 보내어 제나라에 대한 근심을 풀었다. 이에 병사를 쓰지 않고 동쪽 땅을 다시 온전히 했다.

子良至齊, 齊使人以甲受東地. 昭常應齊使曰: "我典主東地, 且與死生. 悉五尺至六十, 三十餘萬弊甲鈍兵, 願承下塵." 齊王謂子良曰: "大夫來獻地, 今常守之何如?" 子良曰: "臣身受命弊邑之王, 是常矯也. 王攻之." 齊王大興兵, 攻東地, 伐昭常. 未涉疆, 秦以五十萬臨齊右壤. 曰: "夫隘楚太子弗出, 不仁; 又欲奪之東地五百里, 不義. 其縮甲則可, 不然, 則願待戰." 齊王恐焉. 乃請子良南道楚, 西使秦, 解齊患. 士卒不用, 東地復全.

초나라는 세 대부의 말을 써서 동쪽 땅을 지켜냈고 진나라는 인의(仁義)을 지켜 이름을 얻었으나, 제나라는 명분도 실리도 모두 잃었다.

15-9 여아가 소자에게 일러주다【女阿謂蘇子】

여아(女阿=태자의 보모)가 소자(蘇子)에게 일러주며 말했다.

"진나라가 초나라 왕을 붙잡고(栖) 있는데, 태자를 위태롭게 하는 사람은 공(公)입니다. 지금 초나라 왕이 돌아가시어 태자가 (초나라가 있는) 남쪽으로 가게 되면 공은 틀림없이 위태롭게 됩니다. 공이 다른 사람을 시켜 태자에게 말하기를, '소자는 태자가 자기를 원망하고 있다는 것을 알고 있으니, 반드시 장차 태자에게 이롭지 않도록 힘쓸 것입니다. 태자가 소자와 잘 지내는 것만 못하니, 소자는 틀림없이 장차 태자를 (초나라에) 들어갈 수 있게 할 것입니다'라고 하는 것만 못합니다."

소자가 마침내 다른 사람을 시켜 태자에게 이르게 하니, 태자가 다시 소자에게 좋게 지내기를 청하였다.

女阿謂蘇子曰: "秦栖楚王, 危太子者, 公也. 今楚王歸, 太子南, 公必危. 公不如令人謂太子曰: '蘇子知太子之怨己也, 必且務不利太子. 太子不如善蘇子, 蘇子必且爲太子入矣.'" 蘇子乃令人謂太子. 太子復請善於蘇子.

초나라 양왕(襄王)이 제나라에 인질로 있던 태자 시절, 태자의 보모가 소자와의 관계를 좋게 하기 위해 계책을 내었다.

초책 3
楚策

16-1 소자가 초나라 왕에게 일러주다【蘇子謂楚王】

소자(蘇子)가 초나라 왕에게 일러주며 말했다.

"어진 사람이 백성을 대함은, 아끼기를 마음으로 하고 섬기기를 좋은 말로 합니다. 효자가 어버이를 대함은, 아끼기를 마음으로 하고 섬기기를 재물로 합니다. 충신이 임금을 대함은, 반드시 뛰어난 사람을 올려서 보좌하게 합니다. 지금 왕의 대신과 숙부, 형제들은 뛰어난 사람을 해치기 좋아하는 것을 밑천으로 삼고서 두텁게 세금을 신하와 백성에게서 거두어들여서 왕이 백성에게 미움을 받게 하니, 충성스런 신하가 아닙니다. 대신이 왕의 허물을 백성에게 널리 알리고[播] 왕의 땅을 가지고 제후에게 많은 선물을 줌으로써 왕이 아끼는 바를 줄어들게[退=損] 만드니, 또한 충성스런 신하가 아닙니다. 이는 나라를 위태롭게 합니다. 신이 바라건대, 뭇 신하들이 서로 미워하는 것을 들어주지 마시고, 대신과 숙부, 형제들을 삼가게 하시며, 백성이 잘하는 바를 쓰시고, (왕의) 몸이 좋아하고 욕심내는 것을 절제하시어, 그것으로써 백성을 위하십시오.

다른 사람의 신하가 시기하지[妬=猜忌] 않고 뛰어난 사람을 올리는 것보다 힘든 것은 없습니다. 임금을 위해 죽는 것은 쉬우니 수사(垂沙)

의 일이 있을 때, 죽은 자는 천 단위로 셈할 수 있습니다. 임금을 위해 욕을 당하는 것은 쉬우니 영윤으로부터 그 아래까지, 왕을 섬기는 사람은 천 단위로 셈할 수 있습니다. (그러나) 시기하지 않고 뛰어난 사람을 올리는 것에 이르면 한 사람도 볼 수 없습니다. 그래서 눈 밝은 주인이 그 신하를 살핌에 있어서는 반드시 그가 시기하지 않고 뛰어난 사람을 올리는지를 알아야 합니다. 뛰어난 사람이 그 주인을 섬기는 바는, 정말로 반드시 시기하지 않고 뛰어난 사람을 올리는 것입니다. 무릇 뛰어난 사람을 올리는 것이 어렵다 하는 까닭은, 뛰어난 사람이 쓰이면 장차 자기가 버려지기 때문이며 (뛰어난 사람이) 귀해지면 장차 자기가 낮아지기 때문입니다. 그래서 사람들이 어려워합니다."

蘇子謂楚王曰: "仁人之於民也, 愛之以心, 事之以善言. 孝子之於親也, 愛之以心, 事之以財. 忠臣之於君也, 必進賢人以輔之. 今王之大臣父兄, 好傷賢以爲資, 厚賦斂諸臣百姓, 使王見疾於民, 非忠臣也. 大臣播王之過於百姓, 多略諸侯以王之地, 是故退王之所愛, 亦非忠臣也, 是以國危. 臣願無聽群臣之相惡也, 愼大臣父兄; 用民之所善, 節身之嗜欲, 以百姓. 人臣莫難於無妒而進賢. 爲主死易, 垂沙之事, 死者以千數. 爲主辱易, 自令尹以下, 事王者以千數. 至於無妒而進賢, 未見一人也. 故明主之察其臣也, 必知其無妒而進賢也. 賢之事其主也, 亦必無妒而進賢. 夫進賢之難者, 賢者用且使己廢, 貴且使己賤, 故人難之."

임금에게 뛰어난 이를 추천하는 것보다 중요한 일이 없으나, 신하들은 추천한 사람이 잘되면 자기는 버려질까 두려워한다.

16-2 소진이 초나라로 간 지 삼 일이 되다【蘇秦之楚三日】

소진(蘇秦)이 초나라로 가서 삼 일[1]이 되어 겨우 왕을 뵐 수 있었다. 이야기가 끝나고 인사하고 떠나려는데, 초나라 왕이 말했다.

"과인이 선생의 말을 들으니 마치 옛사람을 듣는 것 같소. 지금 선생이 마침내 천릿길을 멀다 하지 않고 과인에게 왔는데도 이에 기꺼이 머물려 하지 않으니, 바라건대 그 이야기를 들려주시오."

대답하여 말했다.

"초나라의 음식은 옥(玉)보다 귀하고, 땔나무는 계수나무보다 귀하고, 말을 전하는 알자(謁者)는 보기 어렵기가 마치 귀신과 같고, 왕은 보기 어렵기가 마치 하느님[天帝]과 같았습니다. 지금 신에게 옥을 먹고 계수나무를 때면서 귀신을 통해 하느님을 보라고 하십니다."

왕이 말했다.

"선생이 객사에 나아가시면 과인이 명을 듣겠소."

蘇秦之楚, 三日乃得見乎王. 談卒, 辭而行. 楚王曰: "寡人聞先生, 若聞古人. 今先生乃不遠千里而臨寡人, 曾不肯留, 願聞其說." 對曰: "楚國之食貴於玉, 薪貴於桂, 謁者難得見如鬼, 王難得見如天帝. 今令臣食玉炊桂, 因鬼見帝." 王曰: "先生就舍, 寡人聞命矣."

초나라 왕이 좌우 측근에 가로막혀 만나볼 수가 없었다고 간언한 것이다.

---

1 (오사도가) 포본을 보충하여 말한다: 12국의 사(史)에는 모두 '3년'으로 되어 있다.(鮑本補曰: 十二國史皆作三年.)

16-3 초나라 왕이 위나라에서 장의를 쫓아내려 하다【楚王逐張儀於魏】

초나라 왕이 위나라에서 장의를 쫓아내려 하자, 진진(陳軫)이 말했다.

"왕께서는 어찌 장자를 쫓아내려 하십니까?"

말했다.

"신하가 되어 충성스럽지 못하고 믿을 수 없기 때문이오."

(진진이) 말했다.

"충성스럽지 못하면 왕께서 신하로 여기지 않고, 믿을 수 없으면 왕께서 더불어 약속하지 않으면 됩니다. 또 위나라 신하가 충성스럽지 못하고 믿을 수 없는 것이 왕에게 어떤 해로움이 있으며, 충성스럽고 또 믿음이 있으면 왕에게 어떤 이득이 있습니까? 쫓아내는 것을 들어주면 좋지만, 만일 들어주지 않으면 이는 왕의 명령이 막히게 되는 것입니다. 장차 만승의 나라에게 그 재상을 파면하도록 하려면, 이는 성이 떨어지는 일과 같습니다."

> 楚王逐張儀於魏. 陳軫曰: "王何逐張子?" 曰: "爲臣不忠不信." 曰: "不忠, 王無以爲臣; 不信, 王勿與爲約. 且魏臣不忠不信, 於王何傷? 忠且信, 於王何益? 逐而聽則可, 若不聽, 是王令困也. 且使萬乘之國免其相, 是城下之事也."

자기가 싫다고 다른 나라의 재상을 파면하도록 하는 것은, 그 나라를 성 밖에 이르게 하여 항복하는 것과 같다.

16-4 장의가 초나라에 갔을 때 가난하여【張儀之楚貧】

장의가 초나라에 갔을 때 가난하여, (수행하던) 사인(舍人)이 화를 내면서 돌아가려 하였다. 장의가 말했다.

"그대는 틀림없이 옷과 갓이 낡은 것 때문에, 그래서 돌아가려고 한다. 그대는 내가 그대를 위해 초나라 왕을 뵐 때까지 기다려라."

그 시절을 맞이하여, 남후(南后=懷王后)와 (懷王의 幸姬인) 정수(鄭袖)는 초나라에서 존귀한 사람이었다. 장자가 초나라 왕을 뵈었지만 초나라 왕이 즐거워하지 않으니, 장자가 말했다.

"왕께서 신을 쓸 바가 없으시면, 신은 청컨대 북쪽으로 가서 진(晉)나라 임금을 뵙겠습니다."

초나라 왕이 말했다.

"허락하오."

장자가 말했다.

"왕께서는 진나라에서 구할 것이 없습니까?"

왕이 말했다.

"황금, 주옥[珠璣=珠玉], 물소 뿔과 상아[犀象]는 초나라에서도 나오니, 과인은 진나라에서 구할 것이 없소."

장자가 말했다.

"왕께서는 한갓[徒] 여색도 좋아하지 않습니까?"

왕이 말했다.

"무슨 말이오?"

장자가 말했다.

"저 정나라와 주나라 여자들은 (흰 곳은) 쌀가루처럼 하얗고 (검은 곳은) 묵처럼 검어서, 마을 갈림길[衢閭]에 서있을 때는 알고 보지 못하고 보면 신이라고 여겨질 정도입니다.”

초나라 왕이 말했다.

“초나라는 치우치고 누추한 나라라, 미처 그처럼 아름다운 중국의 여자를 본 적이 없소. 과인이 어찌 유독 여색만 좋아하지 않겠는가?”

(장의에게) 구슬과 옥을 밑천으로 주니, 남후와 정수가 이를 듣고 크게 놀랐다. (남후가) 다른 사람에게 영을 내려 장자에게 일러주며 말했다.

“첩이 듣기에 장군께서 진나라로 가신다고 하는데, 마침[偶] 금 천 근(斤)이 있으니 좌우에 올리고 꼴과 말먹이를 드리겠습니다.”

정수 또한 금 오백 근을 주었다.

장자가 초나라 왕에게 인사하며 말했다.

“천하의 관문이 닫히고 통하지 않아 뵐 날을 알지 못하겠으니, 원컨대 왕께서 술잔[觴]을 내려주십시오.”

왕이 말했다.

“허락하오.”

술을 내려주었다. 장자가 중간쯤 마시고는 두 번 절하고 청하며 말했다.

“여기에 다른 사람이 있지 않으니, 원컨대 왕께서 편하고 익숙한 사람을 불러 술을 주십시오.”

왕이 말했다.

“허락하오.”

남후와 정수를 불러서 술을 주었다. 장자가 두 번 절한 뒤 청하여 말했다.

"저는 대왕에게 죽을죄가 있습니다."

왕이 말했다.

"무슨 말인가?"

말했다.

"일찍이 제가 천하를 두루 다니면서 이처럼 아름다운 사람을 본적이 아직 없습니다. 그런데 제가 미인을 얻겠다고 말했으니, 이는 왕을 기만한 것입니다."

왕이 말했다.

"그대는 (미인을 구해 오겠다는 약속을) 풀어버리시오. 나는 정말로 천하(의 미인)도 두 사람만 못하다고 여기고 있소."

張儀之楚, 貧. 舍人怒而歸. 張儀曰: "子必以衣冠之敝, 故欲歸. 子待我爲子見楚王." 當是之時, 南后·鄭袖貴於楚. 張子見楚王, 楚王不說. 張子曰: "王無所用臣, 臣請北見晉君." 楚王曰: "諾." 張子曰: "王無求於晉國乎?" 王曰: "黃金珠璣犀象出於楚, 寡人無求於晉國." 張子曰: "王徒不好色耳?" 王曰: "何也?" 張子曰: "彼鄭·周之女, 粉白墨黑, 立於衢閭, 非知而見之者, 以爲神." 楚王曰: "楚, 僻陋之國也, 未嘗見中國之女如此其美也. 寡人之獨何爲不好色也?" 乃資之以珠玉. 南后·鄭袖聞之大恐. 令人謂張子曰: "妾聞將軍之晉國, 偶有金千斤, 進之左右, 以供芻秣." 鄭袖亦以金五百斤. 張子辭楚王曰: "天下關閉不通, 未知見日也, 願王賜之觴." 王曰: "諾." 乃觴之. 張子中飮, 再拜而請曰: "非有他人於此也, 願王召所便習而觴之." 王曰: "諾." 乃召南后·鄭袖而觴之. 張子再拜而請曰: "儀有死罪於大王." 王曰: "何也?" 曰: "儀行天下遍矣, 未嘗見人如此其美也. 而儀言得美人, 是欺王也." 王曰: "子釋之. 吾固以爲天下莫若是兩人也."

왕이 원하는 바를 알아내어 미인을 얻어주겠다고 하고는 책략을 통해 왕과 왕의 사랑을 받는 여인들을 모두 만족시키고 자기도 실리를 챙겼으니, 이것이 췌마술(揣摩術)이 아니겠는가!

16-5 초나라 왕이 영을 내려 소저에게 진나라에 가서 장의를 무겁게 여기도록 하다【楚王令昭雎之秦重張儀】

초나라 왕이 영을 내려 소저(昭雎)에게 진나라에 가서 장의를 무겁게 여기도록 하라고 했는데, 미처 이르기 전에 (진나라) 혜왕(惠王)이 죽었다. 무왕이 장의를 쫓아내자, 초나라 왕은 그참에 소저를 거두어들이고 제나라와 (우호를) 가지려 했다. 환장(桓臧)이 소저를 위하여 초나라 왕에게 일러주며 말했다.

"연횡하여 가까이 지내려던 것이 합쳐지지 못한 것은, 장의가 혜왕을 높이고 소저와 잘 지냈기 때문입니다. 지금 혜왕이 죽고 무왕이 세워지자, 장의는 달아나고 공손학(公孫郝)과 감무(甘茂)가 귀하게 되었습니다. 감무는 위나라와 잘 지내고, 공손학은 한나라와 잘 지냅니다. 두 사람은 정말 소저와 잘 지내지 못했으니, 틀림없이 진나라와 한나라, 위나라는 힘을 모을 것입니다. 한나라와 위나라가 장의를 무겁게 여겼던 것은 장의에게는 진나라가 있고 소저는 초나라에서 무겁게 여겨졌기 때문인데, 지금 장의는 진나라에서 막혀 있고 소저는 초나라에 거두어져 있습니다. 한나라와 위나라가 진나라를 얻기 위해서는 반

500

드시 (공손학과 감무) 두 사람과 잘 지내야 하니, (이 두 사람이) 장차 한나라와 위나라를 거두어서 장의를 가볍게 만들고 초나라를 치게 되면 방성(方城)은 정말로 위태롭게 됩니다. 왕께서 소저를 회복시키고 한나라와 위나라가 장의를 무겁게 여기게 하는 것만 못합니다. (그리 되면) 장의는 초나라 세력에 의지하고 위나라의 무거움을 옆에 끼고서 진나라와 싸우게 될 것입니다. 위나라가 진나라와 합치지 않으면 한나라 또한 따르지 않을 것이니, 방성은 근심이 없게 됩니다."

楚王令昭雎之秦重張儀. 未至, 惠王死. 武王逐張儀. 楚王因收昭雎以取齊. 桓臧爲雎謂楚王曰: "橫親之不合也, 儀貴惠王而善雎也. 今惠王死, 武王立, 儀走, 公孫郝·甘茂貴. 甘茂善魏, 公孫郝善韓. 二人固不善雎也, 必以秦合韓·魏. 韓·魏之重儀, 儀有秦而雎以楚重之, 今儀困秦而雎收楚. 韓·魏欲得秦, 必善二人者, 將收韓·魏輕儀而伐楚, 方城必危. 王不如復雎, 而重儀於韓·魏. 儀據楚勢, 挾魏重, 以與秦爭. 魏不合秦, 韓亦不從, 則方城無患."

진나라 무왕이 즉위하여 장의가 실각하자 초나라 왕도 역시 장의와 친한 소저를 실각시키려고 하였지만, 향후 진나라가 위나라, 한나라와 친하게 되면 초나라를 공격하게 될 것이므로 이를 막기 위해서라도 소저를 복권시키고 장의를 높여서 한나라와 위나라를 초나라 옆에 서게 만들어야 한다고 하다.

16-6 장의가 위나라에서 혜시를 쫓아내다【張儀逐惠施於魏】

장의가 위나라에서 혜시(惠施)²를 쫓아냈다.³ 혜자가 초나라로 가니, 초나라 왕이 받아 주었다. 풍학(馮郝)이 초나라 왕에게 일러주며 말했다.

"혜자를 쫓아낸 사람은 장의입니다. 그런데 왕께서 (혜시를) 가까이 하면서 더불어 약속을 하고 있으니, 이는 장의를 속이는 것입니다. 신이 생각건대, 왕을 위해 취해서는 안 됩니다. 혜자는 장의라는 사람 때문에 왔으니, 왕과 장의와의 교류를 미워했다면 혜자는 반드시 오지 않았을 것입니다. 또 송나라 왕이 혜자를 뛰어나다고 여기는 것을 천하에서 듣지 않은 사람이 없고, 지금 (혜시가) 장의와 잘 지내지 못하는 것을 천하에서 알지 못하는 사람이 없습니다. 지금 (나라) 일을 위한다는 까닭으로 원수[讎人]의 앞에서 귀하게 여기는 바를 버리고 있으니, 신은 대왕께서 가볍다고 생각합니다. 장차 일이 되겠습니까? 왕께서 혜자를 천거하여 송나라에 들이는 것만 못합니다. 그런 뒤에 장의에게 일러주며 말하기를 '청하건대 그대를 위해 (혜시를 초나라에) 들이지 않았소'라고 하면, 장의는 반드시 왕을 고맙게[德] 생각할 것입니다. 그리고 혜자는 막혀 있다가 왕 덕분에 들어 쓰이게 되었으니 또한 반드시 왕을 고맙게 여길 것입니다. 이는 장의의 실질[實=實質]도 잃지 않고 혜자에게도 덕을 입힐 수 있는 방법입니다."

---

2 명가(名家)에 속하는 학자로, 장자(莊子)와 같은 시대의 사람이다. 양(梁)나라의 혜왕(惠王)과 양왕(襄王)을 섬겨서 재상이 되었으나, 종횡가(縱橫家) 장의(張儀)에게 쫓겨 초(楚)나라로 갔다.

3 포표 주: 장의는 이 시절에 진나라와 틈이 있어서 위나라 제상으로 있었다.(鮑本, 儀時隙秦相魏.)

초나라 왕이 말했다.

"좋은 말이다."

마침내 혜자를 들어 송나라에 들여 주었다.

張儀逐惠施於魏. 惠子之楚, 楚王受之. 馮郝謂楚王曰: "逐惠子者, 張儀
也. 而王親與約, 是欺儀也, 臣爲王弗取也. 惠子爲儀者來, 而惡王之交
於張儀, 惠子必弗行也. 且宋王之賢惠子也, 天下莫不聞也. 今之不善張
儀也, 天下莫不知也. 今爲事之故, 棄所貴於讎人, 臣以爲大王輕矣. 且
爲事耶? 王不如擧惠子而納之於宋, 而謂張儀曰: '請爲子勿納也.' 儀必
德王. 而惠子窮人, 而王奉之, 又必德王. 此不失爲儀之實, 而可以德惠
子." 楚王曰: "善." 乃奉惠子而納之宋.

초나라가 장의의 원수인 혜시를 송나라로 보내줌으로써 명분(혜시)과 실질(장의)를
모두 잃지 않는 계책을 내었다.

16-7 다섯 나라가 진나라를 치다【五國伐秦】

다섯 나라[楚, 韓, 魏, 趙, 燕]가 진나라를 쳤는데, (이기지 못하게 되자)
위나라는 화친하고 싶어서 혜시(惠施)를 사신으로 삼아 (진나라와 화친
하려는 일을 알리려) 초나라에 가게 했다. 초나라가 장차 (혜시를) 진나라
에 들여 화친을 행하려 했는데, (초나라 사람) 두혁(杜赫)이 (초나라 재상
인) 소양(昭陽)에게 일러주며 말했다.

"무릇 진나라를 치자고 한 나라는 초나라입니다. 지금 혜시가 위

나라에서 왔는데, 공(公)이 그를 진나라에 들어가게 하시면 이는 초나라가 친 것을 밝히면서 위나라가 화친하려는 바를 믿게 하는 것입니다. 공께서 혜시의 말을 들어주지 말고서 몰래 다른 사람을 시켜 진나라가 (우리와의 화친을) 들어줄 것을 청하는 것만 못합니다."

소자(昭子)가 말했다.

"좋은 말입니다."

그참에 혜시에게 일러주며 말했다.

"무릇 진나라를 공격하자고 한 나라는 위나라인데 지금 그대가 초나라를 따라가서 화친하려고 하니, 초나라는 이에 그 이득을 얻고 제나라는 원망을 받습니다. 그대가 돌아가시면, 내가 장차 사람을 시켜 위나라를 통해 화친하겠소."

혜자가 돌아가자, 위나라 왕[襄王]이 기뻐하지 않았다.

두혁이 소양에게 일러주며 말했다.

"위나라가 그대 때문에 먼저 싸웠다가 병사의 반이 꺾여서, 힘든 것[病]을 알렸지만[謁] 들어주지 않았고 화친을 청했지만 들어주지 않았습니다. 위나라가 (초나라와의 교분을) 꺾고 제나라와 진나라에 들어가면 그대는 어떻게 구원하겠습니까? 동쪽에는 월나라와 맺힌[纍=累] 것이 있고 북쪽에는 삼진[晉=韓, 魏, 趙]도 없으며 제나라와 진나라와의 교류도 정해지지 않았으니, 이는 초나라만 외롭게 된 것입니다. 빨리 화친하는 것만 못합니다."

소자가 말했다.

"좋은 말입니다."

그참에 다른 사람에게 영을 내려 위나라에 가게 해서 (진나라와) 화친한 것을 알렸다.

五國伐秦. 魏欲和, 惠施使之楚. 楚將入之秦而使行和. 杜赫謂昭陽曰:
"凡爲伐秦者楚也. 今施以魏來, 而公入之秦, 是明楚之伐而信魏之和
也. 公不如無聽惠施, 而陰使人以請聽秦." 昭子曰: "善." 因謂惠施曰:
"凡爲攻秦者魏也, 今子從楚爲和, 楚得其利, 魏受其怨. 子歸, 吾將使
人因魏而和." 惠子反, 魏王不說. 杜赫謂昭陽曰: "魏爲子先戰, 折兵之半,
謁病不聽, 請和不得, 魏折而入齊·秦, 子何以救之? 東有越纍, 北無晉,
而交未定於齊·秦, 是楚孤也. 不如速和." 昭子曰: "善." 因令人謁和於魏.

**다섯 나라가 진나라와의 싸움에서 지자 몰래 먼저 진나라와 화친한 초나라가, 장차
고립될 것을 두려워하여 위나라에게 화친한 사실을 알리고 위나라도 같이 화친하
도록 계책을 내었다.**

16-8 진진이 초나라를 떠나 위나라로 가다【陳軫告楚之魏】

진진(陳軫)이 초나라를 떠나[告→去] 위나라로 가니, 장의(張儀)가
그를 미워하여 위나라 왕[惠王]에게 말했다.

"진진은 여전히 초나라와 잘 지내고 있으니, 땅을 구하기 위해 매
우 힘쓰고 있습니다."

좌상(左爽)이 진진에게 일러주며 말했다.

"장의는 위나라 왕과 사이가 좋아서 위나라 왕이 그를 매우 믿으
니, 공이 비록 백 번 설득해도 여전히 들어주지 않을 것입니다. 공은
차라리 장의의 말을 밑천으로 해서 초나라로 되돌아가는 것만 못합
니다."

진진이 말했다.

"좋은 말입니다."

그참에 사람을 시켜 (진진이 여전히 초나라와 잘 지내고 있다는) 장의의
말을 초나라에 전하게 하였다. 초나라 왕이 기뻐하며, 그를 되돌아오
게 하고 싶어 했다.

陳軫告楚之魏. 張儀惡之於魏王曰: "軫猶善楚, 爲求地甚力." 左爽謂陳
軫曰: "儀善於魏王, 魏王甚信之, 公雖百說之, 猶不聽也. 公不如以儀之言
爲資, 而得復楚." 陳軫曰: "善." 因使人以儀之言聞於楚. 楚王喜, 欲復之.

숙적인 장의가 한 말을 써서 다시 초나라로 복귀할 빌미를 찾아낸 것이다.

16-9 진나라가 의양을 치다【秦伐宜陽】

진나라가 (한나라 읍인) 의양(宜陽)을 치자, 초나라 왕이 진진(陳軫)
에게 일러주며 말했다.

"과인이 듣기에 (의양을 지키는) 한치(韓侈=公仲侈)는 솜씨 있는 선비
로서 제후의 일을 익히고 있으니, (의양의 일을) 거의 능히 스스로 벗어
날 것이오. 그가 반드시 벗어날 것이니, 내가 먼저 그를 붙잡고 은덕을
보태겠소."

진진이 대답하며 말했다.

"버려두시고, 왕께서는 의지하지 마십시오. 한치(韓侈)의 지혜는
여기에서 막힐 것입니다. 지금 산이나 늪의 짐승들 중에 큰사슴[麋]보

다 더 영리한[黠] 것이 없습니다. 큰사슴은 사냥군이 그물을 풀어 앞쪽으로 자기를 모는 것을 알면, 그참에 몸을 돌려 뛰면서 사람을 무릅쓰고 달려들기를 여러 번 했습니다. 사냥꾼이 그 속임수를 알아서, 거짓으로 그물을 들고 나아가면 큰사슴은 그로 인해 잡을 수 있습니다. 지금 제후들도 이런 많은 속임수를 훤하게[明] 알고 있어서, 거짓으로 그물을 들고 나아가는 자들이 틀림없이 많을 것입니다. 버려두시고, 왕께서는 의지하지 마십시오. 한치의 지혜는 여기에서 막힐 것입니다."

초나라 왕이 들어주었고, 의양은 과연 뽑히고 말았다. 진진은 먼저 안 것이다.

秦伐宜陽. 楚王謂陳軫曰: "寡人聞韓侈巧士也, 習諸侯事, 殆能自免也. 爲其必免, 吾欲先據之以加德焉." 陳軫對曰: "舍之, 王勿據也. 以韓侈之知, 於此困矣. 今山澤之獸, 無黠於麋. 麋知獵者張罔, 前而驅己也, 因還走而冒人, 至數. 獵者知其詐, 僞舉罔而進之, 麋因得矣. 今諸侯明知此多詐, 僞舉罔而進者必衆矣. 舍之, 王勿據也. 韓侈之知, 於此困矣."
楚王聽之, 宜陽果拔. 陳軫先知之也.

의양을 지키는 장수가 비록 지혜롭다지만, 그 방법이 이미 훤히 드러났기 때문에 진나라의 공세를 막을 수 없을 것이다.

16-10 당저가 춘신군을 만나다【唐且見春申君】

당저(唐且=唐雎)가 (초나라 제상인) 춘신군(春申君=黃歇)을 보고 말했다.

"제나라 사람은 몸을 꾸미고 행실을 닦아서 이익[益=祿位]을 얻는다고 하는데, 그러나 신은 부끄러워서 배우지 않았습니다. 험한[絕] 강수와 하수도 피하지 않고 천여 리를 달려오면서, 몰래 군(君)의 마땅함이 크고 군의 업적이 훌륭한 것을 그리워하였습니다. 신이 듣기에, 맹분(孟賁)과 전제(專諸)가 송곳과 칼날을 숨기고 있어도 천하는 용사로 여겼고, 서시西施가 갈옷[褐]을 입고 있어도 천하는 아름답다 칭찬했습니다. 지금 군은 만승의 초나라 재상이 되어 중국으로부터의 어려움을 막고 있으나 욕심내는 바는 이루지 못하고 구하는 바는 얻지 못하고 있으니, 신하들이 적어서 그렇습니다. 무릇 효(梟)라는 말[棋]이 능하게 되는[能爲→爲能] 까닭은 산(散)이라는 (뭇) 말[棋]들이 도와주기 때문입니다. 무릇 하나의 효가 다섯 개의 산을 이기지 못하는 것은 정말로 분명합니다. 지금 군은 어찌 천하의 효가 되어 놓고도 신들에게 산이 되게 하지 않으십니까?"

唐且見春申君曰: "齊人飾身修行得爲益, 然臣羞而不學也. 不避絕江河, 行千餘里來, 竊慕大君之義, 而善君之業. 臣聞之, 賁·諸懷錐刃而天下爲勇, 西施衣褐而天下稱美. 今君相萬乘之楚, 禦中國之難, 所欲者不成, 所求者不得, 臣等少也. 夫梟棋之所以能爲者, 以散棋佐之也. 夫一梟之不如不勝五散[4], 亦明矣. 今君何不爲天下梟, 而令臣等爲散乎?"

홀로 잘하는 것이 여럿의 지혜보다는 못하다.(獨善不如衆智)

4　요굉 주: 유향의 본에는 불여(不如) 두 글자가 없다.(姚本, 劉無不如二字.)

초책 4
楚策

17-1 누군가가 초나라 왕에게 일러주다 【或謂楚王】

누군가가 초나라 왕에게 일러주며 말했다.

"신이 듣건대, 합종하려는 사람이 천하를 합하여 대왕에게 조현하고 싶어 하니 신이 바라건대 대왕께서는 들어주십시오. 무릇 굽은 것을 펴고[信→伸] 환란을 떨쳐내어[舊→奮] 이룬 바가 있으면, 용감한 자는 이를 마땅하게 여깁니다. 화를 다스려 복이 되게 하고 적은 것을 마름질하여 많게 하면, 지혜로운 자는 그에게 (알맞은) 벼슬을 줍니다. 무릇 보답[報]을 보답으로 되돌려주고[反] 말없이[墨=默] 드러나지 않은 일도 다스리는 것은 오직 큰 임금만이 능히 할 수 있습니다. 재앙과 복이 서로를 꿰고[貫] 있고 삶과 죽음이 이웃해 있으니, 죽음에도 치우치지[偏] 않고 삶에도 치우치지 않는다면 큰 이름을 심기에 충분치 못하고, 적에게 해침을 당하는 일이 없다면 세상을 횡행하기에 충분치 못합니다.

저 진나라가 덕을 덜어내고 명을 끊은 날이 오래되었는데, 그런데도 천하는 알지 못하고 있습니다. 지금 저 연횡하려는 사람들은 이익되는 일(利機)을 크게 떠들어 위로는 임금의 마음을 범하고[干=犯] 아래로는 백성을 어둡게 하면서, 공(公)을 들어 행한다고[擧=擧措] 하고서는 사사로이 이익을 가져갑니다. 이는 나라의 권세를 기러기 털(鴻毛)보다 가볍게 만들고, 재앙을 쌓음이 언덕이나 산보다 무거워지게 하는 것입니다."

或謂楚王曰: "臣聞從者欲合天下以朝大王, 臣願大王聽之也. 夫因詘爲信, 舊患有成, 勇者義之. 攝禍爲福, 裁少爲多, 知者官之. 夫報報之反, 墨墨之化[1], 唯大君能之. 禍與福相貫, 生與亡爲鄰, 不偏於死, 不偏於生, 不足以載大名. 無所寇艾[2], 不足以橫世. 夫秦捐德絕命之日久矣, 而天下不知. 今夫橫人嚊口利機, 上干主心, 下牟百姓, 公擧而私取利, 是以國權輕於鴻毛, 而積禍重於丘山."

이 글은 합종을 위주로 하고 연횡을 내치려는 사람의 이야기인데, 말하고자 하는 뜻이 미처 자세하지 않은 곳이 많다.(鮑本補曰: 此主從而黜橫者之說. 然意多未詳)

17-2 위나라 왕이 초나라 왕에게 미인을 보내다【魏王遺楚王美人】

위(魏)나라 왕이 초나라 왕에게 미인을 보내자, 초나라 왕이 기뻐했다. 부인인 정수(鄭袖)가 왕이 새로 온 사람에게 즐거워하는 것을 알고는, 새로 온 사람을 매우 아껴주었다. 옷이나 좋아하는 장신구 중에서 왕이 좋아하는 것을 골라서 하게 했고, 궁실 안의 침구[臥具=寢具]도

---

1 표표 주: 다스림이 그 말단에서까지도 드러난다는 말이다.(鮑本, 言治之其未著.)
2 (오사도가) 바로잡아 말한다: 적을 만나 해를 당하거나 꾸짖음을 당하는 일이 없는 것이다.(正曰. 不遭賊害而懲創.)

왕이 좋아하는 것을 골라서 쓰게 했다. 아끼는 것이 왕보다 심했으니, 왕이 말했다.

"부인이 남편을 섬기는 것은 겉모습[色]이며, 질투하는 것은 그 본마음[情]이다. 지금 정수는 과인이 새로 온 사람에게 기뻐한다는 것을 알면서도 아끼는 것이 과인보다 더욱 깊으니, 이는 효자가 어버이를 삼기는 바이며 충신이 임금을 섬기는 바이다."

정수는 왕이 자기가 질투하지 않는다고 여긴다는 것을 알아서, 그 참에 새로 온 사람에게 일러주며 말했다.

"왕께서는 그대의 아름다움을 사랑하시지만 그대의 코를 싫어하십니다. 그대가 왕을 뵐 때는 꼭 그대의 코를 가리세요."

새로 온 사람이 왕을 뵈면서, 그참에 코를 가렸다. 왕이 정수에게 일러주며 말했다.

"저 새로 온 사람이 과인을 볼 때 그 코를 가리던데, 왜 그런 것인가?"

정수가 말했다.

"첩이 알고 있습니다."

왕이 말했다.

"비록 싫다고 해도 반드시 말하시오."

정수가 말했다.

"그가 군왕의 냄새에 대한 나쁜 이야기를 들은[惡聞] 것 같습니다[似]."

왕이 말했다.

"사납도다!"

영을 내려 코를 베게 하였으니, 명을 거스르게 할 수 없었다.

魏王遺楚王美人, 楚王說之. 夫人鄭袖知王之說新人也, 甚愛新人. 衣
服玩好, 擇其所喜而爲之; 宮室臥具, 擇其所善而爲之. 愛之甚於王. 王
曰: "婦人所以事夫者, 色也; 而妒者, 其情也. 今鄭袖知寡人之說新人也,
其愛之甚於寡人, 此孝子之所以事親, 忠臣之所以事君也." 鄭袖知王以
己爲不妒也, 因謂新人曰: "王愛子美矣. 雖然, 惡子之鼻. 子爲見王, 則
必掩子鼻." 新人見王, 因掩其鼻. 王謂鄭袖曰: "夫新人見寡人, 則掩其
鼻, 何也?" 鄭袖曰: "妾知也." 王曰: "雖惡必言之." 鄭袖曰: "其似惡聞君
王之臭也." 王曰: "悍哉!" 令劓之, 無使逆命.

정수가 왕에게 미움 받지 않으면도 새로 들인 미녀를 내칠 수 있는 돌이킬 수 없는
계책을 세웠다.

17-3 초나라 왕후가 죽다【楚王后死】

초나라 왕후(王后)가 죽었는데, 아직 왕후를 세우지 않았다. (누군가
가) 소어(昭魚)에게 일러주며 말했다.

"공은 어찌하여 후를 세우자고 청하지 않습니까?"

소어가 말했다.

"왕이 들어 주지 않으면 곤란해져서 (새) 왕후와 교류가 끊어질 것
을 알기 때문입니다."

"그렇다면 (어찌하여) 다섯 쌍의 귀걸이[珥]를 사서, 그 하나를 좋은
것으로 하여 왕에게 바치지 않으십니까? 내일 좋은 귀걸이를 하고 있
는 사람이 보이면, 그로써 그 사람을 세울 것을 청하십시오."

楚王后死, 未立后也. 謂昭魚曰: "公何以不請立后也?" 昭魚曰: "王不聽,
是知困而交絕於后也." "然則不買五雙珥, 令其一善而獻之王, 明日視善
珥所在, 因請立之."

왕의 마음속에 누가 더 비중이 있는지를 알아내기 위해, 좋은 귀걸이가 누구에게
가는지를 살펴보게 한 것이다.

17-4 장신이 초나라 양왕에게 일러주다【莊辛謂楚襄王】

장신(莊辛)이 초나라 양왕(襄王)에게 일러주며 말했다.

"군왕의 왼쪽에 주후(州侯)가 있고 오른쪽에 하후(夏侯)가 있으며
언릉군(鄢陵君)과 수릉군(壽陵君)으로 하여금 가마를 따르게 하여 오
로지 지나치게 게으르고[淫逸] 사치하여[侈靡] 나라의 정사를 돌아보
지 않으니, 영도(郢都=초나라)는 틀림없이 위태로워질 것입니다."

양왕이 말했다.

"선생이 늙어서 어그러졌소[悖]? 장차 초나라에 요상한 조짐[祅祥]
이 있다고 여기는 것이오?"

장신이 말했다.

"신이 정말로 이에 꼭 그러한 것을 보았으나, 감히 나라에 요상한
조짐이 있다고 여기는 것은 아닙니다. 군왕께서 끝내 총애하는 네 사
람이 사그라지게 하지 않으시면 초나라는 반드시 망할 것입니다. 신이
청하건대, 조나라로 피하여 머물면서[淹留] 살펴보겠습니다."

장신이 떠나서 조나라로 갔다. 머문 지 다섯 달이 되었을 때 진나라

가 과연 언(鄢), 영(郢), 무(巫), 상채(上蔡)와 진(陳)나라의 땅을 들어내었고, 양왕은 떠돌다[流=走] 성양(城陽=成陽)에 숨게 되었다. 이에 다른 사람을 시켜 마부[騶]를 보내어 조나라에서 장신을 불러들이니[徵], 장신이 말했다.

"허락하겠습니다."

장신이 이르자, 양왕이 말했다.

"과인이 선생의 말을 쓰지 않아서 지금 일이 여기에 이르렀으니, 어떻게 해야겠소?"

장신이 대답하여 말했다.

"신이 듣기에, 상말[鄙語=卑語]에서 이르기를 '토끼를 보고 나서 개를 돌아보아도 아직 늦은 것이 아니고, 양을 잃고 우리를 손보아도 아직 지체된 것이 아니다'라고 했습니다. 신이 듣기에 옛날 탕왕과 무왕은 백 리의 땅을 가지고도 번창했고, 걸왕과 주왕은 천하를 가지고도 망했습니다. 지금 초나라가 비록 작지만 긴 쪽을 잘라서 짧은 쪽에 이으면 오히려 수천 리이니, 어찌 단지 백 리에 비하겠습니까?

왕께서는 어찌 저 잠자리[蜻蛉]를 보지 못하셨습니까? 여섯 다리와 네 개의 날개로 하늘과 땅 사이에서 날고 오르며 부지런히[俛] 모기[蚊]나 등애[虻]를 쪼아서 잡아먹고 고개를 들어 달콤한 이슬을 받아 마시면서, 스스로 근심이 없고 사람들과 더불어 다투지 않는다고 여겼습니다. (그러나) 저 오 척 크기의 어린아이[五尺童子]가 바야흐로 장차 먹이[鈗→餌]를 골라 실에 붙여서는 네 길 위의 (잠자리) 몸에 붙여서 떨어뜨려 땅강아지나 개미의 먹이가 되게 하는 것을 알지 못했습니다.

잠자리는 아마도 작은 일일 것이고, 꾀꼬리[黃雀]도 그로 인해 이렇게 됩니다. 고개 숙여 곡식을 빻은 가루를 쪼다가[俯啄] 고개 들어 무성한 나무에 깃들이며 날개를 부딪치고 떨쳐 날면서, 스스로 근심이 없고 사람들과 더불어 다투지 않는다고 여겼습니다. (그러나) 저 공자나 왕손이 왼손에는 새총[彈]을 끼고 오른손에는 구슬[丸]을 잡고서 장차 열 길 위에 있는 자기에게 가하고자 같은 무리로써 부르는 것을 알지 못했습니다. 낮에 무성한 나무에서 놀다가는 저녁에 새콤하고 짭짤하게 조리되었으니, 갑작스러운 순간에 공자의 손에 떨어지게 되었습니다.

저 꾀꼬리는 아마도 작은 일일 것이고, 누런 고니[黃鵠]도 그로 인해 이렇게 됩니다. 강이나 바다에서 노닐다가 큰 연못에 몸을 담근 채로 고개 숙여 드렁허리[鱔]나 잉어[鯉]를 쪼아 먹고 고개 들어 마름 줄기[菱衡]를 씹으면서 그 날개[六翮=翼]을 떨치고 올라서 맑은 바람을 타고 높이 날며 바람에 흔들거리는데, 스스로 근심이 없고 사람들과 더불어 다투지 않는다고 여겼습니다. (그러나) 저 활 쏘는 사람이 바야흐로 장차 돌살촉[碆]과 검은 활[盧]을 닦고 그 주살[繒繳]을 준비하여 장차 백 길 위에 있는 자기에게 가하게 될 것을 알지 못합니다. 예리한 화살촉[磻=碆]에 맞고 가는 주살 끈[微繳]에 끌려가면서 맑은 바람을 꺾고 밑으로 떨어지게[抎] 됩니다. 그러므로, 낮에는 강수나 하수에서 노닐다가 저녁에는 솥이나 가마솥[鼎]에서 조리됩니다.

저 누런 고니는 아마도 작은 일일 것이고, 채(蔡)나라 영후[宣侯→靈侯]의 일도 그로 인해 이렇게 됩니다. 남쪽으로 와서 고피(高陂)에서 노닐고, 북쪽으로 가서 무산에서 오르며 (무산의 계곡인) 여계(茹谿) 물줄기를 마시고 상수[湘] 물결의 물고기를 먹는데, 왼쪽에는 어린 첩을 껴안고 오른쪽에는 총애하는 여자를 끼고서 더불어 같이 고채

(高蔡=上蔡)의 속으로 수레를 달리면서 나라는 일로 생각하지 않았습니다. (그러나) 저 자발(子發)이 바야흐로 (초나라) 영왕[宣→靈]에게 명을 받아 붉은 끈으로 자기를 묶어서 (영왕을) 보게 할 줄을 몰랐습니다.

저 채(蔡)나라 영후(聖侯)의 일은 아마도 작은 일일 것이고, 군왕의 일도 그로 인해 이렇게 될 것입니다. 왼쪽에는 주후(州侯)가 있고 오른쪽에는 하후(夏侯)가 있고 언릉군(鄢陵君)과 수릉군(壽陵君)으로 하여금 가마를 따르게 하는데, 봉록의 곡식으로 밥을 먹고 사방에 있는 나라 창고의 금을 싣고서[戴→載] 그들과 더불어 운몽의 가운데로 치달리면서 천하와 나라와 집안은 일로 삼지 않았습니다. (그러나) 저 (秦나라 장군인) 양후(穰侯=魏冉)가 바야흐로 진나라 왕[昭王]에게 명을 받아 민새(黽塞)의 안에 (군사를 가득) 채워 넣고서 민새 바깥으로 자기 몸을 몰아내려는[投] 것을 알지 못하고 있습니다."

양왕이 듣고는 얼굴빛이 변하면서 몸을 벌벌 떨었다. 이에 마침내 집규(執珪)를 그에게 내려주면서 양릉군(陽陵君)으로 삼고 회수 북쪽의 땅을 주었다.

莊辛謂楚襄王曰: "君王左州侯, 右夏侯, 輦從鄢陵君與壽陵君, 專淫逸侈靡, 不顧國政, 郢都必危矣." 襄王曰: "先生老悖乎? 將以爲楚國祅祥乎?" 莊辛曰: "臣誠見其必然者也, 非敢以爲國祅祥也. 君王卒幸四子者不衰, 楚國必亡矣. 臣請辟於趙, 淹留以觀之." 莊辛去之趙, 留五月, 秦果舉鄢·郢·巫·上蔡·陳之地, 襄王流揜於城陽. 於是使人發騶, 徵莊辛於趙. 莊辛曰: "諾." 莊辛至, 襄王曰: "寡人不能用先生之言, 今事至於此, 爲之奈何?" 莊辛對曰: "臣聞鄙語曰: '見兔而顧犬, 未爲晚也; 亡羊而補牢, 未爲遲也.' 臣聞昔湯·武以百里昌, 桀·紂以天下亡. 今楚國雖小, 絕長續短, 猶以數千里, 豈特百里哉? 王獨不見夫蜻蛉乎? 六足四翼, 飛翔乎天地之間, 俛啄蚊虻而食之, 仰承甘露而飮之, 自以爲無患, 與人無爭也. 不知夫五尺童子, 方將調鈆膠絲, 加己乎四仞之上, 而下爲螻蟻食也. 蜻蛉其小者也, 黃雀因是以. 俯噣白粒, 仰棲茂樹, 鼓翅奮翼, 自以爲無患, 與人無爭也. 不知夫公子王孫, 左挾彈, 右攝丸, 將加己乎十仞之上, 以其類爲招. 晝游乎茂樹, 夕調乎酸鹹, 倏忽之間, 墜於公子之手. 夫雀其小者也, 黃鵠因是以. 游於江海, 淹乎大沼, 府噣鱔鯉, 仰嚙菱衡, 奮其六翮, 而凌淸風, 飄搖乎高翔, 自以爲無患, 與人無爭也. 不知夫射者, 方將脩其碆盧, 治其繒繳, 將加己乎百仞之上. 彼礛磻, 引微繳, 折淸風而抎矣. 故晝游乎江河, 夕調乎鼎鼐. 夫黃鵠其小者也, 蔡聖侯之事因是以. 南游乎高陂, 北陵乎巫山, 飮茹谿流, 食湘波之魚, 左抱幼妾, 右擁嬖女, 與之馳騁乎高蔡之中, 而不以國家爲事. 不知夫子發方受命乎宣王, 繫己以朱絲而見之也. 蔡聖侯之事其小者也, 君王之事因是以. 左州侯, 右夏侯, 輦從鄢陵君與壽陵君, 飯封祿之粟, 而戴方府之金, 與之馳騁乎雲夢之中, 而不以天下國家爲事. 不知夫穰侯方受命乎秦王, 塡黽塞之內, 而投己乎黽塞之外.” 襄王聞之, 顏色變作, 身體戰慄. 於是乃以執珪而授之爲陽陵君, 與淮北之地也.

근심 없이 편안히 살면서 자신을 해치는 자가 없다고 생각하지만, 세상은 준비없이 게으른 자들을 그냥 내버려두지 않는다.

17-5 제명이 탁활을 설득하여 진나라를 치려고 하다【齊明說卓滑以伐秦】

(東周 사람으로 遊說客인) 제명(齊明)이 (초나라 大夫인) 탁활(卓滑=淖滑)을 설득하여 진나라를 치고자 했으나, 탁활이 들어주지 않았다. 제명이 탁활에게 일러주며 말했다.

"제[明]가 온 것은 (秦惠王의 동생이며 재상인) 저리질(樗里疾)을 위해 (초나라와의) 교류를 점치기 위해서입니다. 제가 초나라 대부를 설득하여 진나라를 치자고 했는데, 모두 제 이야기를 받아들였으나 오직 공만이 받아들이지 않았습니다. 신이 저리자에게 보고할 말이 있게 되었습니다."

탁활이 이로 인해 그를 무겁게 여겼다.

齊明說卓滑以伐秦, 滑不聽也. 齊明謂卓滑曰: "明之來也, 爲樗里疾卜交也. 明說楚大夫以伐秦, 皆受明之說也, 唯公弗受也, 臣有辭以報樗里子矣." 卓滑因重之.

진나라가 초나라와의 교류 가능성을 보기 위해, 초나라 사람들에게 진나라를 치자고 설득하여 그 마음을 떠보는 계책을 쓴 것이다.

17-6 누군가가 황제에게 일러주다【或謂黃齊】

누군가가 (초나라 大夫인) 황제(黃齊)에게 일러 말했다.

"다른 사람들 모두가 말하기를 공이 (초나라 사람인) 부지(富摯)와 잘 지내지 못한다고 합니다. 공은 노래자(老萊子)가 공자(孔子)에게 임금 섬기는 법을 가르친 것을 듣지 못했습니까? 자신의 치아[齒]가 단단함을 보여주면서, 육십이 되어서는 남김없이 서로 (닳아서) 없어지게 될 것이라 했습니다. 지금은 부지가 능력이 있는데도 공이 심하게[重=甚] 서로 잘 지내지 않고 있으니, 이는 둘 다 (힘이) 다 빠지는 것입니다. 속담[諺]에 말하기를 '왕의 탈 것을 보면 말에서 내리고, 지팡이 짚은 사람을 보면 일어나라'라고 했으니, 지금 왕이 부지를 아끼시는데도 공이 잘 지내지 못하면 이는 신하 노릇이 아닙니다."

或謂黃齊曰: "人皆以謂公不善於富摯. 公不聞老萊子之教孔子事君乎? 示之其齒之堅也, 六十而盡相靡也. 今富摯能, 而公重不相善也, 是兩盡也. 諺曰: '見君之乘, 下之; 見杖, 起之.' 今也, 王愛富摯, 而公不善也, 是不臣也."

왕이 아끼는 바라면, 정말로 좋은 사람이고 바른 사람이면 높이고 삼가는 것이 예이고, 좋지도 않고 바르지도 않으면 바야흐로 마땅히 왕을 위해 힘써 배제하고 빨리 제거해야 한다. 지금 말하기를 왕이 아끼면 또한 아껴야 한다 했는데, 여기에는 어떤 마땅함이 있는가? 이는 바로 부지의 능력이 충분히 아낄 만하다는 것이 아니겠는가? 무릇 능력이 좋지도 않고 바르지도 않은 자들 또한 많으니, 살피지 않을 수 없다.(鮑彪謂: 王之所愛, 誠善人也, 正人也. 尊之敬之, 禮也. 如不善不正, 方當爲王力排而亟去之. 今曰王愛之亦愛, 何義也? 此正盡以富摯能爲足愛也. 夫能之不善不正亦多矣, 不可不察也.)

17-7 장사의 병난【長沙之難】

장사(長沙)의 병난[難=兵難]³으로 초나라 태자 횡(橫)이 제나라에 인질(質)이 되었다. 초나라 왕이 죽자 설공(薛公=孟嘗君)이 태자 횡을 돌려보내고는, 그참에 한나라와 위나라 병사와 더불어 쫓아서 동국(東國) 땅을 공격하려 했다. 태자가 두려워하니, 소개(昭蓋)가 말했다.

"굴서(屈署)에게 영을 내려 동국 땅을 가지고 제나라와 화해하도록 함으로써 진나라를 움직이게 하는 것만 못합니다. 진나라는 제나라가 동국을 무너뜨려서 그 영이 천하에 행해지게 되는 것을 두려워하여 반드시 장차 우리를 구원할 것입니다."

태자가 말했다.

"좋은 말이오."

급히 굴서에게 영을 내려 동국으로 하여금 제나라와 화해하게 했다. 진나라 왕이 듣고 두려워하더니, (진나라 선태후의 동생인 화양군) 신융(辛戎)에게 영을 내려 초나라에 알려주며 말했다.

"제나라에게 동국을 주지 마시오. 내가 그대와 더불어 병사를 내겠소."

長沙之難, 楚太子橫爲質於齊. 楚王死, 薛公歸太子橫, 因與韓·魏之兵, 隨而攻東國. 太子懼. 昭蓋曰: "不若令屈署以新⁴東國爲和於齊以動秦. 秦恐齊之敗東國, 而令行於天下也, 必將救我." 太子曰: "善." 遂令屈署

---

3 한(韓)나라와 위(魏)나라가 제(齊)나라와 동맹을 맺고서 진(秦)나라와 친한 초(楚)나라를 공격하여 크게 깨뜨린 사건으로, 이로 인해 제나라는 태자 횡(橫)을 인질로 받게 된다.

4 포표 주: 신(新)자는 연문인 듯하다.(鮑本, 新字疑衍.)

以東國爲和於齊. 秦王聞之懼, 令辛戎告楚曰: "毋與齊東國, 吾與子出
兵矣."

제나라가 한나라, 위나라와 더불어 초나라를 핍박하자, 제나라와 화해하는 모습을
보여 진나라의 참전을 유도한 것이다.

17-8 형나라 왕에게 죽지 않는 약을 바치려는 자가 있어
【有獻不死之藥於荊王者】

형나라 왕[頃襄王=横]에게 죽지 않는 약(不死之藥)을 바치려는 자가
있어서, 알자(謁者)가 가지고서 들어갔다. 중사(中射) 벼슬의 용사가 물
으며 말했다.

"먹을 수 있는가?"

(알자가) 말했다.

"먹을 수 있습니다."

그로 인해 빼앗아서 먹었다. 왕이 화가 나서 사람을 시켜 중사의
용사를 죽이고자 하니, 중사인 용사가 다른 사람을 시켜 왕을 설득하
며 말했다.

"신이 알자에게 묻자 알자가 말하기를 먹을 수 있다고 했으니, 신이
그래서 먹었습니다. 이에 신은 죄가 없고, 죄는 알자에게 있습니다. 또
손님이 죽지 않는 약을 바쳤는데, 신이 먹었다고 해서 왕께서 신을 죽
이신다면 이는 죽는 약입니다. 왕께서 죄 없는 신을 죽이신다면 그 사
람이 왕을 속인 것이 분명해집니다."

왕이 마침내 죽이지 않았다.

有獻不死之藥於荊王者, 謁者操以入. 中射之士問曰: "可食乎?" 曰: "可."
因奪而食之. 王怒, 使人殺中射之士. 中射之士使人說王曰: "臣問謁者,
謁者曰可食, 臣故食之. 是臣無罪, 而罪在謁者也. 且客獻不死之藥, 臣
食之而王殺臣, 是死藥也. 王殺無罪之臣, 而明人之欺王." 王乃不殺.

이는 윗사람을 기만한 것이니, 곧 죽이지 않으면 안 된다. 형나라 왕이 용서한 것은
답할 수가 없었기 때문이다. 답하는 것이 이와 같으면 어떻게 하겠는가? "알자가 먹
을 수 있다고 말했지 네가 먹을 수 있다고 한 것은 아니다. 약을 먹으면 능히 죽지
않는다고 한 것은 사람을 치료하는 것일 뿐이지, 능히 형벌을 받는 사람이 죽지 않
게 하는 것은 아니다. 또 그 사람이 왕에게 바친 것이지 어찌 네게 준 것이더냐?"라
고 묻게 되면, 이것이 어찌 죄가 없을 수 있겠는가? (鮑本彪謂: 此讒上, 乃不可不殺.
荊王赦之, 以不能答之也. 於答是也何有? '謁者曰可食, 非謂汝可食也. 藥之能不死
者, 平人耳, 非能使刑者不死. 且人以獻王, 何與汝?' 而問之, 是安得無罪也.)

17-9 손님이 춘신군을 설득하다 【客說春申君】

손님이 춘신군(春申君)을 설득하며 말했다.

"탕왕이 박(亳) 땅을 지녔고 무왕이 호(鄗) 땅을 지녔으니, 모두 백
리를 넘지 않는 땅을 가지고서 천하를 소유했습니다. 지금 손자(孫子=
荀子)는 천하의 뛰어난 사람입니다. 군(君)께서 백 리 땅의 세력을 그에
게 빌려주었으니, 신이 몰래 생각하건대 군에게 이롭지 못하다고 여겨

집니다. 어떻습니까?"

춘신군이 말했다. "좋은 말입니다."

이에 사람을 시켜 손자에게 (땅을 돌려 달라 하면서) 사죄하니, 손자가 떠나서 조나라로 갔다. 조나라가 상경(上卿)으로 삼으니, (다른) 손님이 다시 춘신군을 설득하며 말했다.

"옛날 이윤이 하나라를 떠나서 은나라로 가니 은나라가 왕이 되고 하나라가 망했으며, 관중이 노나라를 떠나 제나라에 들어가니 노나라가 약해지고 제나라가 강해졌습니다. 무릇 뛰어난 자가 머무는 곳은, 그 임금이 일찍이 높이 받들어지지 않은 적이 없었고 그 나라가 일찍이 번영하지 않은 적이 없었습니다. 지금 손자는 천하의 뛰어난 사람인데, 군께서는 어찌하여 물리치셨습니까?"

춘신군이 또 말했다.

"좋은 말입니다."

이에 조나라에 사신을 보내어 손자를 청했다. 손자가 편지를 써서 감사해하며 말했다.

"'창질에 걸린 사람[癘]이 왕을 불쌍히 여긴다'[5]라고 했습니다. 이는 공손치 못한 말이지만, 비록 그렇다 해도 깊이 살피지 않을 수 없습니다. 이것은 겁박당해 시해되거나 죽어 없어진 임금을 말한 것입니다.

무릇 다른 사람의 주인이 나이가 어린데도 재주를 자랑하거나 (제대로 된) 수단이나 법도를 알지 못하고 간사한 것만 알고 있으면, 곧 대

---

5 표주 주: 창질이 비록 나쁜 병이지만 오히려 겁박당해 죽는 것보다는 낫기 때문에 도리어 왕을 불쌍히 여긴다고 한 것이다.(鮑本, 癘雖惡疾, 猶愈於劫弒, 故反憐王.)

신이 주관하고 결단[斷]하여 나라를 사사로이 하고 자기에게 벌을 주는 것을 막으려고 합니다. 그래서 뛰어나고 나이든 자를 시해하면서 어리고 약한 자를 세우고, 바른 적통[適]이 있는 자를 없애고 마땅하지 못한 사람을 세우게 됩니다. 『춘추』에서는 (이를) 경계하여 말하기를, '초나라 왕의 아들 위(圍)가 정나라에 문안을 가던 참에 미처 국경을 나가기도 전에, 왕이 병에 걸렸다는 말을 듣고는 되돌아와서 병문안을 드리다가 드디어 갓끈[冠纓]으로 왕을 목 졸라 죽이고 스스로를 세웠다. 제나라 최저(崔杼)의 아내가 아름다웠는데, 장공(莊公)이 정을 통하자 최저가 그 무리를 거느리고 (장공을) 공격하였다. 장공이 나라를 나누어주겠다고 청했지만 최저가 허락하지 않았고, 스스로 종묘에서 찔러 죽겠다고 했지만 최저가 허락하지 않았다. 장공이 달아나 밖으로 나왔는데, 바깥 담장을 뛰어넘다가 화살을 쏜 것이 그의 허벅지에 맞았다. 마침내 죽고 그 동생 경공(景公)이 세워졌'라고 했습니다. 가까운 세상에서 보면, 이태(李兌)가 조나라에 쓰였을 때 임금의 아버지를 사구(沙丘)에서 굶겨서 백 일 후에 죽게 만들었고, 요치(淖齒)가 제나라에 쓰였을 때 (제나라) 민왕(閔王)의 힘줄을 뽑고 묘당에 매달아 두어 그날 밤을 묵고 죽게 만들었습니다.

무릇 창질[瘍]은 부스럼이나 종기[癰腫]가 나서 딱지와 흉터[胞疾]가 생긴 것인데, 위로 먼 시절과 비교해도 미처 갓끈으로 목을 조르고 허벅지에 활을 쏘는 지경에까지는 이르지 않고, 아래로 가까운 세상과 비교해도 미처 힘줄을 뽑고 굶겨 죽이는 데까지는 이르지 않습니다. 무릇 겁박당해 시해되거나 죽어 없어진 임금은 마음이 근심으로 고달프거나 몸이 힘들고 아픈 것이 반드시 창질보다 더했을 것입니다. 이로 말미암아 살펴보면, 창질에 걸린 사람일지라도 왕을 불쌍히 여기는 것은 있을 수 있습니다."

그참에 부(賦)를 지어서 말했다.

"보배로운 물건과 길쭉한 구슬을 두를 줄도 모르고, 아름다운 베와 무명실이 뒤섞여 있어도 다른 줄을 모르네. (옛날 잘생긴 여자와 남자인) 여주(閭姝=閭嫉)와 자도(子奢=子都)가 있어도 중매할 줄 모르고, (못생긴 여자인) 모모(嫫母)를 취하고도 매우 기뻐하네. 장님에게 눈 밝다하고 귀머거리에게 귀 밝다 하며, 옳은 것을 그르다 하고 길한 것을 흉하다 하네. 아아! 하늘이시여! 어찌 그와 같이 하겠습니까!"

시[『詩經』「小雅·桑扈之什·菀柳」]에서 말하기를, "상제께서 매우 신령스러우시니, 스스로 아프다 하지 말라"라고 했다.

客說春申君曰: "湯以亳, 武王以鄗, 皆不過百里以有天下. 今孫子, 天下賢人也, 君籍之以百里勢, 臣竊以爲不便於君. 何如?" 春申君曰: "善." 於是使人謝孫子. 孫子去之趙, 趙以爲上卿. 客又說春申君曰: "昔伊尹去夏入殷, 殷王而夏亡. 管仲去魯入齊, 魯弱而齊強. 夫賢者之所在, 其君未嘗不尊, 國未嘗不榮也. 今孫子, 天下賢人也. 君何辭之?" 春申君又曰: "善." 於是使人請孫子於趙. 孫子爲書謝曰: "癘人憐王, 此不恭之語也. 雖然, 不可不審察也. 此爲劫弑死亡之主言也. 夫人主年少而矜材, 無法術以知奸, 則大臣主斷國私以禁誅於己也, 故弑賢長而立幼弱, 廢正適而立不義. 春秋戒之曰: '楚王子圍聘於鄭, 未出竟, 聞王病, 反問疾, 遂以冠纓絞王, 殺之, 因自立也. 齊崔杼之妻美, 莊公通之. 崔杼帥其君黨而攻. 莊公請與分國, 崔杼不許; 欲自刃於廟, 崔杼不許. 莊公走出, 踰於外牆, 射中其股, 遂殺之, 而立其弟景公.' 近代所見: 李兌用趙, 餓主父於沙丘, 百日而殺之; 淖齒用齊, 擢閔王之筋, 縣於其廟梁, 宿夕而死. 夫屬雖癰腫胞疾, 上比前世, 未至絞纓射股; 下比近代, 未至擢筋而餓死也. 夫劫弒死亡之主也, 心之憂勞, 形之困苦, 必甚於癘矣. 由此觀之, 癘雖憐王可也." 因爲賦曰: "寶珍隋珠, 不知佩兮. 褘布與絲, 不知異兮. 閭姝子奢, 莫知媒兮. 嫫母求之, 又甚喜之兮. 以瞽爲明, 以聾爲聰, 以是爲非, 以吉爲凶. 嗚呼上天, 曷惟其同!" 詩曰: "上天甚神, 無自瘵也."

춘신군이 순경을 버린 후에 다시 쓰려 하였지만, 순경은 '창질에 걸린 사람[癘]이 왕을 불쌍히 여긴다'는 말에 빗대어 춘신군의 어리석음을 조롱하였다.

17-10 천하가 합종하다【天下合從】

천하가 합종(從)하니, 조나라 사신 위가(魏加)가 초나라 춘신군을 뵙고 말했다.

"군에게는 장수가 있습니까?"

대답하였다.

"있지만, 내가 욕심내는 장수는 임무군(臨武君)[6]입니다."

위가가 말했다.

"신이 어릴 적에 활쏘기를 좋아했는데, 신이 바라건대 활쏘기를 가지고 비유해도 되겠습니까?"

춘신군이 말했다.

---

6 (오사도가) 보충하여 말한다: 『순자』「의병(議兵)」편에 나오는 "임무군과 순경이 조나라 효성왕 앞에서 군대에 대한 의견을 나누었다"의 주석에 초나라 장수로 나온다.(補曰. 荀子議兵篇, "臨武君與卿議兵於趙孝成王前"注, 楚將.)

"하시오."

위가가 말했다.

"다른 날에, 경영(更羸)이 위나라 왕과 함께 경대(京臺) 아래에 있다
가 고개를 들어 날아가는 새를 보았습니다. 경영이 위나라 왕에게 일
러주며 말하기를 '신이 왕을 위해 화살 없이 활을 당겨 쏴서[虛發] 새
를 떨어뜨리겠습니다'라고 하자, 위나라 왕이 말했습니다. '그렇다면
활쏘기(의 경지)가 가히 여기까지 이르렀소?' 경영이 말하기를, '가능합
니다'라고 했습니다. 잠시 시간이 흐른 뒤, 기러기가 동쪽 방향에서부
터[從] 오자 경영이 화살 없이 쏴서 기러기를 떨어뜨렸습니다. 위나라
왕이 말하기를, '그렇다면 (그대의) 활쏘기가 가히 여기까지 이르렀소?'
라고 하자, 경영이 말했습니다. '이는 몸이 아픈[孽=隱痛於身] 놈입니
다.' 왕이 '선생이 어떻게 아시오?'라고 하자, 대답하여 말했습니다. '그
나는 것이 느리고 울음소리가 슬펐습니다. 나는 것이 느린 것은 오래
된[故] 상처[瘡]가 아프기 때문이며, 울음소리가 슬픈 것은 무리를 잃
은 지 오래돼서입니다. 오래된 상처가 미처 낫지 못했기[未息] 때문에
놀란 마음이 미처 사라지지[至→去] 않았는데, 활시위 소리를 듣고는
당겨서 높이 날다가 오래된 상처 때문에 떨어진 것입니다.'

지금 임무군은 일찍이 진나라 때문에 아픔[孽]이 있었으니, 진나라
에 맞서는 장수로는 불가합니다."

天下合從. 趙使魏加見楚春申君曰: "君有將乎?" 曰: "有矣, 僕欲將臨武
君." 魏加曰: "臣少之時好射, 臣願以射譬之, 可乎?" 春申君曰: "可." 加
曰: "異日者, 更羸與魏王處京臺之下, 仰見飛鳥. 更羸謂魏王曰: 『臣爲王
引弓虛發而下鳥.』魏王曰: 『然則射可至此乎?』更羸曰: 『可.』有間, 雁從

東方來, 更贏以虛發而下之. 魏王曰:『然則射可至此乎?』更贏曰:『此孽也.』王曰:『先生何以知之?』對曰:『其飛徐而鳴悲. 飛徐者, 故瘡痛也; 鳴悲者, 久失群也, 故瘡未息, 而驚心未至也. 聞弦音, 引而高飛, 故瘡隕也.』今臨武君, 嘗爲秦孽, 不可爲拒秦之將也."

상처가 있는 기러기는 활시위 소리만 들어도 위험을 느껴 발작을 하는데, 하물며 진나라에게 여러 차례 상처를 받은 장수는 어떠하겠는가?

17-11 한명이 춘신군을 만나다【汗明見春申君】

한명(汗明)이 춘신군(春申君)을 보려고 했지만, 틈[問→間]을 살핀지 석 달이 지나고 나서야 볼 수 있었다. 이야기가 끝난 후 춘신군이 크게 기뻐하였다. 한명이 다시 이야기하고 싶었지만, 춘신군이 말했다.

"내가 이미 선생을 알게 되었으니, 선생은 푹 쉬십시오."

한명이 안색을 바꾸며[慨] 말했다.

"드러내어 바라건대 군(君)께 묻고자 하는 것이 있지만, 비루하다(固=陋) 여길까 두렵습니다. 군의 빼어남을 자세히 살피지 못했지만, 요임금과 비교하면 누가 더 낫습니까?"

춘신군이 말했다.

"선생이 지나칩니다. 신이 어찌 요임금을 감당할 수 있겠습니까?"

한명이 말했다.

"그렇다면 군께서 헤아리시기에 저를 순임금과 비교했을 때 누가 더 낫습니까?"

춘신군이 말했다.

"선생이 바로 순임금입니다."

한명이 말했다.

"그렇지 않습니다. 신이 청컨대 군을 위해 끝까지 말해보겠습니다. 군의 뛰어남은 실제로 요임금만 못하고, 신의 능력도 순임금만 못합니다. 무릇 뛰어난 순임금이 빼어난 요임금을 섬겼는데도 삼 년이 지난 뒤에야 마침내 서로를 알았습니다. 지금 군께서 한 번에 신을 아신다고 하셨으니, 이는 군께서 요임금보다 빼어나고 신이 순임금보다 뛰어난 것입니다."

춘신군이 말했다.

"좋은 말입니다."

문리(門吏)를 불러서 한 선생을 손님 명부(客籍)에 적게 한 뒤 닷새마다 한 번씩 만났다. 한명이 말했다.

"군께서는 정말로 천리마[驥]에 대해 들어보셨습니까? 저 천리마가 (사람을 태울 만한) 나이[齒]에 이르러서는 소금 수레[鹽車]에 묶여 태항산(太行山)으로 올라갔습니다. 발굽이 늘어나고 무릎이 꺾이며 꼬리는 축 처지고[湛] 살갗[胕]은 까졌으며 (소금 가마니에서) 걸러진 물[漉汁]이 땅에 뿌려지고 흰 땀이 섞여서 흐르는데, 옮기는[遷] 걸음이 늘어지면서[延] 언덕 중턱에서부터는 수레채를 짊어지고 오를 수가 없게 되었습니다. 백락(伯樂)이 우연히 마주쳐서, 수레에서 내려 붙잡고[攀] 울고는 베옷[紵衣]을 벗어 덮어주었습니다[幂]. 천리마가 이에 고개를 숙이고[俛] 씩씩 콧김을 내뿜다가는[噴] 고개를 쳐들고 소리 질러 울어대었는데, 마치 쇠나 돌에서 나오는 듯한 소리가 하늘에까지 이르렀으니 왜 그랬겠습니까? 백락이 자기를 안 것을 보았기 때문입니다. 지금 제가 능력이 없지만[不肖] 시골 관청[州部]에서 막혀 있으면서 가난한 동네에서 굴을 파고 살며 흙탕물에 잠기고[沈淊] 비루하고 속되게 지낸 날이 오래되었는데, 군께서 홀로 (다른) 뜻 없이 저를 씻어서 뽑아 내 주셨습니다. 군을 위해 높이 울어 양(梁=魏)나라를 꺾게 하지 않으시겠습니까?"

汗明見春申君, 候問三月, 而後得見. 談卒, 春申君大說之. 汗明欲復談, 春申君曰: "僕已知先生, 先生大息矣." 汗明慨焉曰: "明願有問君而恐固. 不審君之聖, 孰與堯也?" 春申君曰: "先生過矣, 臣何足以當堯?" 汗明曰: "然則君料臣孰與舜?" 春申君曰: "先生即舜也." 汗明曰: "不然, 臣請爲君終言之. 君之賢實不如堯, 臣之能不及舜. 夫以賢舜事聖堯, 三年而後乃相知也. 今君一時而知臣, 是君聖於堯而臣賢於舜也." 春申君曰: "善." 召門吏爲汗先生著客籍, 五日一見. 汗明曰: "君亦聞驥乎? 夫驥之齒至矣, 服鹽車而上太行. 蹄申膝折, 尾湛胕潰, 漉汁灑地, 白汗交流, 中阪遷延, 負轅不能上. 伯樂遭之, 下車攀而哭之, 解紵衣以冪之. 驥於是俛而噴, 仰而鳴, 聲達於天, 若出金石聲者, 何也? 彼見伯樂之知己也. 今僕之不肖, 阸於州部, 堀穴窮巷, 沈淊鄙俗之日久矣, 君獨無意潝拔僕也, 使得爲君高鳴屈於梁乎?"

빼어난 요임금도 뛰어난 순임금을 제대로 아는 데 삼 년이라는 시간이 걸렸으니, 자주 보아야 그 사람을 알 수 있다.

17-12 초나라 고열왕에게 아들이 없자【楚考烈王無子】

(1)

초나라 고열왕(考烈王)에게 아들이 없자 춘신군이 근심하여, 부인 중에 마땅히 아들을 낳을 만한 사람을 찾아서 올린 것이 그 수가 많았으나 끝내 아들이 없었다. 조나라 사람인 이원(李園)이 그 여동생을 데리고 있어서 초나라 왕에게 올리고 싶었지만, 그에게 마땅한 아들이 없다는 것을 듣고는 또한 총애가 없을까 두려워하였다.

이원이 춘신군을 섬기는 일을 구해서 사인이 되었다. 이윽고 (휴가로 집에 가는 것을) 알리고 돌아갔다가 일부러[故] 기한을 넘겼고, 돌아온 것을 알리니 춘신군이 사정을 물었다. (이원이) 대답하여 말했다.

"제나라 왕이 사신을 보내 신에게 여동생을 요구하여, 그 사자와 더불어 마시느라 기한을 맞추지 못했습니다."

춘신군이 말했다.

"혼인 예물[聘=聘禮]이 들어왔는가?"

대답하여 말했다.

"아직입니다."

춘신군이 말했다.

"(여동생을) 볼 수 있겠는가?"

말했다.

"볼 수 있습니다."

이에 마침내 이원이 그 여동생을 올리자, 바로 춘신군에게서 총애를 받았다. 그가 아기를 가진 것을 알게 되자, 이원이 마침내 그 여동생과 더불어 모의를 했다. 이원의 여동생이 틈을 타서 춘신군을 설득하여 말했다.

"초나라 왕이 주군을 귀하게 여기며 총애하지만 아무래도[雖] 형제만 못합니다. 지금 주군이 초나라 왕의 재상을 한지 이십여 년입니다. 그런데 왕이 아들이 없으니, 곧 돌아가신 후에는 장차 다시 형제가 세워질 것입니다. 초나라 왕이 다시 세워지면 그 역시 각각 자신이 가까이했던 사람을 귀하게 할 것이니, 주군께서 또한 어찌 오랫동안 총애가 있을 수 있겠습니까? 헛되이 그런 것이 아니겠습니까? 주군이 일을 마음대로 한 지 오래되어서 왕의 형제에게 예를 잃은 것이 많은데, 형제가 정말로 세워져서 화가 장차 몸에 미치게 되면 어찌 재상의 도장과 강동(江東)의 봉지를 보전하겠습니까? 지금 첩이 스스로 임신한 것을 알고 있으나 다른 사람은 알지 못합니다. 첩을 총애함이 주군께서 오래되지 않았습니다. 그러니 정말로 주군의 무거움을 가지고서 첩을 초나라 왕에게 올리면 왕은 반드시 첩을 총애하게 될 것이고, 첩이 하늘에 의지하여 아들은 낳는다면 이는 곧 주군의 아들이 왕이 되는 것입니다. 초나라의 봉지를 남김없이 얻게 되는 것과, 예측할 수 없는 죄를 당하는[臨] 것을 비교하면 어느 쪽이 낫겠습니까?"

춘신군이 크게 그렇다고 여겨서, 마침내 이원의 여동생을 내보내 객사에서 근신하게 한 뒤 초나라 왕에게 이를 이야기하였다. 초나라 왕이 불러들여 그를 총애했다. 드디어 사내아이를 낳으니, 세워서 태자로 삼고 이원의 여동생을 세워 황후로 삼았다. 초나라 왕이 이원을 귀하게 여기자 이원이 나랏일을 마음대로 하게 되었다. 이원은 이미 그 여동생을 들여서 왕후가 되고 그 아들이 태자가 되자, 춘신군이 말을 누설하고 더욱 교만해질 것이 두려웠다. 그래서 몰래 죽을 용사[死士]를 길러서 춘신군을 죽여 없애려 하였는데, 나라 사람들 중에 알고 있는 사람이 자못 많았다.

楚考烈王無子, 春申君患之, 求婦人宜子者進之, 甚衆, 卒無子. 趙人李
園, 持其女弟, 欲進之楚王, 聞其不宜子, 恐又無寵. 李園求事春申君爲
舍人. 已而謁歸, 故失期. 還謁, 春申君問狀. 對曰: "齊王遣使求臣女弟,
與其使者飮, 故失期." 春申君曰: "聘入乎?" 對曰: "未也." 春申君曰: "可
得見乎?" 曰: "可." 於是園乃進其女弟, 即幸於春申君. 知其有身, 園乃與
其女弟謀. 園女弟承間說春申君曰: "楚王之貴幸君, 雖兄弟不如. 今君
相楚王二十餘年, 而王無子, 即百歲後將更立兄弟. 即楚王更立, 彼亦各
貴其故所親, 君又安得長有寵乎? 非徒然也? 君用事久, 多失禮於王兄
弟, 兄弟誠立, 禍且及身, 奈何以保相印·江東之封乎? 今妾自知有身矣,
而人莫知. 妾之幸君未久, 誠以君之重而進妾於楚王, 王必幸妾. 妾賴
天而有男, 則是君之子爲王也, 楚國封盡可得, 孰與其臨不測之罪乎?"
春申君大然之. 乃出園女弟謹舍, 而言之楚王. 楚王召入, 幸之. 遂生子
男, 立爲太子, 以李園女弟立爲王后. 楚王貴李園, 李園用事. 李園旣入其
女弟爲王后, 子爲太子, 恐春申君語泄而益驕, 陰養死士, 欲殺春申君以
滅口, 而國人頗有知之者.

(2)

춘신군이 초나라 재상을 한 지 이십오 년째일 때 고열왕이 병이 났
다. 주영(朱英)이 춘신군에게 일러주며 말했다.

"세상에는 바라지 않던[無妄=無望] 복이 있고, 바라지 않던 재앙
[禍]이 있습니다. 지금 주군은 바라지 않던 세상에 살면서 바라지 않던
주인을 섬겼는데, 어찌 바라지 않던 사람이 있지 않겠습니까?"

춘신군이 말했다.

"무엇을 일러 바라지 않던 복이라 하는가?"

말했다.

"주군께서 초나라에서 재상을 한지 이십여 년인데, 비록 이름은 나라의 재상이지만 실제로는 초나라의 왕이었으며 다섯 아들은 모두 제후의 재상입니다. 지금 왕의 질환이 심하여 아침저녁(旦暮)에 장차 돌아가실 터인데 태자는 시들고 약하여 병이 나서 일어나지 못하니, 주군은 어린 주인의 재상으로 계십시다. 이참에 대신 나라를 맡아서 마치 이윤(伊尹)이나 주공과 같이 섭정하다가 왕이 장성하면 정사를 돌려주시거나, 아니면 나아가서 드디어 남쪽을 바라보며[南面] 고(孤)라고 칭하시어 그로 인하여 초나라를 소유하게 되실 것입니다. 이것이 이른바 바라지 않던 복입니다."

춘신군이 말했다.

"무엇을 일러 바라지 않던 재앙[禍]이라 하는가?"

말했다.

"이원은 나라를 다스리지 않고 있지만 왕의 외삼촌(舅)으로, 병사를 이끌지도 않으면서 몰래 죽을 용사를 기른 날이 오래되었습니다. 초나라 왕이 돌아가시면 이원은 반드시 먼저 들어와서 태자[本=國本=太子]에 의지하여 (춘신군을 죽이자는) 의견을 내고 임금의 명을 고쳐서 [制斷=矯], 권세를 쥐고 주군을 죽여서 입을 막을 것입니다. 이것이 이른바 바라지 않던 재앙입니다."

춘신군이 말했다.

"무엇을 일러 바라지 않던 사람이라 합니까?"

말했다.

"주군이 먼저 신에게 벼슬을 주어 낭중(郎中)으로 삼으십시오. 군왕이 돌아가시고 이원이 먼저 들어오면, 신이 청컨대 주군을 위해 그 가슴을 찔러[刺] 죽이겠습니다. 이것이 이른바 바라지 않던 사람입니다."

춘신군이 말했다.

"선생은 그냥 두시고 다시 더 말을 하지 마시오. 이원은 부드럽고 약한 사람이고 내가 또한 그와 사이가 좋으니, 또 어찌 여기까지 이르겠소?"

주영이 두려워서, 마침내 도망가서 떠나갔다.

뒤에 열이레가 지나 초나라 고열왕이 죽자, 이원이 과연 먼저 들어와서 죽고자 하는 용사[死士]를 극문 안쪽[棘門之內]에 배치하여 머물게 했다. 춘신군이 뒤에 들어오자 극문에 머물게 하니, 이원의 죽을 용사들이 협공해서[夾] 춘신군을 찌르고 그 목을 베어 극문 밖으로 던졌다. 이에 관리를 시켜 춘신군의 집안을 남김없이 없애버렸다. 이원의 여동생은 애초에 춘신군의 총애를 받아 임신을 하였으나 왕에게 들어가서 아들을 낳았는데, 드디어 세워져 초나라 유왕(幽王)이 되었다. 이 해는 진나라 시황이 세워진 지 9년으로, 노애(嫪毐) 또한 진나라에서 난리를 일으켰으나 발각되어 삼족이 다 죽고 여불위(呂不韋)도 버려졌다[廢].

春申君相楚二十五年, 考烈王病. 朱英謂春申君曰: "世有無妄之福, 又有無妄之禍. 今君處無妄之世, 以事無妄之主, 安不有無妄之人乎?" 春申君曰: "何謂無妄之福?" 曰: "君相楚二十餘年矣, 雖名爲相國, 實楚王也. 五子皆相諸侯. 今王疾甚, 旦暮且崩, 太子衰弱, 疾而不起, 而君相少主,因而代立當國, 如伊尹·周公, 王長而反政, 不, 即遂南面稱孤, 因而有楚國. 此所謂無妄之福也." 春申君曰: "何謂無妄之禍?" 曰: "李園不治國, 王之舅也. 不爲兵將, 而陰養死士之日久矣. 楚王崩, 李園必先入, 據本議制斷君命, 秉權而殺君以滅口. 此所謂無妄之禍也." 春申君曰: "何謂無妄之人?" 曰: "君先仕臣爲郎中, 君王崩, 李園先入, 臣請爲君刃戮其胸殺之. 此所謂無妄之人也." 春申君曰: "先生置之, 勿復言已. 李園, 軟弱人也, 僕又善之, 又何至此?" 朱英恐, 乃亡去. 後十七日, 楚考烈王崩, 李園果先入, 置死士, 止於棘門之內. 春申君後入, 止棘門. 園死士夾刺春申君, 斬其頭, 投之棘門外. 於是使吏盡滅春申君之家. 而李園女弟, 初幸春申君有身, 而入之王所生子者, 遂立爲楚幽王也. 是歲, 秦始皇立九年矣. 嫪毐亦爲亂於秦. 覺, 夷三族, 而呂不韋廢.

춘신군이 권력에 눈이 멀어서 자기 자식을 임신한 여자를 왕에게 보내어 왕의 아들로 여기게 만들었으면서도, 대비하자는 가신의 말을 물리침으로써 패가망신(敗家亡身)을 하였다.

17-13 우경이 춘신군에게 일러주다【虞卿謂春申君】

우경(虞卿)이 춘신군에게 일러주며 말했다.

"신이 듣기로, 『춘추』에서는 '편안할 때면 위태로움을 생각하고, 위태로울 때면 편안함을 생각하라'라고 했습니다. 지금 초나라 왕의 춘추가 높으니 주군의 봉지가 일찍 정해지지 않으면 안 됩니다. 주군을 위해 봉지를 염려한다면, 초나라에서 멀리 있는 곳만 못합니다. 진(秦)

나라 효공(孝公)이 상군(商君)을 봉했는데, 효공이 죽고 나자 (상군은) 그 뒤에 죽임에서 벗어나지 못했습니다. 진(秦)나라 혜공(惠王)이 염자(冉子=穰侯, 魏冉)를 봉했지만, 혜공이 죽고 나자 그 뒤를 이은 왕이 빼앗아갔습니다. 공손앙(公孫鞅)은 공이 있는 신하이며, 염자는 피붙이 인척[親姻]입니다. 그런데도 빼앗기거나 죽음에서 벗어나지 못했으니, 봉지로 받은 곳이 (거리가) 가까웠기 때문입니다.

태공망(太公望)은 제나라를 봉지로 받고 소공(邵公) 석(奭)은 연나라를 봉지를 받았는데, 그 (거리가) 왕실에서 멀었습니다. 지금 연나라의 죄가 크고 조나라의 노여움이 깊습니다. 그러므로 주군이 북쪽으로 병사를 보내어 조나라에 덕을 주고 어지러운 연나라를 밟아버리는 것만 못합니다. 그렇게 하여 몸소 봉지를 정하게 되면, 이는 백대에 한 번 있는 기회[時]입니다."

춘신군이 말했다.

"연나라를 공격하는 길은 제나라가 아니면 위나라입니다. 위나라와 제나라는 초나라에 새로운 원망이 있으니, 초나라 임금이 비록 연나라를 치고 싶어 한다고 해도 장차 길은 어떻게 하겠습니까?

대답하여 말했다.

"청컨대 위나라 왕[景閔王]에게 (가서) 가능하게 하겠습니다."

춘신군이 말했다.

"어떻게 말입니까?"

대답하여 말했다.

"신이 청하건대, 위나라에 도착하여 믿도록 할 바를 쓰겠습니다."

이에 (우경이 위나라로 가서) 위나라 왕에게 일러주며 말했다.

"저 초나라 또한 강하고 커서 천하에 상대가 없는데, 이에 장차 연나라를 치려고 합니다."

위나라 왕이 말했다.

"조금 전에는 그대가 천하에 상대가 없다고 했다가 지금은 말하기를 이에 장차 연나라를 공격한다고 하니, 무슨 말이오?"

대답하여 말했다.

"지금 말[馬]이 힘이 세다고 말하면 있을 수 있는 일이지만, 만일 천균(千鈞)의 무게를 이겨낸다[勝]고 말하면 그럴 수 없는 일이 됩니다. 왜 그렇겠습니까? 무릇 말은 천균을 짊어질 수 없기 때문입니다. 지금 초나라가 강하고 크다고 말하는 것은 있을 수 있지만, 만일 조나라와 위나라를 뛰어넘어 연나라에서 병사로써 다투려 한다면 어찌 초나라가 감당할 수 있겠습니까[我→哉]? 초나라가 감당할 수 없으면서도 초나라가 (억지로) 하게 되면, 이는 초나라를 약하게 하는 것입니다. 초나라가 힘이 다 빠지면 이는[見→是] 위나라가 강해지는 것이니, 이에 왕께서는 어느 쪽이 편하십니까?"

虞卿謂春申君曰: "臣聞之春秋, 於安思危, 危則慮安. 今楚王之春秋高矣, 而君之封地, 不可不早定也. 爲主君慮封者, 莫如遠楚. 秦孝公封商君, 孝公死, 而後不免殺之. 秦惠王封冉子, 惠王死, 而後王奪之. 公孫鞅, 功臣也; 冉子, 親姻也. 然而不免奪死者, 封近故也. 太公望封於齊, 邵公奭封於燕, 爲其遠王室矣. 今燕之罪大而趙怒深, 故君不如北兵以德趙, 踐亂燕, 以定身封, 此百代之一時也." 君曰: "所道攻燕, 非齊則魏. 魏·齊新怨楚, 楚君雖欲攻燕, 將道何哉?" 對曰: "請令魏王可." 君曰: "何如?" 對曰: "臣請到魏, 而使所以信之." 迺謂魏王曰: "夫楚亦強大矣, 天下無敵, 乃且攻燕." 魏王曰: "鄉也, 子云天下無敵; 今也, 子云乃且攻

燕者, 何也?" 對曰: "今爲馬多力則有矣, 若曰勝千鈞則不然者, 何也? 夫
千鈞非馬之任也. 今謂楚強大則有矣, 若越趙·魏而鬪兵於燕, 則豈楚
之任也我? 非楚之任而楚爲之, 是敝楚也. 敝楚見強魏也, 其於王孰便
也?"

춘신군에게 그의 봉지를 초나라에서 멀리 떨어진 연나라에 두기 위해서는 연나라
를 쳐야 하고 그러기 위해서는 위나라로부터 길을 빌려야 한다고 하면서, 위나라에
가서는 길을 빌려주어 연나라와 초나라가 싸우게 되면 위나라는 가만히 앉아서 강
해질 수 있다고 설득하였다.

KI신서 13301

전국책(상)
전국시대를 제패한 책사들의 권모술수

1판 1쇄 인쇄 2024년 12월 30일
1판 1쇄 발행 2025년 1월 22일

옮긴이 홍기용
펴낸이 김영곤
펴낸곳 ㈜북이십일 21세기북스

인생명강팀 팀장 양으녕 **책임편집** 서진교 **마케팅** 김주현
디자인 푸른나무디자인
출판마케팅팀 한충희 남정한 나은경 최명열 한경화
영업팀 변유경 김영남 강경남 황성진 김도연 권채영 전연우 최유성
제작팀 이영민 권경민

출판등록 2000년 5월 6일 제406-2003-061호
주소 (10881) 경기도 파주시 회동길 201 (문발동)
대표전화 031-955-2100 **팩스** 031-955-2151 **이메일** book21@book21.co.kr

(주)북이십일 경계를 허무는 콘텐츠 리더

21세기북스 채널에서 도서 정보와 다양한 영상자료, 이벤트를 만나세요!
페이스북 facebook.com/jiinpill21   포스트 post.naver.com/21c_editors
유튜브 youtube.com/book21pub   인스타그램 instagram.com/jiinpill21
홈페이지 www.book21.com

ISBN 979-11-7357-011-7 04100
      979-11-7357-010-0 04100(세트)

전국책 전 2권
전국시대를 제패한 책사들의 권모술수
홍기용 옮김 │ 각 값 48,000원 / 58,000원

혼란의 시대 속 꽃핀 외교와 내치의 기술
제왕학 불멸의 고전으로 배우는 지혜로 천하를 얻는 법

신서: 유향 찬집 완역
춘추부터 한대까지 중국 최고의 고사(故事)들만 모아 엮은 고전의 정수
홍기용 옮김 이한우 감수 │ 값 32,000원

"리더의 도(道)와 덕(德)은 어떻게 얻어지는가"
191편의 옛이야기 속에서 길어올린 제왕학의 진수

파저
소설로 읽는 세종의 여진 정벌기
오규원 지음 │ 값 20,000원

1433년, 파저강에 울려 퍼진 승리의 포효!
우리가 몰랐던 병법가(兵法家) 세종을 만나다

이한우의 노자 강의
『도덕경』 5천 자에 담긴 무위자연의 제왕학
이한우 지음 │ 값 58,000원

'하지 않음'으로 모든 것을 이끄는 '무위의 리더십'을 말하다!
제왕학 관점에서 새롭게 해석한, 노자의 『도덕경』

이한우의 인물지
유소 『인물지』 완역 해설
이한우 지음 │ 값 28,000원

"이 책이 없었다면 조조의 탁월한 용병술은 없었다!"
『논어』와 『도덕경』의 핵심만 담은 인사(人事)의 정수